CareHelix – Pflege

Band 3
SGB XI – Leistungsberechtigter Personenkreis

D1719533

CareHelix – Pflege

SGB XI – Leistungsberechtigter Personenkreis

Von

Georg Vogel und

Hans-Joachim Dörbandt

1. Auflage

3 2010

Asgard-Verlag Dr. Werner Hippe GmbH, Sankt Augustin

Bibliografische Information der Deutschen Nationalbibliothek
Die Deutsche Nationalbibliothek verzeichnet diese Publikation in der Deutschen Nationalbibliografie; detaillierte bibliografische Daten sind im Internet über http://dnb.d-nb.de abrufbar.

Einsteinstraße 10 · 53757 Sankt Augustin
Telefon   (0 22 41) 31 64-0
Telefax   (0 22 41) 31 64 36
Internet: www.asgard.de
E-Mail: info@asgard.de

Titel-Nummer 728013
ISBN 978-3-537-72803-6

Satz: Satz · Bild · Grafik Marohn, Dortmund
Druck: Wöhrmann Print Service, NL

Gedruckt auf säurefreiem, alterungsbeständigem und chlorfreiem Papier.

Vorwort

Folgerichtig muss nach den allgemeinen Fakten zur Pflegeversicherung des Bandes zwei der Schriftenreihe im Band drei nunmehr die Frage beantwortet werden, wer berechtigt ist, die Leistungen der gesetzlichen Pflegeversicherung in Anspruch zu nehmen. De facto wird also in diesem Band klar abgegrenzt, wer als erheblich pflegebedürftig, als schwerpflegebedürftig und wer als schwerstpflegebedürftig nach dem Sozialgesetzbuch Elftes Buch (SGB XI) leistungsberechtigt ist. Dazu wird im Einzelnen auf die Verrichtungen bzw. Aktivitäten des täglichen Lebens eingegangen und in diesem Zusammenhang insbesondere herausgestellt, dass nur der verrichtungsbezogene Hilfebedarf maßgeblich ist, der aufgrund der Behinderung oder Funktionseinschränkung zwangsläufig anfallen muss. Natürlich werden in diesem Band auch die sozialpolitisch problematischen Bereiche wie z. B. die Demenz deutlich herausgestellt und auch die Schwierigkeiten für den Medizinischen Dienst der Krankenversicherung (MDK) bei der Begutachtung im häuslichen Umfeld angesprochen. Schließlich ist die Begutachtung durch den MDK ihrem Charakter entsprechend nur ein zeitlich eng bemessenes „Spotlight", das in ein ausführliches Gutachten umgesetzt werden muss, damit die Pflegekasse ihre Leistungsentscheidung treffen kann. Welche Aktivitäten der MDK dabei im Einzelnen beleuchten muss, wird in der durch die Begutachtungs-Richtlinien vom 08.06.2009 vorgegebenen Folge abgehandelt.

Natürlich müssen auch die besonderen gesundheitlichen Beeinträchtigungen der Leistungsberechtigten ausführlich betrachtet werden. Das Anziehen von Kompressionsstrümpfen, die Sondenernährung oder z. B. auch das Katheterisieren erfordert naturgemäß zeitlich umfangreichere Maßnahmen. In der Tat dreht sich gegenwärtig noch alles in der Pflege um den zeitlich zu fixierenden Hilfebedarf. Neben der Tatsache, dass ein Hilfebedarf vorhanden ist und ggf. welcher, ist dieser stets zeitlich explizit zu fixieren, und dabei muss möglichst von realistischen Ansätzen ausgegangen werden. Das stellt nicht nur den MDK, sondern neben den Leistungsberechtigten oder den Pflegediensten auch die Beschäftigten der Pflegekasse oftmals vor nahezu unlösbare Probleme. Die Ausführungen und Hinweise in diesem dritten Band sollen den Betreffenden die Beurteilung erleichtern helfen.

Wesentlicher Inhalt ist auch die neuere Gesetzgebung und sind hier insbesondere die neuen Fristenregelungen, die vorgeben, innerhalb welcher Zeit der Leistungsberechtigte mit einer Entscheidung seiner Pflegekasse rechnen kann, und damit natürlich auch, innerhalb welcher Zeit sowohl der MDK als auch die Pflegekassen tätig werden müssen.

Neben der jetzt vorliegenden zweiten Auflage des „CareLex" sind in der Schriftenreihe Pflege bereits die folgenden Bücher erschienen:

Band 1 – Decubitalulcera – Prophylaxe und Wundmanagement
Band 2 – SGB XI – Grundsätze und Abgrenzungen zu anderen Sozialleis-
            tungsträgern
Band 4 – SGB XI – Beitrags- und Versicherungsrecht
Band 7 – Pflegeversicherung 2008 – das Pflege-Weiterentwicklungsgesetz
            (PfWG)

Darin wird die Pflege bzw. Pflegeversicherung je nach Ausrichtung detailliert dargestellt. Die Schriftenreihe ist von Praktikern für Praktiker erstellt und lässt keine Fragen offen.

Die Herausgeber   Kuddewörde / Pinneberg im Oktober 2009

Inhaltsverzeichnis

SGB XI Zweites Kapitel –
Leistungsberechtigter Personenkreis

§ 14 Begriff der Pflegebedürftigkeit

(1) Pflegebedürftig im Sinne dieses Buches sind Personen, die wegen einer körperlichen, geistigen oder seelischen Krankheit oder Behinderung für die gewöhnlichen und regelmäßig wiederkehrenden Verrichtungen im Ablauf des täglichen Lebens auf Dauer, voraussichtlich für mindestens sechs Monate, in erheblichem oder höherem Maße (§ 15) der Hilfe bedürfen.

(2) Krankheiten oder Behinderungen im Sinne des Absatzes 1 sind:

1. Verluste, Lähmungen oder andere Funktionsstörungen am Stütz- und Bewegungsapparat,

2. Funktionsstörungen der inneren Organe oder der Sinnesorgane,

3. Störungen des Zentralnervensystems wie Antriebs-, Gedächtnis- oder Orientierungsstörungen sowie endogene Psychosen, Neurosen oder geistige Behinderungen.

(3) Die Hilfe im Sinne des Absatzes 1 besteht in der Unterstützung, in der teilweisen oder vollständigen Übernahme der Verrichtungen im Ablauf des täglichen Lebens oder in Beaufsichtigung oder Anleitung mit dem Ziel der eigenständigen Übernahme dieser Verrichtungen.

(4) Gewöhnliche und regelmäßig wiederkehrende Verrichtungen im Sinne des Absatzes 1 sind:

1. im Bereich der Körperpflege das Waschen, Duschen, Baden, die Zahnpflege, das Kämmen, Rasieren, die Darm- oder Blasenentleerung,

2. im Bereich der Ernährung das mundgerechte Zubereiten oder die Aufnahme der Nahrung,

3. im Bereich der Mobilität das selbstständige Aufstehen und Zu-Bett-Gehen, An- und Auskleiden, Gehen, Stehen, Treppensteigen oder das Verlassen und Wiederaufsuchen der Wohnung,

4. im Bereich der hauswirtschaftlichen Versorgung das Einkaufen, Kochen, Reinigen der Wohnung, Spülen, Wechseln und Waschen der Wäsche und Kleidung oder das Beheizen.

[Gültigkeit/Fassung: Die Vorschrift ist durch Artikel 1 G. v. 26.05.1994, BGBl. I S. 1014, 1015, seit dem 01.01.1995 in Kraft. Sie beruht auf § 12 des RegE (BR-Drs. 505/93, S. 94 ff., sowie BT-Drs. 12/5952 S. 35).]

Regelungsgegenstand

Die Norm enthält für die Pflegeversicherung maßgebende Voraussetzungen für die Annahme von Pflegebedürftigkeit. Gemeinsam mit § 15 bildet sie den gesetzlichen Rahmen für den Zugang zu den Leistungen der Pflegeversicherung. Abs. 1 enthält die Definition des Begriffs Pflegebedürftigkeit, legt die Mindestanforderungen fest und verweist im Übrigen auf § 15. In den folgenden Absätzen werden die zur Definition benutzten Begriffe Krankheit oder Behinderung (Abs. 2), Hilfe (Abs. 3) sowie gewöhnliche und regelmäßig wiederkehrende Verrichtungen (Abs. 4) erläutert. Systematisch ist die Vorschrift eher dem Leistungsrecht des Vierten Kapitels zuzuordnen, weil sie den Versicherungsfall der Pflegebedürftigkeit regelt (Schulin 1994).

Mit dem PflegeVG wurde hinsichtlich des Begriffs der Pflegebedürftigkeit eine Harmonisierung mit den Vorschriften des BSHG „Hilfe zur Pflege" (§ 68) angestrebt. In anderen Rechtsbereichen unterblieb eine Angleichung bzw. Annäherung der Vorschriften.

Erläuterungen

Absatz 1 des § 14 SGB XI bestimmt entsprechend dem Titel der Norm den Begriff der Pflegebedürftigkeit. Sprachlich wird auf Bedürftigkeit abgestellt, die im Bereich der Pflege besteht, was bereits auf einen pflegerischen Hilfebedarf hindeutet. Damit geht gleichzeitig eine Begrenzung einher, denn andere Bedürftigkeiten, wie z. B. ein Betreuungsbedarf, werden nicht erfasst. Als erste Voraussetzung für einen gegebenen Hilfebedarf wird gefordert, dass er wegen einer Krankheit oder Behinderung besteht. Konkretisierend wird auf körperliche, geistige und seelische Krankheiten und Behinderungen abgestellt, so dass an dieser Stelle noch von einer umfassenden und letztlich nicht begrenzenden Regelung ausgegangen werden kann. Weitere Voraussetzung ist, dass ein Hilfebedarf „bei den gewöhnlichen und wiederkehrenden Verrichtungen im Ablauf des täglichen Lebens" besteht. Es muss sich um Aufgaben aus den – hier noch nicht benannten – elementaren Lebensbereichen handeln. Sprachlich scheint sich die Formulierung an Begrifflichkeiten der Pflege, z. B. die ATL (Aktivitäten des täglichen Lebens), anzulehnen. Andererseits werden durch die Begrenzung auf die wesentlichen und grundlegenden Alltagsverrichtungen bereits Lebensbereiche wie Bildung, Erholung, Kommunikation und Unterhaltung bewusst ausgeklammert. Für den Bereich der Kommunikation bedeutete dies auch eine Verschärfung des Rechts, denn bis zum 31.03.1995 erfassten die Leistungen bei Schwerpflegebedürftigkeit der Krankenversicherung auch das Sehen, Hören und Sprechen.

Als weitere Voraussetzung fordert die Norm einen Hilfebedarf „auf Dauer" und definiert dies begrifflich mit über einem Mindestzeitraum, für den der Hilfebedarf bestehen muss. Der Einschub „voraussichtlich für mindestens sechs Monate" präzisiert den Begriff „auf Dauer" in mehrfacher Hinsicht.

Zum einen wird festgelegt, dass nur Zeiträume von mindestens sechs Monaten die Voraussetzung „auf Dauer" erfüllen. Zum anderen wird verdeutlicht, dass bereits vor Ablauf von sechs Monaten eine Entscheidung über das Vorliegen von Pflegebedürftigkeit getroffen werden kann, wenn vorhersehbar ist, dass der Zustand der Hilfebedürftigkeit mindestens sechs Monate andauern wird. Dies wiederum setzt eine Prognose voraus. Aufgrund der Bedeutung einer Prognose sind entsprechende Erwartungen hinsichtlich der Gewissenhaftigkeit und Plausibilität zu stellen. Dem tragen auch die Begutachtungs-Richtlinien Rechnung, wenn sie als Grundlage der Prognose eine große Wahrscheinlichkeit fordern. Die Pflegekasse kann auf der Grundlage einer Prognose entscheiden (zur Feststellung durch die Gutachter des MDK s. § 18 SGB XI). Bei der Frage, ob ein dauerhafter Hilfebedarf gegeben ist, sind Möglichkeiten

- der Prävention,

- der Rehabilitation,

- des Einsatzes von Hilfsmitteln,

- des Einsatzes von Pflegehilfsmitteln,

zu berücksichtigen, durch die auch die Pflegesituationen verbessert bzw. Bedarfe reduziert werden können. Dies ist allerdings nur zulässig, soweit die Durchführung bzw. der Einsatz der Mittel zumutbar ist. So ist es als unzumutbar anzusehen, bei Inkontinenz auf die Möglichkeit der Katheterisierung zu verweisen. Udsching stellt die Zumutbarkeit selbst dann infrage, wenn zur Vermeidung der Inkontinenz ein sogenanntes Toilettentraining empfohlen würde (zu § 14 SGB XI). Sind bereits dauerhafte Verschlechterungen konkret zu erwarten, wäre auch dies festzustellen und zu berücksichtigen, denn dies gilt für alle zu erwartenden Veränderungen und nicht nur für diejenigen, die innerhalb der Sechs-Monats-Frist mit hoher Wahrscheinlichkeit bedarfreduzierend zu erwarten sind. Ist diese Veränderung nur möglich oder wahrscheinlich, ist der ggf. daraus resultierende neue Hilfebedarf im Rahmen einer einzuplanenden Wiederholungsuntersuchung aufzugreifen. Die Sechs-Monats-Frist beginnt mit dem Eintritt von Hilfebedürftigkeit. Der Zeitpunkt der Antragstellung oder der Begutachtung ist insoweit ohne Belang. Sobald erkennbar ist oder wird, dass Hilfebedarfe über einen Zeitraum von sechs Monaten oder länger bestehen werden, ist diese Voraussetzung erfüllt. Das bedeutet, dass von diesem Zeitpunkt an und damit bereits vor Ablauf der sechs Monate Leistungsansprüche realisierbar sind. Bestätigt sich eine Prognose nicht, so besteht für die Vergangenheit durch die Leistungszusage der Pflegekasse der zugesagte Leistungsanspruch. Es liegt in der Natur einer Prognose, dass sich Pflegesituationen trotz aller Gewissenhaftigkeit anders entwickeln können als eingeschätzt. Sollte die Pflegekasse über den Anspruch noch nicht entschieden haben und sich zwischenzeitlich herausstellen, dass sich die Prognose nicht verwirklichen wird, besteht für die Vergangenheit nur dann ein Anspruch auf einen Zugunstenbescheid, wenn die Prognose medizinisch-pflegerisch nicht haltbar war oder ihr unrichtige Tatsachen zugrunde gelegt wurden (so Udsching zu § 14).

Pflegebedürftigkeit auf Dauer ist auch gegeben, wenn der Hilfebedarf deshalb nicht sechs Monate andauert, weil die Lebenserwartung voraussichtlich weniger als sechs Monate beträgt. Dies ist letztlich auch ein Ergebnis der Möglichkeit zur prognostischen Einschätzung und führt zur Gleichbehandlung unter den Pflegebedürftigen. Eine andere Betrachtung würde dazu führen, dass Ansprüche durch ein vorzeitiges Lebensende entfallen, obwohl gerade in der letzten Lebensphase regelmäßig mit erhöhtem Hilfebedarf zu rechnen ist.

Für geringfügige, gelegentliche oder nur kurzfristig erforderliche Hilfeleistungen sollen keine Leistungen der Pflegeversicherung zur Verfügung stehen. Für derartige Hilfebedarfe „kann und soll der Einzelne – entsprechend dem Grundsatz der Subsidiarität solidarischer Hilfen gegenüber der Eigenverantwortung – selbst einstehen", heißt es in den Gesetzesmaterialien (BR-Drs. 505/93 S. 96). Derartige Hilfebedarfe führen nicht zur Anerkennung einer Pflegebedürftigkeit i. S. des SGB XI. Dies gilt auch für Hilfebedarfe, die nach Zuerkennung einer Pflegestufe den Pflegebedarf nicht dauerhaft verändern (erhöhen bzw. absenken). Nach Auffassung des BSG (19.02.1998, Az. B 3 P 7/97 R) wirkt sich das Erfordernis der Dauerhaftigkeit in § 14 Abs. 1 auch auf die Zuordnung zu einer der Pflegestufen (§ 15 Abs. 1) aus. Zwar verlange das Gesetz nur im § 14 einen Hilfebedarf „auf Dauer", es bestehe jedoch kein sachlicher Grund, für die Einstufung in die Pflegestufe einen dauerhaften Bedarf zu fordern, für die spätere Einstufung in eine andere Pflegestufe jedoch nicht. Damit schließt der 3. Senat eine – nur durch die Aufteilung der Zugangsvoraussetzungen auf zwei Normen entstandene – Lücke im Sinne der genannten gesetzgeberischen Zielvorstellungen. Die Auslegung führt lediglich dazu, dass die Anpassung der Pflegestufenzuordnung aufgrund nicht dauerhafter Veränderungen unterbleibt. Sie verhindert dagegen nicht, über § 36 SGB XI auch kurzzeitige Bedarfe über Pflegesachleistungen abzudecken.

Nach § 14 Abs. 2 SGB XI sind Krankheiten oder Behinderungen im Sinne des Absatzes 1:

1. Verluste, Lähmungen oder andere Funktionsstörungen am Stütz- und Bewegungsapparat,

2. Funktionsstörungen der inneren Organe oder der Sinnesorgane,

3. Störungen des Zentralnervensystems wie Antriebs-, Gedächtnis- oder Orientierungsstörungen sowie endogene Psychosen, Neurosen oder geistige Behinderungen.

Nach dieser Norm müssen Krankheiten oder Behinderungen die wesentliche Ursache der Pflegebedürftigkeit sein. Die Aufzählung verdeutlicht lediglich, dass nichtmedizinische Ursachen nicht ausreichen, um Pflegebedürftigkeit i. S. des SGB XI zu begründen. Hat der Hilfebedarf andere Ursachen, bleibt er unberücksichtigt. Eine derartige andere Ursache ist bei Säuglingen und Kleinkindern gegeben, deren entwicklungsbedingter Hilfebedarf (und ungeachtet der speziellen Regelung des § 15 Abs. 2 SGB XI) unberücksichtigt bleiben muss. Die Aufzählung unter Nr. 3 soll verdeutlichen, dass psychische und seelische Erkrankungen sowie geistige Behinderungen im Vergleich zu organischen Erkrankungen gleichrangig zu berücksichtigen sind. Die Gleichrangigkeit von körperlichen, geistigen und seelischen Funktionsstörungen ist zu beachten, wenn die Frage zu beurteilen ist, ob ein kranker oder behinderter Mensch zur selbstständigen Durchführung der Katalog-Verrichtungen auf Dauer in erheblichem Maße der Hilfe bedarf (BSG vom 29.04.1999, Az. B 3 P 7/98 R). Im Ergebnis ist festzustellen, dass die Ursachen der Krankheiten und Behinderungen im Übrigen nur dann von Bedeutung sind, wenn diese die Leistungspflicht eines anderen vorrangig leistungspflichtigen Sozialleistungsträgers auslösen (s. § 13 SGB XI).

Die Norm des § 14 Abs. 3 SGB XI beschreibt abschließend die unterschiedlichen Arten der Hilfeleistungen i. S. der Pflegeversicherung. Hervorzuheben ist allgemein, dass jedwede Hilfe dem Prinzip der Aktivierung zu folgen hat. Aktivierend zu pflegen bedeutet, die Ressourcen und Fähigkeiten des Pflegebedürftigen zu nutzen, um ihm einen Zuwachs an Selbstständigkeit zu eröffnen oder zumindest den gegenwärtigen Status möglichst lange zu erhalten. Dabei darf der Pflegebedürftige weder überfordert noch gegen seinen Willen zu Aktivitäten gezwungen werden. Um die Grenze zur Gewalt nicht zu überschreiten, ist der Fähigkeit zu Motivation entsprechendes Gewicht beizumessen.

§ 14 Abs. 3 SGB XI unterscheidet folgende Formen der Hilfeleistungen:

- teilweise oder vollständige Übernahme der Verrichtungen,

- unterstützende Tätigkeit der Pflegeperson als Hilfeleistung sowie

- Hilfeleistung in Form von Beaufsichtigung oder Anleitung zu Verrichtungen im Sinne des § 14 Abs. 4 SGB XI.

Zu den Formen der Hilfeleistung weisen die Begutachtungs-Richtlinien auf folgende Gesichtspunkte hin:

„Bei den Formen der Hilfe werden die Unterstützung, die teilweise oder vollständige Übernahme der Verrichtung sowie die Beaufsichtigung und Anleitung unterschieden.

Eine Unterstützung liegt dann vor, wenn der Pflegebedürftige grundsätzlich zur selbstständigen Erledigung einer Verrichtung in der Lage ist, jedoch zur Vorbereitung, Durchführung oder Nachbereitung ergänzende Hilfeleistun-

gen der Pflegeperson benötigt. Die Unterstützung kann Teil der aktivierenden Pflege sein. Eine Unterstützung z. B. beim Waschen liegt dann vor, wenn
eine bettlägerige Person sich zwar selbst waschen kann, aber das Waschwasser bereitgestellt, nach dem Waschen beseitigt oder ein Waschlappen angereicht werden muss. Weitere Beispiele sind die Auswahl geeigneter Kleidungsstücke im Rahmen des An- und Auskleidens, insbesondere bei geistig
Behinderten, oder die Hilfe bei der Überwindung von Hindernissen (Treppenstufen, Bordsteinschwellen) bei einem hinsichtlich der Fortbewegung ansonsten selbstständigen Rollstuhlfahrer.

Eine teilweise Übernahme der Verrichtung liegt dann vor, wenn eine Hilfe
zur Vollendung einer teilweise selbstständig erledigten Verrichtung benötigt wird. Eine teilweise Übernahme des Waschens liegt z. B. dann vor, wenn
Gesicht und Körper selbstständig gewaschen werden, für das Waschen der
Füße und Beine aber die Hilfe einer Pflegeperson benötigt wird. Auch wenn
eine Verrichtung begonnen, aber z. B. wegen Erschöpfung abgebrochen wird,
kann eine teilweise Übernahme der Verrichtung notwendig werden. Bei
geistig Verwirrten oder psychisch Kranken kann eine teilweise Übernahme
dann erforderlich werden, wenn der Pflegebedürftige von der eigentlichen
Verrichtung wiederholt abschweift oder die Verrichtung trotz Anleitung zu
langsam und umständlich ausführt. In einem solchen Fall muss z. B. das Waschen wegen der Gefahr des Auskühlens von der Pflegeperson durch eine
teilweise Übernahme zu Ende gebracht werden.

Die teilweise Übernahme kann Bestandteil der aktivierenden Pflege sein. Sie
ist dann darauf gerichtet, verloren gegangene Fähigkeiten wieder zu erlernen
oder nicht vorhandene Fähigkeiten zu entwickeln. Auch wenn diese Ziele
z. B. bei rasch fortschreitenden Erkrankungen nicht mehr oder nur noch eingeschränkt zu verwirklichen sind, soll der Pflegebedürftige die Verrichtungen des täglichen Lebens so weit wie möglich selbstständig übernehmen.

Eine vollständige Übernahme liegt dann vor, wenn die Pflegeperson die Verrichtung selbst ausführt und der Pflegebedürftige sich dabei passiv verhält,
ohne einen eigenen Beitrag zur Vornahme der Verrichtung zu leisten. Die
vollständige Übernahme mehrerer Verrichtungen ist bei der Mehrzahl der
Pflegebedürftigen nicht erforderlich. Sie kommt vor allem bei bewusstseinseingeschränkten oder gelähmten Menschen in Betracht. Werden die Hilfeleistungen bei der häuslichen Pflege durch Angehörige vollständig erbracht,
so ist die Notwendigkeit der vollständigen Übernahme im Einzelfall kritisch
zu prüfen.

Hilfen in Form von Unterstützung und (teilweiser) Übernahme können in
wechselseitiger Ergänzung bei einer Verrichtung erforderlich werden. So
kann beim Waschen im Bett das Bereitstellen des Waschwassers (Unterstützung) notwendig sein. Der Pflegebedürftige wäscht sich dann Gesicht und

Oberkörper selbst, benötigt dann aber z. B. für den Rücken, den Intimbereich und die Beine wieder Hilfen der Pflegeperson (teilweise Übernahme).

Bei dem gutachterlich festzustellenden Zeitaufwand für die einzelnen Hilfeleistungen sind immer die im Einzelfall gegebenen Verhältnisse zu überprüfen. Eine teilweise Übernahme kann besonders im Rahmen der aktivierenden Pflege zeitaufwendiger sein als die vollständige Übernahme der Verrichtung. Auch innerhalb der gleichen Hilfeart kann der Zeitaufwand unterschiedlich sein.

Zur Unterstützung können ferner bei kranken oder behinderten Kindern auch sonstige pflegerische Maßnahmen durch Pflegepersonen (pflegeunterstützende Maßnahmen) gehören. Sie stellen für sich allein gesehen keine Verrichtungen des täglichen Lebens dar und können deshalb nur dann berücksichtigt werden, wenn sie zusätzlich zu dem Hilfebedarf bei den gesetzlich vorgeschriebenen Verrichtungen des täglichen Lebens notwendig sind. Nur insoweit sind pflegeunterstützende Maßnahmen bei dem in den Pflege-Richtlinien geforderten zeitlichen Mindestaufwand für die Grundpflege der jeweiligen Pflegestufe mit zu berücksichtigen.

Maßnahmen der Krankenbehandlung (§ 27 SGB V), der medizinischen Rehabilitation (§ 11 Abs. 2 SGB V) oder der Behandlungspflege (§ 37 SGB V) bei der Feststellung des Pflegebedarfs können auch dann nicht berücksichtigt werden, wenn sie zur Ergänzung oder Unterstützung einer Therapie durch Familienangehörige durchgeführt werden.

Eine Anleitung ist erforderlich, wenn die Pflegeperson bei einer konkreten Verrichtung den Ablauf der einzelnen Handlungsschritte oder den ganzen Handlungsablauf lenken oder demonstrieren muss. Dies kann insbesondere dann erforderlich sein, wenn der Pflegebedürftige trotz vorhandener motorischer Fähigkeiten eine konkrete Verrichtung nicht in einem sinnvollen Ablauf durchführen kann. Zur Anleitung gehört auch die Motivierung des Antragstellers bzw. Pflegebedürftigen zur selbstständigen Übernahme der regelmäßig wiederkehrenden Verrichtungen des täglichen Lebens.

Bei der Beaufsichtigung steht zum einen die Sicherheit beim konkreten Handlungsablauf der Verrichtungen im Vordergrund. Z. B. ist Beaufsichtigung beim Rasieren erforderlich, wenn durch unsachgemäße Benutzung der Klinge oder des Stroms eine Selbstgefährdung gegeben ist. Zum anderen kann es um die Kontrolle darüber gehen, ob die betreffenden Verrichtungen in der erforderlichen Art und Weise durchgeführt werden.

Eine allgemeine Beaufsichtigung, die über die Sicherung der definierten Verrichtungen (auch zur Vermeidung von Eigen- und Fremdgefährdung bei diesen) hinausgeht, z. B. bei umtriebigen Dementen oder geistig Behinderten, ist bei der Feststellung des Hilfebedarfs nicht zu berücksichtigen.

Im Vordergrund steht die Hilfeleistung durch die „teilweise oder vollständige Übernahme der Verrichtungen". Der Pflegebedürftige ist krankheits- bzw. behinderungsbedingt auf Hilfe angewiesen; Funktionseinschränkungen bei den genannten wiederkehrenden Verrichtungen, Körperpflege, Ernährung und Mobilität sowie hauswirtschaftliche Versorgung, werden durch die Hilfeleistung kompensiert. Dabei darf der einzelne Verrichtungsbereich nicht zu eng gesehen werden; wenn der Pflegebedürftige nicht mehr in der Lage ist, selbstständig das Bett zu verlassen, gehört etwa auch das Umlagern zum Bereich der Mobilität; es handelt sich um eine Hilfeleistung, die durch die Pflegeleistung ersetzt bzw. ermöglicht werden muss. Deshalb gehört auch das Lagern des Pflegebedürftigen zur Grundpflege.

Durch den Katalog nach § 14 Abs. 4 SGB XI erfolgt jedoch zugleich auch eine Einschränkung der Hilfen, die in den Bereich der Pflegeversicherung fallen; der Katalog nach Absatz 4 ist damit Maßstab für die Feststellung der Pflegebedürftigkeit. So kann etwa im Bereich der Mobilität von Bedeutung sein, wie weit dieser Begriff gesehen wird. Mobilität wird unter anderem begrenzt auf das „Verlassen und Wiederaufsuchen der Wohnung", weshalb umstritten ist, inwieweit auch der Mobilitätsbereich über die „Wohnungsschwelle" hinaus nach außen reicht. Im ambulanten Bereich ist dies anerkannt für das notwendige Aufsuchen von Behörden, ist aber schon umstritten für die Durchführung von Therapieleistungen, ebenso bei Verlassen eines Heimes bei stationärer Unterbringung, auch wenn dies zu Behandlungszwecken erfolgt.

Als Unterstützung bei Hilfeleistungen werden auch Verrichtungen vom Begriff der Pflegebedürftigkeit erfasst, die der Pflegebedürftige zwar grundsätzlich selbst erledigen kann, zu deren eigenständiger Verrichtung er jedoch der Hilfeleistung bedarf. In den Materialien wird darauf hingewiesen, dass ein Hilfebedarf bei einer der genannten Verrichtungen zwangsläufig auch einen zusätzlichen Hilfebedarf bei anderen Verrichtungen auslösen kann, woraus auch bereits für die Pflegestufe I ein nicht unerheblicher Hilfebedarf hergeleitet werden kann, der sich auch in dem jeweiligen Zeitaufwand niederschlägt, worauf die Materialien zu Recht hinweisen.

Schließlich erfasst § 14 Abs. 3 SGB XI ausdrücklich die „Beaufsichtigung bei oder Anleitung zu den Verrichtungen"; auch hier werden nur die Verrichtungen nach § 14 Abs. 4 SGB XI erfasst, im Bereich der Grundpflege also nur Körperpflege, Ernährung und Mobilität.

Betreffend die Besonderheiten bei der Ermittlung des Hilfebedarfs bei Personen mit psychischen Erkrankungen und bzw. oder geistigen Behinderungen geben die Begutachtungs-Richtlinien folgende Hinweise:

Bei der Begutachtung von psychisch Kranken kann eine Reihe von Besonderheiten auftreten in Bezug auf

▓ die Vorbereitung der Begutachtung,

▓ die Begutachtungssituation,

▓ den Hilfebedarf,

▓ die Krankheitsbilder.

Psychisch kranke und geistig behinderte Menschen sind häufig in der Lage, die Verrichtungen des täglichen Lebens ganz oder teilweise selbst auszuführen. Krankheits- und behinderungsbedingt kann jedoch die Motivation zur Erledigung der Verrichtung fehlen, obwohl die Notwendigkeit grundsätzlich erkannt werden kann. Andere Kranke und Behinderte erkennen die Notwendigkeit der Verrichtung nicht, sind aber nach entsprechender Aufforderung zur selbstständigen Erledigung in der Lage. Ohne die Hilfe einer Pflegeperson unterbleiben hier die Verrichtungen des täglichen Lebens.

In anderen Fällen werden die Verrichtungen des täglichen Lebens zwar begonnen, jedoch nicht zielgerecht zu Ende geführt. Die Verrichtung wird dann abgebrochen und entweder nicht oder erst nach Unterbrechung(en) beendet. Wiederum andere Menschen können die Verrichtungen zwar erledigen, gefährden sich jedoch hierbei im Umgang mit alltäglichen Gefahrenquellen, indem z. B. vergessen wird, den Herd oder fließendes Wasser abzustellen.

Die hierfür erforderlichen Hilfen können für die Feststellung der Pflegebedürftigkeit und die Zuordnung zu einer Pflegestufe nur insoweit berücksichtigt werden, als sie im unmittelbaren Zusammenhang mit den regelmäßig wiederkehrenden Verrichtungen im Ablauf des täglichen Lebens nach § 14 Abs. 4 SGB XI stehen. Weitergehende Hilfen im Sinne einer allgemeinen Beaufsichtigung und Betreuung haben für die Feststellung des Hilfebedarfs keine Bedeutung.

Für psychisch kranke und geistig behinderte Menschen sind deshalb die Hilfeleistungen Beaufsichtigung und Anleitung von besonderer Bedeutung. Die Anleitung hat zum Ziel, die Erledigung der täglich wiederkehrenden Verrichtungen durch den Pflegebedürftigen selbst sicherzustellen. Aufgabe der Pflegeperson ist es, im individuell notwendigen Umfang zur Erledigung der Verrichtungen anzuhalten. Wie bei anderen Hilfeleistungen auch kann der mit der Anleitung verbundene Aufwand sehr unterschiedlich sein und von der einmaligen Aufforderung zur Vornahme einer Verrichtung bis hin zu mehrmaligen und ständigen Aufforderungen im Sinne einer Motivierung zur Vornahme auch kleinster Einzelhandlungen reichen. Bei leichteren Erkrankungen genügt z. B. die einmalige Aufforderung zur Einnahme einer Mahlzeit, bei schweren Erkrankungen hingegen muss bei jedem einzelnen Bissen dazu aufgefordert werden, Nahrung vom Teller aufzunehmen, die Gabel zum Mund zu nehmen und zu kauen. Bei unruhigen Menschen ist es Aufgabe der Pflegeperson, eine oder mehrere Unterbrechungen der alltäglichen Verrichtungen so kurz wie möglich zu halten und zur zielgerichteten

Beendigung anzuleiten (Beispiel: Eine Mahlzeit wird wiederholt durch andere, nachrangige Tätigkeiten unterbrochen).

Auch bei der Beaufsichtigung sind tatsächlich notwendige Hilfeleistungen in sehr unterschiedlichem Umfang erforderlich. So wird bei einem leichteren Krankheitsverlauf nur in größeren Zeitabständen (Monate und Wochen) eine Hilfeleistung benötigt, bei schwer kranken Menschen (z. B. bei unruhigen Demenzkranken mit gestörtem Tag-Nacht-Rhythmus) sind hingegen u. U. Rund-um-die-Uhr-Hilfeleistungen erforderlich.

Aufgabe des Gutachters ist es, Art und Umfang der Hilfeleistungen „Beaufsichtigung" und „Anleitung" allein im Zusammenhang mit den regelmäßig wiederkehrenden Verrichtungen im Ablauf des täglichen Lebens nach § 14 Abs. 4 SGB XI zu ermitteln. In der Regel wird der Hilfebedarf von dem Pflegebedürftigen selbst nicht richtig wiedergegeben, wenn die Krankheitseinsicht fehlt, die tatsächlichen Hilfeleistungen nicht erinnert oder aus Scham verschwiegen werden. Nur die Pflegeperson selbst wird in der Regel hierzu in der Lage sein. Pflegedokumentationen oder längerfristige Aufzeichnungen des Hilfebedarfs (Pflegetagebuch) sind besonders geeignet, um objektive Feststellungen treffen zu können.

Der Zeitaufwand für Anleitung und Beaufsichtigung bei den einzelnen Verrichtungen muss in jedem Einzelfall individuell erhoben und in dem Gutachten bewertet werden. Bei der Untersuchung des Antragstellers kann es notwendig sein, dass sich der Gutachter über den Bedarf an Anleitung dadurch überzeugt, dass er sich den Hilfebedarf bei einzelnen regelmäßig wiederkehrenden Verrichtungen des täglichen Lebens demonstrieren lässt. Bei der Pflegezeitbemessung ist die gesamte Zeit zu berücksichtigen, die für die Erledigung der Verrichtung benötigt wird. Entfernt sich z. B. ein unruhiger Demenzkranker beim Waschen aus dem Badezimmer, so ist auch die benötigte Zeit für ein beruhigendes Gespräch, das die Fortsetzung des Waschens ermöglicht, zu berücksichtigen.

Ergibt sich aus dem abschließenden Begutachtungsergebnis eine deutliche Abweichung der Feststellungen des Gutachters von den Aussagen der Pflegeperson zum Hilfebedarf, so ist zu prüfen, ob z. B. das Führen eines Pflegetagebuches, eine Wiederholung der Begutachtung im Rahmen desselben Begutachtungsauftrages oder die Einschaltung eines weiteren Gutachters vor Weitergabe des Begutachtungsergebnisses an die Pflegekasse dazu geeignet wären, die Ursachen genauer aufzuklären.

Die Begutachtung geistig behinderter oder psychisch kranker Antragsteller dauert in der Regel länger als die Begutachtung von Antragstellern mit körperlichen Erkrankungen."

Die Begutachtungs-Richtlinien berücksichtigen weiterhin als „häufige Krankheitsbilder" hirnorganische Erkrankungen (Demenzen und organische

Psychosen), geistige Behinderungen, schizophrene und manisch-depressive (sog. endogene) Psychosen sowie Besonderheiten der Ermittlung des Hilfebedarfs bei Kindern einschließlich der Zeitbemessung. In der Praxis wird häufig festgestellt, dass insbesondere die Demenz von den Gutachtern der Medizinischen Dienste nicht ausreichend gewürdigt wird. Zugegebenermaßen sind die Feststellung von Demenz und die Ausprägung in einer kurzfristigen Begutachtungssituation schwierig. Das insbesondere deshalb, weil die zu Begutachtenden selbst ihre Krankheit nicht kennen oder sie überspielen. Und die Eigenart der Demenz ist es, dass sie phasenweise nicht erkannt werden kann und dann wiederum sie sich erkennbar auswirkt. Kommt der Gutachter an einem Tag mit einer „Hochphase" wird sein Gutachten sicher entsprechend ausfallen. Es bedarf also in solchen Fällen einer sorgfältigen Abwägung durch den Gutachter und einer offenen Information durch die beteiligten Ärzte und Pflegepersonen.

Einleitend nimmt § 14 Abs. 4 SGB XI auf Formulierungen des Absatzes 1 Bezug und kündigt eine abschließende Aufzählung an. Die Pflegebedürftigkeit muss darauf beruhen, dass die Fähigkeit, bestimmte Verrichtungen im Ablauf des täglichen Lebens auszuüben, eingeschränkt oder nicht vorhanden ist. Maßstab der Beurteilung der Pflegebedürftigkeit sind daher ausschließlich die Fähigkeiten zur Ausübung dieser Verrichtungen und nicht Art oder Schwere vorliegender Erkrankungen (wie z. B. Krebs oder Aids) oder Schädigungen (wie z. B. Taubheit, Blindheit, Lähmung).

Entscheidungen in einem anderen Sozialleistungsbereich über das Vorliegen einer Behinderung (z. B. der Grad der Behinderung nach versorgungsrechtlichen Vorschriften – GdB) oder die Gewährung einer Rente haben keine (bindende) Wirkung für die Pflegekasse und sagen auch nichts aus über das Vorliegen von Pflegebedürftigkeit. Pflegebedürftigkeit ist auch dann gegeben, wenn der Pflegebedürftige die Verrichtung zwar motorisch ausüben kann, jedoch deren Notwendigkeit nicht erkennt oder nicht in sinnvolles zweckgerichtetes Handeln umsetzen kann. Dies ist z. B. der Fall bei

▦ Antriebs- und Gedächtnisstörungen,

▦ verminderter Orientierung in der Wohnung oder Umgebung,

▦ Verwechseln oder Nichterkennen vertrauter Personen oder Gegenstände sowie

▦ Störungen der emotionalen Kontrolle.

Hervorzuheben ist, dass die Vorschriften nicht festlegen, wo die Hilfe anzufallen habe bzw. zu erbringen sei. Die Schlussfolgerung, durch die Begrenzung auf die elementaren Lebensbereiche seien nur Verrichtungen zu berücksichtigen, soweit sie im Wohnumfeld des Betroffenen anfallen, ist unzulässig. Der Hilfebedarf kann auch an einem Ort anfallen, an dem sich der Pflegebedürftige nur zeitweise aufhält (ebenso Udsching zu § 14 SGB XI).

§ 14 Abs. 4 SGB XI unterscheidet allein nach dem äußeren Ablauf der Verrichtungen. Die Vorschrift knüpft nicht an das mit der Verrichtung angestrebte Ziel an, sondern stellt bei der Beschreibung der Voraussetzungen nur darauf ab, ob bei den aufgeführten Verrichtungen im Ablauf des täglichen Lebens überhaupt Hilfebedarf besteht, ohne nach dessen Ursache, nach der Art der benötigten Hilfeleistung und deren finaler Ausrichtung zu differenzieren. Es sind die Pflegemaßnahmen zu berücksichtigen, soweit sie im unmittelbaren zeitlichen und sachlichen Zusammenhang mit den im Gesetz genannten Verrichtungen erforderlich werden. Dies erstreckt sich auch auf krankheitsspezifische Pflegemaßnahmen. Unbeachtlich ist dabei, ob die jeweilige Hilfeleistung in der Krankenversicherung den Behandlungspflegen zuzurechnen wäre. Die Begrenzung des für die Feststellung von Pflegebedürftigkeit und die Zuordnung zu den Pflegestufen maßgebenden Hilfebedarfs auf die im Katalog des § 14 Abs. 4 SGB XI aufgeführten Verrichtungen ist nicht verfassungswidrig (BSG vom 19.02.1998, Az. B 3 P 5/97 R). Ist es zweifelhaft, ob eine einzelne Hilfeleistung bei einer Verrichtung noch berücksichtigt werden kann, ist bei den verwendeten Begriffen, vom allgemeinen Sprachverständnis ausgehend, lebensnah auf den Inhalt der Verrichtung zu schließen.

Die Verrichtungen lassen sich in zwei Gruppen teilen: Die erste (und größere) beschreibt Verrichtungen im Sinne zielgerichteter Tätigkeiten (alle Verrichtungen der Körperpflege, Ernährung und hauswirtschaftlichen Versorgung sowie die Verrichtungen Aufstehen/Zu-Bett-Gehen, An-/Auskleiden, Verlassen/Wiederaufsuchen der Wohnung), während die zweite Gruppe bestimmte grundlegende Körperfunktionen aufzählt (Gehen, Stehen, Treppensteigen), die die anderen Verrichtungen weitgehend erst ermöglichen. Pflegebedürftigkeit i. S. des SGB XI setzt voraus, dass zumindest einmal täglich Hilfe im Bereich der Grundpflege erforderlich ist. Hierauf kann auch dann nicht verzichtet werden, wenn der Versicherte aufgrund häufig auftretender Krankheitsschübe an mehreren Tagen der Woche in erheblichem Maße fremder Hilfe bedarf (BSG vom 14.12.2000, Az. B 3 P 5/00 R).

Im Gesetzgebungsverfahren zum Pflegeversicherungsgesetz wurden das Haarewaschen und die Nagelpflege als eigenständige Verrichtungen in § 14 Abs. 4 Nr. 1 SGB XI gestrichen, um „ausschließlich täglich erforderliche Verrichtungen der Körperpflege" aufzuzählen (BT-Drs. 12/5952 S. 35). Diese Aussage impliziert, dass Duschen und Baden in Deutschland als tägliche Verrichtungen anzusehen sind. Abgesehen davon, dass bei bestimmten Pflegesituationen ein tägliches Duschen oder Baden durch die damit einhergehende Belastung der Haut kontraindiziert ist, gibt es keinen anerkannten Hygienestandard. Auch gibt es zum Haarewaschen einen solchen Standard nicht. Hier ist der individuelle Bedarf maßgebend. Ein Berufstätiger wird sich sicher täglich die Haare waschen und richten müssen. Hingegen muss dieser Bedarf bei Nichtberufstätigen nicht unbedingt gesehen werden.

Intensität der Hilfeleistungen

Bei den Formen der Hilfe werden die Unterstützung, die teilweise oder vollständige Übernahme der Verrichtung sowie die Beaufsichtigung und Anleitung unterschieden. Individuelle Hilfeleistungen können dabei aus einer Kombination einzelner Hilfeformen zusammengesetzt sein oder im Tagesverlauf wechselnde Hilfeformen bedingen. Sie sind dann in ihrer Gesamtheit zu werten. Eine Hilfeleistung kann nur dann berücksichtigt werden, wenn sie von einer solchen Intensität ist, dass die Pflegeperson praktisch an der Erledigung anderer Aufgaben gehindert ist. Dies gilt auch, wenn die Pflegeperson, möglicherweise auch nur kurzfristig, andere Arbeiten unterbrechen muss, die Hilfeleistung über das – gewissermaßen „nebenbei" erfolgende – bloße „Im-Auge-Behalten" des Pflegebedürftigen und das nur vereinzelte, gelegentliche Auffordern bzw. Ermahnen hinausgeht (BSG vom 08.05.01, Az. B 3 P 4/01 R).

Dies gilt naturgemäß in erster Linie für Hilfeleistungen in Form von Anleitungen, Beaufsichtigungen und Kontrollen. Formen der Hilfe, die den zu fordernden Intensitätsgrad nicht erreichen, müssen außer Betracht bleiben. Hierzu gehören zum einen allgemeine Ruf- und Einsatzbereitschaften und zum anderen die im Rahmen allgemeiner Aufsicht erfolgende Hilfe in Form von gelegentlichen, wenn auch wiederholten Aufforderungen, die aber die Pflegeperson zeitlich nicht in nennenswerter Weise binden und Raum für andere Tätigkeiten lassen (BSG vom 29.04.1999, Az. B 3 P 7/98 R).

Zur Annahme der Pflegebedürftigkeit reicht eine allgemeine Aufsicht,

- die darin besteht, zu überwachen, ob die erforderlichen Verrichtungen des täglichen Lebens von dem Pflegebedürftigen ordnungsgemäß ausgeführt werden, und

- die dazu führt, dass dieser gelegentlich – auch wiederholt – zu bestimmten Handlungen aufgefordert werden muss,

nicht aus, weil eine nennenswerte Beanspruchung der Pflegeperson damit nicht verbunden ist (BSG vom 08.05.2001, Az. B 3 P 4/01 R). Eine allgemein überwachende Aufsicht darüber, ob die erforderlichen Verrichtungen des täglichen Lebens von einer geistig behinderten Person überhaupt ausgeführt werden, und die lediglich dazu führt, dass gelegentlich zu bestimmten Hilfeleistungen aufgefordert werden muss, reicht nicht für die Anerkennung eines Beaufsichtigungsbedarfs aus (BSG vom 26.11.1998, Az. B 3 P 13/97 R). Das SGB XI bietet keine Grundlage für die Berücksichtigung eines Hilfebedarfs in Form einer ständigen Anwesenheit und Aufsicht einer Pflegeperson zur Vermeidung einer möglichen Selbst- oder Fremdgefährdung.

Dies gilt auch bei etwaigen Gefährdungen im rechtsgeschäftlichen Bereich eines geistig Behinderten; hierzu zählt auch das unerlaubte Sichentfernen vom Arbeitsplatz (BSG vom 26.11.1998, Az. B 3 P 13/97 R). Ferner ist der allgemeine Aufsichtsbedarf, der lediglich darin besteht, zu überwachen, ob die erforderlichen Verrichtungen vom Betroffenen ordnungsgemäß ausgeführt werden, und der dazu führt, dass der Betroffene gelegentlich zu bestimmten Handlungen aufgefordert werden muss, bei der Feststellung der Pflegebedürftigkeit nicht berücksichtigungsfähig (BSG vom 24.06.1998, Az. B 3 P 4/97 R). Dieser Bedarf reicht deshalb nicht aus, weil eine nennenswerte Beanspruchung der Pflegeperson damit nicht verbunden ist (BSG vom 08.05.2001, Az. B 3 P 4/01 R).

So ist ein allgemeiner Beaufsichtigungsbedarf

- wegen der Gefahr plötzlich eintretender, nicht vorhersehbarer Unterzuckerungen aufgrund einer Diabetes nicht berücksichtigungsfähig (BSG vom 06.08.1998, Az. B 3 P 17/97 R).

- der durch die ganztägige Neigung auftritt, jegliche irgendwie erreichbare Nahrung zu sich zu nehmen und zu verzehren, nicht zu berücksichtigen. Dieser Hilfebedarf ist der allgemeinen Aufsicht zur Vermeidung einer Selbstgefährdung durch übermäßiges Essen zuzuordnen und vergleichbar mit der Aufsicht zur Vermeidung von aktiv-aggressiven Verhaltensweisen (BSG vom 28.06.01, Az. B 3 P 7/00 R).

„Anleitung" bedeutet, dass die Pflegeperson bei einer konkreten Verrichtung den Ablauf der einzelnen Handlungsschritte oder den ganzen Handlungsablauf anregen, lenken oder demonstrieren muss. Dies kann insbesondere dann erforderlich sein, wenn der Pflegebedürftige trotz vorhandener motorischer Fähigkeiten eine konkrete Verrichtung nicht in einem sinnvollen Ablauf durchführen kann. Anleitung hat zum Ziel, die Erledigung der täglich wiederkehrenden Verrichtungen durch den Pflegebedürftigen i. S. einer Motivation zur Selbsthilfe sicherzustellen (BSG vom 26.11.1998, Az. B 3 P 13/97 R). Zur Anleitung gehört deshalb auch die Motivation des Pflegebedürftigen selbst, die Aufgaben selbstständig übernehmen zu wollen. Diese Frage kann beispielsweise bei geistig behinderten Pflegebedürftigen nicht immer beantwortet werden. Hier tritt die Prognose in den Vordergrund, dass die Anleitung auch erlernbar ist. Von einer Anleitung i. S. des SGB XI kann nicht ausgegangen werden, wenn das Ziel der selbstständigen Erledigung nicht als erreichbar einzustufen ist.

Ein Hilfebedarf ist anzunehmen, wenn die Aufforderung allein nicht ausreicht, um den Behinderten in den Stand zu versetzen, eine Verrichtung eigenständig auszuführen. Dies ist z. B. der Fall, wenn für das Anziehen die Kleidungsstücke vorsortiert werden müssen (BSG vom 09.03.1994, Az. 3/1 RK 12/93 zum Recht der GKV). Anleitungen, Überwachungen und Erledigungskontrollen der Pflegeperson können nur berücksichtigt werden, wenn sie die Pflegeperson in zeitlicher und örtlicher Hinsicht in gleicher Weise binden wie bei unmittelbarer körperlicher Hilfe und wenn sie dazu führen, dass die Pflegeperson durch die Hilfe an der Erledigung anderer Dinge oder am

Schlafen konkret gehindert ist (BSG vom 08.05.2001, Az. B 3 P 4/01 R). Die im Gesetz gemeinte Anleitung geht über das reine „Anhalten" zur Durchführung einer Verrichtung hinaus (s. Allgemeine Aufsicht). Anleitungen, die darauf abzielen, geistig behinderten Kindern die eigenständige Ausführung solcher Verrichtungen zu vermitteln, die von gleichaltrigen gesunden Kindern bereits ohne fremde Hilfe erbracht werden, zählen zum Pflegeaufwand. Die notwendigen Förderungsbemühungen und therapeutischen Anstrengungen sind bei der Beurteilung des Hilfebedarfs dann zu berücksichtigen, wenn Hilfe und Anleitung im unmittelbaren Zusammenhang mit den maßgebenden täglichen Verrichtungen erbracht werden müssen. Soweit es sich bei diesen Aufgaben jedoch um solche handelt, die als rehabilitative Maßnahmen einzustufen sind, können sie grundsätzlich nicht erfasst werden. Zu den berücksichtigungsfähigen Maßnahmen können jedoch z. B. die Förderung der Gehfähigkeit, der Grob- und Feinmotorik, die Reinlichkeitserziehung sowie die Anleitung zu selbstständigem An- und Ausziehen und zum Waschen zählen. Insoweit können Maßnahmen, die die Pflegeperson vornimmt, um bei den wiederkehrenden Verrichtungen Hilfe zu leisten, anzuleiten oder zu kontrollieren, nicht von rehabilitativen Elementen getrennt werden, die der Verbesserung der eigenständigen Ausführung durch den Pflegebedürftigen dienen. Zum Anleiten gehören Kontrollen der ordnungsgemäßen Erledigung, grundsätzlich aber nicht die Zeitspannen zwischen Hilfeleistungen für verschiedene Verrichtungen und der Zeitaufwand für die ständige Anwesenheit (BSG vom 15.10.1998, Az. B 3 P 16/98 R). Bei geistig behinderten Erwachsenen dienen anleitende Maßnahmen stets auch der Verhinderung ihrer Verwahrlosung und wirken insofern präventiv. Daraus folgt aber nicht, dass sie als andauernder relevanter Pflegebedarf berücksichtigt werden können. Es kommt insoweit allein darauf an, ob ein Versicherter wegen einer geistigen oder seelischen Krankheit oder Behinderung auf Dauer nicht in der Lage ist, die gesetzlich fixierten Verrichtungen ohne Anleitung auszuführen (BSG vom 15.10.1998, Az. B 3 P 16/98 R).

Bei der Beaufsichtigung steht zum einen die Sicherheit beim konkreten Handlungsablauf der Verrichtungen im Vordergrund. Z. B. ist Beaufsichtigung beim Rasieren erforderlich, wenn durch unsachgemäße Benutzung der Klinge oder des Stroms eine Selbstgefährdung gegeben ist. Zum anderen kann es um die Kontrolle gehen, ob die betreffenden Verrichtungen in der erforderlichen Art und Weise durchgeführt werden. Als Beispiel ist die Kontrolle zu nennen, ob der Rasierapparat nach der Rasur tatsächlich gereinigt wurde. Eine Aufsicht, die darin besteht, zu überwachen, ob die erforderlichen Verrichtungen des täglichen Lebens überhaupt ausgeführt werden, und lediglich bedeutet, dass gelegentlich zu bestimmten Handlungen aufgefordert werden muss, reicht nicht aus. Nur konkrete Anleitung, Überwachung und/oder Erledigungskontrollen sind zu berücksichtigen, die die Pflegeperson in zeitlicher und örtlicher Hinsicht in gleicher Weise binden wie bei unmittelbarer personeller Hilfe (BSG vom 08.05.2001, Az. B 3 P 4/01 R).

Ein Hilfebedarf ist anzunehmen, wenn die Aufforderung allein nicht ausreicht, um den Behinderten in den Stand zu versetzen, eine Verrichtung eigenständig auszuführen (BSG vom 19.02.1998, Az. B 3 P 2/97 R). Dies ist z. b. der Fall, wenn beim Zähneputzen Einzelanweisungen gegeben und die Ergebnisse jeweils kontrolliert werden müssen (BSG vom 09.03.94, Az. 3/1 RK 12/93 zum Recht der GKV). Die im Gesetz gemeinte Beaufsichtigung geht über das reine „Anhalten" zur Durchführung einer Verrichtung hinaus (s. auch Allgemeine Aufsicht, BSG vom 26.11.1998, Az. B 3 P 13/97 R). Zur Beaufsichtigung gehören Kontrollen der ordnungsgemäßen Erledigung, grundsätzlich aber nicht die Zeitspannen zwischen Hilfeleistungen für verschiedene Verrichtungen und der Zeitaufwand für die ständige Anwesenheit (BSG vom 15.10.1998, Az. B 3 P 16/98 R). Bei geistig behinderten Erwachsenen dienen beaufsichtigende Maßnahmen stets auch der Verhinderung ihrer Verwahrlosung und wirken insofern präventiv; daraus folgt nicht, dass sie als andauernder relevanter Pflegebedarf berücksichtigt werden müssen. Es kommt insoweit allein darauf an, ob ein Versicherter wegen einer geistigen oder seelischen Krankheit oder Behinderung auf Dauer nicht in der Lage ist, die gesetzlichen Verrichtungen ohne Beaufsichtigung auszuführen (BSG vom 15.10.1998, Az. B 3 P 16/98 R).

Eine Beaufsichtigung und Kontrolle bei der Nahrungsaufnahme werden als berücksichtigungsfähige Hilfe eingestuft, wenn sie von einer solchen Intensität sind, dass die Pflegeperson – wie beim Füttern – praktisch an der Erledigung anderer Aufgaben gehindert ist. Dies gilt ebenso, wenn die Pflegeperson andere Arbeiten unterbrechen muss und die Hilfe über das – gewissermaßen „nebenbei" erfolgende – bloße „Im-Auge-Behalten" des Pflegebedürftigen und das nur vereinzelte, gelegentliche Auffordern bzw. Ermahnen hinausgeht (BSG vom 08.05.2001, Az. B 3 P 4/01 R).

Anleitung und Beaufsichtigung zielen darauf, dass die regelmäßig wiederkehrenden Verrichtungen im Ablauf des täglichen Lebens in sinnvoller Weise vom Pflegebedürftigen selbst durchgeführt werden. Anleitung und Beaufsichtigung richten sich dabei gleichzeitig auch darauf,

- körperliche, psychische und geistige Fähigkeiten zu fördern und zu erhalten (z. B. Orientierung zur eigenen Person und in der Umgebung),

- Selbst- oder Fremdgefährdung zu vermeiden (z. B. durch unsachgemäßen Umgang mit Strom, Wasser oder offenem Feuer),

- Ängste, Reizbarkeit oder Aggressionen abzubauen.

Ein unabhängig von den Katalog-Verrichtungen erforderlicher (allgemeiner) Aufsichts- und Betreuungsbedarf (z. B. eines geistig Behinderten) zur Vermeidung einer möglichen Selbst- oder Fremdgefährdung ist bei der Feststellung des Hilfebedarfs nicht zu berücksichtigen.

„Unterstützung" bedeutet, einem Pflegebedürftigen bei den Alltagsverrichtungen des SGB XI „zur Hand zu gehen", ihn aktiv bei der Vollendung der anstehenden Aufgaben zu unterstützen, ohne Aufgaben zu übernehmen, die – ggf. verlangsamt und mühsam – noch selbstständig erledigt werden können. Eine Unterstützung liegt vor, wenn der Pflegebedürftige im Wesentlichen zur selbstständigen Aufgabenerledigung in der Lage ist, aber bei der vollständigen Durchführung Hilfe benötigt. Bei unterstützenden Aufgaben kommen alle Prinzipien der Pflegeversicherung zum Tragen, insbesondere das der aktivierende Pflege. Es geht im Wesentlichen darum,

- noch vorhandene Fähigkeiten bei der Durchführung einzelner Verrichtungen des täglichen Lebens zu erhalten und

- noch vorhandene Fähigkeiten zu fördern sowie

- dem Pflegebedürftigen zu helfen, verloren gegangene Fähigkeiten wieder zu erlernen und nicht vorhandene zu entwickeln (aktivierende Pflege).

Deshalb beschränkt sich die Unterstützung grundsätzlich auf die Teilaufgaben bei der einzelnen Katalog-Verrichtung, die der Pflegbedürftige tatsächlich nicht ausführen kann. Dazu gehört auch die Unterstützung bei der richtigen Nutzung der ihm überlassenen Hilfsmittel.

Eine Unterstützung z. B. beim Waschen liegt dann vor, wenn eine bettlägerige Person sich zwar selbst waschen kann, aber das Waschwasser bereitgestellt, nach dem Waschen beseitigt oder ein Waschlappen angereicht werden muss. Weitere Beispiele sind die Auswahl geeigneter Kleidungsstücke im Rahmen des An- und Auskleidens, insbesondere bei geistig Behinderten, oder die Hilfe bei der Überwindung von Hindernissen (Treppenstufen, Bordsteinschwellen) bei einem hinsichtlich der Fortbewegung ansonsten selbstständigen Rollstuhlfahrer. Muss ein für die Auswirkungen einer falschen Ernährung (noch) nicht einsichtsfähiges Kind krankheitsbedingt zum Essen angehalten werden, etwa weil es seinen Widerwillen erregende Speisen nicht essen (oder Speisen in großer Menge über den Appetit hinaus zu sich nehmen) will, sind die hierdurch erforderlichen Maßnahmen der Pflegeperson als Unterstützung der Nahrungsaufnahme zu werten (BSG vom 27.08.1998, B 10 KR 4/97 R). Solange der Betroffene nicht gehen kann, ist jedes Führen, Stützen und Tragen zu berücksichtigen, soweit es im Zusammenhang mit einer anderen Verrichtung steht (BSG vom 29.04.1999, Az. B 3 P 7/98 R). Wenn die Hilfe allein darauf gerichtet ist, das Erlernen des Gehens bei einem Kind zu fördern, fehlt es hingegen an einem solchen Zusammenhang. Für die Zeit nach dem Erlernen freien Gehens kommt es darauf an, ob die nunmehr noch erforderlichen Hilfen den Kriterien des SGB XI gerecht werden. Dies ist z. B. dann zu bejahen, wenn der Pflegebedürftige die Aufforderung, einen bestimmten Standortwechsel vorzunehmen (z. B. aus dem Fernsehzimmer in die Küche zu kommen, um etwas zu essen), nicht versteht oder ihr wegen Desorientierung nicht folgen kann und deshalb geführt werden muss. Hilfestellungen, die allein zur Vermeidung einer Selbst- oder Fremdgefährdung erfolgen, haben keinen Bezug zu den Katalog-Verrichtungen und sind folglich ausgeschlossen (BSG vom 29.04.1999, Az. B 3 P 7/98 R).

„Teilweise Übernahme" bedeutet, dass die Pflegeperson den Teil der Verrichtungen des täglichen Lebens übernimmt, den der Pflegebedürftige selbst nicht ausführen kann. Für die teilweise Übernahme gelten die Ausführungen zur Unterstützung (Rz. 8) analog. Auch erlangt das Prinzip der aktivierenden Pflege besondere Bedeutung. Der Unterschied zwischen beiden Arten der Hilfeleistung ist in der Intensität der Hilfe zu sehen. Wenn und soweit Teilaufgaben bei Durchführung einer Katalog-Verrichtung übernommen werden, ist von teilweiser Übernahme auszugehen. Beschränkt sich die Hilfeleistung auf „kleinere Aufgabeneinheiten" i. S. eines „zur Hand gehen", kann noch von Unterstützung ausgegangen werden. In der Praxis sind die Grenzen zwischen beiden Hilfearten fließend, denn Hilfen in Form von Unterstützung und (teilweiser) Übernahme ergänzen sich wechselseitig. So kann beim Waschen im Bett das Bereitstellen des Waschwassers (Unterstützung) notwendig sein. Der Pflegebedürftige wäscht sich dann Gesicht und Oberkörper selbst, benötigt dann aber z. B. für den Rücken, den Intimbereich und die Beine wieder die Hilfe der Pflegeperson. Nach den BRi ist dann von teilweiser Übernahme auszugehen. Eine teilweise Übernahme des Waschens liegt z. B. dann vor, wenn Gesicht und Körper selbstständig gewaschen werden, für das Waschen der Füße und Beine aber die Hilfe einer Pflegeperson benötigt wird. Auch wenn eine Verrichtung begonnen, aber z. B. wegen Erschöpfung abgebrochen wird, soll nach den BRi von einer notwendigen teilweise Übernahme der Verrichtung ausgegangen werden. Bei geistig Verwirrten oder psychisch Kranken kann eine teilweise Übernahme dann erforderlich werden, wenn der Pflegebedürftige von der eigentlichen Verrichtung wiederholt abschweift oder sie trotz Anleitung zu langsam und umständlich ausführt. In einem solchen Fall muss z. B. das Waschen wegen der Gefahr des Auskühlens von der Pflegeperson durch eine teilweise Übernahme zu Ende gebracht werden.

„Vollständige Übernahme" bedeutet, dass die Pflegeperson alle Aufgaben bei einer Verrichtung selbst ausführt, weil der Pflegebedürftige sie auch teilweise selbst nicht (mehr) ausführen kann. Auch bei vollständiger Übernahme gilt es, das Prinzip der aktivierenden Pflege zu beachten. Soweit möglich, soll der Zustand der vollständigen Übernahme überwunden und durch andere Hilfearten (z. B. teilweise Übernahme) ersetzt werden. In diesem Sinne ist die Notwendigkeit der vollständigen Übernahme grundsätzlich kritisch zu hinterfragen. Eine vollständige Übernahme liegt dann vor, wenn die Pflegeperson die Verrichtung selbst ausführt und der Pflegebedürftige sich dabei passiv verhält, also keinen eigenen Beitrag zur Vornahme der Verrichtung leistet. Die vollständige Übernahme mehrerer Verrichtungen ist nach Erkenntnissen der Medizinischen Dienste der Krankenversicherung bei der

Mehrzahl der Pflegebedürftigen nicht erforderlich. Sie kommt vor allem bei bewusstseinseingeschränkten oder gelähmten Menschen in Betracht.

Eine teilweise Übernahme kann besonders im Rahmen der aktivierenden Pflege zeitaufwendiger sein als die vollständige Übernahme der Verrichtung. Auch die Unterstützung eines Pflegebedürftigen kann aufwendiger sein als die teilweise Übernahme. Selbst innerhalb der gleichen Hilfeart kann der Zeitaufwand unterschiedlich sein.

Krankheitsbedingte Pflegeleistungen

Die Abgrenzung der Hilfeleistungen im Sinne des SGB XI von den Leistungen der medizinischen Behandlungspflege nach SGB V bereitete seit Beginn der Pflegeversicherung Schwierigkeiten. Anfangs wurde von therapieunterstützenden, später von pflegeunterstützenden Maßnahmen gesprochen. Eine der Ursachen war, dass der Gesetzgeber im Gesetzgebungsverfahren zum PflegeVG keine klaren Vorstellungen hatte, was begrifflich bzw. inhaltlich unter Behandlungspflege zu verstehen ist (hierzu insbesondere Igl/Welti, 1995, Vogel/Schaaf 1997). Es wurden typische Behandlungspflegen genannt wie Injektionen, Verbandwechsel oder Verabreichen von Medikamenten. Gleichzeitig wurde die Sondenernährung zur Grundpflege gezählt, obwohl es sich nach pflegewissenschaftlichem Verständnis um eine Maßnahme der Behandlungspflege handelt, die zudem nur unter ständiger ärztlicher Kontrolle durchgeführt werden darf. Trotz der unklaren Vorstellungen über die Begriffsinhalte sollte die Behandlungspflege weiterhin in die Zuständigkeit der Krankenversicherung fallen (BT-Drs. 12/5262. S. 90). Vor diesem Hintergrund traten in der Praxis – dem Grunde nach vorprogrammierte – Abgrenzungsprobleme auf, die Gegenstand der Rechtsprechung wurden.

In ständiger Rechtsprechung hat das BSG sich inzwischen mit krankheitsspezifischen Maßnahmen auseinandergesetzt. Angesprochen sind die Pflegeleistungen, die mit dem Begriff der medizinischen Behandlungspflege umschrieben werden. Es handelt sich um Hilfeleistungen, die aus der Sicht des behandelnden Arztes erforderlich sind, um das Ziel der (Kranken-) Behandlung bzw. seines therapeutischen Konzepts zu erreichen oder begleitend abzusichern. Angesprochen sind Maßnahmen, die Bestandteil der notwendigen ärztlichen Heilbehandlung sind. Die Einbindung erfolgt durch die ärztliche Anordnung (vgl. BSG vom 30.03.2000, Az. B 3 KR 11/99 R). Die Subsumtion einer nicht vom Arzt zu erbringenden Maßnahme der Krankenbehandlung unter den Begriff Behandlungspflege hängt nicht davon ab, ob sie ausschließlich von fachlich geschulten Pflegekräften oder (auch) von Laien erbracht werden kann (BSG vom 30.03.2000, Az. B 3 KR 11/99 R). Damit wird dem regelmäßig in der Praxis vorgetragenen Argument der Boden entzogen, bei Behandlungspflege müsse eine Pflegefachkraft zum Einsatz kommen, soweit es die Anforderungen des Sozialgesetzbuchs betrifft. Die berufsrechtlichen Regelungen (z. B. Gesetz über die Berufe in der Krankenpflege) werden damit allerdings nicht angesprochen; sie bleiben davon unberührt. Die Trennung von Grund- und Behandlungspflege ist in diesem Sinne keine Frage des eingesetzten Personals, sondern der Sachverrichtung (LSG Nordrhein-Westfalen vom 23.03.1999).

Die im Ablauf des täglichen Lebens regelmäßig durchzuführenden Verrichtungen der Grundpflege in den Bereichen der Ernährung, der Körperpflege und der Mobilität überschneiden sich – unabhängig von Pflegebedürftigkeit – nicht selten mit notwendigen Maßnahmen der Behandlungspflege und damit auch mit Leistungen der gesetzlichen Krankenversicherung. Nach den Vorschriften des Sozialgesetzbuchs sind Leistungen der Krankenversicherung gegenüber denen der Pflegeversicherung vorrangig. Fragen der Abgrenzung stellen sich so zwangsläufig, wenn sich Maßnahmen der Grundpflege mit denen der Behandlungspflege überschneiden. Von entscheidender Bedeutung ist die Abgrenzungsfrage für Pflegebedürftige bei der Zuordnung zu den Pflegestufen, die es hier zu erörtern gilt (die vergütungsrechtlichen Folgewirkungen werden unter § 89 aufgegriffen). Da bei Durchführung von Behandlungspflegen durch Pflegepersonen Leistungen der Krankenversicherung nicht zur Verfügung stehen (§ 37 Abs. 3 SGB V), wurde von Pflegebedürftigen – ungeachtet der ethischen, moralischen oder nach dem BGB bestehenden Verpflichtungen (BSG vom 18.03.1999, Az. B 3 P 8/98 R) – die Berücksichtigung angestrebt, um die Einstufung in eine höhere Pflegestufe zu erreichen und in der Folge in den Genuss höherer Leistungen der Pflegeversicherung gelangen zu können.

Behandlungspflegerische Maßnahmen sind nicht von vornherein aus dem berücksichtigungsfähigen Pflegebedarf ausgeschlossen, weil die Behandlungspflege der Krankenversicherung zuzuordnen ist. Sie zählen jedoch nur dann zum Pflegebedarf im Sinne des SGB XI, wenn und soweit sie untrennbare Bestandteile der sogenannten Katalog-Verrichtungen sind oder im unmittelbaren zeitlichen und sachlichen Zusammenhang mit ihnen erforderlich sind (BSG vom 17.04.1996, Az. 3 RK 28/95, vom 19.02.1998, Az. B 3 P 3/97 R usw.). Das BSG lässt sich im Grundsatz davon leiten, dass der Hilfebedarf bei einer Verrichtung auch zu berücksichtigen ist, soweit er nur wegen der Folgen einer Krankheit anfällt oder vergrößert wird. Insoweit gilt der Grundsatz, dass Hilfeleistungen bei einer Verrichtung nicht deshalb unter dem Gesichtspunkt der Behandlungspflege außer Betracht bleiben, weil sie nur wegen einer Erkrankung erforderlich sind (z. B. BSG vom 26.11.1998, Az. B 3 P 20/97 R, 28.01.1999, Az. B 3 P 4/98 R). In ständiger und in einigen Bereichen sogar gesicherter Rechtsprechung (BSG vom 29.04.1999, Az. B 3 P 13/98 R, 05.08.1999, Az. B 3 KR 5/98 R, und z. B. 27.08.1998, Az. B 10 KR 4/97 R) ist folgende Integrationsregel zu beachten, nach der Behandlungspflegen beim Zugang zu den Leistungen des SGB XI zu berücksichtigen sind, wenn und soweit

▪ die medizinische Maßnahme untrennbarer Bestandteil bei einer der Katalog-Verrichtungen ist oder

▪ ein objektiv gegebener (erforderlicher) zeitlicher Zusammenhang mit einer der Katalog-Verrichtungen besteht.

Beide Möglichkeiten dieser Integrationsregel sind nicht deckungsgleich. Bei der ersten Möglichkeit muss die Behandlungspflege zwangsläufig zu den Hilfeleistungen bei der Verrichtung gehören. Ohne sie muss die Hilfe deshalb als unvollständig angesehen werden. Krankheitsspezifische Pflegemaßnahmen sind also dann Bestandteil einer Verrichtung, wenn sie mit ihr untrennbar verbunden sind, wie dies bei der Sondenernährung mittels PEG (BSG vom 19.02.1998, Az. B 3 P 11/97 R) und zum Beispiel bei der Stomaversorgung (BSG vom 29.04.1999, Az. B 3 P 12/98 R) der Fall ist. Beide Behandlungspflegen ersetzen die entsprechenden Hilfeleistungen bei der Nahrungsaufnahme bzw. der Darmentleerung. Bei der zweiten Möglichkeit der Integrationsregel reicht es aus, dass nach objektiven Kriterien, insbesondere aufgrund medizinischer Erfordernisse, eine gleichzeitige Durchführung von Grundverrichtung und medizinischer Hilfeleistung erforderlich ist. Dies kann z. B. der Fall sein

▪ beim Abklopfen von Mukoviszidose-Patienten (BSG vom 27.08.1998, Az. B 10 KR 4/97 R, 29.04.1999, Az. B 3 P 12/98 R, sowie 29.04.1999, Az. B 3 P 13/98 R),

▪ bei der Gabe von Medikamenten (BSG vom 19.02.1998, Az. B 3 P 5/97 R, 30.03.2000, Az. B 3 KR 14/99 R),

▪ beim An- bzw. Ausziehen von Kompressionsstrümpfen (BSG vom 30.10.2001, B 3 KR 2/01 R).

Die Behandlungspflege ist dann „Bestandteil der Verrichtung", wenn sie mit ihr untrennbar verbunden ist. Erfasst wird nach der Rechtsprechung beispielsweise bei der Verrichtung

▪ „Aufnahme der Nahrung" die künstliche Ernährung (Versorgung mittels PEG; BSG vom 19.02.1998, Az. B 3 P 11/97 R),

▪ „Baden" das dermatologische Bad einschließlich des Einreibens der Haut mit Arzneimitteln, um der Gefahr des Austrocknens entgegenzuwirken (BSG vom 27.08.1998, Az. B 10 KR 4/97 R, 29.04.1999, Az. B 3 P 12/98 R, sowie 29.04.1999, Az. B 3 P 13/98 R),

▪ „Blasenentleerung" das Katheterisieren der Harnblase (BSG vom 31.08.2000, Az. B 3 P 14/99 R, 22.08.01, Az. B 3 P 23/00 R),

▪ „Darmentleerung" die Stomabehandlung (BSG vom 29.04.1999, Az. B 3 P 12/98 R, 22.08.01, Az. B 3 P 23/00 R),

„Waschen" der Kopfhaut die Behandlung einer Schuppenflechte (BSG vom 31.08.2000, Az. B 3 P 14/99 R).

Die schon angesprochenen Maßnahmen zur Reinigung und Freihaltung der Atemwege (z. B. das Abklopfen bei Mukoviszidose) zählen generell zur Behandlungspflege. Sie können aber nur dann im Rahmen der Grundpflege (SGB XI) berücksichtigt werden, wenn sie aus medizinisch-pflegerischen Gründen im zeitlichen Zusammenhang mit einer Verrichtung aus dem Bereich der Grundpflege durchgeführt werden müssen (BSG vom 29.04.1999, Az. B 3 P 13/98 R). Um eine Maßnahme der Behandlungspflege handelt es sich auch bei einer einmal wöchentlich stattfindenden speziellen Behandlung der Kopfhaut mit einem Pflegemittel wegen einer Schuppenflechte. Sie ist jedoch mit einer Maßnahme der Grundpflege (dem Haarewaschen als Teil der Verrichtungen Wachen/Duschen/Baden) untrennbar verbunden und daher immer zu berücksichtigen. Das BSG hält es für denkbar, selbst sogenannte tagesstrukturierende Maßnahmen als behandlungspflegerische Maßnahmen zu berücksichtigen, soweit sie konkrete Verrichtungen aus dem Katalog des § 14 Abs. 4 SGB XI betreffen (BSG vom 10.02.2000, Az. B 3 P 12/99 R). Das Einreiben der Gelenke mit einer Salbe zur Verringerung von Schmerzzuständen und zur Reduzierung des Gebrauchs von nebenwirkungsreichen medikamentösen Schmerzmitteln ist – als Maßnahme der Behandlungspflege – nicht zu berücksichtigen (BSG vom 31.08.2000, Az. B 3 P 14/99 R), wenn es keine „feste Bindung" mit einer der Verrichtungen gibt. Kann die Aufgabe aus pflegerischer und medizinischer Sicht zu einem anderen Zeitpunkt erledigt werden, bleibt sie unberücksichtigt.

Durch die Integrationsregel werden Behandlungspflegen nicht erfasst, die lediglich aus praktischen Erwägungen oder als geübte Praxis (vom Pflegebedürftigen oder Pflegenden) im zeitlichen Zusammenhang durchgeführt werden. Hierzu zählen auch Hilfeleistungen, die aus fürsorglichen Gründen erbracht werden (BSG vom 06.08.1998, Az. B 3 P 9/97 R). Nicht zu integrieren sind auch Maßnahmen, die nicht im unmittelbaren Zusammenhang mit einer der Verrichtungen stehen und deshalb als abtrennbar einzustufen sind. So sind Hilfeleistungen nicht zu berücksichtigen:

- bei der technischen Durchführung und Überwachung der Dialyse (BSG vom 06.08.1998, Az. B 3 P 9/97 R),

- bei der Überwachung eines Sauerstoffgeräts und der Kontrolle der Sauerstoffversorgung (BSG vom 26.11.1998, Az. B 3 P 20/97 R),

- zur Behandlung eines Fußpilzes (BSG vom 24.06.1998, Az. B 3 P 4/97 R),

- wenn die Gabe von Arzneimitteln nicht notwendigerweise (zwangsläufig) mit der Verrichtung „Nahrungsaufnahme" verbunden ist (BSG vom 19.02.1998, Az. B 3 P 5/97 R),

▨ soweit es Blutzuckertests, einschließlich des Führens eines Tagebuchs, das Spritzen von Insulin, Salbeneinreibungen und beispielsweise die Blutdruckmessung betrifft (BSG vom 17.06.1999, Az. B 3 P 10/98 R, 16.12.1999, Az. B 3 P 5/98 R, 30.03.2000, Az. B 3 KR 23/99 R).

Zur Verdeutlichung der gelegentlich problematischen Abgrenzungsfragen zwei Beispiele:

Beispiel 1 – Kompressionsstrümpfe:

Das An- und Ausziehen von Kompressionsstrümpfen ist auf den ersten Blick mit der Katalog-Verrichtung „An- und Ausziehen" notwendigerweise zeitlich verbunden. Aus pflegerischer Sicht müssen Kompressionsstrümpfe unmittelbar vor dem Aufstehen angezogen werden, um Schwellungen des Beins durch Blutrückstau in den Venen zu verhindern. Sie müssen auch regelmäßig – im Gegensatz zu Anti-Thrombosestrümpfen – vor dem Zu-Bett-Gehen ausgezogen werden, da ansonsten der lokale Druck zu Schäden führen kann (Seel, Die Pflege des Menschen im Alter, Kunz-Verlag, S. 232).

Von einer derartigen Situation geht auch das BSG in seinem Urteil vom 30.10.01 – wie bereits zuvor das Landessozialgericht – in seinem Urteil aus. Das BSG schlussfolgert nun, dass das An- und Ausziehen von Kompressionsstrümpfen zwar nicht im Sinne der ersten Möglichkeit der Integrationsregel untrennbar mit der Katalog-Verrichtung „An- und Ausziehen" in Zusammenhang steht. Das Anziehen der Kompressionsstrümpfe sei Bestandteil einer ärztlichen Therapie und könne nicht dem normalen Wechseln von Strümpfen gleichgestellt werden. Es erkennt einen Unterschied von der Sondenernährung und der Stomaversorgung, wo die erforderliche Hilfe bei der Nahrungsaufnahme bzw. der Ausscheidung als Maßnahme der Grundpflege durch die Maßnahme der Behandlungspflege ersetzt wird. Bei den hier zu diskutierenden Hilfeleistungen sei vielmehr von der zweiten Möglichkeit der Integrationsregel auszugehen. Beim An- und Ausziehen von Kompressionsstrümpfen sei, zumindest hinsichtlich der Klassen II und III, aus medizinischen Gründen objektiv vom notwendigen Zusammenhang mit der Verrichtung „Aufstehen" und „Zu-Bett-Gehen" auszugehen. Bei der Pflegesituation, die der Revision zugrunde lag, dürfte das Waschen der Beine vor dem Anziehen im Bett erfolgt sein. Dies kann aber nur gemutmaßt werden, da die Frage der Körperpflege im Urteil nicht detailliert thematisiert wird.

Steht nach dem Aufstehen jedoch zunächst das Waschen (Duschen, Baden oder auch nur das Waschen des Unterkörpers) außerhalb des Bettes auf der Tagesordnung, sollen aus pflegerischer Perspektive die Beine danach möglichst 30 Minuten hoch gelagert und zusätzlich vor dem Anziehen der Kompressionsstrümpfe herzwärts ausgestrichen werden.

Aber auch dann besteht letztlich der objektive zeitliche Zusammenhang mit dem Aufstehen und Anziehen im Sinne der zweiten Möglichkeit der Integrationsregel. Bei Pflegesituationen, in denen Kompressionsstrümpfe Tag und Nacht getragen werden müssen, erfolgt der Wechsel regelmäßig im Zusammenhang mit der Körperpflege. Hier würde die Behandlungspflege im Sinne der Rechtsprechung wohl beim „Waschen" zu integrieren sein.

Beispiel 2 – Medikamentengabe

Auch bei der sogenannten „Medigabe" ist die Integrationsregel anzuwenden. Dies verdeutlicht folgende Formulierung des BSG: „Die Versorgung mit Medikamenten, die nicht notwendig mit der Verrichtung „Nahrungsaufnahme" verbunden ist, zählt nicht zur Grundpflege" (BSG vom 19.02.1998, Az. B 3 P 5/97 R). Der Revision lag eine Situation zugrunde, in der dauerhaft Arzneimittel eingenommen werden mussten. Allerdings keine, die bei der „Aufnahme der Nahrung" einzunehmen waren. Soweit aber Medikamente verabreicht werden müssen, die der Pflegebedürftige aus medizinischen Gründen (insbesondere aufgrund der Wirkstoffe) bei der Mahlzeit einnehmen muss, ist die Verbindung zur ersten Möglichkeit der Integrationsregel gegeben. Folglich ist die Behandlungspflege in die SGB-XI-Grundpflege zu integrieren.

Maßnahmen zur Vermeidung einer Gesundheitsgefährdung sind keine Maßnahmen der Behandlungspflege, da sie keine Krankheit behandeln, sondern einer Erkrankung allenfalls vorbeugen (BSG vom 28.06.01, Az. B 3 P 7/00 R). Zu den vor- bzw. nachbereitenden Aktivitäten der Grundpflege zählt z. B. die Reinigung des Rasierapparates nach der Rasur (BSG vom 26.11.1998 Az. B 3 P 20/97 R). Dies gilt in gleicher Weise für Behandlungspflegen, soweit sie nach der Integrationsregel zu berücksichtigen sind und direkt vor- bzw. nach der integrierten Behandlungspflege erledigt werden müssen (BSG vom 16.11.1998, Az. B 3 P 20/97 R).

Verrichtungen bei der Körperpflege

1. Allgemeines

Die Hautpflege ist als integraler Bestandteil der Körperpflege bei den jeweiligen Verrichtungen zu berücksichtigen. Zu erwähnen ist, dass dies auch in den BRi zum Ausdruck gebracht wird. Die Vor- und Nachbereitung zu den Verrichtungen sind Bestandteil der Hilfen im Sinne der Pflegeversicherung. Bei der Bemessung der Häufigkeit des jeweiligen Hilfebedarfs für die Verrichtungen des täglichen Lebens ist von den tatsächlichen individuellen Lebensgewohnheiten auszugehen, die der Antragsteller nachvollziehbar in seinem persönlichen Umfeld hat. Es gibt keine anerkannten allgemein gültigen Standards, wie oft man sich z. B. täglich kämmt oder die Zähne putzt.

Dennoch gibt es kulturell bedingte und letztlich gesellschaftlich akzeptierte Normen, die die mögliche Bandbreite der Anzahl der einzelnen täglichen

Verrichtungen eingrenzen. Entscheidend sind hier also die individuellen Lebensgewohnheiten, wobei allerdings grundlegende Mindesthygieneanforderungen nicht unterschritten werden sollen. Der Hilfebedarf gilt als regelmäßig, wenn er mindestens einmal pro Woche und auf Dauer anfällt. Eine allgemeine Aufsicht, die lediglich darin besteht, zu überwachen, ob die erforderlichen Verrichtungen vom Betroffenen ordnungsgemäß ausgeführt werden, und die dazu führt, dass der Betroffene gelegentlich zu bestimmten Handlungen aufgefordert werden muss, ist bei der Feststellung der Pflegebedürftigkeit nicht berücksichtigungsfähig.

2. Verrichtungen beim Waschen

Das Waschen umfasst das Waschen des ganzen Körpers, aber auch von Teilbereichen des Körpers, hauptsächlich am Waschbecken bzw. im Bett mit einer Waschschüssel. Zum Waschvorgang gehören unter anderem:

- die Vor- und Nachbereitung,

- das Waschen des ganzen Körpers bzw. einzelner Körperteile und

- das Abtrocknen.

Wenn im unmittelbaren zeitlichen und sachlichen Zusammenhang mit dem Waschen / Duschen oder Baden eine Schmerzmedikation als Einzelgabe gezielt zur Durchführung des Waschens / Duschens oder Badens (z. B. bei Kontrakturen, Tumorschmerzen) verabreicht werden muss oder eine orotrachiale Sekretabsaugung notwendig ist, handelt es sich jeweils um eine krankheitsspezifische Pflegemaßnahme. Diese ist zusätzlich zu dem bestehenden Hilfebedarf zu berücksichtigen und ist nach den BRi als Erschwernisfaktor anzusehen. Im Gegensatz dazu ist eine alleinige regelmäßige Gabe von Schmerzmedikamenten nur im Sinne der Integrationsregel eine Maßnahme i. d. Sinne. Wenn sie nicht zwangsläufig im unmittelbaren zeitlichen und sachlichen Zusammenhang mit dieser Verrichtung vorgenommen werden muss, bleibt sie deshalb unberücksichtigt. Die Durchführung einer Intimhygiene zum Beispiel nach dem Toilettengang ist im Rahmen der Blasen- und Darmentleerung entsprechend zu berücksichtigen und auszuführen. Wenn bei dieser Verrichtung nur Teilhilfen (Abtrocknen / Teilwaschungen) anfallen, kann der Zeitorientierungswert nur anteilig berücksichtigt werden. Zum Zeitaufwand: Als Zeitorientierungswerte nennen die BRi für die Ganzkörperwäsche 20 bis 25 Minuten, für die Teilwäsche des Oberkörpers 8 bis 10 Minuten, für die Teilwäsche des Unterkörpers 12 bis 15 Minuten und für das Waschen der Hände und des Gesichtes 1 bis 2 Minuten.

3. Verrichtungen beim Duschen

Das Duschen des Körpers umfasst eine Ganzkörperwäsche unter der Dusche, wobei die Vor- und Nachbereitung, die Ganzkörperwäsche selbst und das Abtrocknen des ganzen Körpers zu berücksichtigen sind. Etwaige Hil-

festellungen beim Betreten der Duschtasse bzw. beim Umsetzen des Pflegebedürftigen (z. B. auf einen Duschstuhl) sind im Bereich der Mobilität beim
„Stehen" zu berücksichtigen. Zum Zeitaufwand: In den BRi wird zur Orientierung der Zeitbedarf von 15 bis 20 Minuten genannt. Wenn bei dieser Verrichtung nur Teilhilfen (Abtrocknen oder z. B. Teilwaschungen) anfallen, ist
der Zeitorientierungswert nur anteilig zu berücksichtigen.

4. Verrichtungen beim Baden

Das Baden umfasst eine Ganzkörperwäsche in einer Badewanne, wobei der
Pflegebedürftige entweder sitzen oder liegen kann. Zum eigentlichen Waschvorgang gehören

▦ die Vor- und Nachbereitung,

▦ das Waschen des ganzen Körpers selbst und

▦ das Abtrocknen des Körpers.

Das krankheitsbedingt notwendige Einfetten der Haut nach dem Baden ist
als Hilfe beim Baden anzusehen. Ist das Baden krankheitsbedingt z. B. täglich erforderlich, sind die notwendigen Hilfeleistungen zu berücksichtigen
(BSG vom 26.11.1998, Az. B 3 P 20/97 R). Eine Hilfestellung beim Einsteigen
in die Badewanne ist im Bereich der Mobilität beim „Stehen" zu berücksichtigen. Zum Zeitaufwand: In den BRi wird zur Orientierung der Zeitbedarf
von 20 bis 25 Minuten genannt.

5. Krankheitsspezifische Maßnahmen

Krankheitsspezifische Maßnahmen sind beim Waschen/Duschen/Baden
dann Bestandteil der Verrichtung, wenn sie untrennbar mit ihr verbunden
sind (Integrationsregel). Ein zeitlicher Zusammenhang mit der Verrichtung
reicht nur dann aus, wenn die Durchführung zeitlich objektiv erforderlich ist.
Dies ist bei einem Pflegebad und anschließender Hautbehandlung bei einem
an Neurodermitis leidenden Patienten der Fall (BSG vom 26.11.1998, Az. B 3
P 20/97 R). Wenn im unmittelbaren zeitlichen und sachlichen Zusammenhang mit dem Duschen, Baden oder Waschen aufgrund einer Hauterkrankung nach Durchführung der Verrichtung das Einreiben mit Dermatika notwendig ist, handelt es sich um eine krankheitsspezifische Pflegemaßnahme.
Diese ist zusätzlich zu dem beim Duschen, Baden oder Waschen bestehenden Hilfebedarf zu berücksichtigen und als Erschwernisfaktor zu werten.
Der Zeitaufwand für das regelmäßige Einreiben und Pudern der Haut kann
ebenfalls zu berücksichtigen sein. Das ist dann der Fall, wenn es sich nicht lediglich um eine kosmetische Maßnahme, sondern um eine aus medizinisch-
pflegerischen Gründen notwendige Maßnahme der Behandlungspflege handelt. Wenn dann die Hilfeleistung nicht nur aus Gründen der Zweckmäßigkeit mit der vorangegangenen Körperwäsche verbunden wurde, sondern als
Folge der Körperwäsche (beispielsweise Austrocknung schuppiger Haut,

Reizung der Schuppenflechte) notwendig ist, kann sie berücksichtigt werden (BSG vom 31.08.2000, Az. B 3 P 14/99 R).

6. Das Haarewaschen

Das Haarewaschen ist Bestandteil des Waschens, Duschens oder Badens. Alleiniges Haarewaschen ist der Verrichtung „Waschen" zuzuordnen (BSG vom 31.08.2000, Az. B 3 P 14/99 R). Das ein- bis zweimalige Haarewaschen pro Woche entspricht nach den BRi dem heutigen Hygienestandard. Wenn darüber hinaus die Notwendigkeit besteht, die Haare zu waschen, ist dies anzuerkennen. Die Notwendigkeit wird bei bestimmten Erkrankungen (Mukoviszidose) und z. B. auch bei übermäßig fettigem Haar anzuerkennen sein, denn die medizinische bzw. pflegerische Notwendigkeit ist maßgebend. Der Hilfebedarf beim Haarewaschen umfasst auch die Haartrocknung. Alleiniges Haarewaschen ist der Verrichtung „Waschen" zuzuordnen. Der notwendige zeitliche Hilfebedarf ist nach den BRi im Formulargutachten gesondert zu dokumentieren.

7. Verrichtungen bei der Zahnpflege

Ein Hilfebedarf ist anzunehmen, wenn die Aufforderung allein nicht ausreicht, um den Behinderten in den Stand zu versetzen, eine Verrichtung eigenständig auszuführen. Dies ist z. B. der Fall, wenn beim Zähneputzen Einzelanweisungen gegeben und die Ergebnisse jeweils kontrolliert werden müssen. Die Zahnpflege umfasst z. B.

- die Reinigung von Zahnersatz und

- die Mundpflege.

Dazu gehören sowohl die Vorbereitung und/oder das Aufschrauben von Behältnissen (Zahnpaste/Mundwasser) als auch der eigentliche Putzvorgang und die Nachbereitung, aber auch die Reinigung von Zahnersatz und die Mundpflege, dass heißt das Spülen der Mundhöhle mit Mundwasser und die mechanische Reinigung der Mundhöhle.

Die vor- und nachbereitenden Aufgaben sind zu berücksichtigen. Zu den vorbereitenden Aufgaben gehört es z. B., Zahnpasta auf die Zahnbürste zu geben und Wasser in einen Becher zu füllen, wobei ggf. auf die Temperatur zu achten ist.

Zum Zeitaufwand: Für die vollständige Zahnpflege werden in den BRi – unabhängig davon, ob die natürliche oder künstliche Zähne zu pflegen gilt – 5 Minuten ausgewiesen. Soweit nur Mundpflege erforderlich ist, kann der Zeitorientierungswert nur anteilig berücksichtigt werden.

8. Verrichtungen beim Kämmen

Dies umfasst das Kämmen oder Bürsten der Haare entsprechend der individuellen Frisur. Das Legen von Frisuren (z. B. Dauerwellen) oder das Schneiden der Haare ist hingegen nicht zu berücksichtigen. Trägt der Pflegebedürftige ein Toupet oder eine Perücke, ist das Kämmen oder Aufsetzen dieses Haarteils beim Hilfebedarf zu werten.

Zum Zeitaufwand: In den BRi wird ein Orientierungswert von 1 bis 3 Minuten genannt.

9. Verrichtungen beim Rasieren

Das Rasieren beinhaltet wahlweise die Trocken- oder Nassrasur und deren sichere Durchführung sowie die damit zusammenhängende Haut- und Gesichtspflege. Bei Frauen kann auch ohne notwendige Gesichtsrasur (Damenbart) die Gesichtspflege berücksichtigt werden. Das Schminken kann hingegen nicht als Gesichtspflege gewertet werden (a. A. Klie im LPK-SGB XI zu § 14 Rz. 10). Das Schneiden von Finger- und Fußnägeln ist regelmäßig keine täglich bzw. wöchentlich anfallende Verrichtung, so dass es unberücksichtigt bleibt.

Zum Zeitaufwand: In den BRi wird ein Orientierungswert von 5 bis 10 Minuten genannt.

10. Verrichtungen bei der Darm- oder Blasenentleerung

Zur Darm- und Blasenentleerung gehören

- die Kontrolle des Wasserlassens und des Stuhlgangs,

- die Reinigung und

- die Versorgung von künstlich geschaffenen Ausgängen (Urostoma, Anus praeter).

Die notwendigen Handgriffe bei diesem Hygienevorgang, das Richten der Kleidung vor und nach dem Gang zur Toilette, die Intimhygiene wie das Säubern nach dem Wasserlassen und dem Stuhlgang sind zu berücksichtigen, ebenso das Entleeren und Säubern eines Toilettenstuhls bzw. eines Steckbeckens. Bei Fehlhandlungen des zu Pflegenden, wie z. B. Kotschmieren, ist der Säuberungsbedarf hier mit einzuordnen und nicht bei der hauswirtschaftlichen Versorgung zu berücksichtigen. Bestandteil der Hilfe bei der Verrichtung Darm- oder Blasenentleerung kann die (krankheitsbedingt erforderliche) Sichtkontrolle der Konsistenz des Stuhlgangs sein. Diese wird – und sei es unwillkürlich – auch von Gesunden im unmittelbaren Zusammenhang mit der Stuhlentleerung durchgeführt. Nichts anderes gilt für die Kontrolle des Darmausgangs, die normalerweise – unbewusst – beim Reinigen des Afters vorgenommen wird. Wenn hierbei ein Darmvorfall festgestellt werden kann, der Betroffene selbst dies jedoch nicht selbstständig zu leisten vermag, stellt diese Kontrolle durch eine Hilfsperson eine berücksichtigungsfähige Hilfeleistung dar. Bei einem Kind besteht ein zur Grundpflege zählender Hilfebedarf, wenn die krankheitsbedingt erforderliche Kontrolle des Stuhlgangs und des Afters von der Pflegeperson durchgeführt werden muss, weil dem Kind die notwendige Einsichtsfähigkeit fehlt (BSG vom 29.04.1999, Az. B 3 P 12/98 R). Nicht zu berücksichtigen ist die eventuell eingeschränkte Gehfähigkeit beim Aufsuchen und Verlassen der Toilette. Kann der Pflegebedürftige die Toilette nur deshalb nicht alleine aufsuchen, ist dies beim „Gehen" im Bereich der Mobilität zu berücksichtigen.

Wenn im unmittelbaren zeitlichen und sachlichen Zusammenhang mit der Darm- und Blasenentleerung die Verabreichung eines Klistiers, eines Einlaufs oder die Einmal-Katheterisierung notwendig ist, handelt es sich um eine krankheitsspezifische Pflegemaßnahme. Die ist zusätzlich zu dem bei der Darm- und Blasenentleerung bestehenden Hilfebedarf zu berücksichtigen und nach den BRi als Erschwernisfaktor zu werten. Im Gegensatz dazu ist nach den BRi die Laxantiengabe oder das Legen eines Blasendauerkatheters keine solche Maßnahme, weil sie nicht zwangsläufig im unmittelbaren zeitlichen und sachlichen Zusammenhang mit dieser Verrichtung vorgenommen werden muss.

Aufgrund der Vielfältigkeit der bei der Blasen- und Darmentleerung notwendigen verschiedenen Hilfeleistungen ist es häufig erforderlich, den Hilfebedarf differenziert darzustellen. Als spezielle pflegeerschwerende Faktoren werden in den BRi massive chronische Diarrhö, Erforderlichkeit der mechanischen Harnlösung und die digitale Enddarmentleerung genannt. Ein bettlägeriger Pflegebedürftiger, der nicht ohne fremde Hilfe aufstehen und zur Toilette gehen kann, darf zur Vermeidung eines nächtlichen Hilfebedarfs nicht auf die Versorgung mit Windeln oder einem Blasenkatheter verwiesen werden, solange er nicht inkontinent ist und die Pflegeperson verständigen kann (BSG vom 31.08.2000, Az. B 3 P 16/99 R).

Zum Zeitaufwand: In den BRi werden als Orientierungswerte für das Wasserlassen (Intimhygiene, Reinigen der Toilette bzw. des Umfeldes) 2 bis 3 Minuten, für den Stuhlgang (Intimhygiene, Reinigen der Toilette bzw. des Umfeldes) 3 bis 6 Minuten, für das Richten der Bekleidung insgesamt 2 Minuten genannt. Für das Wechseln/Entleeren des Urinbeutels werden 2 bis 3 Minuten und für das Wechseln/Entleeren des Stomabeutels 3 bis 4 Minuten als Orientierungswerte angegeben.

11. Inkontinenz

Nach medizinischer Abklärung der Inkontinenz bestehen, unabhängig von anderen therapeutischen Maßnahmen (z. B. Krankenbehandlung und Rehabilitation), unterschiedliche pflegerische Möglichkeiten der aktivierenden Pflege zur Bewältigung individueller Inkontinenzprobleme zur Verfügung:

das Kontinenz- bzw. Toilettentraining: Darunter versteht man das Aufsuchen der Toilette nach einem festen Zeitplan. Mithilfe eines Erfassungsbogens wird der individuelle Entleerungsrhythmus ermittelt. So kann man erkennen, ob der Patient regelmäßig zu bestimmten Zeiten einnässt bzw. einkotet oder spontan zur Toilette geht. Wenn der Trainingsplan feststeht, wird der Patient zu festgelegten Zeiten zum Aufsuchen der Toilette aufgefordert oder begleitet, und zwar so lange, bis die Kontinenz wiederhergestellt ist. Hiermit sollen ein Einnässen und Einkoten verhindert werden, indem der Betroffene etwa zehn Minuten vor dem erwarteten Drang die Toilette benutzt. In stationären Pflegeeinrichtungen wird dieses häufig durch ein Routine-Toilettentraining alle zwei Stunden sichergestellt. Die Beratung bei der Auswahl des geeigneten Inkontinenz- und Versorgungsmaterials im Hinblick auf einen dauernden optimalen Schutz vor Flüssigkeitsaustritt, eine gute Hautverträglichkeit sowie eine leichte und sichere Anwendung ist nach Abschluss der Akutbehandlung ebenso Bestandteil der aktivierenden Pflege wie die Anleitung zur selbstständigen Nutzung dieser Produkte. Das Kontinenz- bzw. Toilettentraining ist eine krankheitsspezifische Maßnahme. Aufgrund der Integrationsregel kann es regelmäßig nicht anerkannt werden, weil dann von einer Trainingsphase ausgegangen werden müsste, die erst nach mindestens sechs Monaten erfolgreich abgeschlossen werden kann.

Zum Zeitaufwand: Der im Rahmen eines Toilettentrainings erforderliche Windelwechsel ist in der Regel sehr viel weniger zeitaufwendig als ein üblicher Windelwechsel, dem eine unkontrollierte und ungeregelte Harnblasen- und Darmentleerung zugrunde liegt.

Verrichtungen bei der Ernährung

Die Vorschriften des § 14 differenzieren allein nach dem äußeren Ablauf der Verrichtungen; sie knüpfen nicht an das mit der Verrichtung angestrebte Ziel an. Bezogen auf den Bereich der Ernährung bedeutet dies, dass nicht umfassend alle Maßnahmen einzubeziehen sind, die im konkreten Einzelfall im weitesten Sinne dem Ernährungsvorgang zugeordnet werden können (z. B. BSG vom 19.02.1998, Az. B 3 P 5/97 R). Zu beachten ist, dass die notwendigen Aufgaben zur Vor- und Nachbereitung der einzelnen Verrichtungen Bestandteil der Hilfen im Sinne der Pflegeversicherung sind.

Zur Verrichtung „mundgerechte Zubereitung"

Hierzu gehören nur die letzten Vorbereitungsmaßnahmen, soweit solche nach der Fertigstellung der Mahlzeit krankheits- oder behinderungsbedingt noch erforderlich sind (BSG vom 19.02.1998, Az. B 3 P 5/97 R), wie z. B.:

▪ Einfüllen von Getränken in Trinkgefäße,

- Einweichen von harter Nahrung bei Kaustörungen oder Schluckbeschwerden,

- Entfernen von Gräten,

- Heraustrennen eines Knochens,

- Trennung anderer nicht essbarer Bestandteile der zubereiteten Nahrung und

- Zerkleinern der Nahrung.

Erfasst werden nur solche Maßnahmen, die dazu dienen, die bereits zubereitete Nahrung so aufzubereiten, dass eine abschließende Aufnahme durch den Pflegebedürftigen erfolgen kann. Notwendige Aufforderungen zur vollständigen Aufnahme der Nahrung in fester und flüssiger Form (Essen und Trinken) sind beim Hilfebedarf zu berücksichtigen, wenn der Pflegebedürftige aufgrund fehlender Einsichtsfähigkeit dazu nicht in der Lage ist. Bei der Ermittlung des Pflegebedarfs zählen die portionsgerechte Bemessung und Zuteilung einer Diätnahrung zur hauswirtschaftlichen Versorgung und nicht zu den Verrichtungen der mundgerechten Zubereitung (z. B. BSG vom 17.06.1999, Az. B 3 P 19/98 R, BSG vom 28.06.2001, Az. B 3 P 12/00 R). Zur mundgerechten Zubereitung der Nahrung gehört allein der letzte Schritt vor der Nahrungsaufnahme, also z. B. das Zerkleinern in mundgerechte Bissen (Portionieren), das Heraustrennen von Knochen oder Gräten, das Einweichen harter Nahrung bei Kau- und Schluckbeschwerden und das Einfüllen von Getränken in Trinkgefäße (BSG vom 31.08.2000, Az. B 3 P 14/99 R). Hierzu zählen nicht das Kochen oder z. B. das Eindecken des Tisches. Die Zubereitung von Diäten, einschließlich der anhand der Diätvorschriften vorzunehmenden Auswahl von Speisen, sowie das Bemessen und Zuteilen der zubereiteten Nahrung bzw. einzelner Nahrungsbestandteile sind nicht hier, sondern beim „Kochen" zu berücksichtigen. Die regelmäßige Insulingabe sowie die Blutzuckermessungen sind keine krankheitsspezifischen Pflegemaßnahmen, da sie nicht zwangsläufig im unmittelbaren zeitlichen und sachlichen Zusammenhang mit dieser Verrichtung vorgenommen werden müssen.

Zum Zeitaufwand: Für die mundgerechte Zubereitung einer Hauptmahlzeit (einschließlich des Bereitstellens eines Getränks) werden in den BRi für den Regelfall jeweils 2 bis 3 Minuten genannt. Soweit nur eine Zwischenmahlzeit oder ein Getränk zubereitet oder bereitgestellt wird, kann der Zeitbedarf selbstverständlich nur anteilig berücksichtigt werden.

Zur Verrichtung „Aufnahme der Nahrung"

Zur Aufnahme der Nahrung gehören alle Tätigkeiten, die zur unmittelbaren Vorbereitung dienen und die Aufnahme von fester oder flüssiger Nahrung ermöglichen, wie z. B.

- Bereitstellen behindertengerechten Geschirrs oder Essbestecks,

- portionsgerechte Bemessung,

- temperaturgerechte Vorgabe,

- Umgang mit Besteck und

- Zuteilung.

Einbezogen sind nur die Hilfe bei der Nahrungsaufnahme selbst sowie die letzte Vorbereitungsmaßnahme, soweit eine solche nach der Fertigstellung der Mahlzeit krankheits- oder behinderungsbedingt erforderlich ist. Notwendige Aufforderungen zur vollständigen Aufnahme der Nahrung in fester und flüssiger Form (Essen und Trinken) sind beim Hilfebedarf zu berücksichtigen, wenn der Pflegebedürftige aufgrund fehlender Einsichtsfähigkeit dazu nicht in der Lage ist (z. B. bei mukoviszidosekranken Kindern abhängig vom Lebensalter oder bei geronto-psychiatrisch veränderten Menschen). Muss ein, für die Auswirkungen einer falschen Ernährung (noch) nicht einsichtsfähiges Kind krankheitsbedingt zum Essen angehalten werden, etwa weil es seinen Widerwillen erregende Speisen nicht essen (oder Speisen in großer Menge über den Appetit hinaus zu sich nehmen) will, sind die hierdurch erforderlichen Maßnahmen der Pflegeperson als Unterstützung der Nahrungsaufnahme zu werten. Dies gilt nicht nur dann, wenn es eingehender Aufforderungen bedarf, die Nahrung zum Munde zu führen, zu kauen und zu schlucken; es reicht das Anhalten zum Essen, um den Widerstand des Kindes zu überwinden (BSG vom 27.08.1998, Az. B 10 KR 4/97 R). Eine Beaufsichtigung und Kontrolle bei der Nahrungsaufnahme werden als berücksichtigungsfähige Hilfe eingestuft, wenn sie von einer solchen Intensität sind, dass die Pflegeperson – wie beim Füttern – praktisch an der Erledigung anderer Aufgaben gehindert ist bzw. diese, wenn auch möglicherweise nur kurzzeitig, unterbrechen muss (BSG vom 08.05.01, Az. B 3 P 4/01 R). Die Aufsicht zur Verhinderung übermäßigen Essens ist keine Hilfe bei der Nahrungsaufnahme und damit keine Maßnahme der Grundpflege i. S. des SGB XI.

Krankheitsspezifische Maßnahmen sind dann Bestandteil der Verrichtung, wenn sie untrennbar mit ihr verbunden sind (s. Integrationsregel). Dies ist bei der Sondenernährung der Fall (BSG vom 29.04.1999, Az. B 3 P 12/98 R). Die Versorgung mit Medikamenten, die nicht notwendig mit der Verrichtung „Nahrungsaufnahme" verbunden ist, zählt nicht zur Grundpflege i. S. des SGB XI. Zum berücksichtigungsfähigen Aufwand zählt auch eine krankheitsbedingt erforderliche Sondenernährung. Wenn im unmittelbaren zeitlichen und sachlichen Zusammenhang mit der Aufnahme der Nahrung das Wechseln der Sprechkanüle gegen eine Dauerkanüle bei einem Tracheostomapatienten zur Ermöglichung des Schluckens oder vor oder während dieser Verrichtung eine orotracheale Sekretabsaugung notwendig ist, handelt es sich um eine zu berücksichtigende krankheitsspezifische Pflegemaßnahme (gilt als Erschwernisfaktor i. S. der BRi). Im Gegensatz dazu ist das Legen einer Dauerernährungssonde keine solche Maßnahme, weil sie nicht zwangsläufig im unmittelbaren zeitlichen und sachlichen Zusammenhang mit dieser Verrichtung vorgenommen werden muss. Als spezielle, die Pflege erschwerende Faktoren werden in den BRi Schluckstörungen, Störungen der Mundmotorik und Atemstörungen genannt.

Zum Zeitaufwand: Für das Essen von Hauptmahlzeiten einschließlich des Trinkens (üblich sind drei Hauptmahlzeiten pro Tag) werden als zeitliche Orientierung je 15 bis 20 Minuten in den BRi genannt. Für die Verabreichung von Sondenkost (mittels Schwerkraft/Pumpe inklusive des Reinigens des verwendeten Mehrfachsystems bei Kompletternährung) sollen 15 bis 20 Minuten pro Tag im Regelfall ausreichen, da hier die Ernährung nicht portionsweise verabreicht wird. Soweit nur eine Zwischenmahlzeit bzw. ein Getränk eingenommen wird, ist ein entsprechend geringerer Aufwand in Ansatz zu bringen. Wissenschaftlich empfohlen werden täglich fünf Mahlzeiten, die mit einem ausgiebigen Frühstück beginnen und mit einem leichten Abendessen enden. Soweit Pflegebedürftige derartige Ernährungsgewohnheiten haben, ist dies zu berücksichtigen. Bei der Bemessung der Häufigkeit des jeweiligen Hilfebedarfs für die Verrichtungen des täglichen Lebens ist von den tatsächlichen individuellen Lebensgewohnheiten auszugehen, die der Antragsteller nachvollziehbar in seinem persönlichen Umfeld hat. Es gibt keine anerkannten allgemein gültigen Standards. Entscheidend sind grundsätzlich die individuellen Lebensgewohnheiten. Dennoch gibt es kulturell bedingte und letztlich gesellschaftlich akzeptierte Normen, die die mögliche Bandbreite der Anzahl der einzelnen täglichen Verrichtungen eingrenzen. So wäre die Aufnahme der Nahrung in mehr als drei Hauptmahlzeiten i. S. dieser Bandbreite als kritisch einzustufen.

Verrichtungen bei der Mobilität

Im Bereich der Mobilität kommt dem Stütz- und Bewegungsapparat entscheidende Bedeutung zu. Unabhängig von der Ursache vorhandener Handicaps sind die pflegerelevanten Funktionseinschränkungen zu erfassen. Hinweise auf die Ursache der Funktionseinschränkungen haben die Gutachter nach den BRi im Gutachten trotzdem anzugeben. So sollen z. B. die Art der Parese (schlaff oder spastisch) und die Ausprägung (vollständige oder Teilparese) beschrieben werden. Auch zerebrale Bewegungsstörungen, wie z. B. Athetosen, Akinesien oder schwere Gleichgewichtsstörungen, sollen hier erfasst werden. Die Vor- und die Nachbereitung zu den Verrichtungen sind Bestandteil der Hilfen im Sinne der Pflegeversicherung.

Verrichtungen beim selbstständigen Aufstehen und Zu-Bett-Gehen

Die Fähigkeit zur „selbstständigen" Verrichtung kann nicht nur bei körperlichen, sondern auch bei geistigen und seelischen Funktionsstörungen beeinträchtigt sein. Das selbstständige Aufstehen und Zu-Bett-Gehen umfasst neben der Mobilität auch die eigenständige Entscheidung, zeitgerecht das Bett aufzusuchen bzw. zu verlassen. Im Gegensatz zum bloßen Bewegungsablauf des Ins-Bett-Legens umfasst das Zu-Bett-Gehen die weitere Vorbereitung der Nachtruhe, etwa das Aufdecken des Bettes und das Löschen des Lichts. Damit gehören zum Aufstehen auch solche Tätigkeiten, mit denen Folgen der Nachtruhe beseitigt werden, um (überhaupt) zum Tagesablauf übergehen zu können (BSG vom 27.08.1998, Az. B 10 KR 4/97 R). Der erforderliche Zusammenhang mit der Verrichtung „Aufstehen" besteht nur bei solchen Maßnahmen, die zwischen dem Aufwachen und dem Verlassen des Bettes, spätestens aber unmittelbar nach dem Verlassen des Bettes und vor jeder anderweitigen Tätigkeit durchgeführt werden müssen und nicht, insbesondere aus medizinischen Gründen, auf einen späteren Zeitpunkt verschoben werden können (BSG vom 29.04.1999, Az. B 3 P 7/98 R). Das Beruhigen schlafgestörter, geistig behinderter Kinder ist keine Hilfe beim Zu-Bett-Gehen und kann auch nicht als Pflegebedarf bei einer anderen Grundverrichtung berücksichtigt werden (BSG vom 29.04.1999, Az. B 3 P 7/98 R). Die Verrichtung des Zu-Bett-Gehens stellt einen körperlichen Bewegungsvorgang dar, der dem Zweck dient, in ein Bett hineinzugelangen, und der mit der Einnahme einer liegenden (zum Ruhen oder Schlafen geeigneten) Position im Bett endet. Alle notwendigen Hilfestellungen zur Durchführung des Bewegungsvorgangs sind zu berücksichtigen.

Die Häufigkeit des Vorgangs richtet sich nach den individuellen Ruhe- und Schlafbedürfnissen. Haben altersverwirrte, orientierungslose Menschen nachts ihr Bett verlassen, wird oftmals Hilfe beim (zielgerichteten) Gehen durch die notwendige Begleitung zum Schlafzimmer sowie beim (erneuten) Zu-Bett-Gehen zu leisten sein. Hilfe beim Zu-Bett-Gehen setzt allerdings nicht voraus, dass das Bett bereits verlassen wurde. Als Pflegebedarf ist hier auch der Hilfebedarf zu berücksichtigen, der erforderlich ist, wenn sich der Pflegebedürftige noch im Bett befindet, aber nicht mehr eine liegende Position einnimmt. Dies kann bei Kindern z. B. der Fall sein, die sich im Bett aufgerichtet haben und am Gittergestell festhalten. An einem berücksichtigungsfähigen Hilfebedarf fehlt es hingegen, wenn der Pflegebedürftige im Bett liegt, wach ist und die Pflegeperson auf Rufen, Weinen oder Jammern ans Bett tritt, um den Pflegebedürftigen zu beruhigen, und so lange bleibt, bis er wieder eingeschlafen ist. Bei der Auslegung dürfte nach Auffassung des BSG nicht unbeachtet bleiben, dass der Gesetzgeber bei der Aufzählung der maßgeblichen Verrichtungen gerade nicht alle denkbaren Maßnahmen zur Gewährleistung des Schlafens in den Katalog aufgenommen hat. Vielmehr sind mit dem Aufstehen und Zu-Bett-Gehen zwei Bewegungsvorgänge genannt worden, die nach dem Ende des Schlafs erst einsetzen oder vor dem Beginn des Schlafs bereits beendet sind (BSG vom 29.04.1999, Az. B 3 P 7/98 R). Ein bettlägeriger Pflegebedürftiger, der nicht ohne fremde Hilfe aufstehen und zur Toilette gehen kann, darf zur Vermeidung eines nächtlichen Hilfebedarfs nicht auf die Versorgung mit Windeln oder einem Blasenkatheter verwiesen werden, solange er nicht inkontinent ist und die Pflegeperson verständigen kann (BSG vom 31.08.2000, Az. B 3 P 14/99 R).

Wenn im unmittelbaren zeitlichen und sachlichen Zusammenhang mit dem Aufstehen und Zu-Bett-Gehen Maßnahmen zur Sekretelimination bei Mukoviszidose notwendig sind, handelt es sich um eine krankheitsspezifische Pflegemaßnahme, deren Berücksichtigungsfähigkeit nach der Integrationsregel zu prüfen ist. Ist die Hilfeleistung Bestandteil der Verrichtung, ist der Hilfebedarf zusätzlich zu dem beim Aufstehen und Zu-Bett-Gehen bestehenden Hilfebedarf zu berücksichtigen und als Erschwernisfaktor zu werten. Wenn im unmittelbaren zeitlichen und sachlichen Zusammenhang mit dem Aufstehen oder Zu-Bett-Gehen das An- und Ausziehen von Kompressionsstrümpfen ab Kompressionsklasse 2 ärztlich angeordnet ist, handelt es sich um eine krankheitsspezifische Pflegemaßnahme. Diese ist zusätzlich zu berücksichtigen.

Zum Zeitaufwand: Nach den BRi wird dieser Hilfebedarf als Erschwernisfaktor gewertet. Der Transfer auf einen Rollstuhl bzw. den Toilettenstuhl ist nicht beim Aufstehen und Zu-Bett-Gehen mit zu berücksichtigen, sondern beim Hilfebedarf „Stehen". Zum Zeitaufwand: In den BRi wird zur Orientierung der Zeitbedarf für die einfache Hilfe zum Aufstehen bzw. Zu-Bett-Gehen mit jeweils 1 bis 2 Minuten angegeben.

Umlagern

Zu den Katalog-Verrichtungen des SGB XI gehört das Liegen. Das Umlagern eines bettlägerigen Pflegebedürftigen ist als Hilfe beim Liegen eine dieser Maßnahmen der Grundpflege (BSG vom 17.05.2000, Az. B 3 P 20/99 R). Der durch das Umlagern tagsüber und/oder nachts anfallende Pflegeaufwand nach Häufigkeit und Zeit wird als Grundpflege betrachtet und entsprechend berücksichtigt. Dabei wird so verfahren, dass ein alleiniges Umlagern (ohne Zusammenhang mit den Verrichtungen der Grundpflege) der Verrichtung „Aufstehen/Zu-Bett-Gehen" zugeordnet wird. Fällt das Umlagern in Verbindung mit den Verrichtungen an, so erfolgen die Zuordnung und Dokumentation sowie die zeitliche Berücksichtigung bei der jeweiligen Verrichtung. Der Transfer auf einen Rollstuhl/Toilettenstuhl ist nicht beim Aufstehen und Zu-Bett-Gehen mit zu berücksichtigen, sondern beim Hilfebedarf „Stehen". Als spezieller die Pflege erschwerender Faktor wird ein Dekubitus angesehen.

Zum Zeitaufwand: In den BRi wird zur Orientierung der Zeitbedarf von 2 bis 3 Minuten genannt.

Vollständige Immobilität („Bettlägerigkeit"): Das ist ein Zustand, der sich als Folge mangelnder physischer oder psychischer Kräfte eines Patienten, häufig in Form einer sog. „Bettlägerigkeit", äußert. Im Rahmen der aktivierenden Pflege ist, nach Ausschluss medizinischer Kontraindikationen, die Mobilisation ein wichtiger Teil der Pflege, da sie dem Patienten hilft, eine größtmögliche Selbstständigkeit zu erhalten. Die Mobilisation des Patienten dient gleichfalls der Vermeidung von Pneumonien, Dekubitus, Thrombosen und Kontrakturen. Zur Sicherung der Erhaltungsebene werden

▓ aktive und passive Bewegungsübungen und

▓ regelmäßige Umlagerungen

durchgeführt.

Die Hilfen sind im Rahmen der gesetzlich definierten Verrichtungen berücksichtigungsfähig. Im Rahmen einer Mobilitätsverbesserung bzw. -sicherstellung unterstützt die aktivierende Pflege eine dem Patienten angepasste Steigerung der Aktivität. So sollten im Zusammenhang mit den definierten Verrichtungen Hilfestellungen für das

▓ Drehen im Bett,

▓ selbstständige Hochrutschen im Bett,

▓ Anheben des Beckens,

▓ Sitzen auf der Bettkante,

▓ Sitzen im Stuhl,

▓ sichere Stehen und

▓ Gehen

fachlich qualifiziert gewährt werden. Zur Unterstützung sollten die notwendigen Pflegehilfsmittel / Hilfsmittel (z. B. Pflegebett, Aufrichter, Drehscheibe, Rutschbrett, rutschfeste Bodenbeläge usw.) genutzt werden. Bei der Pflege muss überprüft werden, ob zur Sicherstellung der aktivierenden Pflege bei immobilen Patienten Empfehlungen im Pflegeplan gegeben werden sollten (z. B. Teilnahme an einem Pflegekurs, therapeutische Hilfestellungen durch Krankengymnasten oder Ergotherapeuten usw.). Der Gutachter hat in diesem Zusammenhang die Fragen zu beantworten, ob z. B. durch aktivierende Pflege beim Aufstehen / Zu-Bett-Gehen, An- und Auskleiden, Stehen und Gehen der Grad der Selbstständigkeit des Pflegebedürftigen erhalten oder erhöht werden kann, vorausgesetzt, die Zumutbarkeit ist gegeben. Bei der Pflege durch ambulante oder stationäre Pflegeeinrichtungen ist grundsätzlich von aktivierender Pflege auszugehen. Wird nicht aktivierend gepflegt, obwohl die Notwendigkeit und Möglichkeit gegeben sind, muss von einem Pflegefehler ausgegangen werden.

Verrichtungen beim An- und Auskleiden

Das An- und Auskleiden betrifft sowohl den Ober- als auch den Unterkörper. Daneben kommen aber auch Teilbekleidungen und Teilentkleidungen sowohl des Ober- als auch des Unterkörpers vor und müssen gesondert berücksichtigt werden. Das An- und Ablegen von Hilfsmitteln (Gehschienen, Schienenhülsenapparate) ist zu berücksichtigen. Das An- und Auskleiden beinhaltet neben den notwendigen Handgriffen z. B. auch

- das Öffnen und Schließen von Verschlüssen,

- das Auf- und Zuknöpfen,

- das Aus- und Anziehen von Schuhen,

- die Auswahl der Kleidungsstücke (Jahreszeit, Witterung) und

- deren Entnahme aus ihrem normalen Aufbewahrungsort wie Kommode und Schrank.

Zu berücksichtigen sind auch das An- und Ablegen von Prothesen, Korsetts und Stützstrümpfen (z. B. Anti-Thrombosestrümpfe). Bei der Begutachtung wird der Gutachter im Rahmen einer Inaugenscheinnahme den Zeitaufwand individuell feststellen. Als spezieller, die Pflege erleichternder Faktor wird in den BRi eine behinderungsadaptierte Kleidung genannt. Der Pflegebedürftige darf jedoch nicht aufgefordert werden, sich entsprechende Kleidungsstücke anzuschaffen. Bei Kindern ist hinsichtlich des zeitlichen Hilfebedarfs auch zu berücksichtigen, dass die Kleidung ggf. des Öfteren gewechselt werden muss, weil sie krankheitsbedingt übermäßig Salz ausscheiden und schwitzen und ihnen die nötige Einsichtsfähigkeit dafür fehlt (BSG vom 29.04.1999, Az. B 3 P 12/98 R).

Zum Zeitaufwand: In den BRi wird zur Orientierung der Zeitbedarf für das Ankleiden mit insgesamt 8 bis 10 Minuten, für das Ankleiden des Oberkörpers oder des Unterkörpers mit 5 bis 6 Minuten, für das Entkleiden insgesamt mit 4 bis 6 Minuten, für das Entkleiden des Oberkörpers bzw. des Unterkörpers mit 2 bis 3 Minuten angegeben. Bei der Feststellung des Zeitaufwands für das An- und Ablegen von Prothesen, Korsetts und Stützstrümpfen werden keine Orientierungswerte genannt.

Verrichtungen beim Gehen

Das Gehen, Stehen und Treppensteigen innerhalb der Wohnung sind nur im Zusammenhang mit den gesetzlich definierten Verrichtungen zu werten. „Fortbewegung" beinhaltet bei Rollstuhlfahrern neben anderen Möglichkei-

ten der Fortbewegung auch die Benutzung des Rollstuhls. Die Versorgung
mit einem Rollstuhl ermöglicht dem Benutzer zwar ohne fremde Hilfe eine
gewisse Bewegungsfreiheit innerhalb und außerhalb der Wohnung. Durch
dieses Hilfsmittel werden aber die Funktionen des Gehens, des Stehens und
des Treppensteigens nicht vollständig ausgeglichen. Der Ausfall der Funktion ist bei der Feststellung des Hilfebedarfs mit zu berücksichtigen, weil er
dazu führt, dass der Betroffene zeitweise auf fremde Hilfe angewiesen bleibt.
Bei der Verrichtung „Gehen" muss sich die Hilfe auf die Durchführung einer Körperbewegung (Körperverlagerung) bzw. die Ermöglichung einer bestimmten Körperhaltung richten (BSG vom 29.04.1999, Az. B 3 P 13/98 R).
Das Gehen im Zusammenhang mit der hauswirtschaftlichen Versorgung
ist allerdings beim hauswirtschaftlichen Hilfebedarf zu erfassen (BSG vom
29.04.1999, Az. B 3 P 7/98 R). Beim Zeitaufwand für das „Gehen" sind die
in der Wohnung zurückzulegenden Wegstrecken und die Bewegungsfähigkeit des Pflegebedürftigen zu berücksichtigen. Gehen ist somit nicht nur
bei der Beeinträchtigung der körperlichen Gehfähigkeit zu berücksichtigen,
sondern auch dann, wenn die körperliche Gehfähigkeit zwar vorhanden ist,
das Defizit aber darin besteht, dass der Pflegebedürftige etwa wegen Verlusts des Orientierungssinns nicht (mehr) in der Lage ist, vernunftgeleitet
und zielgerichtet zu gehen (BSG vom 29.04.1999, Az. B 3 P 7/98 R). Als Maß
für die Gehstrecke bei der einzelnen Verrichtung in der „durchschnittlichen
häuslichen Wohnsituation" ist nach den BRi eine einfache Gehstrecke von
acht Metern anzunehmen.

Zum Zeitaufwand: Auf die Angabe von orientierenden Zeitwerten in den
BRi ist wegen der unterschiedlichen Wegstrecken verzichtet worden.

Verrichtungen beim Stehen

Das Gehen und Treppensteigen innerhalb der Wohnung ist nur im Zusammenhang mit den gesetzlich definierten Verrichtungen der Grundpflege zu
werten, so auch das Stehen.

Bei der Verrichtung „Stehen" muss sich die Hilfe auf die Durchführung einer Körperbewegung (Körperverlagerung) bzw. die Ermöglichung einer
bestimmten Körperhaltung richten (BSG vom 29.04.1999, Az. B 3 P 13/98
R). Solange der Betroffene nicht gehen kann, ist jedes Führen, Stützen und
Tragen zu berücksichtigen, soweit es im Zusammenhang mit einer anderen
Verrichtung steht. Ist der Betroffene z. B. wegen Verlusts des Orientierungssinns nicht mehr in der Lage, vernunftgeleitet und zielgerichtet zu gehen,
so ist dieser Hilfebedarf – bei den Verrichtungen des SGB XI – zu berücksichtigen (BSG vom 29.04.1999, Az. B 3 P 7/98 R). Zum Stehen zählen auch
notwendige Transfers. Zu dieser Katalog-Verrichtung gehört auch das Sitzen
(BSG vom 17.05.2000, Az. B 3 P 20/99 R). Das Gehen, Stehen oder Treppensteigen im Zusammenhang mit der hauswirtschaftlichen Versorgung ist al-

lerdings der Hauswirtschaft zuzurechnen (BSG vom 29.04.1999, Az. B 3 P 7/98 R). Notwendige Hilfestellungen beim Stehen sind im Hinblick auf die Durchführung der gesetzlich vorgegebenen Verrichtungen im Rahmen aller anfallenden notwendigen Handlungen zeitlich berücksichtigt. Zu werten im Bereich des „Stehens" sind jedoch notwendige Transfers, z. B. auf einen Rollstuhl und/oder einen Toilettenstuhl, in eine Badewanne oder Duschtasse.

Zum Zeitaufwand: In den BRi wird zur Orientierung der Zeitbedarf für einen Transfer auf den bzw. von dem Rollstuhl/Toilettenstuhl/der Toilette in die bzw. aus der Badewanne/Duschtasse mit jeweils 1 Minute angesetzt.

Verrichtungen beim Treppensteigen

Das Treppensteigen innerhalb der Wohnung ist nur im Zusammenhang mit den gesetzlich definierten Verrichtungen der Grundpflege zu werten. Das Treppensteigen beinhaltet das Überwinden von Stufen innerhalb der Wohnung. Das Treppensteigen im Zusammenhang mit der hauswirtschaftlichen Versorgung ist als hauswirtschaftlicher Hilfebedarf zu werten (BSG vom 29.04.1999, Az. B 3 P 7/98 R). Keine andere Verrichtung im Bereich der Grundpflege ist so abhängig vom individuellen Wohnbereich des Antragstellers wie das Treppensteigen. Besonders ist zu prüfen, ob die Notwendigkeit besteht, für die Verrichtungen des täglichen Lebens eine Treppe zu benutzen. Ist dies nicht erforderlich, kann diese Verrichtung beim Pflegeumfang nicht berücksichtigt werden. Bei Begutachtungen in stationären Einrichtungen kann ein Hilfebedarf beim Treppensteigen wegen der Vorgabe der „durchschnittlichen häuslichen Wohnsituation" nicht gewertet werden.

Zum Zeitaufwand: In den BRi werden keine Angaben zur zeitlichen Orientierung gemacht. Sollte es zur Durchführung der Verrichtungen des täglichen Lebens notwendig sein, eine Treppe zu benutzen, sollte der Pflegebedürftige zusammen mit einer Pflegeperson oder Pflegekraft dem Gutachter dies demonstrieren. Nur so wird der Gutachter in die Lage versetzt, den Bewegungsablauf und den zeitlichen Aufwand des Treppensteigens sachgerecht einzuordnen.

Verrichtungen beim Verlassen und Wiederaufsuchen der Wohnung

Beim Verlassen und Wiederaufsuchen der Wohnung sind nur solche Maßnahmen außerhalb der Wohnung zu berücksichtigen, die unmittelbar für die Aufrechterhaltung der Lebensführung zu Hause notwendig sind und

▓ regelmäßig und auf Dauer anfallen und

▓ das persönliche Erscheinen des Pflegebedürftigen erfordern.

Nach den Gesetzesmaterialien (BR-Drs. 505/93, S. 97) ist dies bei Aktivitäten außerhalb des Hauses der Fall, wenn Ärzte, Krankengymnasten, Sprachtherapeuten, Apotheken und Behörden aufgesucht werden müssen. Hierzu kann das Aufsuchen von Ärzten zu therapeutischen Zwecken oder die Inanspruchnahme vertragsärztlich verordneter Therapien, wie z. B. Dialysemaßnahmen, onkologische oder immunsuppressive Maßnahmen, gehören. Hingegen soll Hilfe bei Spaziergängen oder Besuchen von kulturellen Veranstaltungen, obgleich wünschenswert, mangels Finanzierbarkeit nicht berücksichtigt werden (so auch BSG vom 24.06.1998, Az. B 3 P 4/97 R). Weitere Hilfebedarfe, wie z. B. Begleitung bei Spaziergängen oder Besuchen von kulturellen Veranstaltungen, bleiben unberücksichtigt (BSG vom 10.10.2000, Az. B 3 P 15/99 R). Die Begleitung auf dem Weg zwischen Wohnung und Behindertenwerkstatt oder Arbeitsstelle kann nicht als Pflegebedarf berücksichtigt werden (BSG vom 24.06.1998, Az. B 3 P 4/97 R, BSG vom 06.08.1998, Az. B 3 P 17/97 R). Dies gilt auch für die Hilfe einer Mutter beim Aufsuchen des Kindergartens, da der Besuch nicht der Aufrechterhaltung der häuslichen Existenz dient (BSG vom 29.04.1999, Az. B 3 P 7/98 R). Die notwendige Begleitung eines pflegebedürftigen Kindes zur Schule zählt nicht zum berücksichtigungsfähigen Pflegebedarf (BSG vom 05.08.1999, Az. B 3 P 1/99 R). Dienen krankengymnastische Behandlungen außer Haus (überwiegend) einer für die Zukunft angestrebten Besserung des Gesundheitszustands und nicht der Aufrechterhaltung der Lebensführung, so muss die hiermit im Zusammenhang stehende Hilfeleistung bei der Bemessung des Pflegebedarfs unberücksichtigt bleiben, weil sie dem nicht von der Pflegeversicherung abgedeckten Bereich der Rehabilitation zuzuordnen ist (BSG vom 16.11.1998, Az. B 3 P 20/97 R). Nicht zu berücksichtigen sind das Verlassen und Wiederaufsuchen der Wohnung im Zusammenhang mit Maßnahmen der

- medizinischen Rehabilitation,

- Prävention,

- Eingliederungshilfe (einschl. Frühförderung).

Nicht zu berücksichtigen ist ferner der Hilfebedarf im Zusammenhang mit unregelmäßig anfallenden Besuchen beim Arzt oder z. B. beim Krankengymnasten. Das Verlassen und Wiederaufsuchen der Wohnung gelten als regelmäßig notwendig, wenn es mindestens einmal pro Woche anfällt.

Hierbei sind jedoch alle Aktivitäten gemeinsam zu betrachten. Wenn sie zusammen das regelmäßige wöchentliche Verlassen der Wohnung erforderlich machen, ist der Bedarf zu berücksichtigen. Notwendige Fahr- und Wartezeiten, die nicht täglich anfallen, sind für die Bemessung des zeitlichen Gesamtpflegeaufwands auf den Tag umzurechnen. Bei den anzuerkennenden Maßnahmen sind das Gehen, Stehen und Treppensteigen außerhalb der Wohnung zu berücksichtigen, sofern es jeweils den eingangs genannten Zielen dient. Beim Verlassen und Wiederaufsuchen der Wohnung ist die zeitliche und örtliche Gebundenheit der Pflegeperson maßgeblich. Deshalb zählt eine zwangsläufig anfallende Wartezeit, während deren ein Pflegebedürftiger vom Arzt untersucht wird oder sich ärztlich verordneten Maßnahmen in der Praxis unterzieht, zum berücksichtigungsfähigen Bedarf, da sich die Pflegeperson in dieser Zeit im Allgemeinen keiner Tätigkeit widmen kann, der sie sonst nachgehen würde (BSG vom 06.08.1998, Az. B 3 P 17/97 R). Generell kann hierfür eine Wartezeit von 30 bis 45 Minuten anerkannt werden. Bei Kindern kann die Notwendigkeit der Begleitung zum Arzt zur Durchführung therapeutischer Zwecke oder der Begleitung zur Inanspruchnahme vertragsärztlich verordneter Therapien vorausgesetzt und einschließlich der Wartezeit als Hilfebedarf berücksichtigt werden. Ist der Hilfebedarf aufgrund seiner Regelmäßigkeit zu berücksichtigen, so wäre die Ausklammerung notwendiger Wartezeiten der (notwendigerweise begleitenden) Pflegeperson rechtswidrig, wenn die Pflegeperson während dieser Zeit keiner anderen sinnvollen Tätigkeit nachgehen kann, die auch ohne Wartezeit zu erledigen wäre (BSG vom 06.08.1998, Az. B 3 P 17/97 R). Die Verkehrssicherheit ist zu beachten. Die Möglichkeit der Benutzung öffentlicher Verkehrsmittel und von Taxen ist einzubeziehen. Wird die ärztliche Behandlung bzw. therapeutische Maßnahme während eines sonst üblichen Aufenthalts z. B. in einer Behinderteneinrichtung oder einem sozialpädiatrischen Zentrum erbracht, kann dieser Hilfebedarf nicht berücksichtigt werden. Der Hilfebedarf beim Einkaufen ist bei der Verrichtung „Einkaufen" mit zu berücksichtigen.

Zum Zeitaufwand: In den BRi werden keine Angaben zur zeitlichen Orientierung gemacht.

Verrichtungen bei der hauswirtschaftlichen Versorgung

Es sind nur die Tätigkeiten bei solchen Verrichtungen zu berücksichtigen, die sich auf die typische Versorgung des Betroffenen selbst beziehen. Die Versorgung möglicher weiterer Familienmitglieder bleibt ebenso unberücksichtigt wie z. B. eine Grundreinigung (Frühjahrsputz) oder ein Festmahl. Ein möglicher Mehraufwand im Mehrpersonenhaushalt beim Einkaufen, Kochen und bei den übrigen genannten hauswirtschaftlichen Verrichtungen, soweit er für den Antragsteller anfällt, ist zu berücksichtigen.

Wenn ein krankheits- und/oder behinderungsbedingter Hilfebedarf im Bereich der hauswirtschaftlichen Versorgung besteht, ist er zu berücksichtigen, auch wenn die Versorgung durch Dritte (z. B. Putzfrau, Essen auf Rädern, Angehörige) erfolgt. Maßnahmen, die der Beschaffung und Zubereitung der für eine Diät benötigten Lebensmittel dienen, zählen zur hauswirtschaftlichen Versorgung (BSG vom 19.02.1998, Az. B 3 P 3/97 R, BSG vom 17.06.1999, Az. B 3 P 10/98 R). Bei der Ermittlung des Pflegebedarfs zählen die portionsgerechte Bemessung und Zuteilung einer Diätnahrung zur hauswirtschaftlichen Versorgung und nicht zu den Verrichtungen der Grundpflege (mundgerechte Zubereitung) (BSG vom 17.06.1999, Az. B 3 P 10/98 R). Der Hilfebedarf gilt als regelmäßig, wenn er mindestens einmal pro Woche und auf Dauer anfällt. Hilfen, die nicht regelmäßig mindestens einmal pro Woche anfallen, sondern sich auf nicht im Wochenrhythmus anfallende vorübergehende Krankheitszustände beschränken, zählen nicht zum berücksichtigungsfähigen Pflegeaufwand. Das Gesetz stellt mit hinreichender Deutlichkeit klar, dass für die Bemessung des für die Pflege erforderlichen Zeitaufwands auf die Woche abzustellen ist (BSG vom 29.04.1999, Az. B 3 P 7/98 R). Bei der Bemessung der Häufigkeit des jeweiligen Hilfebedarfs für die Verrichtungen des täglichen Lebens ist von den tatsächlichen individuellen Lebensgewohnheiten auszugehen, die der Pflegebedürftige nachvollziehbar in seinem persönlichen Umfeld hat. Das Gehen, Stehen, Treppensteigen im Zusammenhang mit der hauswirtschaftlichen Versorgung sind als hauswirtschaftlicher Hilfebedarf zu werten (BSG vom 29.04.1999, Az. B 3 P 7/98 R). Die Vor- und die Nachbereitung zu den Verrichtungen sind Bestandteil der Hilfen im Sinne der Pflegeversicherung.

Verrichtungen beim Einkaufen

Das Einkaufen beinhaltet auch das Planen und Informieren bei der Beschaffung von Lebens-, Reinigungs- sowie Körperpflegemitteln, dies gilt auch, wenn besondere Lebensmittel benötigt werden (BSG vom 19.02.1998, Az. B 3 P 3/97 R). Das Einkaufen umfasst z. B.

- entsprechend dem Speiseplan (s. Kochen) das Zusammenstellen der Lebensmittel zur altersgerechten und ausgewogenen Ernährung unter Berücksichtigung der Jahreszeit,

- den Überblick, welche Lebens- und Reinigungsmittel benötigt werden,

- den Überblick, wo Lebens- und Reinigungsmittel eingekauft werden müssen (Preisbewusstsein),

- die Kenntnis des Wertes von Geldmünzen und Banknoten,

- die Kenntnis der Genieß- bzw. Haltbarkeit von Lebensmitteln,

- das Abwiegen der Lebensmittel,

- die Kenntnis von der sachgerechten Lagerung.

Verrichtungen beim Kochen

Das Kochen umfasst die gesamte Zubereitung der Nahrung – unabhängig davon, ob es sich um warme bzw. kalte Speisen handelt oder ob die Mahlzeit individuell hergestellt oder eine vorbereitete Mahlzeit erwärmt wird (z. B. Fertiggerichte). Hierzu zählen auch die vorbereitenden Aufgaben, wie

▓ das Erstellen des Speiseplans, das Berechnen, Abwiegen und Zusammenstellen der Speisen bis hin zur Beachtung der korrekten Kalorienzufuhr (BE/Broteinheiten),

▓ die Herstellung der (Diät-) Mahlzeit (BSG vom 19.02.1998, Az. B 3 P 3/97 R, BSG vom 28.06.01, Az. B 3 P 12/00 R),

▓ die Tätigkeiten des Berechnens, Abwiegens, Zusammenstellens und Zubereitens der Speisen zur Herstellung der erforderlichen Diät.

Zur richtigen Ernährung gehören auch die Berücksichtigung des Alters und die individuellen Lebensumstände des Betroffenen. Erfasst werden auch die Bedienung der technischen Geräte sowie die Einschätzung der Mengenverhältnisse und Garzeiten unter Beachtung von Hygieneregeln. Die Zubereitung von Diätkost und Diätgetränken ist der Verrichtung „Kochen" und damit der hauswirtschaftlichen Versorgung zuzurechnen (BSG vom 31.08.2000, Az. B 3 P 14/99 R).

Verrichtungen beim Reinigen der Wohnung

Das Reinigen der Wohnung beschränkt sich auf den allgemein üblichen Lebensbereich des Pflegebedürftigen. Hierzu gehört das Reinigen von Fußböden, Möbeln, Fenstern und Haushaltsgeräten. Auch die Kenntnis von einzusetzenden Reinigungsmitteln und -geräten ist zu berücksichtigen. Eine Aufgabe, die hier auch zu erfassen ist, ist das Richten des Bettes vor und nach dem Schlafen (Bettenmachen).

Verrichtungen beim Spülen

Je nach den Gegebenheiten des Haushalts wird das Abwaschen per Hand bzw. mit der Spülmaschine erfasst.

Verrichtungen beim Wechseln und Waschen der Wäsche und Kleidung

Diese Verrichtung umfasst die gesamte Pflege der Wäsche und Kleidung des Pflegebedürftigen. Hierzu gehören das Einteilen und Sortieren der Textilien, das Waschen sowie das Bettenbeziehen. Auch gehören z. B. dazu:

▓ das Bügeln der gewaschenen Wäsche und Kleidung,

▓ das Ausbessern der gewaschenen Wäsche und Kleidung,

▓ das Zusammenlegen bzw. Aufhängen der Wäsche und Kleidung und

▓ das Einsortieren in die dafür vorgesehenen Schränke etc.

Verrichtungen beim Beheizen

Das Beheizen umfasst auch die Beschaffung, den Transport von Kohle etc. zur Brennstelle und die Entsorgung des Heizmaterials. Soweit Wohnungen mit Zentralheizungen ausgestattet sind, beschränkt sich die Verrichtung auf das Regeln der Raumtemperatur.

Die Integrationsregel

– Zur Berücksichtigung von Maßnahmen der Behandlungspflege in der Pflegeversicherung

Am 30.10.2001 hat das Bundessozialgericht (BSG) das seither strittig diskutierte (Kompressions-)Strumpf-Urteil gefällt. In der Begründung des Urteils[1] knüpft das BSG an die bisherige Rechtsprechung an. Schon 1996 hatte das BSG[2] angedeutet, dass bei der Beurteilung der 21 gewöhnlichen und regelmäßig wiederkehrenden Katalog-Verrichtungen des § 14 Abs. 4 SGB XI krankheitsspezifische Pflegemaßnahmen zu berücksichtigen sind. Diese zum Recht der Krankenversicherung ergangene Rechtsprechung wurde für die Pflegeversicherung seit Anfang 1998[3] prinzipiell fortgeführt. In rund 20 Verfahren hat das BSG sich inzwischen mit den krankheitsspezifischen Maßnahmen der medizinischen Behandlungspflege auseinandergesetzt.

Die Spitzenverbände der Krankenkassen haben sich nach Aussagen von Schiffer[4] darauf verständigt, das Urteil nur hinsichtlich des An- und Ausziehens von Kompressionsstrümpfen umzusetzen. In der Praxis ist (nach wie

1 Amtlicher Leitsatz: „Maßnahmen der Behandlungspflege, die mit einer Verrichtung der Grundpflege in einem notwendigen zeitlichen Zusammenhang stehen, fallen in die Leistungspflicht der Pflegeversicherung; sie sind nicht als Maßnahmen der häuslichen Krankenpflege von den Krankenkassen zu erbringen." Weitere Orientierungssätze: „Das An- und Ausziehen der Stützstrümpfe der Klassen II und III fällt jedoch als eine mit der Grundpflege zeitlich notwendig zusammenhängende Maßnahme der Behandlungspflege in die Leistungspflicht der Pflegeversicherung. Zur Leistungspflicht der Pflegeversicherung zählt die Behandlungspflege ... dann, wenn es sich um eine Maßnahme handelt, die untrennbarer Bestandteil einer Verrichtung aus dem Katalog des § 14 Abs. 4 SGB XI ist oder jedenfalls mit einer solchen Verrichtung objektiv notwendig in einem unmittelbaren zeitlichen Zusammenhang steht."
2 Urteil vom 17.04.1996, Az. 3 RK 28/95 (SozR 3-2500 § 53 Nr. 10), s. Georg Vogel, Das Urteil – Fingerzeige vom BSG zum Hilfebedarf und zur Behandlungspflege, HP 1996, S. 614, Vogel/Schaaf, Zur Feststellung der Pflegebedürftigkeit, SGb 1997, 560, 568.
3 Urteile vom 19.02.1998, Az. B 3 P 3/97 R (SozR 3-3300 § 14 Nr. 2, BSGE 82, S. 27), 17.06.1999, Az. B 3 P 10/98 R (SozR 3-3300 § 15 Nr. 7) und beispielsweise vom 05.08.1999, Az. B 3 KR 5/98 R (Vollmer, Pflege-Handbuch 200 PRS 99.08.05/1).
4 Abteilungsleiter Pflege beim federführenden Spitzenverband der Pflegeversicherung auf Seiten der Kassen, dem VdAK. Nach CAREkonkret vom 25.10.2002 hat er sich u. a. wie folgt geäußert: „Wir wollen das Urteil nicht über die Kompressionsstrümpfe hinaus umsetzen. So wurde es seitens der Spitzenverbände der Krankenkassen auf Bundesebene im August 2002 gemeinsam abgestimmt. Alle anderen Punkte wie Medikamentengabe, Einreibungen, Absaugen, Klistiere etc. sollen zunächst zurückgestellt werden. Wir wollen die weitere Rechtsprechung abwarten."

vor) festzustellen, dass regional unterschiedlich verfahren wird. Aus diesem Grunde wird die Thematik aufgegriffen und eingehender untersucht.

Zugang zu den Leistungen der Pflegeversicherung

Auslöser der Diskussion ist die Rechtsprechung, die sich mit den Fragen beschäftigte, welche Hilfebedarfe bei der Feststellung des Pflegebedarfs im Sinne des SGB XI berücksichtigt werden können. Nach ständiger Rechtsprechung sind Behandlungspflegen beim Zugang zu den Leistungen des SGB XI zu berücksichtigen, wenn und soweit

▪ die medizinische Maßnahme untrennbarer Bestandteil bei einer der Katalog-Verrichtungen ist oder

▪ ein objektiv gegebener zeitlicher Zusammenhang mit einer der Katalog-Verrichtungen besteht.

Beide Möglichkeiten dieser Integrationsregel sind nicht deckungsgleich und führen im Detail zu unterschiedlichen Ergebnissen. Dies hat in der Praxis zu vielfältigen Irritationen geführt, die es zu überwinden gilt.

Hilfebedarf auf Dauer

Die Begrenzung auf den Zeitraum von sechs Monaten darf jedoch nicht dazu führen, dass eine Entscheidung über das Bestehen des Leistungsanspruchs erst nach Ablauf von sechs Monaten getroffen wird. Im Zuge der Antragsbearbeitung hat die Pflegekasse die Leistungsvoraussetzungen zu prüfen und dabei auch über die voraussichtliche Dauer der Pflegebedürftigkeit auf der Grundlage einer gewissenhaften und fachlichen Prognose zu entscheiden. Von Dauerhaftigkeit ist auch dann auszugehen, wenn der Pflegebedarf nur deshalb nicht über sechs Monate hinausgeht, weil der Betroffene nur noch eine geringe Lebenserwartung hat. Die Sechs-Monats-Frist beginnt mit dem Eintritt der Hilfebedürftigkeit. Zeitpunkt der Antragstellung oder der Begutachtung sind für die Feststellung der Sechs-Monats-Frist unerheblich.

Ein (erheblicher) Pflegebedarf muss voraussichtlich auf Dauer bestehen. In den Gesetzesmaterialien hat der Gesetzgeber den Begriff „Dauerhaftigkeit" erläutert (BT-Drs. 12/5262 S. 95 f.). Durch das vorgeschaltete Wort „voraussichtlich" ist bereits zu Beginn des maßgebenden Zeitraums von sechs Monaten eine prognostische Einschätzung der wahrscheinlichen Dauer der Pflegebedürftigkeit sowie über deren Ausmaß möglich und auch vorzunehmen (vgl. Wagner in Hauck/Noftz Rz. 27). Von Dauerhaftigkeit ist auch auszugehen, wenn der Pflegebedarf nur deshalb nicht über sechs Monate hinaus besteht, weil der Betroffene nur noch eine geringere Lebenserwartung hat. Die Zuordnung zu einer Pflegestufe richtet sich nach den Verhältnissen bei Eintritt der Hilfebedürftigkeit. Die Zuordnung zu einer konkreten Pflegestufe hat den aktuellen tatsächlichen Hilfebedarf zu berücksichtigen. Für die Zuordnung zu einer der Pflegestufen fordert auch das BSG Dauerhaftigkeit und begründet dies vor allem mit der Verwaltungspraktikabilität. Der Verwaltungsakt (vgl. § 31 SGB X) bzw. der Bewilligungsbescheid sollte in solchen Fällen mit einer Nebenbestimmung versehen werden (vgl. § 32 SGB X), indem die Leistung nur für sechs Monate bewilligt wird. Dann allerdings ist eine weitere Begutachtung durch den MDK rechtzeitig vor Ablauf der sechs Monate erforderlich, um den dann benötigten Hilfebedarf festzustellen. Tritt die Prognose nicht ein, besteht für die Vergangenheit ein Anspruch auf eine Entscheidung nach § 44 Abs. 1 SGB X nur dann, wenn dem Verwaltungsakt falsche Tatsachen zugrunde gelegt wurden oder die Prognose aus medizinisch-pflegerischer Sicht nicht haltbar war. Ansonsten verbleiben dem Versicherten die bewilligten Leistungen. Sollte der Versicherte nicht mit der Einstellung der laufenden Leistung einverstanden sein, besteht für ihn nur dann die Möglichkeit des Widerspruchs, wenn der ursprüngliche mit der Nebenbestimmung versehene Verwaltungsakt keine Rechtsbehelfsbelehrung enthielt. Im Übrigen hat er das Recht, einen neuen Leistungsantrag nach Ablauf der Sechs-Monats-Frist zu stellen.

Schwierig wird die Einschätzung der Dauer dann sein, wenn sich der Pflegebedarf durch bestimmte Therapien oder Maßnahmen der aktivierenden Pflege reduzieren lässt. Völlig ungeklärt ist die Frage der Dauer bei periodisch auftretender Hilfebedürftigkeit von jeweils weniger als sechs Monaten, z. B. bei chronischen Krankheiten, bei denen die Erkrankung in Schüben bzw. Intervallen verläuft. In solchen Fällen sollte eine Addition vorgenommen und dann von „auf Dauer" ausgegangen werden, wenn der Zeitraum der Hilfebedürftigkeit (in Teilabschnitten in weniger als sechs Monaten) insgesamt sechs Monate erreicht hat.

Um bei den Kompressionsstrümpfen zu bleiben: Wenn beispielsweise für einen Zeitraum von mehreren Wochen nach einer Varizen-Operation Kompressionsstrümpfe getragen werden müssen, kann sich der Hilfebedarf im Sinne des § 14 Abs. 1 SGB XI nicht verändern. Die Integrationsregel kann keine Anwendung finden; Behandlungspflege darf folglich nicht integriert werden. Ein vergleichbarer (doppelter) Leistungsanspruch über das SGB XI besteht neben dem Anspruch nach dem SGB V nicht. Der Anspruch auf häusliche Krankenpflege zur Sicherung des Ziels ärztlicher Behandlung (§ 37 SGB V) wird nicht berührt.

Untrennbare Bestandteile

Bei der ersten Möglichkeit der Integrationsregel muss die Behandlungspflege zwangsläufig zu den Hilfeleistungen für eine der Katalog-Verrichtungen gehören. Ohne sie muss die Hilfe deshalb als unvollständig anzusehen sein. Dies wird regelmäßig dann der Fall sein, wenn eine behandlungspflegerische Hilfeleistung als Teil der Hilfe für die Verrichtung insgesamt eine grundpflegerische Hilfeleistung ersetzt. Krankheitsspezifische Pflegemaßnahmen sind hiernach also dann Bestandteil einer Verrichtung, wenn sie mit ihr untrennbar verbunden sind, wie z. B. bei einem medizinischen Bad[5]: Statt des üblichen Badezusatzes wird dem Badewasser z. B. ein (aus Gründen der Krankenbehandlung erforderliches) Arzneimittel hinzugefügt.

Die Verwendung von Badezusätzen ist allgemein üblich. Die Beimengung ist als vorbereitende Aktivität für die Verrichtung „Baden" anzusehen und so regelmäßig bereits Bestandteil der Hilfe. Bei medizinischen Bädern entfallen häufig diese Zusätze. Sie werden durch Arzneimittel ersetzt, deren Beimengung als medizinisch begründete Hilfeleistung nun Teil der Hilfeleistung wird.

In dem Beispiel handelt es sich um eine Maßnahme, die im Rahmen der Krankenbehandlung erforderlich wird, so dass die Aktivitäten den Behandlungspflegen zuzuordnen sind. Gleichzeitig sind die Aktivitäten zwangsläufig mit der Katalog-Verrichtung „Baden" verbunden und als untrennbarer Bestandteil anzusehen. Folglich sind die behandlungspflegerischen Maßnahmen nach der ständigen Rechtsprechung des Bundessozialgerichts beim Zugang zu den Leistungen der Pflegeversicherung zu berücksichtigen.

Zu beachten ist, dass es sich bei den jeweiligen behandlungspflegerischen Maßnahmen um Bestandteile, also um Teile eines Ganzen, handeln muss. Als Ganzes ist die jeweilige Katalog-Verrichtung anzusehen. Soweit die behandlungspflegerische Leistung nicht als deren Teil anzusehen ist, sind die Voraussetzungen der ersten Integrationsregel nicht erfüllt.

Zeitlicher Zusammenhang

Bei der zweiten Möglichkeit der Integrationsregel reicht es aus, dass nach objektiven Kriterien, insbesondere aufgrund medizinischer Erfordernisse, eine gleichzeitige Durchführung von Katalog-Verrichtung und medizinischer Hilfeleistung erforderlich ist[6]. Bei dieser Alternative wird ein zwingender zeitlicher Zusammenhang gefordert, wodurch behandlungspflegerische Leistungen erfasst werden, die die üblichen Hilfeleistungen für die Verrichtungen ergänzen können. Krankheitsspezifische Pflegemaßnahmen sind hiernach also dann Bestandteil einer Verrichtung, wenn sie aufgrund zeitlicher Notwendigkeiten mit ihr verbunden sind, wie z. B. eine nach dem Baden besondere und krankheitsbedingt notwendige Versorgung der Haut[7].

▨ Nach dem Bad wird z. B. bei Pflegebedürftigen, die an Neurodermitis erkrankt sind, ein besonderes Einfetten der Haut erforderlich.

5 BSG vom 26.11.1998, Az. B 3 P 20/97 R; SGb 1999 S. 128. Amtlicher Leitsatz: „Der Hilfebedarf bei einer Verrichtung ist auch insoweit zu berücksichtigen, als er nur wegen der Folgen einer Krankheit anfällt oder vergrößert wird."
6 Hierzu kann z. B. das Abklopfen bei Mukoviszidose gehören, denn es ist der Behandlungspflege zuzuordnen, Urteil vom 29.04.1999, Az. B 3 P 12/98 R (SozR 3-3300 § 14 Nr. 10). Siehe auch Urteile vom 27.08.1998, Az. B 10 KR 4/97 R (SozR 3-3300 § 14 Nr. 7), sowie vom 29.04.1999, Az. B 3 P 12/98 R (SozR 3-3300 § 14 Nr. 11).
7 Urteil vom 26.11.1998, Az. B 3P 20/97 R (SozR 3-3300 § 14 Nr. 9).

▓ Die Hautpflege ist grundsätzlich als Bestandteil der Körperpflege anzusehen und insoweit bereits Teil der Verrichtung. Sie ist zur Rückfettung
nach dem Baden (bzw. Duschen) allgemein nicht erforderlich, wenn entsprechende Inhaltsstoffe in den Badezusätzen enthalten sind. Wenn für
die Hauptpflege krankheitsbedingt Arzneimittel zu verwenden sind,
führt das in diesen Pflegesituationen zu einer zusätzlichen, im zeitlichen
Zusammenhang mit dem Baden notwendigerweise durchzuführenden
Maßnahme, die es zu berücksichtigen gilt.

Die Voraussetzungen zur Integration sind danach insbesondere dann nicht
erfüllt, wenn die Hilfeleistungen aufgrund der Lebensgewohnheiten oder
auf Wunsch des Pflegebedürftigen erbracht werden. Selbst wenn praktische
Erwägungen den Ausschlag gäben, kann nicht von der geforderten Zwangs-
läufigkeit ausgegangen werden. Damit werden Behandlungspflegen ausge-
grenzt, die lediglich aus geübter Praxis (vom Pflegebedürftigen oder von
den Pflegenden) im zeitlichen Zusammenhang durchgeführt werden[8]. Nicht
zu integrieren sind ferner Maßnahmen, die nicht im unmittelbaren Zusammenhang mit einer der Verrichtungen stehen und deshalb als abtrennbar
anzusehen sind. So sind Hilfeleistungen bei der technischen Durchführung
und Überwachung der Dialyse oder die Behandlung eines Fußpilzes nicht
zu berücksichtigen[9].

Ersatz grundpflegerischer Hilfeleistungen

Die beiden Möglichkeiten der Integrationsregel setzen voraus, dass eine Behandlungspflege notwendigerweise Bestandteil einer Verrichtung wird, sei
es nun aufgrund der Aufgabe selbst (Untrennbarkeit) oder aufgrund der
zeitlichen Erfordernisse. Damit wären neben dem bereits angesprochenen
medizinischen Bad erst einmal Aktivitäten wie z. B.

▓ das Absaugen der oberen Luftwege (evtl. bei der Verrichtung Aufstehen),

▓ die Behandlung einer Schuppenflechte (bei den Verrichtungen Waschen/
Duschen/Baden),

▓ die BZ-Kontrolle (bei den Verrichtungen der hauswirtschaftlichen Versorgung),

▓ die Gabe von Medikamenten (bei der Verrichtung Aufnahme der Nahrung),

---

8   Hierzu zählen auch Hilfeleistungen, die aus fürsorglichen Gründen erbracht werden,
     Urteil vom 06.08.1998, Az. B 3 P 9/97 R, Urteil vom 06.08.1998, Az. B 3 P 9/97 R; dies gilt
     ebenso für die Überwachung eines Sauerstoffgeräts und die Kontrolle der Sauerstoff-
     versorgung, Urteil vom 26.11.1998, Az. B 3 P 20/97 R (SozR 3-3300 § 14 Nr. 9). Beispiels-
     weise Urteil vom 26.11.1998, Az. B 3 P 20/97 R (SozR 3-3300 § 14 Nr. 9).
9   Hierzu zählen auch Hilfeleistungen, die aus fürsorglichen Gründen erbracht werden,
     Urteil vom 06.08.1998, Az. B 3 P 9/97 R.

▨ das Katheterisieren der Harnblase (bei der Verrichtung Blasenentleerung),

▨ die Stomaversorgung (bei der Verrichtung Darmentleerung),

▨ die Urinkontrolle (bei der Verrichtung Blasenentleerung) oder

▨ die Versorgung bei PEG (bei der Verrichtung Aufnahme der Nahrung)

in die Diskussion einzubeziehen. Ob die Voraussetzungen der Integrationsregel überhaupt erfüllt werden können, soll nun beispielhaft detailliert thematisiert werden. Vom Grundsatz her ist vorab festzustellen: Das BSG lässt sich im Grundsatz davon leiten, dass der Hilfebedarf bei einer Verrichtung auch zu berücksichtigen ist, soweit er nur wegen der Folgen einer Krankheit anfällt oder vergrößert wird. Insoweit gilt der Grundsatz, dass Hilfeleistungen bei einer Verrichtung nicht deshalb unter dem Gesichtspunkt der Behandlungspflege außer Betracht bleiben, weil sie nur wegen einer Erkrankung erforderlich sind[10].

Exkurs: In letzter Zeit wird regelmäßig darauf hingewiesen, dass es sich bei dem BSG-Urteil vom 30.10.2001 um eine Einzelfallentscheidung handelt. Hierzu ist festzustellen, dass es keine anderen Entscheidungen des BSG gibt. Urteile ergehen generell zu bestimmten Rechtskonstellationen, denen jeweils eine individuelle Situation zugrunde liegt. Auch können Sozialgerichte nur auf der Basis der Rechtslage entscheiden, die zu dem Zeitpunkt galt, als die strittige Entscheidung getroffen wurde. Deshalb hat jedwede Rechtsprechung für die praktischen Rechtsanwender in ihrem Kern – und von Hinweisen auf das aktuelle Recht oder auch auf Gesetzesvorhaben abgesehen – etwas mit „Vergangenheitsbewältigung" zu tun.

Die Voraussetzungen zur Anwendung der Integrationsregel liegen nicht vor, wenn die Verrichtung der Grundpflege vollständig durch eine behandlungspflegerische Hilfeleistung ersetzt wird. In diesen Situationen ist die Behandlungspflege kein Teil einer Katalog-Verrichtung (1. Möglichkeit). Es ist auch kein zeitlicher Zusammenhang mit einer Verrichtung gegeben (2. Möglichkeit), wenn die Hilfeleistung eine in sich abgeschlossene Maßnahme darstellt, die mit den Aktivitäten der Katalog-Verrichtungen selbst nicht im Zusammenhang stehen. Dies ist nach Prof. Dr. Udsching, Richter am 3. Senat des BSG[11], z. B. der Fall bei dem Urteil vom 26.11.1998, Az. B 3 P 20/97 R (SozR 3-3300 § 14 Nr. 9).

Es geht hier nicht darum, festzuhalten, was das BSG gesagt habe. Es geht um die Frage, wie das Recht im Licht der Interpretationshilfen des BSG auszulegen ist. Es gilt, aus der Entscheidung des BSG zu lernen, um so weitere

---

10 Beispielsweise Urteil vom 26.11.1998, Az. B 3P 20/97 R (SozR -3300 § 14 Nr. 9).

11 So Udsching auf einer Fachtagung (Quelle: CAREkonkret vom 25.10.2002 S. 7).

Streitigkeiten vermeiden oder unterschiedliche Auffassungen schneller auf den Punkt bringen zu können.

1. Möglichkeit: künstliche Ernährung mittels Sonde (z. B. PEG),

2. Möglichkeit: Katheterisierung der Harnblase (unabhängig vom Geschlecht des Pflegebedürftigen).

Die Äußerungen des Bundesrichters verdeutlichen in erster Linie, dass die Anwendung der Integrationsregel durch eine enge Auslegung geprägt wird.

Kompressionsstrümpfe

Das An- und Ausziehen von Kompressionsstrümpfen steht nach der Rechtsprechung nicht im Sinne der ersten Möglichkeit der Integrationsregel untrennbar mit der Katalog-Verrichtung „An- und Ausziehen" in Zusammenhang. Das Anziehen der Kompressionsstrümpfe sei Bestandteil einer ärztlichen Therapie und kann nicht dem normalen Wechseln von Strümpfen gleichgestellt werden. Das BSG erkennt einen Unterschied zur Sondenernährung und zur Stomaversorgung, wo die erforderliche Hilfe bei der Nahrungsaufnahme bzw. der Ausscheidung als Maßnahme der Grundpflege durch die Maßnahme der Behandlungspflege ersetzt wird. Bei den hier zu diskutierenden Hilfeleistungen sei vielmehr von der zweiten Möglichkeit der Integrationsregel auszugehen. Beim An- und Ausziehen von Kompressionsstrümpfen ist aus medizinischen Gründen von einem objektiv notwendigen Zusammenhang mit der Verrichtung „Aufstehen" und „Zu-Bett-Gehen" auszugehen.

Das An- und Ausziehen von Kompressionsstrümpfen ist nur auf den ersten Blick mit der Katalog-Verrichtung „An- und Ausziehen" zeitlich notwendigerweise verbunden. Aus pflegerischer Sicht müssen Kompressionsstrümpfe grundsätzlich unmittelbar vor dem Aufstehen angezogen werden, um Schwellungen des Beins durch Blutrückstau in den Venen zu verhindern. Dem BSG ist deshalb zu folgen, wenn es das Anziehen der Verrichtung Aufstehen zuordnet. Die Kompressionsstrümpfe müssen auch regelmäßig – im Gegensatz zu Anti-Thrombosestrümpfen – vor dem Zu-Bett-Gehen ausgezogen werden, da ansonsten der lokale Druck zu Schäden führen kann[12]. Bei der Pflegesituation, die der Revision zugrunde lag, dürfte das Waschen der Beine (ggf. einschließlich der notwendigen Hautpflege) vor dem Aufstehen und dem anschließenden Anziehen im Bett erfolgt sein. Hier entsteht so der objektive zeitliche Zusammenhang zum Aufstehen im Sinne der zweiten Möglichkeit der Integrationsregel. Bei Pflegesituationen, in denen Kompressionsstrümpfe Tag und Nacht getragen werden müssen, erfolgt der Wechsel regelmäßig im Zusammenhang mit der Körperpflege. Hier würde die Behandlungspflege im Sinne der Rechtsprechung wohl beim „Waschen" zu integrieren sein.

---

12   Seel, Die Pflege des Menschen im Alter, Kunz-Verlag, S. 232.

Ergebnis: Nach der Integrationsregel ist die Behandlungspflege beim Zugang zu den Leistungen der Pflegeversicherung zu berücksichtigen.

Steht jedoch nach dem Aufstehen zunächst das Waschen (Duschen, Baden oder auch nur das Waschen des Unterkörpers) außerhalb des Bettes auf der Tagesordnung, bevor die Kompressionsstrümpfe angezogen werden, sollen aus pflegerischer Perspektive die Beine danach möglichst 15 bis 20 Minuten hoch gelagert und zusätzlich vor dem Anziehen der Kompressionsstrümpfe herzwärts ausgestrichen werden. Durch diese medizinische Notwendigkeit kann nicht mehr davon ausgegangen werden, dass beim anschließenden Anziehen der Kompressionsstrümpfe Hilfeleistungen stattfinden, die sich den Verrichtungen des SGB XI zuordnen lassen.

In diesen Situationen ist der Pflegebedürftige bereits aufgestanden (Folge: Diese Verrichtung wurde bereits bewältigt), und die Körperpflege ist erledigt. Wenn nun die Beine hoch gelagert werden müssen, stehen die medizinischen Gründe im Vordergrund, und es handelt sich nicht um eine Aktivität i. S. der gewöhnlichen, regelmäßig wiederkehrenden Verrichtungen des Katalogs im § 14. Hier ist das Anziehen der Kompressionsstrümpfe – vergleichbar mit dem Spritzen von Insulin[13] – zu weit vom Aufstehen und von der Körperpflege entfernt, um noch von den Verrichtungen des Katalogs erfasst zu werden. Es ist vielmehr als selbstständige Maßnahme der Behandlungspflege ohne Bezug zu einer der Verrichtungen des Katalogs anzusehen.

Zu beachten ist, dass nach den Regelungen des SGB XI aktivierend gepflegt wird, wenn bzw. soweit das jeweilige Krankheitsbild es zulässt. Das bedeutet, dass diejenigen unter den Pflegebedürftigen, die sich z. B. – wenn auch mühsam – ins Badezimmer begeben können, um mit Unterstützung die Körperpflege zu betreiben, hierzu ermuntert werden sollen. Dies gilt natürlich auch, wenn Kompressionsstrümpfe getragen werden. Sollte es dem Pflegebedürftigen möglich sein, seine Beine vor dem Anziehen der Kompressionsstrümpfe selbst zu waschen, dürfen ihm die Kompressionsstrümpfe nicht – nach dem Waschen der Beine und der ggf. erforderlichen Hautpflege im Bett – angezogen werden, bevor er das Bett verlässt. Denn bei einem derartigen Vorgehen würden die Ziele des SGB XI unterlaufen, die beispielsweise in den Rahmenverträgen nach § 75 aufgegriffen und näher erläutert wurden. Es gilt generell, die vorhandenen Ressourcen und Fähigkeiten zu nutzen, damit die jeweilige Pflegesituation längerfristig zumindest erhalten werden.

---

13 BSG, Urteil vom 19.02.1998, Az. B 3 P 11/97 R; Orientierungssatz: „Das Spritzen von
    Insulin ist zu weit vom natürlichen Vorgang des Essens entfernt, um noch unter „Auf-
    nahme der Nahrung" subsumiert zu werden; es handelt sich vielmehr um eine selbst-
    ständige Maßnahme der Behandlungspflege ohne Bezug zu einer der Verrichtungen
    des Katalogs in § 14 Abs. 4, weshalb auch eine bei dem Spritzensetzen durch den Klä-
    ger selbst erforderliche Anleitung und Beaufsichtigung als Hilfebedarf im Bereich der
    Grundpflege ausscheidet."

Ergebnis: Die Voraussetzungen der Integrationsregel sind nicht erfüllt. Die Behandlungspflege ist beim Zugang zu den Leistungen der Pflegeversicherung nicht zu berücksichtigen.

Sondenernährung

Bei diesem – von Udsching angesprochenen – Beispiel ist zunächst darauf hinzuweisen, dass in den Gesetzesmaterialien zum PflegeVG die Sondenernährung ausdrücklich angesprochen wurde. Zu den Verrichtungen des Katalogs heißt es für den Bereich der Ernährung ausdrücklich (BR-Drs. 505/93, S. 94 – 97):

„Bei der Ernährung setzen die gewöhnlichen und regelmäßig wiederkehrenden Verrichtungen bei der mundgerechten Zubereitung der Nahrung ein. Dazu zählen z. B. das Zubereiten belegter Brote, das Zerkleinern der Nahrungsmittel und das Bereitstellen behindertengerechter Geschirre oder Essbestecke. Zur Nahrungszufuhr gehören die Sondenernährung mit ausschließlich flüssigen Nahrungsmitteln, z. B. bei Erkrankungen des Magens oder Darms, und das Füttern des Pflegebedürftigen."

Diese Aussagen und ihre Wirkungen hat das BSG bereits mit Urteil vom 19.02.1998[14] mit Hinweis auf den Aufsatz von Vogel/Schaaf[15] strittig gestellt und darauf hingewiesen, dass hinsichtlich der Inhalte von Behandlungspflegen im Gesetzgebungsverfahren zum PflegeVG keine Rechtsklarheit bestand und daraus resultierende Irritationen auch das SGB XI begleiteten. Allein aus diesem Grunde ist eine nähere Betrachtung der Hilfeleistungen erforderlich.

Das Verabreichen von Sondennahrung erfolgt über Magensonde, Katheter-Jejunostomie (z. B. Witzel-Fistel) und PEG (perkutane endoskopische Gastrostomie) mittels Spritze, Schwerkraft oder Pumpe. Die Hilfeleistungen hierbei werden nicht der Behandlungspflege zugerechnet. Dies gilt auch für die Überprüfung der Lage der Sonde, das Spülen der Sonde nach Applikation und die Reinigung des verwendeten Mehrfachsystems[16]. Während Letzteres zu den vor- und nachbereitenden Aufgaben zu zählen ist, ist das Verabreichen der Nahrung den Aufgaben gleichzusetzen, die unter den Hilfeleistungen für die Aufnahme der Nahrung erfasst werden. Hier werden keine behandlungspflegerischen Leistungen diskutiert, so dass es insoweit nicht um Fragen der Anwendung der Integrationsregel gehen kann.

Anders verhält es sich, wenn es im Zusammenhang mit der Versorgung bei PEG um den Wechsel der Schutzauflage, die Kontrolle der Fixierung, die Reinigung der Sonde, die Desinfektion der Wunde, ggf. die Wundversor-

---

14   B 3 P 5/97 R (SozR 3-3300 § 14 Nr. 4).

15   Vogel/Schaaf, Zur Feststellung der Pflegebedürftigkeit, SGb 1997, 560, 568.

16   Nr. 3 des Leistungsverzeichnisses der Richtlinien zur Verordnung von häuslicher Krankenpflege.

gung und Anwendung ärztlich verordneter Medikamente[17] geht. Hier handelt es sich um Behandlungspflegen. Diese Tätigkeiten stehen nur mittelbar im Zusammenhang mit der Ernährung, denn erst nach dem Legen der Sonde und durch deren Pflege wird eine Ernährung ermöglicht. Der von der Integrationsregel geforderte zwingende zeitliche Zusammenhang kann nicht als gegeben angesehen werden, weil es sich um einen in sich geschlossenen Aufgabenkreis handelt, der – quasi als Voraussetzung für die (spätere) künstliche Ernährung anzusehen ist, – nicht zwingend direkt mit der (ersten) Nahrungsaufnahme (also „bei der" Katalog-Verrichtung) durchgeführt werden muss, sondern „nur" zu einem Zeitpunkt vor der ersten Nahrungsaufnahme – und nicht bei jeder Nahrungsaufnahme erneut – anfällt.

Die behandlungspflegerischen Aufgaben können deshalb weder als untrennbare Bestandteile bei einer der Katalog-Verrichtungen angesehen werden, noch ist ein objektiver zeitlicher Zusammenhang mit der Katalog-Verrichtung zu bejahen. Die Voraussetzungen zur Integration sind im Sinne der Rechtsprechung nicht gegeben. Nach der Gabe der Sondennahrung ist das Spülen des Systems erforderlich, was den grundpflegerischen Aktivitäten zugerechnet wird und mit Blick auf die Verrichtungen zu den nachbereitenden Aufgaben zu zählen ist. Das – zu der Behandlungspflege zählende – Reinigen der Sonde fällt in größeren Abständen an. Da auch diese Notwendigkeiten nicht zwangsläufig bzw. zwingend mit den verrichtungsbezogenen Aufgaben in Verbindung stehen, kann die Integrationsregel auch insoweit nicht zur Anwendung gelangen. Wenn mittels PEG Medikamente verabreicht werden, ändert dies das Ergebnis nicht.

Ergebnis: Die behandlungspflegerischen Aktivitäten im Zusammenhang mit der Sondenernährung erfüllen nicht die Voraussetzungen der Integrationsregel. Der zeitliche Aufwand kann beim Zugang zur Pflegeversicherung nicht berücksichtigt werden.

Katheterisierung

Bei der Katheterisierung der Harnblase werden der Behandlungspflege das Einlegen, Entfernen und das Wechseln eines transurethralen Dauerkatheters in die Harnblase zur Ableitung des Urins zugeordnet[18]. Bei der Versorgung mit einem suprapubischen Katheter zählen der Verbandwechsel der Katheteraustrittstelle (einschließlich Pflasterverband), die Reinigung des Katheters, die Desinfektion der Wunde, die Wundversorgung, die Anwendung ärztlich verordneter Medikamente und das Abklemmen des Dauerkatheter-

---

17 Nr. 27 des Leistungsverzeichnisses der Richtlinien zur Verordnung von häuslicher Krankenpflege.
18 Nr. 23 des Leistungsverzeichnisses der Richtlinien zur Verordnung von häuslicher Krankenpflege.

schlauchs zur Steigerung der Blasenkapazität zur (im Rahmen der häuslichen Krankenpflege verordnungsfähigen) Behandlungspflege[19].

Im Gegensatz dazu zählen die Katheterisierung mit dem Ziel der Restharnbestimmung sowie das Einlegen und Wechseln eines suprapubischen Katheters zu den ärztlichen Leistungen. Die Reinigung des Harnröhrenkatheters (Reinigung des Katheters und der Harnröhrenöffnung, ggf. Abstöpseln in zeitlich festgelegten Intervallen), der Wechsel des Katheterbeutels und der des Dauerkatheterschlauchs zur Steigerung der Blasenkapazität[20] werden allgemein zu den grundpflegerischen Hilfeleistungen gezählt. Diese Aufgaben ersetzen die natürliche Blasenentleerung bzw. stehen mit dieser Verrichtung im direkten Zusammenhang. Hier werden keine behandlungspflegerischen Leistungen diskutiert, so dass es insoweit nicht um Fragen der Anwendung der Integrationsregel gehen kann.

Die behandlungspflegerischen Aufgaben stehen – wie die Behandlungspflegen bei künstlicher Ernährung – mittelbar im Zusammenhang mit der Blasenentleerung, denn erst nach dem Legen des Katheters und durch dessen kontinuierliche Pflege wird eine Blasenentleerung ermöglicht. Der von der Integrationsregel geforderte zwingende zeitliche Zusammenhang kann nicht als gegeben angesehen werden, weil es sich um einen in sich geschlossenen Aufgabenkreis handelt, der

▨ quasi als Voraussetzung für die (spätere) Blasenentleerung anzusehen ist,

▨ nicht zwingend direkt mit der (ersten) Blasenentleerung (also „bei der" Katalog-Verrichtung) durchgeführt werden muss, sondern „nur" zu einem Zeitpunkt vor der ersten Blasenentleerung, und

▨ nicht bei jeder Blasenentleerung erneut anfällt.

Die Maßnahmen der Behandlungspflege können deshalb weder als untrennbare Bestandteile bei einer der Katalog-Verrichtungen angesehen werden, noch ist ein objektiver zeitlicher Zusammenhang mit der Katalog-Verrichtung zu bejahen. Die Voraussetzungen zur Integration sind im Sinne der Rechtsprechung nicht gegeben. Das Ergebnis ändert sich auch nicht dadurch, dass in der Praxis regelmäßig die erste Blasenentleerung direkt nach dem Legen eines Dauerkatheters stattfindet. Das ist natürlich regelmäßig auch zu erwarten. Diese Folge ist nicht auf das Legen des Katheters, sondern auf die Kapazitätsauslastung der Blase zurückzuführen.

Etwas anderes könnte für Einmalkatheter gelten. Es liegt in der Natur der Sache, dass sie nur dann zum Einsatz kommen, wenn die Blase entleert werden

---

19 Nr. 22 des Leistungsverzeichnisses der Richtlinien zur Verordnung von häuslicher Krankenpflege.
20 Nr. 22 des Leistungsverzeichnisses der Richtlinien zur Verordnung von häuslicher Krankenpflege.

soll. Folglich ist ein zeitlich unmittelbarer Zusammenhang mit der Verrichtung gegeben. Die Hilfeleistungen bei Benutzung der Einmalkatheter sind gänzlich der Behandlungspflege zuzuordnen. In dieser Situation ersetzt die Maßnahme der Behandlungspflege gleichzeitig die gesamte grundpflegerische Hilfe bei der Ausscheidung. Diese Konstellation wird auch im Urteil vom 30.10.2001 angesprochen. Nach den ergänzenden Hinweisen von Udsching[21] ist der Hinweis so zu interpretieren, dass die Integrationsregel dann nicht (mehr) zur Anwendung gelangen kann. Dies ist auch unter folgenden Gesichtspunkten in sich schlüssig:

Bei derartigen Fallgestaltungen handelt es sich um Maßnahmen, die nicht als Teil einer grundpflegerischen Verrichtung angesehen werden können. Maßnahmen der Behandlungspflege ersetzen hier nicht nur vollständig die grundpflegerischen Hilfeleistungen für die Verrichtung. Sie prägen sie auch. Der gesamte Ablauf der Verrichtung selbst bietet – von der Entleerung der Blase abgesehen – keine weiteren Gemeinsamkeiten. Dies ist deshalb von Bedeutung, weil der Gesetzgeber bei der Konzeption des SGB XI ausschließlich grundpflegerische Verrichtungen heranzog, die zu den gewöhnlichen und regelmäßig wiederkehrenden Aktivitäten im Ablauf des täglichen Lebens zählen (BR-Drs. 505/93 S. 94; vgl. auch § 4 Abs. 1 SGB XI). Soweit Maßnahmen der Behandlungspflege die grundpflegerischen Aktivitäten für die Verrichtungen vollständig ersetzen, kann nicht mehr von Hilfeleistungen i. S. der Katalog-Verrichtungen ausgegangen werden. Entsprechend der Konzeption der Pflegeversicherung ist vielmehr festzustellen, dass bei der Durchführung von Aktivitäten für diese Verrichtung kein grundpflegerischer Hilfebedarf besteht. Es kann deshalb nicht mehr um einen Hilfebedarf gehen, der beim Zugang zu den Leistungen der Pflegeversicherung Berücksichtigung findet. Da die zweite Möglichkeit der Integrationsregel einen objektiv gegebenen zeitlichen Zusammenhang mit einer der Katalog-Verrichtungen fordert, kann dies ebenso nicht mehr als gegeben angesehen werden.

Der Grundsatz, dass Hilfeleistungen bei einer Verrichtung nicht deshalb unter dem Gesichtspunkt der Behandlungspflege außer Betracht bleiben dürfen, weil sie nur wegen einer Erkrankung erforderlich sind[22], wird nicht unterlaufen, weil grundpflegerische Hilfeleistungen nicht durch behandlungspflegerische ergänzt, sondern ersetzt werden.

Ergebnis: Der erläuternden Darstellung von Udsching, nach der die Voraussetzungen zur Anwendung der Integrationsregel dann nicht vorliegen, wenn Verrichtungen der Grundpflege vollständig durch solche der Behandlungspflegen ersetzt werden, ist zu folgen.

---

21 Nach Udsching sind die Voraussetzungen zur Anwendung der Integrationsregel nicht gegeben, wenn Verrichtungen der Grundpflege vollständig durch Maßnahmen der Behandlungspflege ersetzt werden (Quelle: CAREkonkret vom 25.10.2002 S. 7).

22 Beispielsweise Urteil vom 26.11.1998, Az. B 3 P 20/97 R (SozR 3-3300 § 14 Nr. 9).

Medikamentengabe

Einige Krankenkassen greifen die Situationen auf, in denen einem Pflegebedürftigen im Rahmen der häuslichen Krankenpflege Medikamente verabreicht werden müssen. Die Arzneimittelgabe stellt eine krankheitsspezifische Hilfeleistung dar[23]. Sie ist den Maßnahmen der Behandlungspflege zuzuordnen, weil mit ihrer Hilfe das ärztliche Behandlungskonzept und die zielgerichtete ärztliche Behandlung verwirklicht werden. Entsprechend der Integrationsregel kann sich die Frage, ob derartige Hilfebedarfe beim Zugang zu den Leistungen der Pflegeversicherung Berücksichtigung finden, beim Verlassen des Bettes und insbesondere bei der Nahrungsaufnahme stellen.

Im Bereich der häuslichen Pflege sind bislang keine Situationen bekannt geworden, in denen z. B. den Kreislauf stärkende Medikamente vor dem Verlassen des Bettes einzunehmen wären. Diskutiert wird dagegen in erster Linie die Einnahme von Medikamenten während der Mahlzeit. Dies betrifft nach bisherigen Erkenntnissen ausnahmslos die Arzneimittel, die aufgrund der Wirkungsweise oder bedingt durch Nebenwirkungen während der Nahrungsaufnahme einzunehmen sind. Ohne Bedeutung sind hierbei Situationen, in denen der Patient die Arzneimittel zu den Mahlzeiten einnimmt, weil es so für ihn praktischer ist oder die Einnahme so nicht in Vergessenheit geraten kann. Wie bereits dargestellt, sind allein die medizinischen Notwendigkeiten ausschlaggebend. Nach bisherigen Erkenntnissen werden in der häuslichen Pflege sehr selten derartige Medikamente eingesetzt.

Ergebnis: Soweit Arzneimittel (tatsächlich) aus medizinischen Gründen während einer Mahlzeit einzunehmen sind, ist die medizinische Maßnahme untrennbarer Bestandteil der Nahrungsaufnahme, und es besteht objektiv ein zeitlicher Zusammenhang mit Aktivitäten für die Verrichtung. Ein derartiger Aufwand ist beim Zugang zu den Leistungen der Pflegeversicherung zu berücksichtigen.

Hier kann grundsätzlich nicht davon ausgegangen werden, dass es sich um eine in sich geschlossene Behandlungspflege handelt, die unbeachtet bleibt. Ausnahmen scheinen nur denkbar, wenn es sich um Medikamente handelt, deren Wirkungen nach der Einnahme gezielt zu beobachten sind. Hier erhält die Maßnahme der Behandlungspflege ein deutlich anderes Gewicht. Derartige Medikamente sind nach dem jetzigen Stand der Erkenntnisse regelmäßig nicht im häuslichen Bereich im Einsatz bzw. nicht während der Mahlzeit einzunehmen. Wenn Medikamente mittels Infusionen verabreicht werden, sind keine Maßnahmen der Behandlungspflege i. S. des § 37 zu diskutieren

---

23 BSG vom 29.04.1999, Az. B 3 P 12/98 R; zu krankheitsspezifischen Maßnahmen insbesondere Urteil vom 19.02.1998, Az. B 3 P 5/97 R (SozR 3-3300 § 14 Nr. 4); Orientierungssatz: „Die Versorgung mit Medikamenten, die nicht notwendig mit der Verrichtung „Nahrungsaufnahme" verbunden ist, zählt ebenfalls nicht zur Grundpflege."

(vgl. Richtlinien zur Verordnung häuslicher Krankenpflege); für die Anwendung der Integrationsregel besteht kein Raum.

Soweit die Integrationsregel anzuwenden ist, sind erhebliche praktische Probleme bei der Ermittlung des betroffen Personenkreises zu erwarten, der nach bisherigen Erkenntnissen als „recht überschaubar" eingeschätzt wird. Um eine sachgerechte Entscheidung über den Antrag auf häusliche Krankenpflege treffen zu können, wären generell Aussagen wie „Arzneimittelgabe 3x täglich während der Mahlzeiten" unerlässlich. Notwendig ist deshalb eine Veränderung der Richtlinien über die Verordnung häuslicher Krankenpflege.

Exkurs: An dieser Stelle scheint der Hinweis erforderlich, dass die Krankenkassen als Körperschaften des öffentlichen Rechts aufgefordert sind, das geltende Recht umzusetzen. Sie haben keinerlei Entscheidungsfreiraum, und ihre individuelle Haltung „ist nicht gefragt". Auch § 69 Abs. 3 SGB IV („Für alle finanzwirksamen Maßnahmen sind angemessene Wirtschaftlichkeitsuntersuchungen durchzuführen") eröffnet nicht die Möglichkeit, Rechtsvorschriften unbeachtet zu lassen, nur weil das entsprechende Verwaltungsverfahren unverhältnismäßig ist.

Sonstige Konstellationen

Anhand der genannten Beispiele sollte es möglich sein, andere Konstellationen zu beurteilen. Aus diesem Grunde wird auf weitere Beispiele verzichtet. Betont werden soll an dieser Stelle erneut, dass eine ständige Rechtsprechung vorliegt und keine Zweifel bestehen, dass auch die künftige Rechtsprechung diese Linie fortsetzen wird. Anzumerken ist letztlich, dass die aktuellen Begutachtungs-Richtlinien zur Feststellung der Pflegebedürftigkeit die Rechtsprechung berücksichtigen, so dass aufgrund des Urteils vom 30.10.2001 keine Anpassungen erforderlich waren.

Pflegefachliche Kompetenz

Udsching hat neben den schon zitierten Aussagen darauf hingewiesen, dass die Voraussetzungen zur Anwendung der Integrationsregel auch dann nicht erfüllt werden, wenn die Maßnahme pflegefachliche Kompetenz voraussetzt, die von Pflegepersonen[24] auch nach fachlicher Einweisung nicht zu erreichen ist. Insbesondere Mütter haben vielfältige Maßnahmen der Behandlungspflege erlernt und nehmen die Aufgaben auch wahr. Diese Mütter wurden in einer Weise pflegefachlich qualifiziert, die mit dem Terminus „Einweisung" nicht mehr sachgerecht umschrieben werden könnte.

---

24 Udsching benutzt den Begriff der „Laienpflegekraft", den der Verfasser aufgrund seiner diskriminierenden Tendenzen nicht übernimmt. Aufgrund vielfältiger praktischer Erfahrungen brauchen Mütter in Bezug auf die Pflege und Versorgung ihrer Kinder üblicherweise den Vergleich mit professionellen Kinderkrankenschwestern nicht zu fürchten.

Exkurs: Nach den Richtlinien zur Verordnung häuslicher Krankenpflege[25] können Angehörige oder andere Personen – entsprechendes Lernpotenzial vorausgesetzt – in der Durchführung einer behandlungspflegerischen Maßnahme angeleitet bzw. unterstützt werden. Hierzu gehören auch die Beratung und Kontrolle des Patienten, Angehöriger oder anderer Personen. Begrifflich gehen die Hilfestellungen über eine Einweisung hinaus, so dass alle Situationen, die über diese Position des Leistungsverzeichnisses aufgegriffen werden können, von der Aussage zu erfassen wären.

Die Bereitschaft von Angehörigen, auch Maßnahmen der Behandlungspflege zu erlernen, um so die Abhängigkeit von Dritten zu reduzieren, ist groß und erstreckt sich nach bisherigen Erfahrungen auf alle im häuslichen Bereich denkbaren krankheitsspezifischen Maßnahmen. Allein aus diesem Grund scheint der Versuch, Abgrenzungsmerkmale an das Maß der Qualifizierungsnotwendigkeiten zu knüpfen, wenig erfolgversprechend.

Ergebnis: Der Frage zur pflegefachlichen Kompetenz von Pflegepersonen wird bei der Anwendung der Integrationsregel keine weitergehende Bedeutung zukommen können. Entscheidend wird dagegen sein, ob Maßnahmen der Behandlungspflege die Aktivitäten für eine Katalog-Verrichtung „notwendigerweise ergänzen" oder sie verdrängen (vgl. Abschnitt 1.4).

Nicht in Vergessenheit geraten darf der ursprüngliche Ansatz des BSG. Die Rechtsprechung unternimmt den Versuch, trotz der unglücklichen Rechtskonstellation (Abgrenzung von Grund- und Behandlungspflege) und der Wirkungen des § 37 Abs. 3 SGB V, verfassungskonform ein möglichst großes Maß an Gerechtigkeit zu erreichen. Ein Anspruch auf häusliche Krankenpflege ist nur gegeben, wenn die Angehörigen (und hier oftmals die Mütter) nach Qualifizierung durch Verhinderung (z. B. in der Zeit der Abwesenheit durch Berufstätigkeit oder Einkäufe).

Die Motivation zur Entlastung der Krankenversicherung wird reduziert, wenn die Pflegeversicherung die Aufgabenwahrnehmung ignoriert, obwohl die Pflegepersonen durch die (zusätzlichen) Maßnahmen der Behandlungspflege erhebliche Belastungen tragen. Volkswirtschaftlich sind Rahmenbedingungen, die die Chancen für Hilfeleistungen durch Angehörige minimieren, als schädlich einzustufen. Vor dem Hintergrund der demografischen Entwicklung gilt es, die Möglichkeiten auszubauen, zu stärken und zu fördern.

Als ungerecht empfundene Ergebnisse lassen sich aber nur vermeiden, wenn das Recht modifiziert wird. Die gelegentlich diskutierte Möglichkeit, den Betroffenen eine Wahlfreiheit einzuräumen, ob nun die Pflege- oder Krankenversicherung die Zuständigkeit erhalten soll, findet im Recht gegenwärtig

---

25   Nr. 7 des Leistungsverzeichnisses: Anleitung bei der Behandlungspflege in der Häuslichkeit.

keine Stütze und dürfte zudem auch nicht zu den gewünschten Ergebnissen
führen. So bleibt abzuwarten, ob der Gesetzgeber z. B. im Zuge der Gesetzgebungsverfahren zur Finanzierung der Behandlungspflege in Heimen (vgl.
§ 43b SGB XI) auch diese Schnittstelle aufgreift. Da die Leistungen der Pflegeversicherung in erster Linie die familiäre, nachbarschaftliche und sonstige
ehrenamtliche Pflege und Betreuung (§ 4 Abs. 2 SGB XI) ergänzen sollen,
scheinen entsprechende Hoffnungen nicht unberechtigt.

Hilfebedarf neben integrierten Behandlungspflegen

Häufig wird die Auffassung vertreten, dass Maßnahmen der Behandlungspflege nur dann integriert werden können, wenn bei der betreffenden Verrichtung bereits ein Hilfebedarf besteht, der durch die krankheitsspezifische
Maßnahme vergrößert wird. Diese Auffassung ist nicht haltbar. Es reicht
vielmehr aus, dass eine Maßnahme der Behandlungspflege in der Sache bei
einer der Katalog-Verrichtungen zu integrieren ist. Ob gleichzeitig bei dieser
Verrichtung ein Hilfebedarf gegeben ist, ist ohne Belang. Dies wird durch
den Beschluss des BSG vom 27.06.2002[26] belegt. Das BSG hatte die vom Be-
schwerdeführer begehrte Zulassung der Revision verworfen, weil die Frage
nicht mehr klärungsbedürftig ist, ob krankheitsspezifische Pflegemaßnahmen auch dann bei der Bemessung des Hilfebedarfs berücksichtigt werden
können, wenn kein Hilfebedarf bei der eigentlichen Katalog-Verrichtung
vorliegt. Das BSG weist in der Begründung auf die Verfahren hin, in denen
es um die Einbeziehung der morgendlichen Maßnahmen der Behandlungspflege (Klopfen, Drainagen, Inhalationen) bei Mukoviszidose-Patienten ging,
die körperlich in der Lage waren, selbst aufzustehen. Diese Rechtsprechung
sei durch das Kompressionsstrumpf-Urteil zusammengefasst und bestätigt
worden.

Wirkungen auf die Leistungen bei häuslicher Pflege

Die Entscheidungen des BSG ergingen im Wesentlichen zu den §§ 14 und
15 SGB XI, weil die Frage von Bedeutung war, ob Hilfebedarfe bei der Feststellung der Pflegebedürftigkeit zu berücksichtigen waren. Findet die Integrationsregel Anwendung, ist der zeitliche Aufwand für diese Hilfeleistung
im Rahmen des Gesamtaufwands für die jeweilige Verrichtung der Grundpflege als Pflegebedarf zu berücksichtigen, auch wenn es sich bei der Maßnahme um eine zu integrierende Behandlungspflege handelt. Dieses Vorgehen bewirkt, dass dem Pflegebedürftigen ein Mehr an zeitlichem Hilfebedarf
zuerkannt wird, was sofort oder später dazu führen kann, dass er einer höheren Pflegestufe zugeordnet wird.

---

26 Az. B 3 P 15/02 R. Die Beschwerde der Beklagten gegen die Nichtzulassung der Revision
    wurde als unzulässig verworfen, weil die Rechtsfrage nach mehreren Entscheidungen
    nicht mehr klärungsbedürftig ist. Verwiesen wurde insbesondere auf die Entscheidungen
    vom 27.08.1998 – Az. B 10 KR 4/97 R (SozR 3-3300 § 14 Nr. 7), 29.04.1999 – Az. B 3 P 13/98
    R (SozR 3-3300 § 14 Nr. 11), 30.10.2001 – Az. B 3 KR 2/01 R (SozR 3-2500 § 37 Nr. 3).

Die Berücksichtigung des Aufwands führt insoweit zur Erhöhung der von der Pflegeversicherung zu gewährenden Leistungen. Hierauf weist der 3. Senat zu Recht hin. Aus der juristischen Sicht des BSG kann die Problematik der gedeckelten Leistungsansprüche ebenso wenig entscheidungsrelevant sein wie die relativ großen Zeitspannen beim erforderlichen Hilfebedarf zur Einstufung innerhalb der einzelnen Pflegestufen. Wenn die Höchstbeträge von Bedeutung sind, bleibt dem Gericht im Kontext des Netzes sozialer Sicherheit in Deutschland nur der Verweis auf Ansprüche, die ggf. über das Bundessozialhilfegesetz verwirklicht werden können.

Neu und für viele überraschend waren die Schlussfolgerungen des BSG für den Bereich der Leistungsgewährung. Aus der Rechtsprechung ergibt sich, dass Pflegebedürftige für die beim Zugang zu den Leistungen der Pflegeversicherung berücksichtigten Hilfeleistungen auch Sachleistungen beanspruchen können. Dies ist von der Sache her nur konsequent, denn § 36 Abs. 2 SGB XI knüpft an die Hilfeleistungen des § 14 SGB XI an und bestimmt, dass die häusliche Pflegehilfe diese Hilfeleistungen umfasst. Die Vorschrift für das alternative Pflegegeld wiederum knüpft an § 36 an, so dass hier im Grunde vergleichbare Wirkungen eintreten.

Exkurs: Der Pflegebedürftige hat nicht die Möglichkeit, auf die Berücksichtigung dieser Zeiten zu verzichten, um in den Genuss von gesonderten Leistungen der häuslichen Krankenpflege zu gelangen. Dies verhindert § 46 SGB I. Danach ist ein Verzicht unwirksam, soweit dadurch ein anderer Leistungsträger belastet wird. Da das Recht in der Vergangenheit nicht derart ausgelegt wurde, könnte der Pflegebedürftige dagegen überprüfen, ob seine Pflegekasse diese Zeiten bei der Zuordnung zur Pflegestufe berücksichtigt hat.

Durch die Leistungsansprüche gegenüber der Pflegeversicherung galt es, einen mehrfachen Leistungsanspruch zu verhindern. Das BSG stellte deshalb fest, dass die beim Zugang zu den Leistungen der Pflegeversicherung berücksichtigten (integrierten) Maßnahmen der Behandlungspflege – trotz des grundsätzlich vorrangigen Anspruchs auf häusliche Krankenpflege nach dem SGB V – eventuelle Ansprüche gegenüber der Krankenkasse entfallen lassen.

Leistungsrecht

Das Urteil hat keinerlei Auswirkungen auf die Versorgung der Versicherten, die nicht pflegebedürftig im Sinne des SGB XI sind. Ihnen stehen Leistungen der häuslichen Krankenpflege unverändert zur Verfügung. Keine Bedeutung hat das Urteil ferner bei nicht dauerhaften Hilfebedarfen. Soweit der Hilfebedarf nicht dauerhaft ist, zahlen Kranken- und Pflegekasse weiterhin unverändert. Ggf. sollten im Rahmen der Häuslichen Krankenpflege über „Anleitung bei der Behandlungspflege in der häuslichkeit" (siehe auch Abschnitt 1.5) Pflegepersonen qualifiziert werden, wenn dauerhaft behandlungspflegerische Hilfeleistungen absehbar werden.

In allen Situationen, bei denen die Voraussetzungen der Integrationsregel erfüllt werden, sind Änderungen festzustellen. Da die Spitzenverbände der Krankenkassen die Umsetzung der Entscheidung nur für den Bereich der Kompressionsstrümpfe empfohlen haben, wird im Folgenden nur dieser Bereich thematisiert.

Rufen Pflegebedürftige das dauerhaft notwendige An- und Ausziehen von Kompressionsstrümpfen ab, denen bislang ausschließlich das Pflegegeld gezahlt wird, so nehmen sie (auch) die Pflegesachleistungen i. S. des § 36 SGB XI in Anspruch. Wird der Höchstanspruch nicht ausgeschöpft, ist § 38 SGB XI (Kombinationsleistung) anzuwenden mit der Folge, dass die Pflegekassen das Pflegegeld nur anteilig auskehren dürfen.

Sollen deshalb die Aufgaben künftig von Pflegepersonen übernommen werden, müssen sie im Sinne des § 4 Abs. 2 SGB XI im Rahmen der Sachleistungen entsprechend qualifiziert werden. In der Qualifizierungsphase würde dann die Kombinationsleistung anzuwenden sein. Anzumerken ist hier, dass zum Beispiel die Gemeinsamen Grundsätze und Maßstäbe zur Qualität und Qualitätssicherung nach § 80 SGB XI in der ambulanten Pflege die Anpassung der Pflegeplanung fordern, in der auch die Aufteilung der Leistungserbringung unter den an der Pflege beteiligten Personen aufzuführen ist. Der Pflegedienst kann deshalb etwaige Umstellungswünsche nicht bloß zur Kenntnis nehmen. Dies gilt insbesondere, wenn durch die Verlagerung die Entwicklung des Pflegeprozesses gefährdet wird. Die Problematik ist auch bei den Beratungseinsätzen nach § 37 Abs. 3 SGB XI zu beachten.

Bei Pflegebedürftigen, denen bislang im Rahmen der häuslichen Krankenpflege beispielsweise die dauerhaft zu benutzenden Kompressionsstrümpfe an- und ausgezogen werden und die nebenher Pflegesachleistungen abrufen, ist das An- und Ausziehen den Pflegeleistungen zuzurechnen. Wird der Höchstbetrag nun ausgeschöpft, ist der Differenzbetrag vom Pflegebedürftigen zu tragen (soweit Bedürftigkeit besteht, können Leistungen nach dem BSHG beansprucht werden) und zu beachten, dass das anteilige Pflegegeld nicht mehr zur Verfügung steht. Der Pflegevertrag ist entsprechend anzupassen. Hat der Pflegedienst beispielsweise bislang nur den Auftrag, die hauswirtschaftliche Versorgung tagsüber zu übernehmen, weil eine Pflegeperson die pflegerischen Leistungen mit Ausnahme des täglichen Anziehens der Kompressionsstrümpfe erbringt, sind die Auswirkungen des Urteils gravierender. Hier wäre die dauerhafte Hilfe beim Aufstehen und Zu-Bett-Gehen im Pflegevertrag zu verankern.

Vertragsrecht

Für die Maßnahmen der Behandlungspflege, die in die Hilfeleistungen der Pflegeversicherung zu integrieren sind, müssen die Vergütungsstrukturen entsprechend angepasst werden. Wenn häusliche Pflegehilfe über Leistungskomplexe abgerechnet und die häusliche Krankenpflege über Einzelleistungen vergütet wird, stehen sich im Grundsatz zwei Vergütungen gegenüber, die sich – soweit Pflegebedürftige im Sinne des SGB XI versorgt werden – tatsächlich überschneiden und insoweit eine doppelte Finanzierung einer Dienstleistung vorsehen. Zumindest auf den ersten Blick scheint das Urteil die Angleichung der Vergütungsstrukturen von Kranken- und Pflegeversicherung zu erzwingen. Aber hier soll den Vertragsparteien nicht vorgegriffen werden, denn sie sind jetzt gefordert. Es bleibt zu hoffen, dass die Zeit möglicher Irritationen nur kurz sein wird. Für die Zwischenzeit empfiehlt es sich, das weitere Vorgehen einvernehmlich abzusprechen, um Irritationen möglichst zu vermeiden. Anzumerken ist, dass das BSG bereits im Jahr 2000 die Problematik sah[27] und darauf hinwies, zur Entlastung der Solidargemeinschaft seien in Zukunft Behandlungspflegen, die durch Pflegepersonen erbracht werden, beispielsweise durch ein eigenständiges krankenversicherungsrechtliches Pflegegeld abzugelten. Diese an den Gesetzgeber adressierte Anregung wird sicherlich bei der Weiterentwicklung von Kranken- und Pflegeversicherung Beachtung finden, zumal derzeit die Zusammenführung beider Sicherungssysteme diskutiert wird. Bis zum Höhepunkt dieser Debatte sollte die Zeit ausreichen, die Handlungsfähigkeit der Vertragspartner in der Selbstverwaltung unter Beweis zu stellen und so einer Diskussion über die Notwendigkeit von Rechtsverordnungen (siehe für die Pflegeversicherung § 90 SGB XI) den Boden zu entziehen.

Merkposten „Drachenflieger-Urteil"

Dass es sich beim An- und Ausziehen der Kompressionsstrümpfe (ab Klasse II) um Maßnahmen handelt, die der Behandlungspflege zuzuordnen sind, war und ist unstrittig. Nach Nr. 31 des Leistungsverzeichnisses der „Richtlinien des Bundesausschusses der Ärzte und Krankenkassen über die Verordnung von häuslicher Krankenpflege"[28] ist das An- und Ausziehen von Kompressionsstrümpfen der Klassen II bis IV verordnungsfähig. In dem hier besprochenen Urteil stellt das BSG das trotzdem, gleichsam vorsorglich, ausdrücklich fest. Überraschend für viele heißt es dann weiter:

Wenn das BSG dann die Auffassung des Landessozialgerichts bestätigt, „dass eine Leistungspflicht der Krankenkasse für Maßnahmen der Behandlungspflege entfällt, die in die Hilfeleistung bei den Verrichtungen der Grundpflege einbezogen und damit Gegenstand der Leistungspflicht der Pflegekasse sind", ist dies einerseits konsequent. Andererseits wird die eigentliche Problematik der Entscheidung offenbar. Schließlich basieren die Vergütungsvereinbarungen zwischen den Vertragsparteien in der Pflegeversicherung nicht auf derartigen Überlegungen.

---

27   Urteil vom 30.03.2000, Az. B 3 KR 23 / 99 R (SozR 3-2500 § 37 Nr. 2).
28   Richtlinien nach § 92 Abs. 1 Satz 2 Nr. 5 und Abs. 7 SGB V in der Fassung vom 16.02.2000, BAnz. Nr. 91 vom 13.05.2000.

Auf den ersten Blick hört sich das Ergebnis auch widersprüchlich an. Das höchste deutsche Sozialgericht hatte in der Vergangenheit mehrfach entschieden, dass Leistungen der häuslichen Krankenpflege den Leistungen der Pflegeversicherung vorgehen und sie verdrängen. Auch ergibt sich dies direkt aus § 13 Abs. 2 SGB XI. Diese Auffassung hält aber einer genaueren Betrachtung nicht stand. Bereits in der Vergangenheit[29] hatte das BSG formuliert: „Auch nach geltendem Recht ist Behandlungspflege in jeder Form den Leistungen der Krankenversicherung zuzuordnen", um anschließend anzumerken: „nur ausnahmsweise, beim notwendigen Zusammentreffen mit einer Maßnahme der Grundpflege, ist sie auch beim Pflegebedarf in der Pflegeversicherung zu berücksichtigen." Rückschauend betrachtet wurde die Entscheidung vom 30.10.2001 schon vor Jahren mit dem letzten Halbsatz angekündigt. Deshalb ist auch nicht davon auszugehen, dass das BSG in künftigen Entscheidungen eine andere Haltung einnehmen könnte. Der 3. Senat hat aber ausdrücklich hervorgehoben, dass die Entscheidung der Frage nicht Gegenstand des Verfahrens war, welchen Einfluss die Verpflichtung des Pflegedienstes, den Pflegebedürftigen auch mit derart integrierten Behandlungspflegen zu versorgen, auf die Vergütungen hat.

Deshalb musste zum Beispiel die Frage offen bleiben, ob der Pflegedienst insbesondere bei einer Pauschalvergütung nach Leistungskomplexen für die Erbringung der integrierten Behandlungspflege einen Zuschlag wegen erhöhten Aufwands verlangen kann. Stellt sich die Frage, wie das Verfahren ausgegangen wäre, wenn auch dies Streitgegenstand gewesen wäre.

Aus dem Urteil ergibt sich zunächst, dass die Leistungspflicht der Krankenkasse „entfällt". Diese Formulierung deutet isoliert betrachtet nicht darauf hin, dass die Krankenkassen integrierte Behandlungspflege beispielsweise teilweise zu finanzieren haben. Im so genannten Drachenflieger-Urteil[30] beschäftigte sich der 3. Senat mit den praktischen Schwierigkeiten, die Behandlungspflege und die Grundpflege zu trennen, aus dem Blickwinkel der Krankenversicherung. Er hat hervorgehoben, dass die Erledigung beider Aufgaben durch ein und dieselbe Pflegekraft dem Wirtschaftlichkeitsgebot entspricht. Dies rechtfertigte aber nicht, die Krankenkasse mit den gesamten Kosten zu belasten. Eine Trennung ließe sich ohne Weiteres durch entsprechende Vereinbarungen zwischen Krankenkassen und Pflegekassen erreichen. Es kann ermittelt werden, welchen täglichen Zeitbedarf an Grundpflege der Pflegebedürftige hat und welche Kosten hierfür anfallen, wenn die Pflegekasse eine gesonderte Kraft mit der Erledigung dieser Aufgaben beauftragen müsste. Der 3. Senat gab zur Verdeutlichung seiner Rechtsauffassung ein Beispiel (an Euro angepasst):

---

29 BSG, Urteil vom 30.03.2000, Az. B 3 KR 14/99 R.
30 Urteil vom 28.01.1999, Az. B 3 KR 4/98 R (BSGE 83, 254, 261, SozR 3-2500 § 37 Nr. 1).

Benötigt ein Pflegebedürftiger rund um die Uhr Behandlungspflege, so hat
die Krankenkasse bei einem vereinbarten Stundensatz von 15 Euro eine mo-
natliche Vergütung von (24 Stunden x 30 Tage) 10.800 Euro zu zahlen. Sind
zugleich täglich für vier Stunden Pflegeleistungen zulasten der Pflegeversicherung zu erbringen, ist insoweit die Pflegekasse kostenpflichtig. Bei einem vereinbarten Stundensatz von 15 Euro (4 Stunden x 30 Tage) macht dies
1.800 Euro, die – im Rahmen der Höchstgrenzen – von der Pflegeversicherung
zu tragen wären.

Der Berechnungsweise könne nach Ansicht des BSG nicht entgegengehal-
ten werden, der Krankenkasse entstünden durch die gleichzeitige Erledigung von Pflegeleistungen der Pflegeversicherung keine Mehrkosten, da sie
für die Bereitstellung der Behandlungspflege ohnehin aufzukommen hätte.
Während der Erbringung der Grundpflege tritt die Behandlungspflege im
Regelfall in den Hintergrund, so dass es gerechtfertigt ist, den Kostenauf-
wand für diese Zeiten allein der sozialen Pflegeversicherung zuzurechnen.
Diese Entscheidung gelangt nicht nur zur Anwendung, wenn die Vergütungen gleich hoch sind. Sie ist auch zu beachten, wenn für die Durchführung
der Behandlungspflege höhere Vergütungen vereinbart wurden. Dies kann
nicht zweifelhaft sein, da die Vertragspartner sowohl nach SGB V als auch
nach SGB XI nur Vergütungen vereinbaren, die notwendig sind und bei denen das Wirtschaftlichkeitsgebot beachtet wird. Die Auffassung wurde inzwischen in erster Instanz bestätigt[31] In dem Urteil des Sozialgerichts heißt
es wörtlich: „Da die Kosten für eine Behandlungspflegekraft höher sind als
die einer häuslichen Pflegehilfe, hat die Beklagte (Anm.: Krankenkasse) der
Behandlungspflegekraft bzw. dem Pflegedienst als Arbeitgeber die höheren
Kosten der Behandlungspflege auch während der Zeit der Mithilfe bei der
Grundpflege zu zahlen." Zur besseren Verdeutlichung auch hierzu ein Beispiel:

Wurde in der Vereinbarung zur häuslichen Krankenpflege beispielsweise
eine Vergütung auf der Basis von 25 Euro in der Stunde vereinbart, während
in der Vereinbarung für die häusliche Pflege für die Leistung eine Vergütung
von 20 Euro je Stunde vertraglich fixiert wurde, so wäre von der Krankenversicherung der Differenzbetrag von 5 Euro je Einsatzstunde im Rahmen
der häuslichen Krankenpflege zu finanzieren. Ob das Drachenflieger-Urteil
bei integrierten Behandlungspflegen zur Anwendung gelangen kann, ist
aufgrund der gewählten Formulierung mindestens fraglich und dürfte in
nächster Zeit kontrovers diskutiert werden. In der Praxis ist festzustellen,
dass die Vergütungen in der Krankenversicherung grundsätzlich höher sind.
Die Preisunterschiede sind im Wesentlichen auf die eingesetzten Pflegekräfte
zurückzuführen. Der Rechtsprechung des BSG lassen sich bisher keine Hinweise entnehmen, dass dieser Praxis Rechnung getragen werden könnte. Allerdings hat Prof. Dr. Udsching, Richter am 3. Senat des BSG, 1996 folgenden

---

31   Urteil des SG Aachen vom 07.01.02, Az. S 6 KR 110/00, nicht rechtskräftig.

Standpunkt vertreten: „Die Unterscheidung (Anm.: nach Behandlungs- und Grundpflege) erfolgt nicht bei den Anspruchsvoraussetzungen, sondern erst bei der Leistungserbringung. Benötigt der Akutkranke Krankenbehandlung i. S. von § 27 SGB V, so sind Pflegeleistungen nach dem SGB XI grundsätzlich durch dessen § 34 Abs. 2 Satz 1 ausgeschlossen. ... Der Anspruch auf Leistungen der häuslichen Krankenpflege geht dem Anspruch auf Pflegeleistungen nach dem SGB XI vor"[32]. Dies scheint das BSG im Urteil auch ausdrücklich anzusprechen, wenn es feststellt, dass allenfalls der Anspruch aus der sozialen Pflegeversicherung ruht, soweit im Rahmen des Anspruchs auf häusliche Krankenpflege auch Anspruch auf Grundpflege und hauswirtschaftliche Versorgung besteht. Da es zuvor jedoch feststellt, dass die Leistungspflicht der Krankenkasse entfällt, soweit es sich um integrierte Behandlungspflegen handelt, kann trefflich darüber gestritten werden, ob dies nun auf die vollständige Finanzierung über die Pflegeversicherung oder auf die Anwendung des Drachenflieger-Urteils hindeutet.

Natürlich gibt es neben den schon angesprochenen Argumenten – wie § 13 Abs. 2 SGB XI und dem daraus erkennbaren Willen des Gesetzgebers weitere Argumente, die für einen Kostenbeitrag der Krankenversicherung sprechen. So dürfte zum Beispiel auch das Willkürverbot[33] angeführt werden. Die Vergütungsvorschrift des § 89 SGB XI bietet für die Pflegedienste aber wenig argumentative Unterstützung an. Dort wird von der Vergütung „der allgemeinen Pflegeleistungen und der hauswirtschaftlichen Versorgung" gesprochen, die es zu vereinbaren gilt, ohne § 36 SGB XI direkt zu benennen. Dies ist nach herrschender Meinung in der Literatur gleichbedeutend mit der häuslichen Grundpflege und der hauswirtschaftlichen Versorgung im Sinne des § 36 SGB XI und umfasst nur die Hilfeleistungen bei 21 Verrichtungen des § 14 SGB XI. Soweit die ambulanten Pflegeleistungen über die bei den Verrichtungen des § 14 SGB XI hinausgehen, eröffnet sich keine Möglichkeit zur Vereinbarung einer Vergütung. Strittig gestellt werden könnte, ob und inwieweit die integrierten Behandlungspflegen noch darunter fallen oder nicht. Nach den Formulierungen des BSG dürfte es auf den ersten Blick als wahrscheinlicher angesehen werden, dass die Vorschrift die Vereinbarung von Vergütungen für integrierte Behandlungspflegen nicht verwehrt.

Hinzu kommt, dass die Leistungen der häuslichen Krankenpflege zur Sicherung des Ziels ärztlicher Behandlung (§ 37 Abs. 2 Satz 1 SGB V) Pflegebedürftigen weiterhin zur Verfügung stehen. Der Anspruch eines Pflegebedürftigen auf Leistungen der häuslichen Krankenpflege ist nur dann ausgeschlossen, wenn und soweit die benötigten Maßnahmen der Behandlungspflege bereits bei den Leistungen der Pflegeversicherung berücksichtigt worden sind. „Insoweit scheidet ein dieselbe Maßnahme betreffender Anspruch auf häusliche Krankenpflege als Sachleistung der Krankenversicherung aus, weil es

---

32 Udsching, Rechtsfragen bei der Bemessung des Pflegebedarfs, VSSR 4/96, 271, 281.
33 Art. 3 Abs. 1 GG.

an der Notwendigkeit einer gesonderten Leistung der Krankenversicherung im Sinne des § 12 Abs. 1 SGB V (Wirtschaftlichkeitsgebot) fehlt"[34], heißt es in einem älteren Urteil. Von einem Mehrfachanspruch kann nur ausgegangen werden, wenn es sich um dieselbe Aufgabe bzw. Maßnahme handelt. Soweit es sich nicht um dieselbe Maßnahme handelt, bleibt der Anspruch gegenüber der Krankenversicherung erhalten. Um dieselbe Maßnahme kann es sich zum Beispiel nicht handeln, wenn

▨ sich die Aufgabe inhaltlich deutlich von einer anderen unterscheidet oder

▨ der Einsatz einer anderen, besonders qualifizierten Kraft notwendig wird.

Da der zeitliche Mehrbedarf bei der Zuordnung zu einer Pflegestufe zu berücksichtigen ist, scheinen insoweit beispielsweise Zuschläge der Krankenversicherung ausgeschlossen. Soweit jedoch der Einsatz einer Pflegekraft erforderlich wird, die im Rahmen der SGB-XI-Dienstleistungen nicht verfügbar ist (sein muss) –, und so Mehrkosten verursacht werden, könnte dies anders betrachtet werden. Allerdings scheint auch diese Argumentationskette nach einer ersten Einschätzung recht dünn zu sein. Zur Auffassung des BSG ist an dieser Stelle anzumerken, dass es sich hinsichtlich des Anziehens von Strümpfen bzw. Kompressionsstrümpfen im Grunde ohnehin nicht um dieselben Maßnahmen handelt. Die eine Aufgabe entfällt bei der Verrichtung des An- bzw. Ausziehens, eine andere kommt beim Aufstehen bzw. Zu-Bett-Gehen (oder bei der Körperpflege) hinzu.

Eine weitergehende oder innere Verbindung zum Be- und Entkleiden besteht in Grunde nicht, und die Wahl, auf das Anziehen der Strümpfe zu verzichten, hat der Träger von Kompressionsstrümpfen ebenfalls (krankheitsbedingt) nicht. Während noch beim Urteil zur Medikamentengabe die objektiv zwingende Verbindung diskutiert wurde, werden hier Aufgaben gleichgestellt, die sowohl bei lebensnaher Betrachtung[35] als auch hinsichtlich des äußeren Ablaufs der Verrichtungen nicht unter derselben Maßnahme hätten subsumiert werden müssen. Natürlich darf es nicht zu einer Mehrfachberücksichtigung von Dienstleistungen kommen (hier: Anziehen von Strümpfen bzw. Kompressionsstrümpfen). Dass gerade bei der verrichtungsbezogenen Behandlungspflege diese Gefahr besteht, sah auch der 3. Senat. Deshalb wies er bereits in der Vergangenheit darauf hin, dass es den Vertragsparteien unbenommen bleibt, zur Vermeidung von Doppelleistungen entsprechende Vereinbarungen zu treffen[36]. Durch Vereinbarungen der Kassen mit Leistungserbringern kann das gesetzlich geregelte Verhältnis der Leistungen von

---

Pflege- und Krankenversicherung zueinander allerdings nicht zulasten der
Versicherten eingeschränkt werden[37].

---

37   Urteil vom 30.03.2000, Az. B 3 KR 23/99 R (SozR 3-2500 § 37 Nr. 2).

§ 15   Stufen der Pflegebedürftigkeit

(1) ₁Für die Gewährung von Leistungen nach diesem Gesetz sind pflegebedürftige Personen (§ 14) einer der folgenden drei Pflegestufen zuzuordnen:

1. Pflegebedürftige der Pflegestufe I (erheblich Pflegebedürftige) sind Personen, die bei der Körperpflege, der Ernährung oder der Mobilität für wenigstens zwei Verrichtungen aus einem oder mehreren Bereichen mindestens einmal täglich der Hilfe bedürfen und zusätzlich mehrfach in der Woche Hilfen bei der hauswirtschaftlichen Versorgung benötigen.

2. Pflegebedürftige der Pflegestufe II (Schwerpflegebedürftige) sind Personen, die bei der Körperpflege, der Ernährung oder der Mobilität mindestens dreimal täglich zu verschiedenen Tageszeiten der Hilfe bedürfen und zusätzlich mehrfach in der Woche Hilfen bei der hauswirtschaftlichen Versorgung benötigen.

3. Pflegebedürftige der Pflegestufe III (Schwerstpflegebedürftige) sind Personen, die bei der Körperpflege, der Ernährung oder der Mobilität täglich rund um die Uhr, auch nachts, der Hilfe bedürfen und zusätzlich mehrfach in der Woche Hilfen bei der hauswirtschaftlichen Versorgung benötigen.

Für die Gewährung von Leistungen nach § 43a reicht die Feststellung, dass die Voraussetzungen der Pflegestufe I erfüllt sind.

(2) Bei Kindern ist für die Zuordnung der zusätzliche Hilfebedarf gegenüber einem gesunden gleichaltrigen Kind maßgebend.

(3) Der Zeitaufwand, den ein Familienangehöriger oder eine andere nicht als Pflegekraft ausgebildete Pflegeperson für die erforderlichen Leistungen der Grundpflege und hauswirtschaftlichen Versorgung benötigt, muss wöchentlich im Tagesdurchschnitt

1. in der Pflegestufe I mindestens 90 Minuten betragen; hierbei müssen auf die Grundpflege mehr als 45 Minuten entfallen,

2. in der Pflegestufe II mindestens drei Stunden betragen; hierbei müssen auf die Grundpflege mindestens zwei Stunden entfallen,

3. in der Pflegestufe III mindestens fünf Stunden betragen; hierbei müssen auf die Grundpflege mindestens vier Stunden entfallen.

Bei der Feststellung des Zeitaufwandes ist ein Zeitaufwand für erforderliche verrichtungsbezogene krankheitsspezifische Pflegemaßnahmen zu berücksichtigen; dies gilt auch dann, wenn der Hilfebedarf zu Leistungen nach dem Fünften Buch führt. Verrichtungsbezogene krankheitsspezifische Pflegemaßnahmen sind Maßnahmen der Behandlungspflege, bei denen der behandlungspflegerische Hilfebedarf untrennbarer Bestandteil einer Verrichtung nach § 14 Abs. 4 ist oder mit einer solchen Verrichtung notwendig in einem unmittelbaren zeitlichen und sachlichen Zusammenhang steht. [Gültigkeit/Fassung: Die Vorschrift wurde zum 01.01.1995 durch Art. 1 PflegeVG v. 26.05.1994 – BGBl. I S. 1014 – eingeführt und wurde zuletzt durch das GKV-WSG vom 26.03.2007 geändert BGBl. I S. 378.]

Regelungsgegenstand

Pflegebedürftigkeit tritt in unterschiedlicher Intensität auf. Deshalb bedarf es einer Abstufung, die im § 15 SGB XI vorgegeben wird.

Die Vorschrift unterscheidet die Pflegebedürftigkeit in drei Stufen, die in Härtefällen überschritten werden kann (§ 36 Abs. 4 SGB XI): die erhebliche Pflegebedürftigkeit, die Schwerpflegebedürftigkeit und die Schwerstpflegebedürftigkeit. Der Umfang der Leistungen orientiert sich sachlogisch an diesen Stufen. Erreicht der Pflegebedarf die Eintrittsschwelle der Pflegestufe I nicht, spricht man von der Pflegestufe 0. Für Pflegeleistungen in diesem Bereich können die Sozialhilfeträger nach § 61 SGB XII eintrittpflichtig sein. Kriterien für die Zuordnung zu einer Pflegestufe sind die Häufigkeit des Hilfebedarfs und der jeweilige zeitliche Mindestaufwand. In der Pflegestufe I wird vorausgesetzt, dass ein Pflegebedarf in den Bereichen Körperpflege, Ernährung und Mobilität für wenigstens zwei Verrichtungen im Sinne des § 14 Abs. 4 SGB XI besteht und zusätzlich mehrfach in der Woche bei der hauswirtschaftlichen Versorgung. Bei der Pflegestufe II werden wenigstens drei Verrichtungen gefordert und bei der Stufe III die Rund-um-die-Uhr-Versorgung auch nachts. Den Begutachtungs-Richtlinien kommt bei der Einstufung maßgebliche Bedeutung für die Feststellung des Zeitbedarfs zu.

Bei der Beurteilung des Pflegebedarfs für Kinder ist ein Vergleich mit einem gesunden gleichaltrigen Kind anzustellen. Maßgebend für die Zuordnung zu den Pflegestufen ist der objektive Hilfebedarf unter Beachtung der individuellen Lebensgewohnheiten des Pflegebedürftigen. Der zeitliche Pflegeaufwand wird an der Laienpflege orientiert, nicht an dem Einsatz von professionellen Pflegekräften.

Die Unterscheidung zwischen den Pflegestufen wird nach Minuten des Hilfebedarfs vorgegeben, wobei für die Pflegestufe I mindestens 46 Minuten, für Pflegestufe II 120 Minuten und für die Pflegestufe III 240 Minuten neben der hauswirtschaftlichen Versorgung erforderlich sind.

Erläuterungen

Der Zweck der sozialen Pflegeversicherung ist die soziale Absicherung des Risikos der Pflegebedürftigkeit im Sinne einer Grundsicherung für bestimmte behinderte Menschen. Der Gesetzgeber wollte mit der Einführung der Pflegeversicherung bewusst nicht bei jeder Form eines Pflegebedarfs auch entsprechende Leistungen gewähren, so dass mindestens die Merkmale nach Pflegestufe I als gesetzliche Voraussetzung für den Versicherungsfall und damit die Leistungspflicht der Pflegekasse erfüllt sein müssen. Die Leistungen der Pflege haben gegenüber den notwendigen von Pflegeleistungen durch Familienangehörige, Nachbarn oder sonstige ehrenamtliche Pflegekräfte nur ergänzende Funktion. Die Pflegeversicherung ist also keine Vollversicherung und deckt den Pflegeaufwand nicht vollinhaltlich ab. Deshalb kommt dem Begriff der Pflegebedürftigkeit im Zusammenhang mit den leistungsrechtlichen Vorschriften des PflegeVG und der damit verbundenen Zuordnung zu einer der drei Pflegestufen eine wesentliche Bedeutung zu.

Für die Beurteilung des zeitlichen Umfangs des Pflegebedarfs und damit der Zuordnung zu den Pflegestufen gelten die Richtlinien der Spitzenverbände der Pflegekassen über die Abgrenzung der Merkmale der Pflegebedürftigkeit und der Pflegestufen sowie zum Verfahren der Feststellung der Pflegebedürftigkeit (Pflegebedürftigkeits-Richtlinien – PflRi) vom 07.11.1994 geändert durch Beschlüsse vom 21.12.1995, vom 22.08.20013 und vom 11.05.2006 und die Richtlinien der Spitzenverbände der Pflegekassen zur Begutachtung von Pflegebedürftigkeit nach dem XI. Buch des Sozialgesetzbuchs (Begutachtungs-Richtlinien – BRi) vom 21.03.1997 in der Fassung vom 11.05.2006, in Kraft seit dem 01.09.2006.

Die Pflegebedürftigkeits-Richtlinien bestimmen die Merkmale der Pflegebedürftigkeit (§ 14 SGB XI) und die Pflegestufen (§ 15 SGB XI) sowie das Verfahren der Feststellung der Pflegebedürftigkeit (§ 18 SGB XI). Sie gelten unabhängig davon, ob im häuslichen oder stationären Bereich gepflegt werden soll. Die Richtlinien sind für die Pflegekassen (§ 46 SGB XI) sowie für die Medizinischen Dienste der Krankenversicherung (MDK) verbindlich (§ 213 SGB V).

Mit dem Inkrafttreten der Begutachtungs-Richtlinien kann der zeitliche Aufwand für die medizinische Behandlungspflege verstärkt in die Begutachtung einfließen. Die Gutachter des MDK sind nun in der Lage, medizinisch-pflegerische Tätigkeiten (die so genannten „verrichtungsbezogenen krankheitsspezifischen Pflegemaßnahmen"), die im unmittelbaren zeitlichen Zusammenhang mit der Pflege erbracht werden müssen, umfassender zu berücksichtigen. Dabei spielt es keine Rolle, ob am Ende die Krankenversicherung – bei Beauftragung der häuslichen Krankenpflege – oder die Pflegeversicherung die Kosten für die Leistung übernimmt. Außerdem lässt sich durch neue Prüfverfahren im Bereich der Demenzdiagnostik und differenziertere Fallgestaltungen in der Kinderbegutachtung künftig noch genauer die jeweilige Pflegestufe bestimmen.

Die Spitzenverbände der Pflegekassen verfolgen mit den Begutachtungs-Richtlinien das Ziel, bundesweit eine Begutachtung nach einheitlichen Kriterien zu gewährleisten. Künftig sollen unterschiedliche Begutachtungsergebnisse nur noch auf der Individualität des Pflegebedürftigen und seiner Pflegesituation beruhen. Die bundesweiten Maßnahmen zur Qualitätssicherung und zur Gewährleistung von Grundsätzen einer systematischen Fort- und Weiterbildung der Gutachter sollen eine hohe Qualität der maßgebenden Gutachten der Medizinischen Dienste gewährleisten.

Die Einteilung in Pflegestufen

Höhe und der Umfang der Pflegeleistungen richten sich danach, ob und ggf. in welche Pflegestufe der Pflegebedürftige einzustufen ist. Der Schweregrad der Krankheiten und Funktionseinschränkungen der Pflegebedürftigen wird dabei nach drei Pflegestufen unterschieden. Maßgeblich sind der Umfang, die Häufigkeit und ein zeitlicher Mindestaufwand der erforderlichen Hilfen in den Bereichen der Körperpflege, der Ernährung und der Mobilität. Daneben wird für die Leistungsgewährung jeweils in der entsprechenden Pflegestufe der Hilfebedarf an hauswirtschaftlicher Versorgung vorausgesetzt. Fällt keine hauswirtschaftliche Versorgung an, können Leistungen aus der Pflegeversicherung nicht erbracht werden.

Geringfügige Hilfeleistungen und solche unter 46 Minuten täglich führen nicht zur Anerkennung einer der drei Pflegestufen. Das gilt auch bei einem lediglich in der hauswirtschaftlichen Versorgung bestehenden Hilfebedarf.

Der wöchentliche Pflegeaufwand für die Grundpflege des Pflegebedürftigen – je nach Art und Schwere seiner Pflegebedürftigkeit – muss im Tagesdurchschnitt die in § 15 Abs. 3 SGB XI jeweils genannten Zeiten umfassen, wobei die hauswirtschaftliche Versorgung eine weitere Leistungsvoraussetzung darstellt.

Pflegebedürftige Menschen, die

▪ voraussichtlich für nicht mindestens sechs Monate in erheblichem oder höherem Maße der Hilfe bedürfen oder

▪ einen geringeren Hilfebedarf als den nach § 15 Abs. 1 Nr. 1 SGB V haben oder

▪ die nicht für die gewöhnlichen und regelmäßig wiederkehrenden Verrichtungen im Ablauf des täglichen Lebens in erheblichem oder höherem Maße der Hilfe bedürfen,

sind nicht leistungsberechtigt, Pflegeleistungen – gleich, welcher Art – nach den Vorschriften des SGB XI zu beziehen. Dennoch kann beim Vorliegen der Voraussetzungen z. B. ein Anspruch auf Sozialhilfeleistungen nach dem SGB XII gegen den Sozialhilfeträger bestehen (vgl. §§ 61 ff. SGB XII).

Eine Höherstufung in eine andere Pflegestufe ist nur dann realisierbar, wenn der erhöhte Pflegebedarf auf Dauer besteht, d. h. voraussichtlich für mindestens sechs Monate, gerechnet vom Eintritt der Pflegebedürftigkeit nach der bisherigen geringeren Pflegestufe an. Ist die Lebenserwartung geringer, hat das keinen Einfluss auf eine Höherstufung. Diese Regelungen entsprechen den gleichen Voraussetzungen wie bei der erstmaligen Feststellung der Pflegebedürftigkeit.

Bei Eintritt einer wesentliche Änderung der tatsächlichen Verhältnisse nach Zuordnung zu einer Pflegestufe ist der seinerzeit gesetzte Verwaltungsakt nach Maßgabe des § 48 SGB X aufzuheben. Der Pflegebedürftige muss mit ausreichender Fristsetzung (mindestens zwei Wochen, in der Regel aber vier Wochen) angehört werden, wenn die gegenwärtige Leistung reduziert werden soll (§ 24 SGB X). Eine Frist von zwei Wochen wird allgemein für zu kurz erachtet. War der ursprüngliche Verwaltungsakt wegen einer zu hoch bemessenen Pflegestufe fehlerhaft, ist eine nachträgliche Aufhebung der Leistungsbewilligung wegen fehlender Änderung der Verhältnisse nicht möglich, und eine Umdeutung des angefochtenen Verwaltungsakts wegen anfänglicher Unrichtigkeit und wegen fehlender Ermessensausübung ist nicht zulässig (BSG, Urteil v. 11.04.2002, B 3 P 8/01 R, ZfS 2002 S. 329). Wird gegen eine Rückstufung oder Leistungsaufhebung Widerspruch erhoben, hat diese Tatsache aufschiebende Wirkung (vgl. § 87a Abs. 1 SGG) mit der Folge, dass die Pflegekasse ihre Leistungen weiterhin zu erbringen hat. Erst wenn das Widerspruchsverfahren rechtswirksam beendet ist, darf eine Leistungsumstellung vorgenommen werden. Das wird in der Regel erst dann der Fall sein, wenn die Klagefrist von einem Monat (im Ausland drei Monaten) nach der tatsächlichen Bekanntgabe verstrichen ist. Erhebt der Versicherte innerhalb der Frist Klage, ist die Leistung weiterhin unverändert zu erbringen, bis das Klageverfahren rechtswirksam beendet ist. Bei Erhebung weiterer Rechtsmittel gilt das Gleiche.

Dem Gutachter des MDK obliegt es, den Umfang des Hilfebedarfs festzustellen. Dazu führt er eine Begutachtung des Pflegebedürftigen in dessen häuslicher Umgebung durch und erstellt ein formularmäßig vorgegebenes Gutachten (s. Anhang 3). Der Gutachter ist entweder Arzt oder anerkannte Pflegefachkraft sozialmedizinischer Fachrichtung. Während des Hausbesuchs stellt der Gutachter folgende Fakten fest:

▪ derzeitige Versorgungssituation des Pflegebedürftigen,

▪ pflegebegründende Vorgeschichte,

▪ vorliegende Befunde,

▪ Hilfebedarf,

▪ Sicherstellung der Pflege,

▪ Empfehlungen zur evtl. Hilfsmittelversorgung,

▪ Empfehlungen zur Prävention und Rehabilitation.

Es ist für den Antragsteller empfehlenswert, wenn er dem Gutachter während des Hausbesuchs, also bei der ersten Untersuchung, ein bereits geführtes Pflegetagebuch, eine Auflistung über die Hilfebedarfe, eine ggf. vorhandene Pflegedokumentation über bereits erfolgte Pflegehilfeleistungen der letzten Wochen nach Art, Umfang und Dauer vorlegt. Weitere Ausführungen hierzu sind den Erläuterungen zu § 18 SGB XI (s. u.) zu entnehmen.

Neben der Art des Hilfebedarfs (§ 14 SGB XI) ist die Häufigkeit des Hilfebedarfs bei den Verrichtungen des Katalogs in § 14 SGB XI – gepaart mit dem dafür erforderlichen Zeitaufwand – das wichtigste Abgrenzungskriterium. Für die Zwecke der Leistungsgewährung sind die Erscheinungsformen der Pflegebedürftigkeit in drei Pflegestufen einzuteilen. Maßgeblich sollen nach den Gesetzesmaterialien (BR-Drs. 505/93 S. 97 ff.) immer der Umfang und die Häufigkeit der benötigten Hilfen bei der Körperpflege, der Ernährung oder der Mobilität sein. Zusätzlich wird in allen Pflegestufen ein Hilfebedarf für die hauswirtschaftliche Versorgung vorausgesetzt. Der Bedarf an hauswirtschaftlicher Versorgung steigt nach Auffassung des Gesetzgebers nicht zwangsläufig mit zunehmender Pflegebedürftigkeit (BR-Drs. 505/93 S. 97; vgl. auch Rz. 18). Zu berücksichtigen ist ausdrücklich nur der Hilfebedarf, der notwendig bleibt, wenn der Pflegebedürftige zumutbare Aktivierungsmöglichkeiten ausgeschöpft hat (BR-Drs. 505/93). Zweifel an der Verfassungsmäßigkeit der Regelung wurden vom Bundesverfassungsgericht 2003 vollends ausgeräumt. Es wies u. a. darauf hin, dass die gesetzgeberische Gestaltungsfreiheit besonders groß ist, wenn ein Sozialleistungssystem wie die soziale Pflegeversicherung die Teilabsicherung eines Risikos bewirken soll. Hervorzuheben ist die Auffassung des höchsten deutschen Gerichts zu den vom Gesetzgeber geschaffenen Strukturen. Das BVerfG hat festgestellt, dass die Leistungsstruktur – und dazu sind auch die Zugangsvoraussetzungen zu zählen – verfassungsrechtlichen Anforderungen gerecht wird (BVerfG vom 22.05.2003, Az. 1 BvR 452/99).

Der Umfang des Hilfebedarfs richtet sich regelmäßig nach den individuellen Verhältnissen des zu Pflegenden (bezüglich der Pflegepersonen beachte jedoch Rz. 11). Maßgebend ist grundsätzlich der objektive Hilfebedarf des jeweiligen Pflegebedürftigen. Dieser Grundsatz findet jedoch dort seine Grenze, wo Hilfebedarfe durch persönliche Lebensgewohnheiten einen größeren oder geringeren Zeitbedarf verursachen. Sie haben unberücksichtigt zu bleiben, da ansonsten die Gleichbehandlung der Pflegebedürftigen nicht zu gewährleisten wäre. Hieraus folgt, dass

▪ objektiv vorhandene Hilfebedarfe auch dann beim Zeitbedarf zu berücksichtigen sind, wenn der Pflegebedürftige sie nicht befriedigt wissen will,

▪ ausschließlich auf individuelle Angewohnheiten beruhende Zeitbedarfe unberücksichtigt bleiben; sie werden von Klie (LPK-SGB XI zu § 14 Rz. 4) als „Luxusgewohnheiten" bezeichnet und zu Recht den Zusatzleistungen (§ 88) gleichgestellt (hierzu gehören allerdings nicht Zeitbedarfe, die

auf kulturellen oder religiösen Orientierungen beruhen – ebenso Klie in
LPK-SGB XI zu § 15 Rz. 4)

▪ mit Blick auf die Gleichbehandlung aller Pflegebedürftigen der Hilfebedarf bei den Verrichtungen des Katalogs in gewisser Weise der Standar-
disierung bedarf.

Udsching (zu § 15 Rz. 4) weist zu Recht darauf hin, dass Aspekte der Be-
darfsgerechtigkeit Letzteres nicht zu verhindern vermögen (auch Udsching,
1997). Zu beachten ist letztlich, dass der zeitliche Aufwand im Zusammenhang mit der Durchführung rehabilitativer Maßnahmen bei der Bemessung
des Pflegebedarfs generell nicht berücksichtigt werden kann (BSG vom
26.11.98, Az. B 3 P 13/97 R). Zu den Maßnahmen der **Rehabilitation** sind
z. B. Krankengymnastik und Ergotherapie zu zählen, wenn mit ihnen das
Ziel verfolgt wird, die Krankheit zu beseitigen oder die Auswirkungen einer Behinderung zu minimieren. Sind das Ziel dieser ärztlich angeordneten
Maßnahmen jedoch die Sicherung des Erreichten und die Verhinderung einer Verschlimmerung, so dürfte der Rehabilitationscharakter der – von der
Krankenversicherung finanzierten – Leistungen zu verneinen sein, so dass
die Zeitaufwände zu berücksichtigen sind. Aus dem Voranstehenden ergibt
sich beispielsweise Folgendes:

▪ Im Bereich der Körperpflege dürfte das tägliche Baden nicht anerkannt
werden obwohl es in der Bundesrepublik keinen allgemein gültigen Hygienestandard gibt. Das tägliche Baden ist – im Gegensatz zum täglichen
Duschen, das von weiten Teilen der Bevölkerung praktiziert wird – als
atypische Lebensgewohnheit anzusehen. Nach medizinisch-pflegerischen Erkenntnissen sollte dies auch wegen der Wirkungen auf die Haut
regelmäßig unterlassen werden. Ausnahmen von diesem Grundsatz
sind allerdings dann zuzulassen, wenn häufiges Baden aufgrund einer
Erkrankung (z. B. durch Salzausscheidungen bei Mukoviszidose) erforderlich ist. Da tägliches Duschen anerkannt werden kann, bleibt nur der
durch das Baden gegenüber dem Duschen entstehende zeitliche Mehrbedarf unberücksichtigt.

▪ Im Bereich der Körperpflege bliebe der Zeitbedarf für die Pflege besonders aufwendiger Frisuren oder Bärte unberücksichtigt, wenn und soweit
dies nicht mehr mit vertretbaren Lebensgewohnheiten innerhalb einer
pluralistischen Gesellschaft, mit der Verwirklichung der Religionsfreiheit
und der Realisierung angemessener Wünsche vereinbar ist. Abgesehen
davon, dass z. B. eine monatlich neue Dauerwelle oder wöchentlich erneute Tönung das Haar überfordern, dürfte dies auch für die Solidargemeinschaft gelten. Dies nicht zu berücksichtigen schränkt den Pflegebedürftigen in seinem Selbstbestimmungsrecht nicht ein, da es ihm nicht
verwehrt wird, sondern „nur" der zeitliche Mehrbedarf unberücksichtigt

bleibt. Das Flechten eines Zopfs dürfte hingegen selbst bei sehr langen Haaren nicht unberücksichtigt bleiben.

▪ Im Bereich der Körperpflege findet die glaubensbedingt erforderliche Achsel- und Schamhaarrasur Berücksichtigung, während der Zeitaufwand in anderen Situationen unbeachtet bliebe.

▪ Im Bereich der Mobilität sind sowohl die nach pflegefachlichen Erkenntnissen erforderlichen prophylaktischen Maßnahmen als auch Handlungen zur Aktivierung und Herstellung von Compliance generell zu berücksichtigen.

▪ Im Bereich der Mobilität muss auch die Anzahl der Toilettengänge individuell realistisch eingeschätzt werden. Nach Seel (Die Pflege des Menschen, S. 198) ist bei Neugeborenen von acht bis zehn, bei Einjährigen von zwölf bis sechszehn, bei Zehnjährigen von sechs, bei Erwachsenen von vier bis fünf Miktionen (mictio, lat: Wasserlassen) auszugehen und nimmt die Anzahl der Miktionen im Alter meist zu. Bei älteren männlichen Pflegebedürftigen mit Prostatabeschwerden ist es z. B. durchaus nicht ungewöhnlich, wenn sie nach relativ kurzer Zeit erneut das WC aufsuchen müssen. Dies gilt in ähnlicher Weise für weibliche Pflegebedürftige mit Miktionsstörungen. Berücksichtigt man gleichzeitig, dass die tägliche Flüssigkeitszufuhr regelmäßig bei 2500 ml (davon 1000 ml über feste Nahrung) liegen soll (Seel, Die Pflege des Menschen, S. 108), dürfte ein Ansatz von vier oder fünf Blasenentleerungen täglich sowohl bei Kleinkindern als auch bei älteren Pflegebedürftigen regelmäßig unrealistisch sein.

▪ Im Bereich der Ernährung und bei der hauswirtschaftlichen Versorgung wäre der Zeitbedarf für täglich vier oder fünf Mahlzeiten anzuerkennen, obwohl drei Mahlzeiten am Tag in Deutschland immer noch den Standard bilden. Von der Ernährungswissenschaft wird schon seit Langem empfohlen, mehr als drei, dafür jedoch kleinere Mahlzeiten zu sich zu nehmen (auch Wagner in Hauck / Noftz zu § 15 Rz. 9a).

▪ In allen Bereichen bleiben veränderte Zeitaufwände unberücksichtigt, die sich durch Vernachlässigung, Überversorgung, Gewaltanwendung, fehlende bzw. unsachgemäße (Pflege-) Hilfsmittelausstattung, unterlassene Verbesserungen des Wohnumfeldes und z. B. durch unnötige Sedierung, Katheterisierung Versorgung mit Inkontinenzartikeln (s. auch BSG vom 31.08.00, Az. B 3 P 14 / 99 R und Az. B 3 P 16 / 99 R) oder andere „pflegeerleichternde Maßnahmen" ergeben.

Der Anwendungsbereich der Regelungen erstreckt sich sowohl auf ambulante (häusliche) als auch auf stationäre Pflege. Kann bei stationärer Pflege nicht auf einen häuslichen Bereich abgestellt werden, wird nach den PflRi (Ziffer 6.1) als Maßstab eine durchschnittliche häusliche Wohnsituation herangezogen. Wie auch in § 14 SGB XI soll durch die fehlende Differenzierung die Gleichbehandlung unter den Pflegebedürftigen gestärkt werden. Das heißt jedoch nicht, dass die sich aus den Pflegedokumentationen ergebenden Aufwände nicht zu beachten sind. Die nach den Pflegestandards eines Pflegeheims dokumentierten Zeitbedarfe dürften regelmäßig eine wichtige Orientierung für die Bestimmung des zeitlichen Hilfebedarfs bieten. Der Bedarf ist sich aber ausschließlich anhand der Leistungen für die Verrichtungen nach § 14 SGB XI zu ermitteln. Der Aufwand für soziale Betreuung und medizinische Behandlungspflege könnte ausschließlich im Zusammenhang mit der Zuordnung von Heimbewohnern zu einer von der Pflegestufe abweichenden Pflegeklasse (§ 84 Abs. 2 Satz 2 SGB XI) beachtlich sein.

Der einleitende Satz des § 15 Abs. 1 SGB XI knüpft durch seine Begrenzung auf pflegebedürftige Personen und den Klammervermerk an § 14 SGB XI an und zwingt zur Zuordnung der Pflegebedürftigen zu einer von drei Pflegestufen. Darüber hinaus gibt die Norm auch den Zweck der Einstufung in eine der drei Pflegestufen abschließend vor: die Gewährung von Leistungen. § 15 Abs. 1 Satz 1 SGB XI stellt dann auf „Verrichtungen" ab und nimmt auch insoweit auf § 14 SGB XI Bezug. Nur die Hilfeleistungen bei den dort genannten Verrichtungen können berücksichtigt werden. So muss z. B. ein allgemeiner Bedarf an Beaufsichtigung (zum Schutz vor Eigen- oder Fremdgefährdung) unberücksichtigt bleiben, wenn und soweit der Verrichtungsbezug fehlt (a. A. Klie in LPK-SGB XI zu § 15 Rz. 8).

Pflegestufe I – erhebliche Pflegebedürftigkeit

Pflegebedürftige der Pflegestufe I müssen mindestens einen Hilfebedarf haben von

- einmal täglich bei der Körperpflege, der Ernährung oder der Mobilität
- bei wenigstens zwei Verrichtungen.
- Zusätzlich muss mehrfach in der Woche Hilfe bei der hauswirtschaftlichen Versorgung benötigt werden.

Damit wird auch der Personenkreis erfasst, der am Morgen und am Abend einen Hilfebedarf hat. Die Voraussetzungen für die Pflegestufe I sind im Gesetzgebungsverfahren zum PflegeVG verändert worden. Im Gesetzentwurf der BReg (BR-Drs. 505/93 S. 97 f.) war der Hilfebedarf bei einer Verrichtung gefordert worden. Den Gesetzesmaterialien sind folgende Fallbeispiele zu entnehmen:

a) Es besteht eine fortgeschrittene Gelenksentzündung und -abnutzung mit Unfähigkeit zum Bücken und Heben der Arme über Schulterhöhe. Hilfebedarf besteht bei der Körperpflege (Waschen, Duschen, Baden), der Mobilität (An- und Ausziehen, Verlassen der Wohnung) sowie bei der hauswirtschaftlichen Versorgung (z. B. Reinigen der Böden und Fenster, Tragen von schweren Einkaufstaschen). Der tägliche Hilfebedarf am Körper entsteht am Morgen und am Abend; tagsüber ist Selbstständigkeit gegeben.

b) Im Verlauf einer schweren psychischen Erkrankung war zwei Jahre lang die Unterbringung in einem psychiatrischen Krankenhaus erforderlich. Dann war die Entlassung möglich, aber eine noch bestehende Antriebsstörung führt dazu, dass das Aufstehen und Zu-Bett-Gehen, die Körperpflege und die hauswirtschaftliche Versorgung unregelmäßig vorgenommen werden. Zusätzlich besteht Angst vor dem Verlassen der Wohnung. Der Hilfebedarf besteht am Morgen und am Abend bei der Anleitung und Beaufsichtigung zur Körperpflege (Waschen, Duschen, Baden), der Mobilität (An- und Ausziehen, Verlassen der Wohnung) und der hauswirtschaftlichen Versorgung. Ein- bis zweimal in der Woche ist die Begleitung zum Einkaufen und zum Hausarzt erforderlich.

Nach den Empfehlungen des AuS-Ausschusses (BT-Drs. 12/5962 S. 35) sollte der tägliche Mindestbedarf auf drei Verrichtungen angehoben werden. Erst im ersten Vermittlungsverfahren vom PflegeVG (BT-Drs. 12/6424) wurde der Mindestbedarf auf zwei Verrichtungen festgesetzt. Die Anhebung der Zugangsvoraussetzung geht auf die Sorge zurück, dass es ansonsten „zu einer unerwartet hohen Inanspruchnahme" (s. Plenarprotokoll 12/200 S. 17330 B), also zu einem die finanziellen Möglichkeiten der Pflegeversicherung überfordernden Personenkreis von Anspruchsberechtigten, kommen könnte. Diese Sorge bringt auch die Empfehlung des AuS-Ausschusses zum Ausdruck, mit der dem Eindruck entgegengewirkt werden sollte, „dass bereits geringfügiger Hilfebedarf, zum Beispiel beim Zähneputzen, ausreiche, um die Pflegestufe I zu erreichen. Begründend führte der Ausschuss aus, „dass dann, wenn Hilfebedarf bei einer der genannten Verrichtungen erforderlich ist, zwangsläufig auch zusätzlicher Hilfebedarf bei anderen Verrichtungen gegeben ist". Er bildete folgendes Beispiel:

Ein Hilfebedarf beim Zähneputzen geht u. a. einher mit einem Hilfebedarf

■ beim Rasieren (der Rasierapparat kann nicht zum Gesicht geführt werden, weil die Hände zittern),

■ bei der Nahrungsaufnahme (Gabel und Löffel können nicht zum Mund geführt werden, weil die Hände zittern),

■ beim An- und Ausziehen (Knöpfe und Reißverschlüsse können nicht erreicht oder wegen Zitterns nicht bedient werden).

Dies belegt, dass der geforderte Mindestbedarf nicht auf ein gesetzgeberisches Versehen zurückzuführen ist. Verfassungsrechtliche Bedenken teilte das BSG nicht (BSG vom 24.06.1998, Az. B 3 P 1/97 R). Auf die Erfüllung der Tatbestandsvoraussetzungen, dass der Hilfebedarf bei „wenigstens zwei Verrichtungen" bestehen muss, kann nicht verzichtet werden (BSG vom 17.06.99, Az. B 3 P 10/98 R, und vom 28.6.2001, Az. B 3 P 12/00 R). Dies sollte ausdrücklich auch für psychisch kranke, demente und hirnverletzte Menschen gelten, auch wenn sich der Hilfebedarf auf die Notwendigkeit der Beaufsichtigung oder Anleitung zu den Verrichtungen des täglichen Lebens erstreckt (BR-Drs. 505/93 S. 97). Auf die zweimal tägliche Hilfe im Bereich der Grundpflege kann auch dann nicht verzichtet werden, wenn der Versicherte aufgrund häufig auftretender Krankheitsschübe an mehreren Tagen der Woche in erheblichem Maße fremder Hilfe bedarf (BSG vom 14.12.00, Az. B 3 P 5/00 R).

Pflegestufe II – Schwerpflegebedürftigkeit

Der Pflegestufe II gehören Pflegebedürftige an, die Hilfebedarf

▓ bei der Körperpflege, der Ernährung oder der Mobilität mindestens dreimal täglich und

▓ zu verschiedenen Tageszeiten haben.

▓ Zusätzlich muss mehrfach in der Woche Hilfe bei der hauswirtschaftlichen Versorgung benötigt werden.

Damit wird auch der Personenkreis erfasst, der regelmäßig der Hilfe am Morgen, am Mittag und am Abend benötigt. Hierzu gehören ausdrücklich auch die psychisch kranken, dementen und hirnverletzten Menschen, die mindestens dreimal täglich, insbesondere am Morgen, am Mittag und am Abend, der Beaufsichtigung und Anleitung bei den regelmäßig wiederkehrenden Verrichtungen des täglichen Lebens bedürfen (s. BR-Drs. 505/93 S. 98). Den Gesetzesmaterialien ist der ergänzende Hinweis zu entnehmen, dass dies auch dann zutreffen kann, wenn die Personen einen Teil des Tages beispielsweise in einer Werkstatt für behinderte Menschen verbringen. Den Gesetzesmaterialien sind folgende Fallbeispiele zu entnehmen:

a) Als Folge eines Schlaganfalls besteht eine schwere Lähmung der rechten Körperhälfte. Hilfebedarf entsteht bei der Körperpflege (Waschen, Duschen, Baden), der Mobilität (An- und Ausziehen, Aufsuchen der Toilette) und der Ernährung (mundgerechte Zubereitung der Nahrung). Zusätzlich zu den Hilfeleistungen der Stufe I sind damit auch tagsüber Hilfen notwendig, z. B. bei der Ernährung und dem Aufsuchen der Toilette. Die hauswirtschaftliche Versorgung muss nahezu vollständig übernommen werden.

b) Als Folge einer Störung der Erbanlagen besteht eine schwere geistige Behinderung. Der inzwischen erwachsene Pflegebedürftige hat die Intelligenz etwa eines drei- bis vierjährigen Kindes erreicht. Tagsüber erfolgt die Unterbringung in einer Werkstatt für Behinderte. Der Hilfebedarf entsteht bei der Anleitung und Beaufsichtigung der Körperpflege (Waschen, Duschen, Baden) und der Mobilität (An- und Ausziehen, Aufsuchen der Toilette, Verlassen der Wohnung). Zusätzlich zu den Hilfeleistungen der

Stufe I sind damit auch tagsüber Hilfen notwendig, z. B. bei der Fahrt von und zur Werkstatt für Behinderte und dem Aufsuchen der Toilette. Die hauswirtschaftliche Versorgung muss nahezu vollständig übernommen werden.

Die Beispiele aus den Gesetzesmaterialien zur Pflegestufe II verwirren mehr, als sie zur Klärung beitragen. So wird die Fahrt zur Werkstatt für behinderte Menschen angesprochen, obwohl sie unberücksichtigt zu bleiben hat (s. zu § 14).

Pflegestufe III – Schwerstpflegebedürftigkeit

Der Pflegestufe III gehören Pflegebedürftige an, die Hilfebedarf

▪ bei der Körperpflege, der Ernährung oder der Mobilität rund um die Uhr und

▪ auch in der Nacht haben.

▪ Zusätzlich muss mehrfach in der Woche Hilfe bei der hauswirtschaftlichen Versorgung benötigt werden.

Damit wird der Personenkreis erfasst, der über ganzen den Tag (einschließlich der Nacht) verteilt einen Hilfebedarf hat. Hierzu gehören ausdrücklich auch die psychisch kranken, dementen und hirnverletzten Menschen, wenn der Bedarf an Beaufsichtigung oder Anleitung so groß ist, dass der Pflegebedürftige rund um die Uhr, d. h. auch in der Nacht, beaufsichtigt oder angeleitet werden muss (s. BR-Drs. 505/93 S. 98). Den Gesetzesmaterialien sind folgende Fallbeispiele zu entnehmen:

a) Als Folge einer fortgeschrittenen, nicht mehr zu behandelnden Krebserkrankung besteht eine allgemeine Körperschwäche mit Auszehrung. Durch das Krebswachstum sind lebenswichtige Funktionen (Atmung, Kreislauf, Stoffwechsel) gefährdet. Der Hilfebedarf besteht in nahezu allen Bereichen der Körperpflege, der Mobilität und Ernährung. Die Pflege ist rund um die Uhr notwendig, um z. B. bei Atemnot oder Erbrechen zu jeder Zeit Hilfe leisten zu können.

b) Als Folge einer fortgeschrittenen Abbauerkrankung des Gehirns (Alzheimersche Erkrankung) werden vertraute Gegenstände – wie z. B. Kleidungsstücke oder Einrichtungsgegenstände der Wohnung – hinsichtlich ihrer Art und Zweckbestimmung nicht mehr erkannt. Die selbstständige Nutzung der Wohnung ist nicht mehr möglich, da der Pflegebedürftige sich im Umgang mit Strom, Wasser, Scheren und anderen Haushaltsgegenständen gefährdet. Auch Treppen und Fenster werden zu Gefahrenquellen. Zeitweise – besonders in der Nacht – besteht starke Unruhe. Der Pflegebedürftige erkennt dann häufig auch seine Angehörigen nicht mehr und versucht, die Wohnung zu verlassen. Der Hilfebedarf besteht in Anleitung und Beaufsichtigung in nahezu allen Bereichen der Körperpflege, der Mobilität und Ernährung. Die Pflege ist rund um die Uhr notwendig, um z. B. in der Nacht das Umherirren in der Stadt oder die Selbstgefährdung durch alltägliche Gebrauchsgegenstände zu verhindern.

Auch die Beispiele aus den Gesetzesmaterialien zur Pflegestufe III verwirren mehr, als sie zur Klärung beitragen. So werden einerseits die Inhalte der nicht zu berücksichtigenden medizinischen Behandlungspflege verkannt (hierzu Vogel/Schaaf, Zur Feststellung von Pflegebedürftigkeit, SGb 1997) und wird andererseits mit der Alzheimerschen Erkrankung eine Pflegesituation aufgegriffen, in der in erheblichem Maße ein Bedarf an allgemeiner Beaufsichtigung besteht, der ebenfalls unberücksichtigt bleibt (s. zur Rufbereitschaft).

Leistungen der Pflegestufe III setzen voraus, dass der Hilfebedarf in der Nacht regelmäßig geleistet werden muss. Dieser Wille des Gesetzgebers ergibt sich aus den Gesetzesmaterialien zum PflegeVG (BR-Drs. 505/93 S. 98) und wurde höchstrichterlich bestätigt (BSG vom 19.02.98, Az. B 3 P 7/97 R). Der nächtliche Hilfebedarf muss vom Prinzip her an jedem Tag auftreten (BSG vom 30.03.00, Az. B 3 KR 10/99 R). Er wird von den Pflegekassen allerdings allgemein anerkannt, wenn in den letzten vier Wochen einmal oder höchstens zweimal in der Woche nächtliche Hilfeleistungen nicht anfielen und Hilfebedarf mindestens in diesem Umfang voraussichtlich auf Dauer bestehen wird (s. BRi Abschnitt D). Als Nacht ist die Zeit von 22.00 Uhr bis 6.00 Uhr morgens anzusehen (BSG vom 18.03.99, Az. B 3 P 3/98 R, und vom 17.05.00, Az. B 3 P 20/99 R). Ein Toilettengang nach 22.00 Uhr erfolgt begrifflich auch dann nachts, wenn der Pflegebedürftige noch nicht zur Nachtruhe gekommen war. Es kommt allein darauf an, ob eine späte Hilfe beim Toilettengang objektiv geboten war oder ob dieser – ohne pflegerische Defizite zur Folge zu haben – auch vor 22.00 Uhr hätte erfolgen können (BSG vom 30.03.00, Az. B 3 KR 10/99 R, und vom 31.08.00, Az. B 3 P 16/99 R). Die Voraussetzung des Gesetzes wird also nur dann erfüllt, wenn im Bereich der Grundpflege täglich zu verschiedenen Tageszeiten (6.00 bis 22.00 Uhr) und mindestens einmal nachts (22.00 bis 6.00 Uhr) Hilfe zu leisten ist.

Dabei ist es nicht erforderlich, dass die Pflegeperson ihren Nachtschlaf für die Hilfeleistung unterbricht (BSG vom 31.08.00, Az. B 3 P 16/99 R). Der Lebensrhythmus der Pflegeperson, insbesondere dabei die Frage, ob sie bereits vor der Hilfeleistung zu schlafen pflegt oder so lange wach bleibt, ist nicht ausschlaggebend (BSG vom 18.03.99, Az. B 3 P 3/98 R). Den Gesetzesmaterialien ist hier auch ein Hinweis zur Anerkennung von Zeiten zu entnehmen, in denen Pflegepersonen anwesend sein müssen, ohne Hilfe für die Katalog-Verrichtungen zu erbringen (BR-Drs. 505/93 S. 98): „Die Zuordnung erfolgt auch dann, wenn eine ununterbrochene Bereitschaft der Pflegeperson zur Hilfeleistung erforderlich ist. Der Pflegebedürftige kann nicht alleine gelassen werden." Dieser Hinweis erfasst nur den Personenkreis, der – warum auch immer – beaufsichtigt werden muss, ohne z. B. zu erläutern, was unter einer

Bereitschaft verstanden werden kann. Dies wurde durch die Rechtsprechung des BSG konkretisiert. So reicht eine nächtliche Rufbereitschaft nicht aus, um das Merkmal der Hilfe zur Nachtzeit zu bejahen (BSG vom 19.02.98, Az. B 3 P 2/97 R, 19.02.98, Az. B 3 P 5/97 R, 19.02.98, Az. B 3 P 7/97 R, und vom 18.03.99, Az. B 3 P 3/98 R). Wenn Hilfe- oder Rufbereitschaft – so das BSG – generell als Hilfeleistung gewertet würde, müsste sie auch dem zeitlichen Umfang nach voll berücksichtigt werden. Die damit jeweils verbundene Belastung der Pflegepersonen würde den deutlich größeren Leistungsumfang in den höheren Pflegestufen schwerlich rechtfertigen. Diese Argumentation ist in der Sache überzeugend, denn eine andere Sichtweise hätte zur Folge, dass die zeitlichen Mindestvoraussetzungen der täglichen Inanspruchnahme von Hilfeleistungen weitgehend durch Zeiten der Rufbereitschaft erfüllt werden könnten. Maßgebend ist deshalb die zeitliche und örtliche Gebundenheit der Pflegeperson durch die Erbringung der Hilfeleistungen für die Verrichtungen des § 14 (BSG vom 06.08.98, Az. B 3 P 17/97 R).

Einrichtungen der Hilfe für behinderte Menschen – § 43a SGB XI

Nach § 15 Abs. 1 Satz 2 SGB XI ist für die Gewährung von Leistungen nach § 43a SGB XI die Feststellung ausreichend, dass die Voraussetzungen der Pflegestufe I erfüllt sind. Dieser Satz beschränkt die Feststellung des Hilfebedarfs bei der Beantragung von Leistungen nach § 43a SGB XI darauf, ob die Voraussetzungen für die Zuordnung zur Pflegestufe I erfüllt sind, und verhindert die Zuordnung zu einer Pflegestufe, die dem Hilfebedarf entspricht. Er greift insoweit in die Verfahrensregelungen des § 18 SGB XI ein. Die Vorschrift wurde im Vermittlungsverfahren (BT-Drs. 13/4688 S. 2) zum 1. SGB-XI-ÄndG (BGBl. I S. 830) mit Wirkung zum 25.06.1996 eingefügt und steht im Zusammenhang mit dem Anspruch auf Leistungen nach § 43a SGB XI. Im Gesetzgebungsverfahren wurde offenbar davon ausgegangen, dass die reine Feststellung ausreiche, der Hilfebedarf sei i. S. des SGB XI zumindest erheblich. Diese Auffassung verkennt jedoch, dass durch die Anerkennung des Anspruchs auf Leistungen nach § 43a SGB XI gleichzeitig Ansprüche auf Leistungen nach den übrigen Leistungsvorschriften entstehen können. Soweit sie, wie z. B. das Pflegegeld (beispielsweise bei regelmäßiger Pflege und Betreuung an den Wochenenden), in der Höhe von der Pflegestufe abhängig sind, greift diese Feststellung zu kurz. Aus diesen Gründen ist Antragstellern anzuraten, dass sie mit dem Antrag auf Leistungen ausdrücklich die Feststellung der Pflegestufe beantragen.

Hilfebedarf bei Kindern

Bei Kindern ist für die Zuordnung der zusätzliche Hilfebedarf gegenüber einem gesunden gleichaltrigen Kind maßgebend. Pflegebedürftige Kinder

sind zur Feststellung des Hilfebedarfs mit einem gesunden Kind desselben
Alters zu vergleichen. Aus der Berücksichtigung allein des Mehrbedarfs an
Pflege bei behinderten oder kranken Kindern folgt nicht, dass auf das Erfordernis eines Mehrbedarfs an Pflege im Bereich der Grundpflege zu verzichten ist (BSG vom 24.06.1998, Az. B 3 P 1/97 R). Maßgebend ist bei Kindern
(auch bei Säuglingen oder Kleinkindern) nicht der natürliche, altersbedingte
Pflegeaufwand, sondern nur der darüber hinausgehende Hilfebedarf bei der
Ernährung und der Körperpflege. Hinzu kommt (nach den BRi) bei Kindern
jenseits des Säuglingsalters der Hilfebedarf bei der Mobilität. Auch bei Kindern setzt die Feststellung von Pflegebedürftigkeit einen Mindestumfang an
Grundpflege voraus (BSG vom 19.02.98, Az. B 3 P 3/97 R).

Der Tatsache, dass auch ein gesundes altersentsprechend entwickeltes Kind
bis zu einem bestimmten Alter an der hauswirtschaftlichen Versorgung nicht
mitwirkt, trägt die Formulierung des Gesetzes nur unzureichend Rechnung.
Das hätte zur Folge, dass bei Kindern auf das Vorliegen eines hauswirtschaftlichen Mehrbedarfs nicht verzichtet werden kann und für die Zuordnung zu
einer der Pflegestufen ggf. allein der Mehrbedarf bei den Verrichtungen der
Grundpflege herangezogen werden kann. Nach den BRi wird bei Kindern

■ bis zum vollendeten 8. Lebensjahr der Zeitbedarf für die hauswirtschaftliche Versorgung erfüllt, wenn neben den übrigen in § 15 Abs. 1 SGB XI
  genannten Voraussetzungen der Pflegestufen I bis III ein über dem eines
  gesunden gleichaltrigen Kindes liegender hauswirtschaftlicher Versor-
  gungsbedarf – z. B. beim Kochen, Spülen, Wechseln oder Waschen der
  Wäsche bzw. Kleidung – nachgewiesen ist,

■ im Alter zwischen dem vollendeten 8. und 14. Lebensjahr unter bestimmten Voraussetzungen (s. BRi Abschnitt D) ein Anteil des zeitlichen Min-
  destwerts für den Hilfebedarf bei den hauswirtschaftlichen Verrichtungen unterstellt: In der Pflegestufe I sind es 30 Minuten, in den Pflegestufen II und III jeweils 45 Minuten.

Das BSG (Urteil vom 29.04.99, Az. B 3 P 7/98 R) hat darauf hingewiesen, dass
wegen eines täglich anfallenden Mehraufwands bei hauswirtschaftlicher
Versorgung nicht – gleichsam automatisch – ein Zeitbedarf von 60 Minuten
unterstellt werden kann, wenn sich bei einer konkreten (so genannten freien)
Schätzung ein deutlich geringerer Aufwand herausstellen könnte. Das BSG
geht dogmatisch vom Wortlaut der Norm aus, was der Gesetzgeber so nicht
beabsichtigt hatte (ebenso Wagner in Hauck/Noftz zu § 15 Rz. 23). In den
Gesetzgebungsmaterialien (BR-Drs. 505/93) wird der leistungsberechtigte
Personenkreis der Kinder als klein eingeschätzt; von 0,5 bis 0,6 Prozent eines
Geburtsjahrgangs wurde ausgegangen. Als Beispiel für einen erheblichen
Pflegebedarf wird in den Gesetzesmaterialien auf kleine Frühgeborene nach
Intensivbehandlung oder operierte Säuglinge hingewiesen und festgestellt:
„Diese Kinder benötigen unter Umständen bis zu acht Mahlzeiten pro Tag

und haben im Vergleich zu einem gesunden Säugling einen deutlich erhöhten Aufwand bei der Körperpflege." Da die Rechtsprechung zu nicht vertretbaren Ergebnissen führen würde, ist es zu begrüßen, dass die Formulierungen in den BRi insoweit bislang unverändert erhalten geblieben sind. Im Ergebnis wird so Artikel 3 GG Rechnung getragen, in dem hinsichtlich des grundpflegerischen Mindesthilfebedarfs Kinder und Erwachsene gleich behandelt werden (ebenso Wagner in Hauck/Noftz zu § 15 Rz. 23).

In § 15 Absatz 3 Satz 1 heißt es: „Der Zeitaufwand, den ein Familienangehöriger oder eine andere nicht als Pflegekraft ausgebildete Pflegeperson für die erforderlichen Leistungen der Grundpflege und hauswirtschaftlichen Versorgung benötigt, muss wöchentlich im Tagesdurchschnitt ..." Die den Vorgaben zum zeitlichen Hilfebedarf voranstehende Formulierung stellt auf den Zeitaufwand ab, den ein Familienangehöriger oder eine andere nicht ausgebildete Pflegeperson (§ 19 SGB XI) dafür benötigt. Durch die Benutzung des unbestimmten Artikels „ein" kann nicht auf eine bestimmte Person abgestellt werden, so dass die Norm

- letztlich nur zur Differenzierung zwischen ausgebildeten und nicht ausgebildeten Pflegenden zwingt und

- verhindert, den Zeitbedarf der tatsächlich pflegenden Personen heranzuziehen.

Daraus resultiert, dass generell der typischerweise für bestimmte Aktivitäten („Leistungen") in einer individuellen Situation erforderliche zeitliche Aufwand maßgeblich ist. So stellt die Norm die Gleichbehandlung unter den Pflegebedürftigen insoweit sicher, als nicht erst durch den Einsatz bestimmter Personen der zeitliche Mindesthilfebedarf erreicht werden kann. Welcher Zeitaufwand dies im Einzelnen sein kann, ermittelten die Spitzenverbände der Pflegekassen in Zusammenarbeit mit den Medizinischen Diensten auf der Basis Tausender Begutachtungen. Die Ergebnisse wurden mit so genannten Zeitorientierungswerten (s. BRi) dokumentiert. Ausdrücklich wird von „Orientierungswerten" zur Pflegezeitbemessung gesprochen. Damit wird erreicht, dass

- alle Gutachter der Medizinischen Dienste der Krankenversicherung gedanklich von demselben Ausgangspunkt ausgehen und

- gleichzeitig die Besonderheiten des Einzelfalls immer zu berücksichtigen sind,

was im Ergebnis zu einer Über- oder Unterschreitung des jeweiligen Orientierungsrahmens führt (s. auch BSG vom 31.08.00, Az. B 3 P 14/99 R).

Gravierende Zweifel an diesen Zeitrahmen sind bislang nicht aufgekommen. Das BSG hat es in Anlehnung an § 202 SGG i. V. mit § 287 ZPO für zulässig gehalten, den erforderlichen täglichen Zeitaufwand für einzelne Hilfeleistungen zu schätzen, wenn die Tatsachen zuvor sachgerecht ausgewählt und vollständig ermittelt wurden (BSG vom 14.12.1994, Az. 3 RK 9/94). Es sind keine Gründe erkennbar, die die Anwendung des zum Recht der Krankenversicherung für die Leistungen bei Schwerpflegebedürftigkeit ergangenen Urteils unterbinden könnten. Es ist deshalb davon auszugehen, dass die seinerzeitige Rechtsauffassung des BSG auch für die Ermittlung des Zeitbedarfs berücksichtigt werden kann (so im Ergebnis auch Udsching zu § 15 Rz. 18). Etwaige Zweifel an der Rechtmäßigkeit des Vorgehens der Spitzenverbände bestehen folglich nicht. Dies dürfte auch der Grund dafür sein, dass die Thematik vom BSG bislang nicht aufgegriffen wurde, obwohl die Verwendung der Zeitkorridore in diversen Verfahren mittelbar Gegenstand der Verfahren war. Dies bedeutet jedoch nicht, dass Pflegetagebücher unberücksichtigt blieben, in denen Pflegepersonen die täglichen Hilfeleistungen dokumentieren. Sie bilden neben den Gutachten des MDK eine weitere wesentliche Grundlage für die Ermittlung des wöchentlichen Zeitbedarfs (ebenso Klie in LPK-SGB XI zu § 15 Rz. 6 und z. B. Udsching zu § 15 Rz. 18).

Der vorausgesetzte Zeitaufwand bezieht sich auf Hilfeleistungen durch Pflegepersonen (Familienangehörige, Nachbarn und andere nicht ausgebildete Personen; vgl. § 19) und nicht auf erwerbsmäßige Pflegekräfte, auch wenn die aufzuwendenden Zeiten nicht gleichsam automatisch als länger betrachtet werden können. Selbst in „jungen" Pflegesituationen wird nicht davon auszugehen sein, dass eine professionelle Pflegekraft die Aufgaben deutlich zügiger erbringen kann. So stehen den routinierten Pflegehandlungen einer professionellen Pflegekraft z. B. die Schamgefühle des pflegebedürftigen Menschen gegenüber, die von dieser noch fremden Kraft stärker berücksichtigt werden müssen. Unterschiede in der Routine und dem für die individuelle Pflegesituation erforderlichen pflegefachlichen Wissen werden durch die regelmäßigen Beratungen der Pflegeperson (§ 37 Abs. 3 SGB XI), etwaige Schulungen und Pflegekurse (§ 45 SGB XI) und mit zunehmender Routine abgebaut. Gelegentlich werden diese Pflegepersonen als „Laienkräfte" bezeichnet. Diese Umschreibung trifft häufig nicht zu und sollte vermieden werden, da sie zumindest für langjährig Pflegende falsche Signale setzt und zudem diskriminierend wirkt (vgl. Vogel, Georg, Sicherung der Pflegequalität bei ehrenamtlicher Pflege, Ratgeber Altenarbeit Abschnitt 6/7.1, 1997 m. w. N.).

Mit dem 1. SGB-XI-ÄndG (BGBl. I S. 830) wurden dem einleitenden Satz des Absatzes die Worte „… die Grundpflege und die hauswirtschaftliche Versorgung …" hinzugefügt. Mit der Ergänzung soll klargestellt werden, dass bei der Berechnung des Mindestzeitaufwands Zeiten der Krankenpflege unberücksichtigt bleiben und allein auf den zeitlichen Aufwand für Grundpflege und hauswirtschaftliche Versorgung i. S. des § 14 SGB XI abzustellen ist (BT-Drs. 13/3696 S. 11). Obwohl dies mit der – seit dem 25.06.1996 geltenden – Ergänzung letztlich nicht vollständig gelungen ist (vgl. Integrationsregel), hebt sie doch hervor, dass alle Aktivitäten unberücksichtigt zu bleiben haben, die nicht bei den Verrichtungen und auch nicht notwendigerweise („erforderliche Leistungen") benötigt werden (s. auch Rz. 4).

Der Wortlaut der Vorschriften stellt auf den täglichen Hilfebedarf im Wochendurchschnitt ab (BSG vom 29.04.99, Az. B 3 P 7/98 R). Die Formulierung fordert, dass für die Bemessung des für die Pflege erforderlichen Zeitaufwands auf die Woche abzustellen ist. Aus dem gesamten in einer Woche anfallenden Pflegeaufwand ist der Tagesdurchschnitt zu ermitteln (BSG vom 29.04.99, Az. B 3 P 12/98 R, und vom 29.04.99, Az. B 3 P 12/98 R). So schließt die Norm aus, in die Feststellung des zeitlichen Pflegebedarfs auch Verrichtungen einzubeziehen, die seltener als zumindest einmal wöchentlich anfallen. Anzumerken ist, dass der gedankliche Ausgangspunkt wiederum die Verrichtungen des § 14 sind. Daraus folgt, dass bei der Verrichtung „Verlassen und Wiederaufsuchen der Wohnung" allein die Notwendigkeit des Verlassens bzw. Wiederaufsuchens bei der Berücksichtigung des Zeitbedarfs von Bedeutung ist. Das Ziel (der Ort, der aufgesucht werden soll) ist nur bei der Frage beachtlich, ob die Aktivität überhaupt zu denen gehört, die anerkannt werden können (im Übrigen s. zu § 14), so dass der Zeitbedarf trotz unterschiedlicher Zielorte bzw. -personen (Behörden, Ärzte und z. B. Therapeuten) anzuerkennen ist.

Darüber hinaus wurden in den Absatz die konkreten Regelungen aufgenommen, welcher Pflegeaufwand in den einzelnen Pflegestufen mindestens erforderlich ist (zur bis zum 24.06.1996 geltenden Fassung s. Rz. 3 sowie Rz. 18). Damit trug der Gesetzgeber den in der Literatur vorgetragenen Bedenken Rechnung, ob der Richtlinienauftrag aufgrund der zentralen Bedeutung des Zeitaufwands der Pflegemaßnahmen für die Einstufung in eine Pflegestufe rechtsstaatlichen Anforderungen genügt (statt vieler Udsching, 1. Auflage, zu § 15 Rz. 12). Die Neufassung schreibt die nach den seinerzeitigen Pflegebedürftigkeits-Richtlinien und der damaligen Begutachtungsanleitung vorgesehenen und in der Begutachtungspraxis angewendeten Zeitvorgaben in ähnlicher Weise gesetzlich fest und schafft damit mehr Transparenz und Rechtssicherheit für die Betroffenen (BT-Drs. 13/4091). Seither erschließt es sich unmittelbar aus dem Gesetz, welcher zeitliche Pflegeaufwand in den einzelnen Pflegestufen mindestens erforderlich ist. Insgesamt ergeben sich aus den Vorgaben der Norm Korridore hinsichtlich der Art, der Häufigkeit und des zeitlichen Umfangs des Hilfebedarfs.

Pflege-stufe	Art (Bedarf)	Mindesthäufigkeit	Umfang (Zeitspanne)
I	Bereiche der Grundpflege: Körperpflege Ernährung Mobilität	2 Verrichtungen, 1 x täglich	mindestens 46 Min., maximal 119 Min.
	Hauswirtschaftliche Versorgung	mehrfach wöchentlich	Hilfebedarf insgesamt mindestens 90 Min.; bei Mindestbedarf in der Grundpflege hier mindestens 44 Min.
II	Bereiche der Grundpflege: Körperpflege Ernährung Mobilität	1 Verrichtung, 3 x täglich zu verschiedenen Zeiten	mindestens 120 Min., maximal 239 Min.
	Hauswirtschaftliche Versorgung	mehrfach wöchentlich	Hilfebedarf insgesamt mindestens 180 Min.; bei Mindestbedarf in der Grundpflege hier mindestens 60 Min.
III	Bereiche der Grundpflege: Körperpflege Ernährung Mobilität	1 Verrichtung, täglich rund um die Uhr, auch nachts	mindestens 240 Min., maximal ganztägig
	Hauswirtschaftliche Versorgung	mehrfach wöchentlich	Hilfebedarf insgesamt mindestens 300 Min.; bei Mindestbedarf in der Grundpflege hier mindestens 60 Min.

Abb.:   Zusammenfassende Darstellung der Hilfebedarfe

Aus der zusammenfassenden Darstellung ergibt sich, dass die Anforderungen an die Zuordnung zu einer der Pflegestufen keinen (mathematischen) Gesetzmäßigkeiten folgen. Deutlicher wird dies bei einer Betrachtung aus dem Blickwinkel der reinen täglichen Mindestanforderungen:

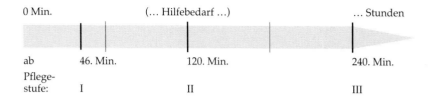

0 Min.	(… Hilfebedarf …)	… Stunden
ab	46. Min.	120. Min.	240. Min.

Pflege-
stufe: I   II   III

§ 15 Abs. 3 Satz 1 Nr. 1 führt weiter aus: „in der Pflegestufe I mindestens 90 Minuten betragen; hierbei müssen auf die Grundpflege mehr als 45 Minuten entfallen," Die Regelung schreibt den Mindestbedarf der Pflegestufe I fest. Er muss insgesamt täglich im Wochendurchschnitt 90 Minuten betragen. Für die Zuordnung zur Pflegestufe I ist allein entscheidend, dass der Hilfebedarf einerseits insgesamt 90 Minuten erreicht und andererseits bei der Grundpflege zumindest 46 Minuten beträgt.

Erreicht der Hilfebedarf nicht den geforderten Mindestumfang (so genannte Pflegestufe 0), bestehen – bei gleichzeitiger Bedürftigkeit – Ansprüche nach dem SGB XII. Die Pflegekassen haben darauf hinzuweisen, dass der Versicherte diese Leistungen „beantragen" kann, damit der Träger der Sozialhilfe den Bedarf an Hilfe zur Pflege feststellt. Leistungsansprüche nach dem SGB XII entstehen frühestens zu dem Zeitpunkt, an dem der Bedarf an Hilfe dem Träger der Sozialhilfe erkennbar wird; eines formalen Antrags bedarf es im Gegensatz zur Pflegeversicherung nicht.

In § 15 Abs. 3 Satz 1 Nr. 2 wird fortgeführt: „… in der Pflegestufe II mindestens drei Stunden betragen; hierbei müssen auf die Grundpflege mindestens zwei Stunden entfallen," Die Regelung schreibt den Mindestbedarf der Pflegestufe II fest. Er muss insgesamt täglich im Wochendurchschnitt 180 Minuten betragen.

§ 15 Abs. 3 Satz 1 Nr. 3: „… in der Pflegestufe III mindestens fünf Stunden betragen; hierbei müssen auf die Grundpflege mindestens vier Stunden entfallen." Die Regelung schreibt den Mindestbedarf der Pflegestufe III fest. Er muss insgesamt täglich im Wochendurchschnitt 300 Minuten betragen. Insbesondere bei Pflegebedürftigen der Pflegestufe III besteht des Öfteren die Notwendigkeit, dass mehrere Pflegepersonen eingesetzt werden müssen. In diesen Situationen ist der notwendige Zeitbedarf jeder Pflegeperson zu berücksichtigen (Udsching zu § 15 Rz. 17, Klie in LPK-SGB XI zu § 15 Rz. 12). Gründe für den Einsatz mehrerer Personen können z. B. der gesundheitliche Zustand, die Größe und das Gewicht des Pflegebedürftigen sein. Hinzu kommen etwaige mit den Hilfeleistungen verbundene besondere Risiken und Regelungen des Arbeitsschutzes bzw. der Unfallverhütung. Soweit durch Anwendung besonderer Pflegetechniken (z. B. aus dem Bereich der Kinästhetik) der Einsatz einer zweiten Person entbehrlich würde, kann nur der Einsatz einer Person als notwendig angesehen werden. Es ist Aufgabe der Pflegekassen, diesen Pflegepersonen in solchen Situationen die Durchführung einer entsprechenden Qualifizierungsmaßnahme i. R. des § 45 anzubieten und zu ermöglichen.

Nach der bis zum 24.06.1996 geltenden Fassung des Abs. 3 („In der Verordnung nach § 16 SGB XI und den Richtlinien nach § 17 SGB XI ist näher zu regeln, welcher zeitliche Pflegeaufwand in den einzelnen Pflegestufen jeweils mindestens erforderlich ist.") war über Rechtsverordnungen oder Richtlinien das Nähere zum Mindestaufwand zu regeln. Eine Rechtsverordnung wurde nicht erlassen. Die Anforderungen waren den Pflegebedürftigkeits-Richtlinien der SpiPK (PflRi) zu entnehmen. Die Delegation des Gesetzgebers zur näheren Ausgestaltung durch die SpiPK über Richtlinien wurde – trotz des Genehmigungsvorbehalts (s. zu § 17 SGB XI und z. B. BSG vom 19.02.1998, Az. B 3 P 7/97 R) – als unzulässig oder zumindest kritisch angesehen. In den PflRi wurde folgender Mindestpflegebedarf angesetzt:

Pflege-stufe	Mindestaufwand	Gewichtung des Pflegeaufwands
I	90 Min. in der Pflegestufe I	Der Pflegebedarf steht im Vordergrund.
II	180 Min. in der Pflegestufe II	Der Pflegebedarf hat ein eindeutiges Übergewicht.
III	300 Min. in der Pflegestufe III	Der Pflegebedarf hat ein eindeutiges Übergewicht.

Ursprünglich wollten die SpiPK den Mindestaufwand für die Pflegestufe I mit 60 Minuten ansetzen. Dies wurde jedoch vom zuständigen Bundesministerium für Arbeit und Sozialordnung nicht genehmigt. Hauptargumente waren die Verbindungen zum Rentenrecht (zur Sozialen Sicherung s. § 44) und insbesondere die Proportionen zwischen den einzelnen Pflegestufen. Wenn in der Pflegestufe II ein pflegerischer und hauswirtschaftlicher Aufwand von insgesamt 180 Minuten im Tagesdurchschnitt gefordert werde (und Geldleistungen von 800 DM zur Verfügung gestellt würden), dann fehle es bei 60 Minuten in der Pflegestufe I an der Stimmigkeit (ausführlich Vogel/Schaaf S. 129 f.).

Zu erinnern ist auch an die nach den PflRi vorzunehmende Gewichtung, die nach ihrer Formulierung vom gesamten Hilfebedarf ausgeht. Wenn bei einem gesamten Mindesthilfebedarf von 90 Minuten im Tagesdurchschnitt der pflegerische Hilfebedarf im Vordergrund zu stehen hat, muss er nicht nur 45 Minuten übersteigen, sondern auch den im Bereich der hauswirtschaftlichen Versorgung. In den höheren Pflegestufen wurde ein eindeutiges Übergewicht gefordert, was zwangsläufig zu einer größeren Differenz zwischen den beiden Gewichtungsbereichen Pflegebedarf und hauswirtschaftlicher

Bedarf führen musste (ausführlich Vogel/Schaaf S. 130 ff.). Da der Hilfebedarf erfahrungsgemäß mit einem im Bereich der hauswirtschaftlichen Versorgung beginnt, der zudem häufig noch deutlich zunimmt, bevor dauerhaft
ein Hilfebedarf der Grundpflege entsteht, und generell der Hilfebedarf insgesamt den Ausgangspunkt bilden sollte, ist die Veränderung durch das 1.
SGB XI-ÄndG zu begrüßen.

Der von der Pflegekasse ermittelte Pflegeaufwand ist Grundlage für die Zuordnung zu einer der Pflegestufen. Gutachten der Medizinischen Dienste
der Krankenversicherung sind hierbei – wie andere zu den Verwaltungsakten der Pflegekassen zu zählende Unterlagen – als Beweismittel anzusehen.
Wenngleich ihnen regelmäßig ein hoher Stellenwert einzuräumen ist, haben die Pflegekassen gleichwohl generell auch andere relevante Informationen zu berücksichtigen. Die Pflegestufe bleibt so lange maßgeblich, bis sich
die Pflegesituation dauerhaft ändert. Von einer Minderung bzw. Erhöhung
des Hilfebedarfs auf Dauer ist auszugehen, wenn die Veränderung voraussichtlich länger als sechs Monate gegeben sein wird bzw. besteht (BSG vom
19.02.98, Az. B 3 P 5/97 R). Besserungen bzw. Verschlechterungen von weniger als sechs Monaten Dauer gelten als vorübergehende und bleiben von
vornherein außer Betracht (BSG vom 22.8.2001, B 3 P 21/00 R). Dies ist auch
den Gesetzesmaterialien (BR-Drs. 505/93) zu entnehmen: „Eine Höherstufung in eine andere Pflegestufe ist – ebenso wie die erstmalige Feststellung
der Pflegebedürftigkeit – nur möglich, wenn der jeweilige Pflegebedarf auf
Dauer, d. h. voraussichtlich für mindestens sechs Monate, besteht." Ist die
Zuordnung zu einer anderen Pflegestufe begründet, liegt gleichzeitig eine
wesentliche Änderung der Verhältnisse i. S. des § 48 Abs. 1 SGB X vor (Udsching zu § 15 Rz. 5). Soweit der Pflegebedürftige einer höheren Pflegestufe
zuzuordnen ist, kann dies deshalb von dem Zeitpunkt der Änderung an erfolgen, wenn die Höherstufung rechtzeitig beantragt wurde. Ist der Pflegebedürftige hingegen einer tieferen Pflegestufe zuzuordnen, kann dies erst
zu dem Zeitpunkt erfolgen, zu dem ihm das mitgeteilt wurde. Zu berücksichtigen ist die vom Grundsatz her notwendige vorherige Anhörung (§ 24
SGB X).

Bei Pflegebedürftigen, die bereits vor Inkrafttreten der Leistungsvorschriften des SGB XI Leistungen wegen Schwerpflegebedürftigkeit (bis zum
31.03.1995) erhalten hatten und denen aufgrund des Art. 45 PflegeVG (ab
01.04.1995) Leistungen der Pflegeversicherung gewährt werden, ist eine Besonderheit zu beachten: Beruht die Zuerkennung der Pflegestufe II allein auf
dem Bezug krankenversicherungsrechtlicher Leistungen, kann der Versicherte nur dann in die Pflegestufe I herabgestuft werden, wenn sich der Pflegebedarf aufgrund seit dem 01.04.1995 eingetretener Umstände wesentlich
verringert hat (BSG vom 13.03.2001, Az. B 3 P 20/00 R).

§ 16   Verordnungsermächtigung

Das Bundesministerium für Gesundheit wird ermächtigt, im Einvernehmen mit dem Bundesministerium für Familie, Senioren, Frauen und Jugend und dem Bundesministerium für Arbeit und Soziales durch Rechtsverordnung mit Zustimmung des Bundesrates Vorschriften zur näheren Abgrenzung der in § 14 genannten Merkmale der Pflegebedürftigkeit, der Pflegestufen nach § 15 sowie zur Anwendung der Härtefallregelung des § 36 Abs. 4 und des § 43 Abs. 3 zu erlassen.

[Gültigkeit/Fassung: Die Vorschrift gilt in der Fassung des Art. 264 Nr. 2 der 9. ZustAnpV vom 31.10.2006 (BGBl. S. 2047)]

Regelungsgegenstand

Das BMG wird mit dieser Vorschrift gesetzlich ermächtigt, die Merkmale der Pflegebedürftigkeit und der Pflegestufen durch Rechtsverordnung zu konkretisieren. Die Verordnungsermächtigung wurde durch das 1. SGB XI-ÄndG auf die Härtefallregelungen nach § 36 Abs. 4 und § 43 Abs. 3 erweitert. Es ist ein Einvernehmen mit dem Bundesministerium für Familie, Senioren, Frauen und Jugend und mit dem Bundesministerium für Arbeit und Soziales herzustellen wegen der Auswirkungen auf Pflegeleistungen nach anderen Gesetzen. Die Verordnungsermächtigung eröffnet die Möglichkeit, Entwicklungen in der Praxis zu korrigieren und ggf. durch weitere Konkretisierungen steuernd einzugreifen, allerdings nur zur

- Abgrenzung der in § 14 SGB XI genannten Merkmale der Pflegebedürftigkeit,

- Abgrenzung der Pflegestufen nach § 15 SGB XI,

- Anwendung der Härtefallregelung des § 36 Abs. 4 SGB XI und des § 43 Abs. 3 SGB XI.

Erläuterungen

Die Verordnungsermächtigung umfasst nur die

- Abgrenzung der in § 14 SGB XI genannten Merkmale der Pflegebedürftigkeit,

- Abgrenzung der Pflegestufen nach § 15 SGB XI,

- Anwendung der Härtefallregelung des § 36 Abs. 4 SGB XI und des § 43 Abs. 3 SGB XI.

Im Hinblick auf die nach § 17 SGB XI erlassenen Richtlinien ist allerdings bisher kein Gebrauch davon gemacht worden. Sie stützt sich auf die in Art. 80 Abs. 1 GG verankerte gesetzliche Ermächtigung des BMG zum Erlass einer

Rechtsverordnung. Das Verhältnis der Verordnungsermächtigung nach § 16 SGB XI zur Richtlinienkompetenz nach § 17 SGB XI ist gesetzlich nicht ausdrücklich geregelt. Es ergibt sich jedoch deutlich aus der Gesetzesbegründung im Sinne einer Subsidiarität der Rechtsverordnung. Zunächst hatten die Spitzenverbände der Pflegekassen Richtlinien zu erlassen. Nur wenn sich mithilfe der Richtlinien keine befriedigende Beurteilungspraxis ergeben würde, könnte das BMGS korrigierend und gegebenenfalls durch weitere Konkretisierungen steuernd eingreifen (Begr. zu Art. 1 § 14 E-PflegeVG und zu Art. 1 § 15 E-PflegeVG, M 010 74, sowie zu Art. 1 Nr. 6 des 1. SGB XI-ÄndG, M 011 3). Da die maßgeblichen Kriterien der Pflegebedürftigkeit in den erlassenen Richtlinien weitgehend zutreffend näher bestimmt wurden und im Übrigen zwischenzeitlich eine die meisten Problemkreise klärende Rechtsprechung des BSG erfolgt ist, wurde bislang und wahrscheinlich auch endgültig entsprechend den gesetzgeberischen Absichten zu Recht auf den Erlass einer Rechtsverordnung verzichtet.

Die Rechtsverordnung des BMGS bedarf der Zustimmung des Bundesrates (Art. 80 Abs. 2 GG). Außerdem muss das Einvernehmen des Bundesministeriums für Familie, Senioren, Frauen und Jugend hergestellt werden. Dieses Einvernehmen ist Voraussetzung für die Wirksamkeit der Rechtsverordnung. Einvernehmen bedeutet Willensübereinstimmung der erlassenden mit der beteiligten Stelle (vgl. hierzu allgemein Schiller, Zur Herstellung des Benehmens insbesondere bei der Festsetzung des Honorarverteilungsmaßstabes gem. § 85 Abs. 4 S. 2 SGB V, NZS 1994, 401, 402).

Würde das BMGS eine Verordnung nach § 16 SGB XI erlassen, so wäre diese gemäß § 61 Abs. 6 SGB XII auch von den Sozialhilfeträgern bei der Hilfe zur Pflege nach den §§ 61 ff. SGB XII entsprechend anzuwenden.

§ 17 Richtlinien der Pflegekassen

(1) ₁Die Spitzenverbände der Pflegekassen beschließen im Interesse einer einheitlichen Rechtsanwendung gemeinsam und einheitlich unter Beteiligung des Medizinischen Dienstes der Spitzenverbände der Krankenkassen Richtlinien zur näheren Abgrenzung der in § 14 genannten Merkmale der Pflegebedürftigkeit, der Pflegestufen nach § 15 und zum Verfahren der Feststellung der Pflegebedürftigkeit. ₂Sie haben die Kassenärztliche Bundesvereinigung, die Bundesverbände der Pflegeberufe und der behinderten Menschen, die Bundesarbeitsgemeinschaft der Freien Wohlfahrtspflege, die Bundesarbeitsgemeinschaft der überörtlichen Träger der Sozialhilfe, die kommunalen Spitzenverbände auf Bundesebene, die Bundesverbände privater Alten- und Pflegeheime sowie die Verbände der privaten ambulanten Dienste zu beteiligen. ₃Die Spitzenverbände der Pflegekassen beschließen unter Beteiligung des Medizinischen Dienstes der Spitzenverbände der Krankenkassen gemeinsam und einheitlich Richtlinien zur Anwendung der Härtefallregelungen des § 36 Abs. 4 und des § 43 Abs. 3.

(2) ₁Die Richtlinien nach Abs. 1 werden erst wirksam, wenn das Bundesministerium für Gesundheit und Soziale Sicherung sie genehmigt. ₂Die Genehmigung gilt als erteilt, wenn die Richtlinien nicht innerhalb eines Monats, nachdem sie dem Bundesministerium für Gesundheit und Soziale Sicherung vorgelegt worden sind, beanstandet werden. ₃Beanstandungen des Bundesministeriums für Gesundheit und Soziale Sicherung sind innerhalb der von ihm gesetzten Frist zu beheben.

[Gültigkeit/Fassung: Die Vorschrift wurde zum 01.01.1995 eingeführt und gilt in der Fassung des GKV-WSG vom 27.03.2007 (BGBl. I S. 378)]

Regelungsgegenstand

Die Vorschrift bezweckt die bundesweit einheitliche Anwendung der Merkmale zur Begründung der Pflegebedürftigkeit und der Voraussetzungen für die Zuordnung zu den einzelnen Pflegestufen. Um diese einheitliche Verwaltungspraxis zu erreichen, erhalten die Spitzenverbände der Pflegekassen unter Beteiligung Dritter den Auftrag, verbindliche Richtlinien zu erlassen (Abs. 1), die der ministeriellen Genehmigung bedürfen (Abs. 2).

Erläuterungen

Um eine bundesweit einheitliche Beurteilungs- und Verwaltungspraxis bei den Pflegekassen zu erreichen, verpflichtet die Regelung die Spitzenverbände, gemeinsam einheitliche und gleichzeitig für die einzelne Pflegekasse verbindliche Richtlinien zu erlassen. Der Auftrag erstreckt sich auf Richtlinien zur Abgrenzung des Personenkreises der Pflegebedürftigen einerseits und zum Verfahren der Feststellung der Pflegebedürftigkeit andererseits. Zu den Richtlinien zur Abgrenzung des Personenkreises der Pflegebedürftigen gehören die Pflegebedürftigkeits-Richtlinien. Durch die Formulierung werden bereits die Härtefall-Richtlinien erfasst. Zu den Verfahrensrichtlinien zur Feststellung der Pflegebedürftigkeit sind insbesondere die Begutachtungs-Richtlinien zu zählen. Nach den Gesetzesmaterialien (s. BR-Drs. 505/93) sollen diese Richtlinien u. a. enthalten:

- Hinweise zur Untersuchung des Pflegebedürftigen in seiner häuslichen Umgebung,

- Feststellungen zum pflegerischen und hauswirtschaftlichen Hilfebedarf,

- Feststellungen der für die sozialmedizinische Beurteilung erforderlichen tatsächlichen Umstände,

- Prüfung des Bedarfs an Pflegehilfsmitteln und technischen Hilfen,

- Feststellungen von Möglichkeiten der Prävention zur Verhütung einer Verschlimmerung der Pflegebedürftigkeit,

- Hinweise zur Minderung oder Beseitigung der Pflegebedürftigkeit sowie

- Hinweise zur Feststellung von Möglichkeiten der Rehabilitation.

Der Gesetzgeber ging dabei davon aus, dass zunächst die Spitzenverbände der Pflegekassen die Richtlinien erlassen und dabei ihre Erfahrungen verwerten, die von den Pflegekassen bei der Prüfung der Leistungsanträge und von den Medizinischen Diensten bei der Begutachtungspraxis im Zusammenhang mit den Pflegeleistungen gesammelt werden. Bei Einführung der Pflegeversicherung sollte auf die Erfahrungen der Krankenversicherung (§§ 53 bis 57 SGB V) zurückgegriffen werden.

Die Vorschrift enthält keine normative Ermächtigung, aus der sich für Versicherte oder Gerichte bindende Wirkungen ergeben (BSG vom 19.02.1998, Az. B 3 P 7/97 R). Ihrer Rechtsnatur nach sind Richtlinien allgemeine Verwaltungsvorschriften mit generell abstrakten Regelungen. Durch die Anwendung der Richtlinien erwächst den Versicherten allerdings der Anspruch auf Gleichbehandlung i. S. des Art. 3 GG. Diese Bindungswirkung ist auch für die gerichtliche Überprüfung von Bedeutung.

Vor Inkrafttreten des 1. SGB XI-Änderungsgesetzes hatten die SpiPK Mindestvoraussetzungen für den zeitlichen Pflegebedarf festzulegen. Dies wurde allgemein als problematisch (Udsching zu § 17 Rz. 5) angesehen und kann als Auslöser für die Rechtsänderung gesehen werden.

Absatz 1 Satz 2 des § 17 SGB XI ergänzt den voranstehenden Satz und benennt abschließend die Institutionen, Vereinigungen und Verbände, die an der Entwicklung der Richtlinien zu beteiligen sind. Durch die Formulierung der Norm steht es den Spitzenverbänden nicht frei, ob sie die Benannten einbinden oder nicht. Sie sind dazu verpflichtet. Da die Richtlinien der Pflegekassen in der Praxis erhebliche Auswirkungen haben, sah der Gesetzgeber die Notwendigkeit, den benannten Institutionen bei der Erstellung der Richtlinien die Gelegenheit zur Mitwirkung einzuräumen. Allerdings sind diese Institutionen lediglich zu beteiligen. Sie haben damit kein Stimmrecht, und es ist ihnen nicht möglich, ihre Auffassungen durchzusetzen (beachte jedoch zu Abs. 2). Die vorgetragenen bzw. schriftlich vorgebrachten Anregungen und Einwände müssen allerdings von den Spitzenverbänden geprüft und abgewogen werden; hieraus erwächst den zu beteiligenden Institutionen das Recht, die Gründe zu erfahren, wenn den Hinweisen nicht gefolgt wird.

Die Spitzenverbände der Pflegekassen beschließen unter Beteiligung des Medizinischen Dienstes der Spitzenverbände der Krankenkassen gemeinsam und einheitlich Richtlinien zur Anwendung der Härtefall-Regelungen des § 36 Abs. 4 und des § 43 Abs. 3 (§ 17 Abs. 1 S. 3 SGB XI). Der Satz 3 stellt in Ergänzung der voranstehenden Regelungen klar, dass unter Beteiligung des MDS auch die so genannten Härtefall-Richtlinien zu erlassen sind. Aufgrund der Formulierungen des Satzes 1 hätte es dieser Regelung nicht bedurft, so dass ihr ausschließlich ein klarstellender Charakter zukommt.

Die Richtlinien nach Abs. 1 werden nach Maßgabe des Absatzes 2 Satz 1 erst wirksam, wenn das Bundesministerium für Gesundheit und Soziale Sicherung sie genehmigt. Die von den Spitzenverbänden gemeinsam beschlossenen Richtlinien werden hiernach nur nach der Genehmigung wirksam. Folge dieser Norm ist es, dass das Bundesministerium bei den Regelungen auch im Detail immer (zumindest) mitverantwortlich ist.

Die Regelung des Absatzes 2 Satz 2 des § 17 SGB XI ergänzt den Satz 1 und zwingt das Bundesministerium, innerhalb eines Monats eine formale Beanstandung auszusprechen, wenn es Regelungen nicht für genehmigungsfähig hält. Gleichzeitig ermöglicht die Vorschrift es dem Bundesministerium, auf eine Reaktion gegenüber den Spitzenverbänden zu verzichten. Die Monatsfrist ist nach der Formulierung eine Ausschlussfrist, die auch mit Zustimmung der Spitzenverbände nicht verlängert werden kann.

Etwaige Beanstandungen müssen den Spitzenverbänden mit einer Frist zur Behebung zur Kenntnis gebracht und von ihnen innerhalb der Frist behoben werden (§ 17 Abs. 2 Satz 3 SGB XI). Erst danach erteilt das Bundesministerium für Arbeit und Sozialordnung die Genehmigung. Sollte sich mithilfe der Richtlinien keine befriedigende Beurteilungspraxis erreichen lassen, kann das Bundesministerium für Arbeit und Sozialordnung mit einer Rechtsverordnung nach § 16 steuernd eingreifen.

Zur Verbindlichkeit im Außenverhältnis zu den Versicherten hat sich das BSG am 19.02.1998 positioniert. In seinem Urteil (Az. B 3 P 7/97 R) wies es darauf hin, dass die §§ 17 und 53a SGB XI keine normative Ermächtigung der Spitzenverbände enthalten, die gesetzlichen Regelungen zu den Voraussetzungen von Pflegebedürftigkeit bzw. der Zuordnung zu den Pflegestufen mit bindender Wirkung für außerhalb der Verwaltung stehende Personen oder die Gerichte zu ergänzen. Die Pflegebedürftigkeits- und die Begutachtungs-Richtlinien haben nach Auffassung des BSG schon deshalb keinen Rechtssatzcharakter, weil das Gesetz eine Verbindlichkeit im Außenverhältnis zu den Versicherten nicht anordnet. Rechtswirkungen im Außenverhältnis kommen den Richtlinien allein über Art. 3 GG zu.

§ 18   Feststellung der Pflegebedürftigkeit

(1) ₁Die Pflegekassen haben durch den Medizinischen Dienst der Krankenversicherung prüfen zu lassen, ob die Voraussetzungen der Pflegebedürftigkeit erfüllt sind und welche Stufe der Pflegebedürftigkeit vorliegt. ₂Im Rahmen dieser Prüfungen hat der Medizinische Dienst durch eine Untersuchung des Antragstellers die Einschränkungen bei den Verrichtungen im Sinne des § 14 Abs. 4 festzustellen sowie Art, Umfang und voraussichtliche Dauer der Hilfebedürftigkeit und das Vorliegen einer erheblich eingeschränkten Alltagskompetenz nach § 45a zu ermitteln. ₃Darüber hinaus sind auch Feststellungen darüber zu treffen, ob und in welchem Umfang Maßnahmen zur Beseitigung, Minderung oder Verhütung einer Verschlimmerung der Pflegebedürftigkeit einschließlich der Leistungen zur medizinischen Rehabilitation geeignet, notwendig und zumutbar sind; insoweit haben Versicherte einen Anspruch gegen den zuständigen Träger auf Leistungen zur medizinischen Rehabilitation.

(2) ₁Der Medizinische Dienst hat den Versicherten in seinem Wohnbereich zu untersuchen. ₂Erteilt der Versicherte dazu nicht sein Einverständnis, kann die Pflegekasse die beantragten Leistungen verweigern. ₃Die §§ 65, 66 des Ersten Buches bleiben unberührt. ₄Die Untersuchung im Wohnbereich des Pflegebedürftigen kann ausnahmsweise unterbleiben, wenn auf Grund einer eindeutigen Aktenlage das Ergebnis der medizinischen Untersuchung bereits feststeht. ₅Die Untersuchung ist in angemessenen Zeitabständen zu wiederholen.

(3) ₁Die Pflegekasse leitet die Anträge zur Feststellung von Pflegebedürftigkeit unverzüglich an den Medizinischen Dienst der Krankenversicherung weiter. ₂Dem Antragsteller soll spätestens fünf Wochen nach Eingang des Antrags bei der zuständigen Pflegekasse die Entscheidung der Pflegekasse schriftlich mitgeteilt werden. ₃Befindet sich der Antragsteller im Krankenhaus oder in einer stationären Rehabilitationseinrichtung und

1. liegen Hinweise vor, dass zur Sicherstellung der ambulanten oder stationären Weiterversorgung und Betreuung eine Begutachtung in der Einrichtung erforderlich ist, oder

2. wurde die Inanspruchnahme von Pflegezeit nach dem Pflegezeitgesetz gegenüber dem Arbeitgeber der pflegenden Person angekündigt,

ist die Begutachtung dort unverzüglich, spätestens innerhalb einer Woche nach Eingang des Antrags bei der zuständigen Pflegekasse durchzuführen; die Frist kann durch regionale Vereinbarungen verkürzt werden. ₄Die verkürzte Begutachtungsfrist gilt auch dann, wenn der Antragssteller sich in einem Hospiz befindet oder ambulant palliativ versorgt wird. ₅Befindet sich der Antragsteller in häuslicher Umgebung, ohne palliativ versorgt zu werden, und wurde die Inanspruchnahme von Pflegezeit nach dem Pflegezeitgesetz gegenüber dem Arbeitgeber der pflegenden Person angekündigt, ist eine Begutachtung durch den Medizinischen Dienst der Krankenversicherung spätestens innerhalb von zwei Wochen nach Eingang des Antrags bei der zuständigen Pflegekasse durchzuführen und der Antragsteller seitens des Medizinischen Dienstes unverzüglich schriftlich darüber zu informieren, welche Empfehlung der Medizinische Dienst an die Pflegekasse weiterleitet. 6In den Fällen der Sätze 3 bis 5 muss die Empfehlung nur die Feststellung beinhalten, ob Pflegebedürftigkeit im Sinne der §§ 14 und 15 vorliegt. 7Die Entscheidung der Pflegekasse ist dem Antragsteller unverzüglich nach Eingang der Empfehlung des Medizinischen Dienstes bei der Pflegekasse schriftlich mitzuteilen.

(4) 1Der Medizinische Dienst soll, soweit der Versicherte einwilligt, die behandelnden Ärzte des Versicherten, insbesondere die Hausärzte, in die Begutachtung einbeziehen und ärztliche Auskünfte und Unterlagen über die für die Begutachtung der Pflegebedürftigkeit wichtigen Vorerkrankungen sowie Art, Umfang und Dauer der Hilfebedürftigkeit einholen. 2Mit Einverständnis des Versicherten sollen auch pflegende Angehörige oder sonstige Personen oder Dritte, die an der Pflege des Versicherten beteiligt sind, befragt werden.

(5) 1Die Pflege- und Krankenkassen sowie die Leistungserbringer sind verpflichtet, dem Medizinischen Dienst die für die Begutachtung erforderlichen Unterlagen vorzulegen und Auskünfte zu erteilen. 2§ 276 Abs. 1 Satz 2 und 3 des Fünften Buches gilt entsprechend.

(6) 1Der Medizinische Dienst der Krankenversicherung hat der Pflegekasse das Ergebnis seiner Prüfung zur Feststellung der Pflegebedürftigkeit unverzüglich zu übermitteln. 2In seiner Stellungnahme hat der Medizinische Dienst auch das Ergebnis der Prüfung, ob und gegebenenfalls welche Maßnahmen der Prävention und der medizinischen Rehabilitation geeignet, notwendig und zumutbar sind, mitzuteilen und Art und Umfang von Pflegeleistungen sowie einen individuellen Pflegeplan zu empfehlen. 3Beantragt der Pflegebedürftige Pflegegeld, hat sich die Stellungnahme auch darauf zu erstrecken, ob die häusliche Pflege in geeigneter Weise sichergestellt ist.

(7) 1Die Aufgaben des Medizinischen Dienstes werden durch Ärzte in enger Zusammenarbeit mit Pflegefachkräften und anderen geeigneten Fachkräften wahrgenommen. 2Die Prüfung der Pflegebedürftigkeit von Kindern ist in der Regel durch besonders geschulte Gutachter mit einer Qualifikation als Gesundheits- und Kinderkrankenpflegerin oder Gesundheits- und Kinderkrankenpfleger oder als Kinderärztin oder Kinderarzt vorzunehmen. 3Der Medizinische Dienst ist befugt, den Pflegefachkräften oder sonstigen geeigneten Fachkräften, die nicht dem Medizinischen Dienst

angehören, die für deren jeweilige Beteiligung erforderlichen personen-
bezogenen Daten zu übermitteln.

**[Gültigkeit/Fassung: Die Vorschrift wurde durch Art. 1 PflegeVG vom
26.05.1994 (BGBl. I S. 1014) mit Wirkung vom 01.01.1995 geschaffen und
gilt mit Wirkung ab 01.07.2008 in der Fassung des Gesetzes zur struktu-
rellen Weiterentwicklung der Pflegeversicherung – Pflege-Weiterentwicklungsgesetz – vom 28.05.2008 (BGBl. I S. 874).]**

Regelungsgegenstand

Die Vorschrift regelt Besonderheiten des Verwaltungsverfahrens, das der Entscheidung der Pflegekassen über das Vorliegen von Pflegebedürftigkeit und
die Zuordnung zu einer der Pflegestufen voransteht. Die das SGB XI insoweit
präzisierenden Vorschriften räumen dem Medizinischen Dienst der Krankenversicherung (MDK) eine zentrale Stellung ein. Er hat nach § 18 Abs. 1 SGB XI
nicht nur zu prüfen, ob die medizinisch-pflegerischen Voraussetzungen der
Pflegebedürftigkeit und damit die Voraussetzungen für die Zuordnung zu einer der Pflegestufen des SGB XI anzunehmen sind. Der MDK hat darüber hinaus auch festzustellen, ob die Möglichkeit der Rehabilitation des Antragstellers besteht. Dieser gesetzliche Auftrag ist allein deshalb ungewöhnlich, weil
Leistungen der Rehabilitation ausnahmslos von anderen Leistungsträgern zu
erbringen sind. Da regelmäßig die Krankenversicherung für Rehabilitationsleistungen zuständig ist, wird durch das Vorgehen des Gesetzgebers dort die
Notwendigkeit einer erneuten Begutachtung vermieden.

Die Absätze 2 bis 5 des § 18 SGB XI gehen auf die Aufgaben des MDK bei
der Sachverhaltsermittlung und die Mitwirkungspflichten der Antragsteller
ein und greifen Auskunfts- und Amthilfepflichten der behandelnden Ärzte,
Krankenhäuser, anderer Leistungserbringer, Pflege- und Krankenkassen auf.
Seit dem 01.07.2008 ist eine Fünf-Wochen-Frist – gerechnet ab Antragstellung
– in den § 18 Abs. 2 SGB XI aufgenommen worden, innerhalb deren dem
Antragsteller die Entscheidung der Pflegekasse schriftlich mitgeteilt werden
soll. § 18 Abs. 6 SGB XI bestimmt, zu welchen Fragen der MDK gegenüber
der Pflegekasse Stellung zu nehmen hat. Die fachliche Zusammensetzung
des MDK und Fragen des Datenschutzes bei Einbindung externer Fachkräfte
werden im Abs. 7 behandelt.

Die Regelungen werden für den MDK durch Richtlinien der Spitzenverbände ergänzt, die z. B. die Durchführung und Sicherstellung einer einheitlichen Begutachtung nach § 53a Satz 1 Nr. 2 SGB XI thematisieren.

Erläuterungen

Für das Verfahren zur Feststellung der Pflegebedürftigkeit bedarf es eines
Antrags des Pflegebedürftigen (§ 33 Abs. 1 Satz 1 SGB XI, § 16 SGB I). Das

Verfahren kann auch durch den Antrag eines Dritten ausgelöst werden, wie
z. B. eines Angehörigen, des behandelnden Arztes oder eines Krankenhauses. Eine Benachrichtigung als solche löst jedoch noch kein Verwaltungsverfahren (§ 8 SGB X) aus. Nach § 33 Abs. 1 Satz 1 SGB XI ist die Antragstellung
durch den Versicherten selbst oder einen dazu Berechtigten oder Bevollmächtigten wesentliche Leistungsvoraussetzung. Diese dient nicht nur zur
Fristwahrung, sondern ist auch für die Leistungsbewilligung unabdingbare
Voraussetzung (formelle und materiell-rechtliche Funktion).

Eine förmlich selbstständige Überprüfung der Feststellung der Pflegebedürftigkeit bzw. der Stufe der Pflegebedürftigkeit ist nach § 18 SGB XI nicht
vorgesehen. Die Beurteilung der Pflegebedürftigkeit kann deshalb in den
Leistungsbescheid (§ 31 SGB X) mit einfließen, mit dem etwa Pflegesachleistungen, Pflegegeld für selbst beschaffte Pflegehilfen usw., entsprechend der
festgestellten Pflegestufe, bewilligt werden. Ist der Versicherte entsprechend
beschwert und beantragt er die Einstufung in eine höhere Pflegestufe, so unterliegt dies der Überprüfung im Vorverfahren bzw. gerichtlichen Verfahren.

Durch einen förmlichen Bescheid mit Rechtsbehelfsbelehrung (vgl. § 31 SGB
X – Verwaltungsakt) hat die Verwaltung über die Gewährung von Leistungen der Pflegeversicherung zu befinden. Der Versicherungsfall ist der Eintritt der Pflegebedürftigkeit, die Pflegestufe ist Tatbestandsvoraussetzung
für den Anspruch auf Leistungen nach den §§ 28 ff. SGB XI. Zu beachten ist
jedoch, dass eine Leistung vor dem Erstantrag ausgeschlossen ist.

Die Feststellung der Pflegebedürftigkeit ist in angemessenen Abständen zu
überprüfen. Die Überprüfung hat regelmäßig eine erneute Begutachtung zur
Folge (vgl. § 18 Abs. 2 Satz 5 SGB XI; zur Wiederholungsbegutachtung), wobei die Pflegekassen für die Durchführung einen Beurteilungsspielraum haben. Die Wiederholungsbegutachtung kann auch auf Antrag erfolgen, etwa
mit der Zielsetzung, eine höhere oder auch eine niedrigere Pflegestufe zu
erlangen. Eine niedrigere Pflegestufe kann sinnvollerweise dann beantragt
werden, wenn bei vollstationärer Behandlung von der Einrichtung höhere
Kosten in einer höheren Pflegestufe erhoben werden, jedoch der Pflegeaufwand dem nicht entspricht und geringer ist.

Grundsätzlich ist die Pflegekasse an die im Bescheid festgestellte Pflegebedürftigkeit gebunden, denn es handelt sich um einen Bescheid mit Dauerwirkung (vgl. § 77 Abs. 1 SGG). Eine Abänderung der Entscheidung kann lediglich nach den §§ 44 ff. SGB X erfolgen. Strebt die Pflegekasse eine Herabsetzung der Pflegestufe an, ist die Anhörung nach § 24 Abs. 1 SGB X zwingend
durchzuführen. Der Pflegebedürftige kann im Rahmen von § 66 SGB I, § 37
Abs. 3 Satz 7 SGB XI zur Mitwirkung verpflichtet sein. Die Bewilligung von
Pflegeleistungen, regelmäßig gewährten Pflegesachleistungen oder von Pflegegeld stellt einen Verwaltungsakt mit Dauerwirkung dar; eine Ausnahme
besteht lediglich dann, wenn nur Einzelleistungen streitbefangen sind, etwa

Leistungen im Zusammenhang mit der Anpassung des Wohnumfeldes. Wird eine Rückstufung oder eine Entziehung der Leistungen per Bescheid festgestellt, ist zu prüfen, ob der dagegen erhobene Widerspruch aufschiebende Wirkung hat, also ob die Leistung bis einschließlich der Bekanntgabe des Widerspruchsbescheids weiterhin zu zahlen ist. Nach § 86a SGG haben Widerspruch und Anfechtungsklage aufschiebende Wirkung. Das gilt auch bei feststellenden Verwaltungsakten sowie bei Verwaltungsakten mit Drittwirkung. Die aufschiebende Wirkung entfällt nach § 86a Abs. 2 Nr. 1 nur in anderen, grundsätzlich nicht für die Pflegeversicherung maßgebenden Fällen.

Haben sich die tatsächlichen Verhältnisse bei Dauerrechtsverhältnissen geändert, richtet sich die Überprüfung nach § 45 SGB X, wenn die Leistungsbewilligung von Anfang an fehlerhaft sein sollte und ein rechtswidriger begünstigender Verwaltungsakt vorliegt; soweit in einem Dauerrechtsverhältnis nach Bescheiderteilung eine Änderung in den tatsächlichen Verhältnissen eingetreten ist, kommt regelmäßig § 48 SGB X zur Anwendung. Dies ist bei Änderungen zugunsten des Pflegebedürftigen nach § 44 SGB X unproblematisch.

§ 48 SGB X kommt zur Anwendung, wenn eine Änderung in den tatsächlichen Verhältnissen mit der Möglichkeit gegeben ist, dass auch eine niedrige Pflegestufe vorliegt. Dies kann auch der Fall sein, wenn eine Heilbehandlung bzw. Krankenhausbehandlung erfolgreich war oder durch Rehabilitationsmaßnahmen bzw. Maßnahmen der aktivierenden Pflege eine Besserung der Gesamtsituation eingetreten ist. Soweit das Wohnumfeld für eine Verwaltungsentscheidung maßgeblich geworden ist, können auch Veränderungen in diesem wie auch in der Pflegesituation zu einer niedrigeren Pflegestufe führen, z. B. bei Einbau eines Treppenlifts oder Veränderungen im Bad/Duschbad, die eine Erleichterung bedeuten können.

Wird durch eine erneute Überprüfung festgestellt, dass die tatsächlichen Gegebenheiten unverändert sind, jedoch die ursprüngliche Beurteilung durch das Erstgutachten fehlerhaft war, und kommt das erneut erstellte Gutachten zu einer anderen Beurteilung, liegt keine Änderung von Tatsachen vor; die Änderung der Entscheidung ist lediglich nach Maßgabe der §§ 45, 48 SGB X und der dort verankerten Schutzrechte möglich. Ist nicht feststellbar, ob eine Änderung in den wesentlichen Tatsachen gegeben ist, geht dies regelmäßig zulasten (Beweislast bzw. Last der Nichterweislichkeit) desjenigen, der sich auf eine Änderung beruft; im Fall einer Herabstufung der Pflegestufe auf Veranlassung der Pflegekasse wird dies regelmäßig die Pflegekasse sein.

In § 48 Abs. 2 SGB X ist die Möglichkeit der Abänderung bei Änderung der Rechtsprechung des BSG vorgesehen, wobei hier lediglich eine gesicherte Rechtsprechung des BSG eine Abänderungsmöglichkeit eröffnet.

Von den allgemeinen Grundsätzen abgesehen sind die Besitzstandsregelungen nach Artikel 45 Abs. 1 Satz 1 und 2 PflegeVG zu berücksichtigen, soweit

Pflegeleistungen bereits nach den §§ 53 ff. SGB V i.d.F. bis 31.03.1995 bezogen worden sind. Tritt eine Änderung in den tatsächlichen Verhältnissen zu späterer Zeit ein, so gilt wiederum die Regelung des § 48 SGB X; bleiben die tatsächlichen Verhältnisse unverändert, wirkt die Besitzstandsregelung weiter.

Die Regelungen zur Überprüfung von Verwaltungsentscheidungen gelten nur für die soziale Pflegeversicherung; die Regelungen sind jedoch sinngemäß auch auf die private Pflegeversicherung zu übertragen, um hier einen vergleichbaren Vertrauensschutz zu gewähren; es wird vorgeschlagen, entsprechende Gestaltungsmöglichkeiten heranzuziehen, die u. a. auch aus Treu und Glauben, § 242 BGB, hergeleitet werden könnten. Dies wird letztlich auch aus § 23 Abs. 1 Satz 2 SGB XI abgeleitet, wonach der private Pflegeversicherungsvertrag Leistungen vorsehen muss, die „nach Art und Umfang den Leistungen des Vierten Kapitels gleichwertig sind". Daraus kann geschlossen werden, dass auch die Überprüfungsmöglichkeiten dem Leistungskatalog des SGB XI – betreffend die soziale Pflegeversicherung – angeglichen sein müssen (vgl. auch Roller in SozVers 1999, S. 95, 99).

Der Medizinische Dienst der Krankenversicherung prüft die Voraussetzungen der Pflegebedürftigkeit und die Feststellung der Stufe der Pflegebedürftigkeit. Diese Überprüfung folgt den Grundsätzen, die näher in Richtlinien der Pflegekassen nach § 17 SGB XI festgelegt sind. Für die Vorgehensweise des MDK gelten auch die übrigen Grundsätze einschließlich der Grundsätze zur Begutachtung, zu Begutachtungsempfehlungen und Begutachtungsanleitungen. Bei der Begutachtung und bei der Erstellung des Gutachtens hat der MDK die üblichen grundsätzlichen Sorgfaltspflichten. Er ist dabei nur zur sozialmedizinischen Sorgfalt verpflichtet und hat Weisungen der Pflegekassen oder anderer Beteiligter grundsätzlich nicht zu folgen. Der MDK wird sozialmedizinisch in Form von Begutachtung und Beratung tätig. Dazu erhält er von der Pflegekasse einen Gutachtenauftrag.

Die MDKs unterstehen nicht den gesetzlichen Pflegekassen. Träger des MDK sind die jeweiligen Landesverbände der gesetzlichen Krankenkassen, wobei der MDK in jedem Bundesland eigenständig mit einem regional unterschiedlich gegliederten Netz von Beratungs- und Begutachtungsstellen organisiert ist. Die zur Finanzierung des MDK erforderlichen Mittel werden durch eine Umlage von den Trägern aufgebracht. Da der Medizinische Dienst sowohl für die Krankenversicherung als auch für die Pflegeversicherung tätig ist, teilen sich Kranken- und Pflegekassen die Umlage zu jeweils 50 Prozent. Maßgebend für die Verteilung der Umlage auf die Träger ist die Zahl der bei den einzelnen Krankenkassen an einem bestimmten Stichtag versicherten Mitglieder.

Etwa die Hälfte der Begutachtungen durch den MDK fällt im Bereich der Pflegeversicherung an. Eine wesentliche Zielsetzung, die auch unter dem

Gesichtspunkt der Qualitätssicherung gesehen wird, ist es, unter Berücksichtigung regionaler Besonderheiten bundesweit zu vergleichbaren Gutach-
tensergebnissen zu kommen.

Für den Bereich der privaten Pflegeversicherung wird eine dem MDK vergleichbare Tätigkeit durch die MEDICPROOF GmbH – Gesellschaft für medizinische Gutachten – wahrgenommen. Die private Pflegeversicherung bedient sich dieser Sachverständigenorganisation, die in Köln ihren Sitz hat.
Die MEDICPROOF GmbH ist eine 100-prozentige Tochtergesellschaft des
Verbandes der privaten Krankenversicherung. Als medizinischer Dienst für
die privaten Pflegeversicherungen (einschließlich der Pflegeversicherungen
der Krankenversorgung der Bundesbahnbeamten und der Postbeamtenkran-
kenkasse) ist die MEDICPROOF GmbH organisatorisch selbstständig und
fachlich unabhängig. Sie führt Begutachtungen im Rahmen des Pflegeversicherungsgesetzes durch und sichert den vom Pflegeversicherungsgesetz vorgeschriebenen Finanzausgleich (§ 111 SGB XI) durch eine gleichartige Feststellung der Pflegebedürftigkeit ab. Dabei werden dieselben Maßstäbe an-
gelegt wie vom Medizinischen Dienst der sozialen Pflegeversicherung (§ 23
Abs. 6 SGB XI). Als Dienstleistungsunternehmen arbeitet die MEDICPROOF
GmbH ausschließlich auftragsbezogen und bedient sich dabei eines bundesweiten Netzes freiberuflich tätiger ärztlicher und pflegefachlicher Mitarbeiter. Diese führen die Begutachtungen und Beratungen ebenfalls im häuslichen Umfeld oder in stationären Pflegeeinrichtungen durch.

Mit Inkrafttreten des Pflegeversicherungsgesetzes am 1. Januar 1995 wurden die Unternehmen, die die private Pflegepflichtversicherung betreiben,
gesetzlich verpflichtet, für die Feststellung der Pflegebedürftigkeit sowie für
die Zuordnung zu einer Pflegestufe dieselben Maßstäbe wie in der sozialen
Pflegeversicherung anzulegen. Damit wurde gleichzeitig die Leistungsgewährung in der privaten Pflegepflichtversicherung von einer Begutachtung
abhängig gemacht, in deren Rahmen bei privat versicherten Antragstellern
die Voraussetzungen der Pflegebedürftigkeit überprüft werden und die
Stufe der Pflegebedürftigkeit festgestellt wird.

Die zur Erfüllung dieser Aufgabe gegründete MEDICPROOF GmbH ist somit im Hinblick auf die Beurteilung von Leistungsvoraussetzungen der Pflegeversicherung dem Medizinischen Dienst der Krankenversicherung (MDK)
vergleichbar.

Die Tätigkeit von MEDICPROOF wird mit dem MDK und mit dem Medizinischen Dienst der Spitzenverbände der Pflegekassen – MDS – abgestimmt,
um auch insoweit bundesweit zu vergleichbaren Beurteilungsergebnissen zu
kommen. Die etwas häufiger im Bereich der privaten Pflegeversicherung zu
findenden Pflegestufen II und III werden in der Praxis damit erklärt, dass
deren Leistungsberechtigte länger mit einer Inanspruchnahme warten und

auch im Vergleich zur sozialen Pflegeversicherung erst später stationäre Pflegeleistungen in Anspruch nehmen.

Die Feststellung der Pflegebedürftigkeit und die Feststellung der entsprechenden Stufe sind ausschließlich Aufgaben der Pflegekasse, die auch die entsprechende Verwaltungsentscheidung zu treffen und zu vertreten hat. Die Pflegekassen haben lediglich die Pflicht, den MDK einzuschalten, und können regelmäßig keine Gutachten an andere Ärzte vergeben. In der Festlegung kommt zum Ausdruck, dass nur Ärzte mit besonderer Erfahrung im gesamten Umfeld der Pflegebedürftigkeit betraut werden sollen. Dies wird ebenso in der Vielschichtigkeit der Prüfung nach den Absätzen 1 bis 4 deutlich. Stellt die Pflegekasse fest, dass damit sich der MDK-Gutachter offensichtlich in einzelnen Punkten des Gutachtens oder insgesamt geirrt hat, hat sie die Möglichkeit, bei ihrer Verwaltungsentscheidung von den Aussagen in dem Gutachten abzuweichen oder zuvor ein Zweitgutachten in Auftrag zu geben.

Neben den Richtlinien nach § 17 SGB XI (zur Rechtswirkung vgl. § 17 SGB XI) sind vom MDK die Richtlinien der Spitzenverbände der Pflegekassen zur Begutachtung von Pflegebedürftigkeit nach dem XI. Buch des Sozialgesetzbuchs (Begutachtungs-Richtlinien – BRi) vom 21.03.1997 in der Fassung vom 08.06.2009 zugrunde zu legen (s. Anhang 3).

Den Leistungen der Pflegekassen liegen die Grundsätze „Vorrang der häuslichen Pflege" und „Vorrang von Prävention und Rehabilitation" zugrunde (§§ 3 und 5 SGB XI).

Der Vorrang der häuslichen vor der vollstationären Pflege stellt eines der wesentlichen Ziele der Pflegeversicherung dar, damit es den Pflegebedürftigen ermöglicht wird, recht lange in ihrer häuslichen Umgebung bleiben zu können. Diesem Ziel entsprechend gehen auch die Leistungen der teilstationären Pflege und der Kurzzeitpflege denen der vollstationären Pflege vor.

Weil die Pflegekassen selbst nicht Träger der Leistungen zur Prävention, Krankenbehandlung und Rehabilitation sind, wirken sie bei den zuständigen Leistungsträgern darauf hin, dass frühzeitig alle geeigneten Maßnahmen der Prävention, Krankenbehandlung und der Rehabilitation eingeleitet werden, um den Eintritt von Pflegebedürftigkeit zu vermeiden. Die Leistungsträger haben im Rahmen ihres Leistungsrechts auch nach Eintritt der Pflegebedürftigkeit ihre Leistungen zur medizinischen Rehabilitation und ergänzende Leistungen in vollem Umfang einzusetzen und darauf hinzuwirken, die Pflegebedürftigkeit zu überwinden, zu mindern sowie eine Verschlimmerung zu verhindern (§ 5 SGB XI). Die Pflegekasse erbringt vorläufige Leistungen zur medizinischen Rehabilitation, wenn eine sofortige Leistungserbringung erforderlich ist und sonst die sofortige Einleitung der Leistungen gefährdet wäre (vgl. § 32 SGB XI).

Die Leistungen der Pflegeversicherung tragen dazu bei, dem Pflegebedürftigen ein selbstbestimmtes und selbstständiges Leben zu ermöglichen. Die Pflegebedürftigen können im Rahmen von Notwendigkeit und Wirtschaftlichkeit zwischen den aufgrund eines Versorgungsvertrags mit den Pflegekassen zugelassenen ambulanten und stationären Pflegeeinrichtungen wählen. Auch auf religiöse Bedürfnisse ist Rücksicht zu nehmen (§ 2 SGB XI).

Weitere Ziele sind die Stärkung der Kompetenz und der Motivation pflegender Angehöriger durch Beratung (§ 7 SGB XI), die bei Bezug von Pflegegeld abzurufenden Beratungseinsätze (§ 37 Abs. 3 SGB XI) und die Durchführung von Pflegekursen (§ 45 SGB XI).

Der Gutachter hat daher nicht nur zu prüfen,

▪ ob die gesetzlich vorgeschriebenen Voraussetzungen der Pflegebedürftigkeit erfüllt sind und welche Stufe vorliegt, sondern auch,

▪ ob und in welchem Umfang Maßnahmen zur Rehabilitation oder andere Maßnahmen (z. B. Pflege-/Hilfsmittel und Maßnahmen zur Verbesserung des individuellen Wohnumfeldes) zur Beseitigung, Minderung oder Verhütung einer Verschlimmerung der Pflegebedürftigkeit geeignet, notwendig und zumutbar sind sowie

▪ ob und in welchem Umfang pflegerische Hilfen erforderlich sind.

Die Vertragsärzte sind nach § 18 Abs. 4 SGB XI verpflichtet, den Medizinischen Dienst bei der Vorbereitung der Begutachtung durch Unterlagen und Auskünfte zu unterstützen. Hierzu zählen insbesondere Krankenhausberichte, Rehabilitationsberichte, von dem behandelnden Arzt erstellte Befunde und Diagnosen sowie die Berichte mitbehandelnder Kollegen.

Alleiniger Maßstab für die Prüfung und Begutachtung durch den MDK sind die individuellen Verhältnisse des Versicherten, seine Lage in dem Umfeld (Wohnumfeld), in dem er sich befindet. Das gilt insbesondere auch für die Beurteilung des Umfangs des Pflegeaufwands: Ist etwa die Mobilität zu prüfen? Sind die örtlichen Wohnverhältnisse einzubeziehen? Sind Treppen zu steigen? Ist ein Fahrstuhl verfügbar? Gibt es Hindernisse im Wohnbereich? usw. Werden Veränderungen vorgenommen, haben diese Einfluss auf die Beurteilung, ggf. im Rahmen der – regelmäßigen – Prüfung. Dies schließt nicht aus, dass eine Verbesserung der Rahmenbedingungen zu einem niedrigeren Grad der Pflegebedürftigkeit, ggf. mit Einfluss auf die Stufenzuordnung, führt und Verschlechterungen zu einem höheren Grad. Nicht entscheidend ist, worauf etwaige Veränderungen zurückzuführen sind, etwa auf Wohnumfeldverbesserungen nach § 40 Abs. 4 SGB XI oder auf vom Antragsteller selbst veranlasste Maßnahmen. Dies gilt entsprechend für den Bereich Körperpflege. Ist die Benutzung der sanitären Anlagen eingeschränkt oder konkret erschwert, so kann sich dadurch der Pflegeaufwand erhöhen.

Eine Prüfung bzw. Begutachtung durch den MDK darf keine „Momentaufnahme" sein, sondern Grundlage für die Pflegeeinstufung für einen längeren Zeitraum (vgl. § 14 Abs. 1 SGB XI), in der Regel über Jahre oder sogar unbegrenzt, sein. Ohnehin sind momentane Eindrücke, die das Gesamtbild nicht prägen, nicht maßgebend. Der richtigen Beurteilung und Korrektur momentaner Eindrücke sollen vornehmlich Hinweise und Unterlagen aus dem Betreuungsbereich des Versicherten dienen, etwa aus hausärztlicher Erfahrung. Versicherte können ihre Situation beim Besuch des MDK günstiger erscheinen lassen, als sie im Pflegealltag ist, aber auch die umgekehrte Situation ist denkbar, wenn auch seltener.

Die Begutachtung durch den MDK ist im gerichtlichen Verfahren überprüfbar. Das Sozialgericht beauftragt in solchen Fällen einen freien Gutachter, nicht aber den MDK, obwohl das in der Praxis nicht ausgeschlossen ist. Der Gerichtsgutachter erhält alle dem Gericht vorliegenden medizinischen Unterlagen und hat sie zu bewerten. Er hat darüber hinaus insbesondere die aktuellen Richtlinien zu beachten.

Bei dem Passus in § 15 Abs. 3 SGB XI „... Familienangehörigen oder eine andere nicht als Pflegekraft ausgebildete Person" ist nicht auf die konkrete Pflegeperson abzustellen, sondern auf eine Durchschnittspflegeperson. Ist die konkrete Pflegeperson selbst aufgrund einer Erkrankung oder Behinderung beeinträchtigt und braucht sie daher mehr Zeit zur Pflege als eine Durchschnittspflegeperson, rechtfertigt dieser größere Zeitaufwand nicht die Gewährung einer höheren Pflegestufe für den Patienten. Es ist Aufgabe des Medizinischen Dienstes der Krankenversicherung bzw. des Sachverständigen im gerichtlichen Verfahren, den objektiven Pflegebedarf einer Durchschnittspflegeperson zu ermitteln. Das Gericht schätzt den notwendigen Pflegebedarf aufgrund der im Einzelnen notwendigen Verrichtungen der Grundpflege gemäß § 286 ZPO (LSG Rheinland-Pfalz, Entscheidung vom 03.09.1997 – L 5 P 12/96).

Das Verfahren zur Feststellung der Pflegebedürftigkeit wird regelmäßig durch einen Antrag des Pflegebedürftigen bzw. seines gesetzlichen Vertreters, Bevollmächtigten oder gerichtlich bestellten Betreuers veranlasst. Der Antrag wird unter Berücksichtigung der Prüfung der Pflegebedürftigkeit durch den MDK von der Pflegekasse beschieden. Der Bescheid kann im Vorverfahren überprüft werden, das mit dem Widerspruchsbescheid abgeschlossen wird. Dagegen wird der Sozialrechtsweg eröffnet.

In der privaten Pflegeversicherung erfolgt gleichfalls eine medizinische Überprüfung, hier durch die MEDICPROOF GmbH. Über das Ergebnis erhält der Versicherte eine schriftliche Mitteilung, gegen die regelmäßig der Sozialrechtsweg sogleich eröffnet wird, da ein Vorverfahren nicht zwingend vorgeschrieben ist.

Aufgrund des Antrags sichtet der MDK regelmäßig die verfügbaren Unterlagen und zieht die entsprechenden Auskünfte im Rahmen des § 18 Abs. 4 SGB XI, auch von den Pflege- und Krankenkassen, bei. Nach Erteilung der entsprechenden Einwilligungen werden Auskünfte bei behandelnden Ärzten zur Vorbereitung eingeholt bzw. mit der Antragstellung vorgelegte Befunde ausgewertet.

Auf der Grundlage der Vorauswertungen wird ein Besuch bei dem Pflegebedürftigen regelmäßig vorbereitet. Die örtliche Prüfung kann sowohl durch einen medizinischen Gutachter als auch durch eine Pflegefachkraft erfolgen, ggf. auch durch einen gemeinsamen Besuch von Arzt und Pflegefachkraft, was insbesondere in schwierigen Begutachtungssituationen durch die BRi empfohlen wird. Der Besuch wird rechtzeitig angekündigt bzw. vereinbart; dabei erscheint es sinnvoll, dass neben dem Pflegebedürftigen die Pflegeperson bzw. die Pflegepersonen, wenn nicht identisch, auch ein Angehöriger und möglichst auch der Pflegedienst, soweit ein solcher tätig wird, zugegen sind, im günstigsten Fall auch der Hausarzt. In Ausnahmefällen ist eine Begutachtung auch nach Aktenlage möglich, etwa wenn zeitnah Vorbefunde, insbesondere während einer stationären Behandlung, erstellt worden sind.

Der Besuchstermin sollte auch von der Pflegeperson vorbereitet werden. Dazu sollte sie die in sieben Tagen durchgeführten grundpflegerischen Tätigkeiten in ein Pflegetagebuch eintragen. Hier sollten die Zeitangaben bezogen auf den typischen Pflegeinhalt beschrieben werden. Ist der Pflegeaufwand unterschiedlich, sollte ein längerer Zeitraum dokumentiert werden, um zu einem durchschnittlichen, repräsentativen Ergebnis zu gelangen.

Erfolgt die Begutachtung des Antragstellers in einem Krankenhaus oder bei einer stationären Rehabilitationseinrichtung (Eilbegutachtung), so ist eine durchschnittliche häusliche Wohnsituation anzunehmen, denn die Begutachtung soll regelmäßig auch der Klärung der Wohnsituation dienen (vgl. BRi). In diesen Fällen wird allgemein nur ein Kurzgutachten mit einer Einschätzung des MDK erstellt. Nach der Krankenhausentlassung wird dann zeitnah die „richtige" Begutachtung im häuslichen Bereich durchgeführt. Deshalb bietet es sich an, in diesen Fällen auf der Basis des Kurz-/Eilgutachtens Pflegeleistungen im Rahmen einer Nebenabrede des § 32 SGB X nur befristet zu bewilligen (zwei – drei Monate). Keinesfalls sollte in solchen Fällen eine Bewilligung von Pflegeleistungen unbefristet ausgesprochen werden, weil dann erhebliche Probleme entstehen könnten, wenn die erneute Begutachtung im häuslichen Umfeld ergibt, dass entweder keine Pflegestufe vorliegt oder eine geringere als die erwartete.

Der Besuch ist auszuwerten und in einem Gutachten das Ergebnis festzustellen, wobei der Gutachter regelmäßig ein Formulargutachten nach dem vorgegebenen Muster erstellt. Während die gesamten pflegebegründenden Befunde erhoben werden, so genannte ATLs, schließt die Beurteilung der Pflegebedürftigkeit maßgeblich an den Aufwand für Körperpflege, Ernährung, Mobilität und hauswirtschaftliche Versorgung an, vgl. § 14 SGB XI, unter Zugrundelegung der Zeitwerte vgl. § 15 SGB XI. Regelmäßig gibt der Gutachter bereits eine Einstufung an; zugleich beinhaltet das Gutachten die Aufforderung, Empfehlungen an die Pflegekasse, auch zu einem individuellen Pflegeplan, zu geben und auf mögliche unterstützende Veränderungen hinzuweisen, einschließlich kurativer Defizite. Dazu gehört auch die Feststellung, dass und unter welchen Voraussetzungen ambulante Pflege möglich und ausreichend ist und in welchem Umfange teilstationäre oder vollstationäre Pflege nötig oder auch zeitweise Kurzzeitpflege geboten ist. Unabhängig von der Feststellung des Gutachters zur Pflegestufe trifft die Pflegekasse die Verwaltungsentscheidung (Bescheid) in eigener Verantwortung; diese kann sich im Einzelfall gedrängt sehen, ergänzend ein weiteres Gutachten einzuholen. Vergleichbar wird in der privaten Pflegeversicherung verfahren, indem die Entscheidung nach einer Begutachtung durch den jeweiligen Versicherungsträger getroffen wird.

§ 18 Abs. 1 Satz 2 SGB XI sieht hinsichtlich des Prüfungsablaufs ausdrücklich vor, dass die Prüfung

▪ durch eine Befragung des Versicherten,

▪ durch eine Befragung seiner pflegenden Angehörigen, jeweils zum Hilfebedarf, und

▪ durch eine sich anschließende Untersuchung des Versicherten

zu erfolgen hat.

Ob der damit vorgegebene zeitliche Ablauf zwingend ist, erscheint fraglich und dürfte von der Gesamtsituation im Zusammenhang mit der Begutachtung abhängen. Wichtig ist jedoch, dass sowohl der Versicherte selbst als auch seine pflegenden Angehörigen in die Prüfung ausdrücklich mit einzubeziehen sind. Auch nach der bis zum 30.06.2001 geltenden Rechtslage waren die pflegenden Angehörigen mit einzubeziehen, schon um festzustellen, ob diese die ambulante Pflege – gegebenenfalls mit welchen Sachleistungen oder mit welchen Hilfen – sicherstellen können. Die Fragestellung geht nach Abs. 1 Satz 2 bei der Fassung ab 01.07.2001 weiter und schließt auch die Gesamtbewertung der Pflegesituation, auch mit Einfluss auf die Feststellung der Pflegestufe in Grenzfällen, ein, wenngleich auch eine entsprechende Änderung in den §§ 14 und 15 SGB XI nicht vorgenommen worden ist. In der Pflegepraxis wird häufig geltend gemacht, dass die Situation der pflegenden Angehörigen nicht ausreichend einbezogen wird; in diesem Sinne mag die Regelung des Abs. 1 Satz 2 in der Fassung ab 01.07.2001 eine Änderung einleiten.

§ 18 Abs. 1 S. 2 SGB XI, der erst im weiteren Gesetzgebungsverfahren (vgl. Anm. I 2) in dieser Fassung aufgenommen worden ist, schreibt fest, dass

die Möglichkeiten der Rehabilitation in jeder Hinsicht zu prüfen sind und
der Pflegebedürftige einen entsprechenden Anspruch gegen den zuständigen Träger auf Leistungen zur ambulanten medizinischen Rehabilitation mit
Ausnahme von Kuren hat (vgl. auch die §§ 31, 32 SGB XI).

Der Grundsatz, dass die Möglichkeiten der Rehabilitation auszuschöpfen sind, ist kennzeichnend für das SGB XI. So haben die Leistungsträger
im Rahmen ihres Leistungsrechts auch nach Eintritt der Pflegebedürftigkeit
ihre medizinischen und ergänzenden Leistungen zur Rehabilitation in vollem Umfang einzusetzen und darauf hinzuwirken, die Pflegebedürftigkeit
zu überwinden, zu mindern sowie eine Verschlimmerung zu verhindern
(vgl. § 5 Abs. 2 und Erl. dort). Die Ansprüche auf Rehabilitation werden zudem mehrfach konkretisiert, auch durch § 31, Vorrang der Rehabilitation vor
Pflege, und § 32, vorläufige Leistungen zur Rehabilitation. Die Pflegekassen
unterstützen die Versicherten zudem bei der Inanspruchnahme von Leistungen zur Rehabilitation, insbesondere bei der Antragstellung.

Der Einschaltung des Medizinischen Dienstes bedarf es nicht, wenn auch
ohne eine Begutachtung von vornherein ein Leistungsanspruch versagt werden muss. Dies kann etwa der Fall sein, wenn die anwartschaftlichen Voraussetzungen nicht erfüllt sind, vgl. § 33 Abs. 2, ein Versicherungsverhältnis
nicht mehr besteht oder eindeutig ist, dass die Leistungsansprüche ruhen,
z. B. bei Auslandsaufenthalt oder anderweitigen Entschädigungsleistungen.
In diesem Fall bedarf es nicht zwingend der Einschaltung des Medizinischen
Dienstes zur Feststellung der Pflegebedürftigkeit und von Rehabilitationsmöglichkeiten. Insoweit ist die Vorgehensweise des Medizinischen Dienstes
zweckorientiert zu sehen, auch im Hinblick auf Leistungen nach dem SGB XI.
Dem Medizinischen Dienst kommt keine abstrakte Überprüfungs- und Beratungsfunktion zu, die etwa dann eingreift, wenn möglicherweise Leistungen
von dritten Trägern in Betracht kommen oder es zweckmäßig erscheint, dass
der Medizinische Dienst nach dem möglicherweise Pflegebedürftigen sieht
und die örtlichen Verhältnisse prüft. Dem stünde die Einbindung des Verfahrens nach § 18 in das Gesamtverfahren der Leistungsberechtigung nach dem
SGB XI entgegen.

Der Absatz 2 des § 18 SGB XI schreibt die Untersuchung im Wohnbereich für
den Regelfall fest, und zwar sowohl bei einer Erstuntersuchung als auch bei
Wiederholungsuntersuchungen nach Absatz 2 Satz 4. Ausweislich der Materialien wird dies damit begründet, dass die Prüfung von Pflegebedürftigkeit
zugleich stets und im Regelfall die Überprüfung der Rahmenbedingungen
für die Pflege und das Umfeld beinhaltet. Zugleich soll der Medizinische
Dienst die Rehabilitationsmöglichkeiten im konkreten Falle und auch vor
Ort prüfen, einschließlich der Möglichkeiten der Versorgung mit Pflegehilfsmitteln und technischen Hilfen, ggf. der Anpassung des Wohnumfeldes im
Rahmen des § 40 Abs. 4 SGB XI. Der Begriff „Wohnbereich" ist weit zu sehen;

dies kann auch die Wohnung eines Dritten sein, eine Wohngemeinschaft, eine Altenwohnanlage, nicht aber ein (vollstationäres) Heim.

Der Einsatz des Medizinischen Dienstes im Wohnumfeld des Pflegebedürftigen erfordert ein hohes Maß an Sensibilität. Dem Medizinischen Dienst kommt keine überwachende Funktion zu. Er soll auch nicht in die Lebensverhältnisse des Pflegebedürftigen eindringen oder diesen belehrend auf anzustrebende Wohnverhältnisse hinweisen.

Es ist Aufgabe der Pflegekassen, häusliche Pflegehilfe, die Vorrang haben soll, nur dann zu gewähren, wenn diese Versorgungsform den Anforderungen entspricht. Häusliche Pflegehilfe hat nicht in jedem Fall und unter jeder Bedingung Vorrang. Dabei sind jedoch die Belange des Betroffenen mit einzubeziehen und dessen Gründe für ein Verbleiben im Wohnumfeld, etwa im Hinblick auf bestehende Kontakte, zu berücksichtigen. Dieses Selbstbestimmungsrecht (§ 2 SGB XI) ist zu beachten und eine Normbreite der vorhandenen Verhältnisse hinzunehmen, soweit sie noch tolerabel sind. Dabei sind unterstützende Möglichkeiten zu prüfen und anzubieten, die die örtlichen Gegebenheiten verbessern können. Auf diese Weise kann zugleich dem Ziel besser entsprochen werden, ein möglichst selbstständiges und selbstbestimmtes Leben führen zu können, das der Würde des Menschen entspricht (§ 2 Abs. 1 Satz 1).

Der Versicherte ist nicht verpflichtet, eine Untersuchung im Wohnbereich zuzulassen in dem Sinne, dass er diese in jedem Falle dulden muss. Er kann aber rechtliche Nachteile erleiden, wenn er zu einer solchen Untersuchung nicht bereit ist. Die Vorschriften der §§ 60 ff. SGB I sind im Sinne eines pflichtgemäßen Ermessens ggf. anzuwenden. Danach hat ein Versicherter u. a. „Untersuchungen" im Rahmen der Mitwirkungspflichten des § 62 SGB I hinzunehmen bzw. zu dulden. Zu diesen Untersuchungen gehören auch die Pflege-Begutachtungen durch den MDK. Kommt der Versicherte seinen Mitwirkungspflichten nicht nach, ist er auf deren Notwendigkeit – unter Fristsetzung und mit genauer Beschreibung dessen, was er zu dulden hat – hinzuweisen. Nach Ablauf des Zeitraums können ihm Leistungen bis zur Nachholung ganz oder teilweise vorenthalten werden. Den Pflegekassen obliegt es insoweit, die Belange des Pflegebedürftigen verständlich und verständnisvoll zu sehen, insbesondere, wenn es sich hierbei um einen älteren Menschen handelt, der möglicherweise die Gesamtzusammenhänge nicht durchschaut.

Allerdings hat es in der Praxis auch Fälle gegeben, in denen die pflegenden Familienangehörigen versucht haben, eine Begutachtung zu vereiteln, um damit die desolate Pflegesituation zu vertuschen. Dann ist es Aufgabe der Pflegekasse, mit den zuständigen Behörden Kontakt aufzunehmen und sie auf die Problemsituation aufmerksam zu machen. Das kann bis zu einer amtsgerichtlichen Betreuung (vgl. Betreuungsrecht des BGB) der zu pflegenden Person führen.

Einschränkungen können sich auch aus der konkreten Pflegebedürftigkeit ergeben und zu Verständigungsschwierigkeiten führen. Hier obliegt den Pflegekassen eine gesteigerte Betreuungsfunktion, und die Pflegekasse hat alle Möglichkeiten der Verbindungsaufnahme zum Versicherten zu nutzen, wenn erkennbar ist, dass der Pflegebedürftige insoweit Schwierigkeiten hat. Dies folgt aus den Besonderheiten der Pflegeversicherung und hier insbesondere aus dem Leistungsinhalt. Auch insoweit kann es angezeigt sein, dass die Pflegekasse mit anderen Behörden zusammenarbeitet.

§ 18 Abs. 2 SGB XI lässt zudem eine Untersuchung ohne Einbeziehung des Wohnbereichs zu, wenn die Anspruchsvoraussetzungen eindeutig sind, etwa ohnedies nur eine Heimunterbringung wegen der Schwere der Erkrankung in Betracht kommt und diese Untersuchung schon im Krankenhaus durchgeführt werden kann. Dies gilt entsprechend auch, wenn die Aktenlage ein deutliches Ergebnis zeigt.

Die Untersuchung im Wohnbereich des Pflegebedürftigen kann allerdings ausnahmsweise unterbleiben, wenn das Ergebnis der medizinischen Untersuchung aufgrund einer eindeutigen Aktenlage bereits feststeht. Die Untersuchung ist in angemessenen Zeitabständen zu wiederholen (Urteil des BSG vom 10.03.2001, Az. B 3 P 20/00 R).

§ 18 Abs. 3 SGB XI wurde durch das SGB IX mit Wirkung vom 01.07.2001 eingefügt. Die Regelung erfasst Antragsteller, die sich

▪ im Krankenhaus oder

▪ in einer stationären Rehabilitationseinrichtung

befinden.

Besteht Anlass zu der Annahme („liegen dazu Hinweise vor"), dass zur Sicherstellung der ambulanten oder stationären Weiterversorgung und Betreuung eine Begutachtung in der stationären Einrichtung erforderlich ist, so ist die Begutachtung unverzüglich, spätestens innerhalb einer Woche (verkürzbar durch regionale Vereinbarung), durchzuführen. Im Ergebnis ist die Regelung auch geeignet, den Aufenthalt in der stationären Einrichtung zu verkürzen oder jedenfalls deshalb nicht zu verlängern, weil eine Weiterversorgung im ambulanten oder stationären Bereich mangels Klärung der rechtlichen Voraussetzungen infrage steht. Die Nahtstelle zwischen stationärer Versorgung und anschließender Pflege ist vornehmlich für ältere Menschen problematisch. Da die Begutachtung auch Hinweise für die Weiterversorgung geben soll, kann durch diese zugleich auch die weitere Versorgung nach Abschluss der stationären Versorgung vorgezeichnet werden. Zugleich soll ausweislich der Materialien (vgl. Anm. I 2) auch den Grundsätzen „ambulant vor stationär" und „Rehabilitation vor Pflegeleistungen" mehr Geltung verschafft werden.

Der Medizinische Dienst soll sich ein umfassendes Bild von dem Pflegebedürftigen machen und insoweit auch die medizinischen Vorgaben einbeziehen, die sich aus Angaben der behandelnden Ärzte, aus Auskünften und verschiedenartigen Unterlagen ergeben, insbesondere Vorerkrankungen, Umfang und Dauer der Hilfebedürftigkeit wie auch aus besonderen Erfahrungen der angesprochenen Ärzte. Dies schließt die Einholung einer Bewertung durch diese mit ein. Durch diese Möglichkeit sollen Doppeluntersuchungen vermieden werden, eine Zielsetzung des § 96 SGB X.

Für die Auskunftserteilung gilt § 100 Abs. 1 SGB X, weshalb die Einwilligung grundsätzlich der Schriftform bedarf, soweit nicht besondere Umstände dem entgegenstehen.

Für die Einholung der entsprechenden Auskünfte gilt der Untersuchungsgrundsatz, § 20 SGB X. Auskünfte können jedoch nur im Rahmen der Einwilligung seitens des Pflegeversicherten beigezogen werden. Aufwendungen der angesprochenen oder angeschriebenen Ärzte sind im Rahmen der allgemeinen Grundsätze zu entschädigen.

Die Pflege- und Krankenkassen sowie die Leistungserbringer sind nach § 18 Abs. 5 SGB XI verpflichtet, dem MDK die für die Begutachtung erforderlichen Unterlagen vorzulegen und Auskünfte zu erteilen. Eine entsprechende Verpflichtung der Pflege- und Krankenkassen besteht schon aus dem Auftragsverhältnis zum Medizinischen Dienst, der keine selbstständige Körperschaft ist und in den Bereich der Krankenkassen und – davon abgeleitet – auch den der Pflegekassen eingegliedert ist.

Verpflichtet sind jedoch insbesondere die Leistungserbringer, die dazu notwendigen Unterlagen vorzulegen und Auskünfte zu erteilen. Dies hat besondere Bedeutung im Falle einer Leistungsbewilligung, die hinsichtlich des Umfangs abgeändert werden soll. Meist werden die Leistungserbringer selbst Interesse an einer Überprüfung und Neubewertung haben, möglicherweise dies sogar selbst veranlasst haben. Deshalb dürfte die Erfüllung entsprechender Pflichten kaum auf Schwierigkeiten stoßen. Bei der Weitergabe von Unterlagen sind die Grundsätze über die Einwilligung zu beachten, soweit Daten nach dem Zweiten Kapitel des SGB X weiterzugeben sind.

§ 18 Abs. 5 Satz 2 SGB XI verweist auf § 276 Abs. 1 Satz 2 und 3 SGB V. Danach dürfen Unterlagen, die der Versicherte über seine Mitwirkungspflicht nach den §§ 60 und 65 SGB I hinaus seiner Krankenkasse freiwillig selbst überlassen hat, an den Medizinischen Dienst nur weitergegeben werden, soweit der Versicherte eingewilligt hat. Für die Einwilligung gelten die Regelungen im Zweiten Kapitel des SGB X entsprechend.

Der Medizinische Dienst hat entsprechend seinem Auftrag der Pflegekasse das Prüfungsergebnis mitzuteilen (§ 18 Abs. 6 SGB XI). Dabei gelten die Richtlinien über die Zusammenarbeit des Medizinischen Dienstes mit den

Pflegekassen. Ferner gelten auch die allgemeinen Grundsätze für die Arbeitsweise des Medizinischen Dienstes.

Wird vom Pflegebedürftigen Pflegegeld beantragt, hat sich die Stellungnahme auch darauf zu erstrecken, ob die häusliche Pflege in geeigneter Weise sichergestellt ist (zu den Leistungsvoraussetzungen vgl. die §§ 36, 37, 38 SGB XI). Ohnehin ist die Prüfung der Möglichkeiten der häuslichen Pflege in die wohnortnahe Untersuchung einbezogen.

Der Medizinische Dienst hat im Regelfall und bei Bedarf einen individuellen Pflegeplan zu erstellen, der Folgendes anzugeben hat:

▪ Art und Umfang von Pflegeleistungen sowie

▪ Leistungen zur medizinischen Rehabilitation,

▪ individuelle Möglichkeiten zur Lösung pflegebedingter Fragen.

Die Verwendung eines Vordrucks für den Pflegeplan ist nicht ausgeschlossen, sondern bietet sich vielmehr an. Dieser muss jedoch ausreichend Raum für die individuellen Möglichkeiten geben. Dabei ist auch anzugeben, inwieweit nur vorläufige Feststellungen getroffen wurden oder getroffen werden konnten, in welchem Abstand eine weitere Untersuchung zweckmäßigerweise folgen soll, etwa wenn im häuslichen Bereich offensichtliche Missstände abgestellt werden sollen und darauf hingewiesen worden ist oder wenn die Wohnverhältnisse angepasst werden sollen (§ 40 Abs. 4 SGB XI). Der Inhalt des Pflegeplans kann sich insoweit an den Vorgaben für den Reha-Plan i. S. der Gesamtplanung orientieren (vgl. RehaAnglG v. 07.08.1974, BGBl. I S. 1881).

Der Medizinische Dienst soll in der Pflege geschulte Fachkräfte mit einbeziehen, insbesondere Kranken- und Altenpfleger, die über die notwendige berufliche Erfahrung und spezifisches Wissen verfügen (vgl. § 18 Abs. 7 SGB XI). Die Pflegefachkräfte sollen ausweislich der Materialien an der Aufstellung des Pflegeplans beteiligt sein, einschließlich der Aktivierungsmöglichkeit des Pflegebedürftigen. Die Materialien sehen vor, dass der Medizinische Dienst entsprechende Pflegefachkräfte entweder selbst einstellt oder durch Beraterverträge auf Sachverständigenbasis hinzuzieht. Zu dem Kreis der hinzuzuziehenden Bediensteten gehören auch Sozialarbeiter. Zudem bauen die Hochschulen und Fachhochschulen Fachbereiche für die Pflegewissenschaften auf, deren Absolventen dann in besonderem Maße für die Heranziehung im Rahmen des Abs. 6 geeignet sind.

Die Regelung des § 18 Abs. 7 SGB XI schreibt zur Feststellung von Pflegebedürftigkeit durch den MDK die Einholung eines Gutachtens eines Mediziners/einer Medizinerin und einer Pflegefachkraft vor. Hat der MDK zur Feststellung von Pflegebedürftigkeit entgegen dem Gebot des § 18 Abs. 7 SGB XI nur ein medizinisches Gutachten erstattet, muss das SG zur weiteren Aufklärung des Sachverhalts im Allgemeinen dann ein pflegefachliches Gutachten einholen, wenn Erschwernis- oder Erleichterungsfaktoren i. S.

der Richtlinien der Spitzenverbände der Pflegekassen zur Begutachtung von
Pflegebedürftigkeit nach dem SGB XI Art und Umfang von Pflegebedürftig-
keit beeinflussen können (LSG Niedersachsen, Entscheidung vom 20.10.1998
– L 3 P 41/97 – Breith. 1999, S. 119).

Änderungen durch die neue Begutachtungsanleitung vom 08.06.2009

Das Bundesministerium für Gesundheit (BMG) hat die Richtlinien des GKV-
Spitzenverbandes zur Begutachtung von Pflegebedürftigkeit nach dem SGB
XI (Begutachtungs-Richtlinien) vom 8. Juni 2009 ohne Änderungen geneh-
migt. Die Begutachtungs-Richtlinien bedurften insbesondere vor dem Hin-
tergrund der Rechtsänderungen durch das Pflege-Weiterentwicklungsgesetz
der Aktualisierung. Darüber hinaus waren redaktionelle Klarstellungen zur
Sicherstellung einer einheitlichen Begutachtung sowie Anpassungen in den
Formulargutachten zur Feststellung der Pflegebedürftigkeit erforderlich.

Vom Minuten- zum Sekundentakt

Mit der am 08.06.2009 in Kraft getretenen Überarbeitung der Begutachtungs-
Richtlinien könnte es dem GKV-Spitzenverband gelungen sein, eine Spar-
maßnahme zu verwirklichen.

Die Richtlinien sollen bundesweit für eine Begutachtung nach einheitlichen
Kriterien sorgen und so die Qualität der Gutachten des MDK, durch die Pflegebedürftigkeit festgestellt wird, sicherstellen. Diese Regeln werden in Abständen an Erkenntnisse der Pflegewissenschaft, der Medizin und der Rechtsprechung angepasst. In der aktuellen Fassung ist es gelungen, durch eine
kleine Änderung große Einsparungen zu bewirken.

In der bisher gültigen Fassung der BRi 2006 ist festgehalten:

Der Hilfebedarf ist für jede Verrichtung der Grundpflege stets in vollen Minuten anzugeben.

Der kleinste Zeitwert einer Hilfeleistung ist also eine Minute. Zur Verdeutlichung: Einem Pflegebedürftigen mit rechtsseitiger Hemiplegie, der einen
täglichen Bedarf von 20 Transfers hatte, dem wegen Dehydrationsgefahr
auch außerhalb der Mahlzeiten pro Tag viermal Getränke eingeschenkt werden mussten und der beim Gehen in der Wohnung im Verlauf des Tages 20-
mal Unterstützung bekam, wurde bei der Feststellung nach den alten BRi
2006 für 44 Verrichtungen je eine Minute, insgesamt also ein Hilfebedarf von
44 Minuten, zuerkannt.

Die aktuellen Richtlinien 2009 ergänzen den obigen Absatz folgendermaßen:
Der Zeitaufwand für die jeweilige Verrichtung der Grundpflege ist pro Tag,
gerundet auf volle Minuten, anzugeben. Dabei erfolgt die Rundung nur im

Zusammenhang mit der Ermittlung des Gesamtzeitaufwands pro Tag und nicht für jede Hilfeleistung, deren Zeitaufwand weniger als eine Minute beträgt (z. B. Schließen des Hosenknopfs nach dem Toilettengang sechsmal täglich = zusammen eine Minute).

Die einzelne Hilfeleistung wird nun in Sekunden erfasst. Für den oben genannten Pflegebedürftigen bedeutet dies, dass sein Hilfebedarf um ca. 20 Minuten geringer bewertet wird. In der Praxis kann dies bedeuten, dass er nicht als „erheblich pflegebedürftig" eingestuft wird und ihm damit Leistungen der Pflegeversicherung versagt werden.

Das gewählte Beispiel „Schließen des Hosenknopfes" enthüllt ein mechanistisches Menschenbild, dem ein reduktionistischer Ansatz zugrunde liegt. Dieses Beispiel kaschiert den Klartext: Die Pflege wird jetzt in Sekunden bemessen.

Bei jeder Verrichtung müssen die Vor- und die Nachbereitung berücksichtigt werden. Um bei dem unsäglichen Beispiel zu bleiben: Bevor die Pflegeperson den Knopf öffnen kann, muss sie sich zum Pflegebedürftigen begeben; nachdem die Hose wieder zugeknöpft ist, kehrt die Pflegeperson in ihre Ausgangsposition zurück. Der Zeitaufwand für diese Vor- und Nachbereitungen ist natürlich sehr unterschiedlich. In der bisherigen Regelung, Hilfeleistungen dieser Kategorie quasi zu pauschalieren, wurde diesem Umstand Rechnung getragen.

In § 28 Abs. 4 des SGB XI findet sich der Passus: Um der Gefahr einer Vereinsamung des Pflegebedürftigen entgegenzuwirken, sollen bei der Leistungserbringung auch die Bedürfnisse des Pflegebedürftigen nach Kommunikation berücksichtigt werden.

Genau zulasten dieses Bereichs geht die genannte Regelung. Bedauerlich ist, das kostensparende Maßnahmen dieser Art die Pflegebedürftigen treffen, deren Zeit und Mittel, sich dagegen zu wehren, beschränkt sind.

Diese Zeit reduzierende Anordnung in der neuen Fassung der BRi 2009 ist nicht aufgrund neuer Erkenntnisse der Pflegewissenschaft, der Medizin oder der Rechtsprechung eingeführt worden, sondern als Kosten sparende Maßnahme.

Die Ankündigung auf der Website des MDS vom 10.08.2009, es habe sich im Kern wenig geändert und die Überarbeitung bringe nur Veränderungen in Details, ist, wenn nicht irreführend, zumindest unverständlich.

Insbesondere das Beispiel mit dem Hosenknopf ist so weit realitätsfern, dass es schon lachhaft wirken muss. Um wie viele Hosenknöpfe geht es? Dieser Hinweis in den Richtlinien ist schon wegen der Realitätsferne unbrauchbar. Nach wie vor sind nur Minutenangaben relevant. Wenn in der Pflegeversicherung genau dieses Schema gewählt worden ist, nämlich die minutengenaue Feststellung, dann kann nicht aus allgemeinen Gründen und schon gar nicht aus Kostengründen – von diesem Schema abgewichen werden. Dann müsste man die gesamte Pflegebeurteilung der Hilfebedarfe in Zweifel ziehen. So etwas könnte nur zum Zusammenbruch des Beurteilungsschemas führen, was sicher nicht gewollt ist. Die Gutachter werden folglich weiterhin nach Minutenangaben rechnen und dabei künftig ihre Einschätzungen umfangreicher bzw. detaillierter begründen müssen. Es muss nicht zuletzt zur Rechtssicherheit und auch im Hinblick auf die Laienpflege dabei bleiben müssen, dass jede ATL nach Minuten und keinesfalls nach Minutenbruchteilen – 5, 10, 20, 30 oder mehr Sekunden – beurteilt wird. Das wäre ein Unding und völlig realitätsfern. So ist z. B. das Zureichen von Getränken mindestens mit einer Minute anzusetzen und nicht mit 10 oder 30 Sekunden. Ein Laienpfleger kann das nicht auseinanderhalten. Und wo sollten die einzelnen Ansätze vorgenommen werden? Das ist realitätsfern und unbrauchbar. Deshalb muss unbedingt wie bisher agiert werden, nämlich für jede Aktivität mindestens eine Minute angesetzt werden. Nichts anderes kann gelten.

Im Einzelnen sind insbesondere die folgenden Änderungen relevant:

Verfahren zur Feststellung der Pflegebedürftigkeit bei der Pflegekasse (Abschnitt C. 1)

Die den Medizinischen Diensten der Krankenversicherung von den Pflegekassen zur Verfügung zu stellenden Informationen wurden ergänzt. Die Ergänzung war insbesondere vor dem Hintergrund der neu eingeführten Bearbeitungs- und Begutachtungsfristen nach § 18 Abs. 3 SGB XI, der seit dem 1. Juli 2008 vorzunehmenden Abstufung bei der Feststellung der Einschränkung der Alltagskompetenz nach § 45b SGB XI und der im Rahmen der Begutachtung der Pflegebedürftigkeit zu treffenden Feststellungen zur medizinischen Rehabilitation gem. § 18 Abs. 6 SGB XI erforderlich. Die Medizinischen Dienste sollen durch die zusätzlichen Informationen der Pflegekassen u. a. die Möglichkeit erhalten, die Eilbedürftigkeit des Gutachtenauftrags einschätzen und die im Formulargutachten abgefragten Aussagen zu den Leistungen der medizinischen Rehabilitation und zur Einschränkung der Alltagskompetenz treffen zu können. Neben den bisher erforderlichen Angaben sind die Medizinischen Dienste daher zukünftig insbesondere auch über

- den Aufenthaltsort der Versicherten (Krankenhaus, Reha-Einrichtung oder stationäres Hospiz),

- die vorausgegangenen Leistungen der medizinischen Rehabilitation,

- den Antragsgegenstand (z. B. Antrag auf Pflegezeit, Antrag auf isolierte Feststellung einer eingeschränkten Alltagskompetenz) und

- das Ergebnis der Entscheidung der Pflegekasse über die Einschränkung der Alltagskompetenz

zu informieren.

Verfahren zur Feststellung der Pflegebedürftigkeit bei dem Medizinischen Dienst der Krankenversicherung (Abschnitt C. 2)

Die Beschreibung des Verfahrens zur Feststellung der Pflegebedürftigkeit bei dem Medizinischen Dienst der Krankenversicherung wurde ebenfalls im Hinblick auf die o. g. Gesetzesänderungen ergänzt. Entsprechend der Neuregelung des § 18 Abs. 7 SGB XI ist zudem festgelegt worden, dass die Begutachtung von Kindern in der Regel durch besonders geschulte Gutachter mit einer Qualifikation als Gesundheits- und Kinderkrankenpfleger oder Kinderarzt vorzunehmen ist.

Erläuterungen zum Gutachten zur Feststellung der Pflegebedürftigkeit gemäß SGB XI (Abschnitt D)

Die Ergänzungen der Erläuterungen zum Gutachten zur Feststellung der Pflegebedürftigkeit gemäß SGB XI betreffen neben fachlichen Klarstellungen notwendige Anpassungen an die gesetzlichen Neuregelungen durch das Pflege-Weiterentwicklungsgesetz. Vor dem Hintergrund der Verpflichtung zur Zahlung eines zusätzlichen Leistungsbetrags an die Pflegeeinrichtung bei einer Rückstufung in eine niedrigere Pflegestufe nach § 87a Abs. 4 SGB XI ist bei einer Folgebegutachtung im Rahmen der pflegerelevanten Vorgeschichte nunmehr auch anzugeben, ob der Versicherte an zusätzlichen aktivierenden oder rehabilitativen Maßnahmen der Einrichtung teilgenommen hat (Abschnitt D 2.3). Des Weiteren erfolgt ein Hinweis auf die mit § 33 Abs. 1 Satz 5 SGB XI eingefügte Möglichkeit der Empfehlung einer befristeten Leistungszusage, wenn zwar die Voraussetzungen für die Zuordnung zu einer Pflegestufe für mindestens sechs Monate vorliegen, aber mit großer Wahrscheinlichkeit zu erwarten ist, dass sich der Hilfebedarf durch entsprechende Maßnahmen auf absehbare Zeit verringern wird (Abschnitt D 4.0/III./2.). Ebenfalls neu gefasst sind die Hinweise zu den Pflegestufen (Abschnitt D 5.2.1) – wonach nunmehr vor dem Hintergrund der Möglichkeit zusätzlicher Betreuungsleistungen nach § 45b SGB XI die Feststellung einer Pflegebedürftigkeit unterhalb der Pflegestufe I notwendig ist – und zu der Abstufung der Einschränkung der Alltagskompetenz (Abschnitt D 5.2.2).

Verfahren zur Feststellung von Personen mit erheblich eingeschränkter Alltagskompetenz und zur Bewertung des Hilfebedarfs (E)

Das Verfahren zur Feststellung von Personen mit erheblich eingeschränkter Alltagskompetenz und zur Bewertung des Hilfebedarfs richtet sich jetzt ebenfalls nach den Begutachtungs-Richtlinien. Die bisher anzuwendenden Richtlinien zur Feststellung von Personen mit erheblich eingeschränkter Alltagskompetenz und zur Bewertung des Hilfebedarfs (PEA-Richtlinien) vom 22.03.2002 mit Stand vom 10.06.2008 sind mit der Genehmigung der Begutachtungs-Richtlinien durch das BMG aufgehoben.

Formulargutachten (G)

In der Praxis hatte sich gezeigt, dass neben dem Formulargutachten bei bestimmten Begutachtungssituationen verkürzte Begutachtungen nach Aktenlage durchgeführt wurden. Die Änderungen der Begutachtungs-Richtlinien für die Formulargutachten nehmen diese Hinweise aus der Praxis auf und ermöglichen eine differenzierte Begutachtung auf der Grundlage des Formulargutachtens. Bei der Begutachtung kann zukünftig zwischen den Gutachtentypen:

- Gutachten nach Hausbesuch (Abschnitt G 1.1),

- Gutachten nach Aktenlage (Abschnitt G 1.2),

- Gutachten bei isolierter Feststellung einer Einschränkung der Alltagskompetenz (Abschnitt G 1.3) und

- Begutachtung in Fällen mit verkürzter Bearbeitungs-/Begutachtungsfrist (Abschnitt G 1.4)

differenziert werden. Je nach Gutachtentyp sind auf der Grundlage des Formulargutachtens nicht mehr alle Angaben erforderlich.

Ziel der Änderungen des Vordrucks des Formulargutachtens (Abschnitt G 2.) waren die Schaffung von mehr Transparenz und die Erhebung zusätzlicher statistischer Informationen. Neben den bisher schon erfassten Daten werden u. a. Angaben zu

- dem Grund der Verzögerung von Begutachtungen,

- einer Pflegebedürftigkeit unterhalb der Anforderungen an die Pflegestufe I,

- der Abstufung der Feststellung der eingeschränkten Alltagskompetenz,

- den Begründungen des Ergebnisses des Widerspruchsgutachtens und

- den Rehabilitationsmaßnahmen, die vor der Begutachtung durchgeführt worden sind,

erhoben.

Die weiteren Änderungen dienen überwiegend der Klarstellung, sind redaktioneller Art oder sollen die Qualitätsprüfung der Begutachtungen der Medizinischen Dienste unterstützen. Die weiteren Einzelheiten können den

Begutachtungs-Richtlinien in der Anlage entnommen werden. Die Begutachtungs-Richtlinien sollen auch weiterhin an die Erfordernisse der Praxis angepasst werden. Anregungen und Hinweise auf klärungsbedürftige Fragen nehmen wir gerne auf (Weiteres siehe Anhang 3).

Durch die Änderungen des Pflege-Weiterentwicklungsgesetzes wurde im § 18 Abs. 1 Satz 2 SGB XI klargestellt, dass bei jedem Antragsteller zu ermitteln ist, ob eine erheblich eingeschränkte Alltagskompetenz nach § 45a (s. Komm. zu §§ 45a und 45b SGB XI) vorliegt, da für diesen Personenkreis ein Leistungsanspruch nach § 45b auch unterhalb des Vorliegens einer erheblichen Pflegebedürftigkeit besteht. Die Einschränkungen des Satzes 3 des § 18 Abs. 1 SGB XI zweiter Halbsatz hinsichtlich der ambulanten Rehabilitationsmaßnahmen und der Kuren wurden aus systematischen Gründen herausgenommen. Der MDK hat umfassend zu prüfen, ob und in welchem Umfang Maßnahmen zur Beseitigung, Minderung oder Verhütung einer Verschlimmerung der Pflegebedürftigkeit einschließlich der Leistungen zur Rehabilitation geeignet, notwendig und zumutbar sind. Die Änderung stellt klar, dass die insoweit festgestellten Ansprüche des Versicherten auf Leistungen zur medizinischen Rehabilitation nicht eingeschränkt sind.

Zu den Änderungen des Absatzes 3 des § 18 SGB XI ist festzustellen, dass der MDK jährlich circa 1,3 Millionen Begutachtungen durchführt. Die Dauer der Bearbeitungszeiten von Anträgen auf Feststellung von Pflegebedürftigkeit ist derzeit regional sehr unterschiedlich. Viele Medizinische Dienste haben in der Vergangenheit unter anderem durch eine Optimierung des internen Auftragsmanagements und durch verbesserten EDV-Einsatz ihre Bearbeitungszeiten erheblich senken können.

Die betreffenden pflegebedürftigen Menschen und ihre Angehörigen müssen schnelle Entscheidungen über die von ihnen beantragten Leistungen erhalten, um die Pflege zeitnah planen und organisieren zu können. Damit bundesweit bei allen Antragstellern gleiche Voraussetzungen für die Planung der notwendigen Pflege vorliegen, wird den Pflegekassen eine Frist vorgegeben, in der die Entscheidung über die Pflegebedürftigkeit in der Regel zu erfolgen hat. Sie beträgt fünf Wochen vom Antragseingang bei der zuständigen Pflegekasse bis zur Zustellung des Leistungsbescheids an den Antragsteller. Die Pflegekassen haben somit nunmehr sicherzustellen, dass eine fristgerechte Entscheidung nicht an einer unangemessen langen Bearbeitungsdauer durch den Medizinischen Dienst der Krankenversicherung scheitert. Deshalb sind die Anträge zur Feststellung von Pflegebedürftigkeit „unverzüglich" an den MDK weiterzuleiten. „Unverzüglich" bedeutet in diesem Zusammenhang „ohne schuldhaftes Zögern". Entscheidend ist dabei, wo das Gesetz diesen Ausdruck gebraucht, nicht das (objektive) „sofort", sondern die (subjektive) Zumutbarkeit alsbaldigen Handelns (§ 121 BGB).

Fünf-Wochen-Frist des § 18 Abs. 3 S. 2 SGB XI

Die neue Regelung des § 18 SGB XI sieht vor, dass dem Antragsteller spätestens fünf Wochen nach Eingang des Antrags die Entscheidung der Pflegekasse schriftlich mitgeteilt werden soll. Gespräche mit den MDK haben ergeben, dass diese für die Begutachtung drei bis vier Wochen benötigen. Dies bedeutet in der Folge, dass die Pflegekasse die Bescheiderteilung innerhalb von ein bis zwei Wochen bewerkstelligen muss, um die gesetzlich vorgesehene Sollvorgabe einzuhalten.

Nach der Gesetzesbegründung fällt die regionale Bearbeitungsdauer durchaus sehr unterschiedlich aus. Deshalb hat § 18 Abs. 3 Satz 2 SGB XI auch den Zweck, zu einem einheitlicheren Standard in der Bearbeitung zu gelangen. Allerdings handelt es sich letztlich um eine wenig zwingende Vorgabe des Gesetzgebers, die im Einzelfall, so ihr denn nicht entsprochen wird, sicher sanktionslos bleibt. Keinesfalls führt das Verstreichen der Frist zu einer vorläufigen Leistungsverpflichtung der Pflegekasse und insbesondere nicht im Sinne des § 43 SGB I. Unmittelbare Rechtswirkung kann die Frist allenfalls im Hinblick auf eine Untätigkeitsklage nach § 88 SGG haben. Die Frist des § 18 Abs. 3 Satz 2 SGB XI dürfte als lex specialis zu § 88 Abs. 1 Satz 1 SGG anzusehen sein, denn weshalb hätte der Gesetzgeber ansonsten solche Fristen setzen wollen? Eine Untätigkeitsklage wäre also nach Ablauf von fünf Wochen ab Antragseingang denkbar, wenn, weil es sich bei § 18 Abs. 3 Satz 2 SGB XI um eine Soll-Vorschrift handelt, kein sachlicher Rechtfertigungsgrund für die Verzögerung besteht. Personelle Engpässe stellen keinen solchen dar, wohl aber, wenn es zu Verzögerungen bei der Beschaffung der Unterlagen zur einstufungsrelevanten Vorgeschichte kommt, die nicht in dem Verantwortungsbereich des MDK liegen. Eine „Soll-Vorschrift" nennt man eine gesetzliche Bestimmung, die ein Tun oder Unterlassen zwar für den Regelfall, aber nicht zwingend vorschreibt. Sie ist abzugrenzen von einer „Muss-Vorschrift" als zwingender gesetzlicher Regelung und einer „Kann-Vorschrift", die ein pflichtgemäßes Ermessen vorgibt. Ein Verstoß gegen die „Soll-Vorschrift" hat nicht ohne Weiteres die Unwirksamkeit oder Nichtigkeit oder aber die Anfechtbarkeit des Rechtsvorgangs zur Folge. Gleichwohl ist auf den Einzelfall und dabei auf den sachlichen Rechtfertigungsgrund abzustellen. Hat es einen solchen nicht gegeben, wird die Untätigkeitsklage Aussicht auf Erfolg haben.

Hier, bei der Umsetzung der Soll-Vorschrift, ist ein sehr geringer Spielraum für die Ausübung oder Betätigung von Ermessen gegeben, das sogenannte „gebundene Ermessen". Nur in besonderen Ausnahmefällen kann die Verwaltung von der Gesetzesvorgabe abweichen. Dabei hat sie ihre Entscheidung nach sachlichen Gesichtspunkten unter gerechter und billiger Abwägung des öffentlichen Interesses und der Belange des Versicherten (Schutz des Individualinteresses) zu treffen und insbesondere die Grundsätze der Zweckmäßigkeit und der Verhältnismäßigkeit zu beachten.

Eine Untätigkeitsklage wird für den Antragsteller angesichts der Verfahrensdauer vor den Sozialgerichten letztlich keine das Verfahren wesentlich beschleunigende Option sein. Deshalb wäre zu prüfen, ob das Leistungsantragsverfahren durch einen Antrag auf einstweiligen Rechtsschutz bzw. einstweilige Anordnung nach § 86b Abs. 2 SGG beim Sozialgericht beschleunigt werden könnte. Die Erfahrung der Verfasser hat gezeigt, dass letztere Möglichkeit sich als die bessere herausstellen dürfte.

Wochenfrist des § 18 Abs. 3 Sätze 3 und 4 SGB XI

Befindet sich ein Antragsteller im Krankenhaus oder in einer Rehabilitationseinrichtung und soll eine Weiterversorgung in einem Pflegeheim erfolgen oder wurde die Inanspruchnahme von Pflegezeit gegenüber dem Arbeitgeber angekündigt, ist die Begutachtung innerhalb einer Woche nach Eingang des Antrags bei der zuständigen Pflegekasse durchzuführen. Nach § 18 Abs. 3 Satz 3 zweiter Halbsatz kann diese Frist durch regionale Vereinbarungen verkürzt, nicht aber verlängert werden.

Die Ergänzungen in Satz 3 und 4 stellen klar, dass im Fall der Ankündigung der Inanspruchnahme von Pflegezeit nach dem Pflegezeitgesetz, die in der Regel mit einer Notsituation einhergeht, eine besonders rasche Bearbeitung des Antrags auf Feststellung von Pflegebedürftigkeit zu erfolgen hat. Die Frist in Satz 4 ist unter Berücksichtigung der Notwendigkeit der Beschaffung der für die Begutachtung erforderlichen Unterlagen (§ 18 Abs. 5 SGB XI) weiter gefasst als für Begutachtungsverfahren aus dem stationären Krankenhaus- und Rehabilitationsbereich, wo die Unterlagen in der Regel vorliegen. Gemäß Satz 5 muss die Empfehlung des Medizinischen Dienstes der Krankenversicherung in den Fällen der Sätze 3 und 4 nur die Feststellung beinhalten, ob Pflegebedürftigkeit im Sinne der §§ 14 und 15 SGB XI vorliegt. Es wird davon ausgegangen, dass diese Verfahrensweise auch im Bereich der privaten Pflege-Pflichtversicherung praktiziert wird.

Hospizaufenthalt oder ambulante Palliativbehandlung

Die verkürzten Fristen gelten nach § 18 Abs. 3 Satz 4 SGB XI auch, wenn der Versicherte sich in einem Hospiz befindet oder ambulant palliativ versorgt wird.

Sterbende Menschen, die eine ambulante palliative Versorgung benötigen oder sich in einem Hospiz befinden, haben in der Regel wegen bestehender Pflegebedürftigkeit auch Ansprüche auf Leistungen der Pflegeversicherung. Die WHO definiert die Palliativversorgung (Palliative Care) als einen Ansatz zur Verbesserung der Lebensqualität von Patienten und ihren Familien, die mit Problemen konfrontiert sind, die mit einer lebensbedrohlichen Erkrankung einhergehen, und zwar durch Vorbeugen und Lindern von Leiden, durch frühzeitiges Erkennen, untadelige Einschätzung und Behandlung von Schmerzen sowie anderen belastenden Beschwerden körperlicher, psychosozialer und spiritueller Art (WHO 2002). Die Regelung stellt die Begutachtung der betroffen pflegebedürftigen Menschen sowohl in stationärer Palliativversorgung (Hospiz) als auch in ambulanter palliativer Versorgung in der häuslichen Umgebung spätestens innerhalb einer Woche sicher. Damit werden auch die Voraussetzungen geschaffen, ein Ziel der Charta für die Rechte der hilfe- und pflegebedürftigen Personen zu verwirklichen, die fordert, dass jeder hilfe- und pflegebedürftige Mensch das Recht hat, in Würde zu sterben.

Zwei-Wochen-Frist des § 18 Abs. 3 Satz 5 SGB XI

Sollte sich der Antragsteller in „häuslicher Umgebung" befinden und wurde die Inanspruchnahme von Pflegezeit nach dem Pflegezeitgesetz gegenüber dem Arbeitgeber angekündigt, ist generell eine Begutachtung innerhalb von zwei Wochen nach Eingang des Antrags bei der zuständigen Pflegekasse durchzuführen. Die Gespräche mit den MDK haben hierzu ergeben, dass auch bisher Eilbegutachtungen durchgeführt werden. Das vorhandene bisherige Verfahren zur Durchführung von Eilbegutachtungen sollte auch künftig Wirkung entfalten können. Dies bedeutet, dass beim Krankenhausaufenthalt der Begutachtungshinweis aus dem Krankenhaus heraus erfolgt. Der MDK wird insoweit sofort reagieren und die Begutachtung einleiten müssen. Ggf. muss die Eilbegutachtung durch die Pflegekasse initiiert werden. Der Begutachtungsauftrag sollte dann mit dem entsprechenden Vermerk „Eilbegutachtung wegen Pflegezeit" an den MDK übermittelt werden.

Der § 18 Abs. 3 Satz 5 SGB XI wiederum verlängert die Frist auf zwei Wochen, wenn der Antragsteller sich in seiner häuslichen Umgebung befindet, die Inanspruchnahme von Pflegezeit angekündigt wurde und keine Palliativversorgung stattfindet, und zwar vor dem Hintergrund, dass die erforderlichen Unterlagen in stationären Reha-Einrichtungen und Krankenhäusern i. d. R. vorliegen, in der Häuslichkeit aber regelmäßig erst beschafft werden müssen. Diese Fristen für die Durchführung der Begutachtung sind – anders als die Frist nach § 18 Abs. 3 Satz 2 SGB XI für die Entscheidung der Pflegekasse – keine Soll-Fristen, sondern bindend („... ist die Begutachtung ...").

Nach § 18 Abs. 3 Satz 6 SGB XI muss die Empfehlung in den Fällen des Abs. 3 Sätze 3 und 4 nur die Feststellung wiedergeben, ob generell Pflegebedürftigkeit i. S. d. §§ 14, 15 SGB XI vorliegt. Dies lässt nur den Umkehrschluss zu, dass die Empfehlungen in den Fällen des Satzes 5 vollständig sein, also insbesondere auch abbilden muss, welche Pflegestufe vorliegt und ob und in welcher Höhe Anspruch auf Betreuungsleistungen nach § 45 b besteht. Das

ist u. E. insofern problematisch, als die Antragsteller gerade in den Fällen der
Sätze 3 und 4 auch auf eine rasche Information über die empfohlene Höhe
der Leistungen angewiesen sein werden, um die Weiterversorgung zu organisieren. Für alle Fälle gilt das Gebot des Abs. 3 Satz 7, dass die Pflegekasse
die Leistungsentscheidung unverzüglich, also ohne schuldhaftes Zögern,
nach Eingang der Empfehlung des MDK schriftlich mitzuteilen hat – dies
unbeschadet der Soll-Frist des Abs. 3 Satz 2.

Mit der Änderung in Absatz 6 durch das Pflege-Weiterentwicklungsgesetz
soll erreicht werden, dass der MDK künftig tatsächlich in jedem Gutachten
auch Aussagen dazu trifft, ob und welche geeigneten und zumutbaren Maßnahmen der Prävention und der medizinischen Rehabilitation im Einzelfall
geboten sind. Die Pflegekassen haben das Ergebnis der Prüfung den Pflegebedürftigen und mit deren Zustimmung dem zuständigen Rehabilitationsträger und dem behandelnden Arzt unverzüglich zur Kenntnis zu bringen
und gehen dabei entsprechend den in § 31 Abs. 3 getroffenen Neuregelungen vor. Darüber hinaus soll mit der Änderung eine weitere Verkürzung der
Gutachtenbearbeitung erreicht werden.

Die Begutachtung zur Feststellung von Pflegebedürftigkeit soll bisher nach
§ 18 Abs. 7 SGB XI durch Ärzte in enger Zusammenarbeit mit Pflegefachkräften und anderen geeigneten Fachkräften wahrgenommen werden. Die
Begutachtungs-Richtlinien des Spitzenverbandes Bund der Pflegekassen
regeln darüber hinaus, dass Arzt und Pflegefachkraft des Medizinischen
Dienstes der Krankenversicherung gemeinsam festlegen sollen, welcher
Gutachter (Arzt und/oder Pflegefachkraft, spezielles Fachgebiet, speziell geschulte Gutachter zum Beispiel für die Begutachtung von Kindern) den Besuch durchführt. Die Begutachtung von Kindern setzt besondere Kenntnisse
und Erfahrungen voraus. Die Neuregelung stellt nunmehr gesetzlich sicher,
dass dabei in der Regel nur entsprechende Fachkräfte eingesetzt werden sollen. Dies sichert die Qualität der Begutachtung und erhöht die Akzeptanz
des Begutachtungsverfahrens bei den betroffenen Eltern.

Mit der Verwendung der Berufsbezeichnung „Gesundheits- und Kinderkrankenpflegerin" bzw. „Gesundheits- und Kinderkrankenpfleger" wird der
gesonderten Bezeichnung im Krankenpflegegesetz Rechnung getragen. Der
Verzicht auf die zusätzliche Aufzählung der alten Bezeichnungen trägt dem
Interesse der Rechtsklarheit Rechnung. Er ist möglich, weil die Übergangs-
vorschriften in § 23 des Krankenpflegegesetzes klarstellen, dass die Personen, die über eine Berufserlaubnis nach altem Recht verfügen, die neue Berufsbezeichnung verwenden sollen, ohne eine entsprechende Erlaubnis nach
dem neuen Krankenpflegegesetz von 2004 zu beantragen. Sie werden daher
von den Vorschriften, in denen nur noch die neuen Bezeichnungen Verwendung finden, mit umfasst.

§ 45a Berechtigter Personenkreis

(1) ₁Die Leistungen in diesem Abschnitt betreffen Pflegebedürftige in häuslicher Pflege, bei denen neben dem Hilfebedarf im Bereich der Grundpflege und der hauswirtschaftlichen Versorgung (§§ 14 und 15) ein erheblicher Bedarf an allgemeiner Beaufsichtigung und Betreuung gegeben ist. ₂Dies sind

1. Pflegebedürftige der Pflegestufen I, II oder III sowie

2. Personen, die einen Hilfebedarf im Bereich der Grundpflege und hauswirtschaftlichen Versorgung haben, der nicht das Ausmaß der Pflegestufe I erreicht,

mit demenzbedingten Fähigkeitsstörungen, geistigen Behinderungen oder psychischen Erkrankungen, bei denen der Medizinische Dienst der Krankenversicherung im Rahmen der Begutachtung nach § 18 als Folge der Krankheit oder Behinderung Auswirkungen auf die Aktivitäten des täglichen Lebens festgestellt hat, die dauerhaft zu einer erheblichen Einschränkung der Alltagskompetenz geführt haben.

(2) ₁Für die Bewertung, ob die Einschränkung der Alltagskompetenz auf Dauer erheblich ist, sind folgende Schädigungen und Fähigkeitsstörungen maßgebend:

1. unkontrolliertes Verlassen des Wohnbereiches (Weglauftendenz);

2. Verkennen oder Verursachen gefährdender Situationen;

3. unsachgemäßer Umgang mit gefährlichen Gegenständen oder potenziell gefährdenden Substanzen;

4. tätlich oder verbal aggressives Verhalten in Verkennung der Situation;

5. im situativen Kontext inadäquates Verhalten;

6. Unfähigkeit, die eigenen körperlichen und seelischen Gefühle oder Bedürfnisse wahrzunehmen;

7. Unfähigkeit zu einer erforderlichen Kooperation bei therapeutischen oder schützenden Maßnahmen als Folge einer therapieresistenten Depression oder Angststörung;

8. Störungen der höheren Hirnfunktionen (Beeinträchtigungen des Gedächtnisses, herabgesetztes Urteilsvermögen), die zu Problemen bei der Bewältigung von sozialen Alltagsleistungen geführt haben;

9. Störung des Tag-/Nacht-Rhythmus;

10. Unfähigkeit, eigenständig den Tagesablauf zu planen und zu strukturieren;

11. Verkennen von Alltagssituationen und inadäquates Reagieren in Alltagssituationen;

12. ausgeprägtes labiles oder unkontrolliert emotionales Verhalten;

13. zeitlich überwiegend Niedergeschlagenheit, Verzagtheit, Hilflosigkeit
oder Hoffnungslosigkeit aufgrund einer therapieresistenten Depression.

2Die Alltagskompetenz ist erheblich eingeschränkt, wenn der Gutachter
des Medizinischen Dienstes bei dem Pflegebedürftigen wenigstens in
zwei Bereichen, davon mindestens einmal aus einem der Bereiche 1 bis 9,
dauerhafte und regelmäßige Schädigungen oder Fähigkeitsstörungen
feststellt. 3Die Spitzenverbände der Pflegekassen gemeinsam und einheitlich beschließen mit dem Verband der privaten Krankenversicherung e.V.
unter Beteiligung der kommunalen Spitzenverbände auf Bundesebene,
der maßgeblichen Organisationen für die Wahrnehmung der Interessen
und der Selbsthilfe der pflegebedürftigen und behinderten Menschen auf
Bundesebene und des Medizinischen Dienstes der Spitzenverbände der
Krankenkassen in Ergänzung der Richtlinien nach § 17 das Nähere zur
einheitlichen Begutachtung und Feststellung des erheblichen und dauerhaften Bedarfs an allgemeiner Beaufsichtigung und Betreuung.

[Gültigkeit/Fassung: Die Vorschrift wurde durch Art. 1 Nr. 6 des PflEG
vom 14.12.2001 (BGBl. I S. 3728) mit Wirkung vom 1. Januar 2002 eingefügt
und zuletzt geändert durch das Pflege-Weiterentwicklungsgesetz vom
28.05.2008 (BGBl. I S. 874) mit Wirkung ab 01.07.2008.]

Regelungsgegenstand

Die Vorschrift bestimmt den Personenkreis, dem zusätzliche Betreuungsleistungen zur Verfügung stehen. Begünstigt werden sollen ausschließlich Pflegebedürftige, bei denen nach Feststellung des Medizinischen Dienstes der
Krankenversicherung neben dem in der Pflegeversicherung bereits zu berücksichtigenden verrichtungsbezogenen Hilfebedarf (§§ 14 und 15 SGB XI)
noch ein erheblicher Bedarf an allgemeiner Beaufsichtigung und Betreuung
gegeben ist (BT-Drs. 14/7154 S. 18). Der Personenkreis soll psychisch Kranke,
geistig Behinderte sowie geronto-psychiatrisch veränderte Menschen umfassen. Bei der Bestimmung des Personenkreises wurde ebenso wie bei der
Definition der Pflegebedürftigkeit nicht auf bestimmte Krankheitsdiagnosen
abgestellt, sondern auf einen tatsächlichen Hilfebedarf, der durch bestimmte
Defizite in den so genannten Alltagskompetenzen ausgelöst wird und dauerhaft besteht. Der Gesetzgeber stützte sich bei der Formulierung ausdrücklich auf Erkenntnisse des Medizinischen Dienstes der Spitzenverbände der
Krankenkassen (MDS). Der MDS hatte auf der Grundlage der aus der Begut-
achtungstätigkeit der MDKs in den vorangegangenen Jahren gewonnenen
Erkenntnisse, gemeinsam mit externen Sachverständigen, zahlreiche Prüf-

punkte entwickelt, die dem Gutachter im Rahmen eines Assessmentverfahrens die Zuordnung zu dem berechtigten Personenkreis ermöglichen sollen. Folgende fünf Bereiche sind danach für die Bewertung von dauerhaften Störungen der Alltagskompetenz maßgebend:

▪ Eigen- oder Fremdgefährdung

▪ soziales Verhalten

▪ Eigenantrieb/-kompetenz

▪ Stimmung, Wahrnehmung, Erleben

▪ Tag-/Nacht-Rhythmus

Ob der Bedarf an allgemeiner Beaufsichtigung und Betreuung erheblich ist, soll sich nach dem Umfang der im Einzelfall festgestellten Defizite in den Alltagskompetenzen richten. Die Defizite erlauben nach Ansicht des MDS zuverlässige Rückschlüsse auf den Bedarf an allgemeiner Beaufsichtigung und Betreuung (die Untersuchungsergebnisse des MDS sind gegenwärtig noch nicht veröffentlicht). Der Gesetzgeber ging davon aus, dass der begünstigte Personenkreis 500.000 bis 550.000 Pflegebedürftige in häuslicher Pflege umfassen dürfte, und stützte sich dabei ebenfalls auf Ermittlungen des MDS (BT-Drs. 14/7154 S. 13).

Erläuterungen

Die Leistungen im Fünften Abschnitt des Vierten Kapitels des SGB XI betreffen Pflegebedürftige in häuslicher Pflege, bei denen neben dem Hilfebedarf im Bereich der Grundpflege und der hauswirtschaftlichen Versorgung (§§ 14 und 15) ein erheblicher Bedarf an allgemeiner Beaufsichtigung und Betreuung besteht (§ 45a Abs. 1 S. 1 SGB XI). Die Vorschrift stellt durch den Klammervermerk klar, dass die Leistungen dieses Abschnitts nur Pflegebedürftige betreffen, die einer der Pflegestufen I bis III zugeordnet sind (vgl. § 45a Abs. 1 S. 2 Nr. 1 SGB XI). Diese Pflegebedürftigen müssen, so fordert die Norm weiter, zusätzlich („neben") einen erheblichen Bedarf an allgemeiner Beaufsichtigung und Betreuung haben. Das Wort „erheblich" ist § 14 Abs. 1 SGB XI entnommen, in gleicher Weise auszulegen und grenzt Hilfebedarfe aus, die diesen „Mindestbedarf" nicht erreichen. Die Formulierung „allgemeine Beaufsichtigung" knüpft an § 14 Abs. 3 SGB XI an und verdeutlicht, dass es sich um einen Bedarf außerhalb der Beaufsichtigung bei den Katalog-Verrichtungen des § 14 SGB XI handeln muss. Ergänzend wird der Begriff Betreuung benutzt. Begrifflich ist sie nicht als Hilfeform i. S. des § 14 SGB XI anzusehen. Gleichwohl handelt es sich um (familiäre, nachbarschaftliche oder sonstige ehrenamtliche) Hilfeleistungen, die die Pflegeversicherung mit ihren Leistungen ergänzen (§ 4 Abs. 2 Satz 1 SGB XI).

Durch § 45a Abs. 1 S. 2 Nr. 2 SGB XI werden nunmehr auch die sogenannten einfach Pflegebedürftigen, die der sogenannten „Stufe 0" zugehörigen, die bisher keine Leistungsansprüche gegenüber den Pflegekassen hatten, einbezogen. Dabei handelt es sich um Personen, die einen Hilfebedarf im Bereich der Grundpflege und hauswirtschaftlichen Versorgung haben, der nicht das Ausmaß der Pflegestufe I erreicht. Diese Personen können jedoch ggf. von den Sozialhilfeträgern Leistungen zur Pflege beanspruchen (zu Leistungen nach den §§ 61 ff. SGB XII für Bedarfe i. S. d. §§ 45a ff. siehe die Erläuterungen im Anhang zur Ausweitung des Pflegebegriffs bei § 61 SGB XII Rz. 4; vgl. auch Krahmer in LPK-SGB XII § 61 Rz. 7 m. w. N, Klie in Hauck / Noftz SGB XII § 61 Rz. 5).

Bei Kindern ist nach der Vorschrift des § 15 Abs. 2 SGB XI der zusätzliche Hilfebedarf im Vergleich zu dem eines gesunden gleichaltrigen Kindes maßgebend. Da auf § 15 SGB XI Bezug genommen wird, ist klargestellt, dass „der natürliche, altersentsprechende Pflegebedarf von Kindern" unberücksichtigt bleibt und allein auf den das altersübliche Maß übersteigenden Aufwand abzustellen ist (BT-Drs. 14 / 7154 S. 18).

In § 45a Abs. 1 S. 2 Nr. 2 SGB XI werden als weitere Voraussetzungen Behinderungen, psychische und demenzielle Erkrankungen genannt. Damit ist der Personenkreis deutlich enger gefasst als der des § 14 Abs. 1 SGB XI. Weitere Voraussetzungen sind, dass die Auswirkungen der Krankheit oder Behinderung die Aktivitäten des täglichen Lebens beeinflussen und (ursächlich) zu erheblichen Einschränkungen der Alltagskompetenz führen. Unter Alltagskompetenzen sind begrifflich all die Aktivitäten zu subsumieren, die bei den Aktivitäten des täglichen Lebens anfallen und zu denen ein gesunder und nicht behinderter Mensch eigenverantwortlich in der Lage ist. Nicht gemeint bzw. angesprochen sind die ATL i. S. der Pflege. Die Einschränkungen müssen ferner auf Dauer vorhanden sein. Auch hier ist auf § 14 Abs. 1 SGB XI zurückzugreifen. Dauerhaft ist danach eine Einschränkung der Alltagskompetenz, wenn die Störungen mit dem sich daraus ergebenden Hilfebedarf (voraussichtlich) für mindestens sechs Monate bestehen bzw. bestehen werden.

Die Norm knüpft inhaltlich und sprachlich an § 18 SGB XI an und beauftragt den MDK mit der Feststellung der Personenkreiszugehörigkeit. Da die Vorschrift auf die Begutachtung im Rahmen des § 18 abstellt, fordert das Gesetz gemeinsame Feststellungen zum verrichtungsbezogenen Hilfebedarf (§§ 14 und 15 SGB XI) und allgemeinen Betreuungsbedarf. Dies lässt sich auch den Gesetzesmaterialien entnehmen, in denen es heißt (BT-Drs. 14 / 7154 S. 18): „Bei künftigen Erst- und Wiederholungsbegutachtungen von zu Hause betreuten Pflegebedürftigen wird der Gutachter immer auch Feststellungen darüber treffen, ob ein erheblicher Bedarf an allgemeiner Beaufsichtigung und Betreuung besteht." Bei bereits anerkannten Pflegebedürftigen, bei deren Begutachtung der Bedarf an allgemeiner Beaufsichtigung und Betreuung

noch nicht geprüft werden konnte (Altfälle), darf die zuständige Pflegekasse
die Begutachtung nur veranlassen, wenn der Pflegebedürftige die zusätzliche Leistung beantragt hat. In der Gesetzesbegründung zur Vorschrift wird
jedoch die Möglichkeit des Verzichts auf eine Begutachtung angesprochen,
wenn („sofern") sich das Vorliegen der Leistungsvoraussetzungen für die
Pflegekasse eindeutig aus der Aktenlage ergibt. Dieses Vorgehen erscheint
sinnvoll, zumal es sich lediglich um die Fälle handelt, in denen über den Anspruch auf die ergänzenden Leistungen von der Pflegekasse positiv zu entscheiden ist, auch wenn der Gesetzestext dieses Vorgehen nicht vorsieht. Die
Aufgaben des MDK erstrecken sich generell – wie bereits bei denen aus § 18
SGB XI – lediglich auf die Feststellung von Schädigungen und Fähigkeitsstörungen. Die Entscheidung über den Leistungsanspruch trifft auch hier die
Pflegekasse.

Der Absatz 2 des § 45a SGB XI kündigt den Katalog von Schädigungen und
Fähigkeitsstörungen an. Der Kriterienkatalog ist – wie der Verrichtungskata-
log nach § 14 SGB XI – abschließend und kann nicht ergänzt werden. Durch
die Wortwahl wird darüber hinaus deutlich, dass Schädigungen und Fähigkeitsstörungen unmaßgeblich sind, wenn und soweit sie im Katalog nicht
angesprochen sind. Die aufgeführten Kriterien sollen nach den Gesetzesmaterialien Einschränkungen in den Bereichen der Eigen- und Fremdgefährdung, des sozialen Verhaltens, des Eigenantriebs und der Eigenkompetenz,
der Stimmung, Wahrnehmung und des Erlebens sowie des Tag-/Nacht-
Rhythmus konkretisieren (BT-Drs. 14/7154 S. 13):

1. Unkontrolliertes Verlassen des Wohnbereichs (Weglauftendenz)

Hier werden in erster Linie Weglauftendenzen erfasst und sind Versicherte
gemeint, die einerseits ihr Verhalten nicht kontrollieren können bzw. unter
Orientierungsstörungen leiden und bei denen deshalb die Gefahr des Weg-
laufens besteht. Hinweis: Dieser Störung darf grundsätzlich nicht mit freiheitsentziehenden Maßnahmen begegnet werden. Zu freiheitsentziehenden
Maßnahmen zählen z. B. das Einsperren (Abschließen der Haustür), Fixieren
(Anbinden an Bett oder Stuhl) und Sedieren (Ruhigstellen durch Arzneimittel). Ausnahmen vom Grundsatz kommen nur auf richterliche Anordnung
oder in Notsituationen in Betracht.

2. Verkennen oder Verursachen gefährdender Situationen

Das Einschätzen von Gefahrensituationen und ggf. das Anfordern von Hilfe
ist hier angesprochen. Als gefährdende Situationen sind diejenigen anzusehen, durch die der Versicherte sich und/oder seine Umwelt unbeabsichtigt
Gefahren aussetzt. Dies wäre z. B. gegeben, wenn die Verbrennungsgefahr
beim Berühren einer heißen Herdplatte oder die Sturzgefahr auf der Treppe
bzw. dem Balkon von dem Versicherten nicht erkannt werden kann. Das
wäre z. B. auch der Fall, wenn der Betroffene die Wohnung in unangemes-

sener Kleidung verlässt und sich dadurch selbst gefährdet (Unterkühlung), durch Eingriffe in den Straßenverkehr, wie unkontrolliertes Laufen auf der Straße, Anhalten von Autos oder Radfahrern, sich selbst oder andere gefährdet.

3. Unsachgemäßer Umgang mit gefährlichen Gegenständen oder potenziell gefährdenden Substanzen

Zu den gefährlichen Gegenständen in diesem Sinne zählen z. B. Steckdosen, Streichhölzer, Heißwasser und bestimmte Haushaltsgegenstände, wie z. B. Bügeleisen, Kerzen, Scheren. Als gefährdende Substanzen sind z. B. anzusehen Essig (Verätzungsgefahr durch Trinken), Haushaltsreiniger und Desinfektionsmittel, die trotz Kindersicherung geöffnet werden können.

4. Tätlich oder verbal aggressives Verhalten in Verkennung der Situation

Hier wird vor allem der Abbau von Aggressionen angesprochen, der z. B. krankheitsbedingt (wie bei Alzheimer) durch Versagensängste, Schamgefühle oder das „Sich-missverstanden-Fühlen" ausgelöst werden kann. Es wird auf die Verkennung von Situationen abgestellt und so die scheinbar grundlose Anwendung sprachlicher (Schreien) bzw. körperlicher (Schlagen) Gewalt umschrieben.

5. Inadäquates Verhalten im situativen Kontext

Sich auf Situationen einzustellen beinhaltet die Fähigkeit, auf wechselnde Anforderungen angepasst reagieren zu können, wie auf den Wechsel der Bezugsperson, auf Besuch, Alleinsein, Änderungen im Tagesablauf usw. Dieses Kriterium kommt zum Tragen, wenn der Versicherte im Zusammenhang mit den Situationen des Alltags z. B. durch den Verlust von Ort- und Zeitsinn regelmäßig unangemessen (inadäquat) reagiert bzw. handelt. Diese Einschränkung kommt in Betracht, wenn der Betroffene z. B. Wäsche im Backofen trocknet, Herdplatten unkontrolliert anstellt, ohne sie benutzen zu wollen/können, Heißwasserboiler ohne Wasser benutzt, Gasanschlüsse unkontrolliert aufdreht, sich mit kochendem Wasser die Zähne putzt, unangemessen mit offenem Feuer in der Wohnung umgeht, Rauchwaren isst, unangemessen mit Medikamenten umgeht (z. B. Zäpfchen oral einnimmt), verdorbene Lebensmittel zu sich nimmt.

6. Unfähigkeit, die eigenen körperlichen und seelischen Gefühle oder Bedürfnisse wahrzunehmen.

Zur Unfähigkeit, die eigenen körperlichen und seelischen Gefühle oder Bedürfnisse wahrzunehmen, gehört beispielsweise die Fähigkeit, das Gefühl von Hunger oder Durst wahrzunehmen, um dann zu essen bzw. zu trinken. Das Bedürfnis, des Nachts oder bei Müdigkeit mittags zu schlafen oder z. B. wegen des Harn- oder Stuhldrangs das WC aufzusuchen, gehört ebenfalls hierzu. Eine solche Einschränkung wird z. B. dadurch gekennzeichnet, dass der Betroffene aufgrund mangelnden Hunger- und Durstgefühls nicht ausreichend oder übermäßig viel isst oder trinkt, aufgrund mangelnden Schmerzempfindens Verletzungen nicht wahrnimmt, die Toilette nur dann aufsucht, wenn er ausdrücklich dazu aufgefordert wird, Schmerzen nicht äußern oder nicht lokalisieren kann.

7. **Unfähigkeit zu einer erforderlichen Kooperation bei therapeutischen oder schützenden Maßnahmen als Folge einer therapieresistenten Depression oder Angststörung**

Es sind nur Situationen gemeint, in denen Depressionen oder Angststörungen nicht behandelbar sind (Therapieresistenz: Nichtansprechen einer Krankheit auf eine Behandlung). Zu den schützenden Maßnahmen zählen z. B. bei Suizidgefahr im Rahmen der sogenannten offenen psychiatrische Behandlung die Gabe beruhigender Medikamente, die Beaufsichtigung und das Entfernen der Gegenstände, von denen Gefahren ausgehen können.

8. **Störungen der höheren Hirnfunktionen (Beeinträchtigungen des Gedächtnisses, herabgesetztes Urteilsvermögen), die zu Problemen bei der Bewältigung von sozialen Alltagsleistungen geführt haben**

Aufgrund von Störungen der Gedächtnisfunktionen – die sehr unterschiedliche Auswirkungen haben können – ist es dem Betroffenen z. B. nicht möglich, sich zu erinnern, wie man sich wäscht, Geschirr abtrocknet, wo welches Zimmer innerhalb der Wohnung liegt. Es ist ihm auch nicht möglich, logische Schlussfolgerungen zu ziehen, wie z. B. auf das sich an das Waschen anschließende Abtrocknen. Es werden Situationen angesprochen, in denen Depressionen oder Angststörungen nicht behandelbar sind (Therapieresistenz: Nichtansprechen einer Krankheit auf eine Behandlung). Zu den schützenden Maßnahmen zählen z. B. bei Suizidgefahr im Rahmen der so genannten offenen psychiatrischen Behandlung die Gabe beruhigender Medikamente, die Beaufsichtigung und das Entfernen der Gegenstände, von denen Gefahren ausgehen können. Diese Einschränkung kommt in Betracht, wenn der Betroffene den ganzen Tag apathisch im Bett verbringt, den Platz, wo er z. B. morgens durch die Pflegeperson hingesetzt wird, nicht aus eigenem Antrieb verlässt, sich nicht aktivieren lässt, die Nahrung verweigert. Die Therapieresistenz einer Depression oder Angststörung muss nervenärztlich / psychiatrisch gesichert sein.

Aufgrund von Störungen der Gedächtnisfunktionen – die sehr unterschiedliche Auswirkungen haben können – ist es Betroffenen z. B. nicht möglich, sich zu erinnern, wie man sich wäscht, Geschirr abtrocknet (strikethrough: oder wo welches Zimmer innerhalb der Wohnung ist) usw. Es ist ihnen auch nicht möglich, logische Schlussfolgerungen zu ziehen, wie z. B. auf das Abtrocknen im Anschluss an die Körperpflege (strikethrough: Wäsche). Sol-

che Fähigkeitsstörungen können in Betracht kommen, wenn der Betroffene
z. B. vertraute Personen (Kinder, Ehefrau/-mann, Pflegeperson) nicht wie-
dererkennt, mit (Wechsel-) Geld nicht oder nicht mehr umgehen kann, sich
nicht mehr artikulieren kann und dadurch in seinen Alltagsleistungen eingeschränkt ist, sein Zimmer in der Wohnung oder den Weg zurück zu seiner
Wohnung nicht mehr findet, Termine und Verabredungen nicht mehr einhalten kann, da er nicht mehr in der Lage ist, sich an kurzfristig zurückliegende
Ereignisse/Absprachen zu erinnern.

9. Störung des Tag-/Nacht-Rhythmus.

Angesprochen ist hier die Störung der Fähigkeit, einen altersentsprechenden Rhythmus im Tagesablauf aufrechtzuerhalten sowie Art und Weise von
Wachen, Ruhen und Schlafen zu gestalten. Eine der Auswirkungen ist z. B.
das „nächtliche Wandern". Als Nacht ist auch hier die Zeit von 22.00 Uhr bis
06.00 Uhr anzusehen. Dies kann z. B. dann der Fall sein, wenn der Betroffene
nachts sehr unruhig und verwirrt ist, verbunden mit zunehmend inadäqua-
ten Verhaltensweisen, nachts Angehörige weckt und Hilfeleistungen (z. B.
Frühstück) verlangt (Umkehrung bzw. Aufhebung des Tag-/Nacht-Rhyth-
mus).

**10. Unfähigkeit, eigenständig den Tagesablauf zu planen und zu struktu-
rieren**

Von einer Störung der Fähigkeit zur eigenständigen Tagesstrukturierung ist
z. B. auszugehen, wenn sich Betroffene mangels eigenen Antriebs oder aufgrund des Verlusts von Orts- oder Zeitsinn nicht beschäftigen können. Dies
wäre z. B. der Fall, wenn sie eine regelmäßige und der Biografie angemessene Körperpflege, Ernährung oder Mobilität nicht mehr planen und durchführen können oder aufgrund zeitlicher und örtlicher Desorientierung keine
anderen Aktivitäten mehr planen und durchführen können. Hier sind nur
Fähigkeitsstörungen zu berücksichtigen, die nicht bereits unter der Nummer
7 oder 8 erfasst worden sind.

**11. Verkennen von Alltagssituationen und inadäquates Reagieren in
Alltagssituationen**

Das Erkennen von Gefahren des Alltags ist diesen einerseits nicht möglich,
und andererseits ziehen sie aus alltäglichen Situationen regelmäßig falsche
Schlussfolgerungen. So werden z. B. Gefahrensituationen verkannt oder er-
zeugt, ohne dass die Betroffenen über ein entsprechendes Risikobewusstsein
verfügen. Die Gefahrenabwehr, das Sorgen für Sicherheit oder das Beschaffen
personeller Hilfe ist ihnen regelmäßig nicht möglich. Derartige Einschränkungen kommen in Betracht, wenn der Betroffene z. B. Angst vor seinem
eigenen Spiegelbild hat, sich von Personen aus dem Fernsehen verfolgt oder
bestohlen fühlt, Personenfotos für fremde Menschen in seiner Wohnung hält,

aufgrund von Vergiftungswahn Essen verweigert oder Gift im Essen riecht/ schmeckt, glaubt, dass fremde Personen auf der Straße ein Komplott gegen ihn schmieden, mit Nichtanwesenden schimpft oder redet, optische oder akustische Halluzinationen wahrnimmt.

Es geht folglich um Verhaltensstörungen, die in Nr. 5 nicht erfasst und durch nicht kognitive Störungen bedingt sind. Solche Störungen können vor allem bei Menschen mit Erkrankungen aus dem schizophrenen Formenkreis sowie auch bei demenziell erkrankten und (seltener) depressiven Menschen auftreten. Das Verkennen von Alltagssituationen und inadäquates Reagieren in Alltagssituationen muss die Folge von mangelndem Krankheitsgefühl, fehlender Krankheitseinsicht, therapieresistentem Wahnerleben und therapieresistenten Halluzinationen sein, die nervenärztlich/psychiatrisch gesichert sind.

Hier wird vordergründig der Abbau von Aggressionen angesprochen, der z. B. krankheitsbedingt (wie bei der Alzheimer-Krankheit) durch Versagensängste, Schamgefühle oder das „Sich-missverstanden-Fühlen" ausgelöst werden kann. Es wird auf die Verkennung von Situationen abgestellt und so die scheinbar grundlose Anwendung sprachlicher (Schreien) bzw. körperlicher (Schlagen) Gewalt umschrieben. Das kann z. B. gegeben sein, wenn der Betroffene andere schlägt, tritt, beißt, kratzt, kneift, bespuckt, stößt, mit Gegenständen bewirft, eigenes oder fremdes Eigentum zerstört, in fremde Räume eindringt, sich selbst verletzt, andere ohne Grund beschimpft oder beschuldigt.

12. Ausgeprägtes labiles oder unkontrolliert emotionales Verhalten

Hier kommt es wesentlich darauf an, dass das unbeständige, labile bzw. instabile Verhalten regelmäßig auftritt und das unbewusste Verhalten des Betroffenen prägt. Alternativ wird das emotionale Verhalten genannt. Es bezieht sich auf die Gefühlswelt und die Gemütsregungen des Betroffenen, die mit instinktbetonten Reaktionen eng verbunden sind und die dieser nicht kontrollieren kann. Sich auf Situationen einzustellen beinhaltet die Fähigkeit, auf wechselnde Anforderungen angepasst reagieren zu können (strikethrough: wie z. B. Wechsel der Bezugsperson, Besuch, Alleinsein, Änderungen im Tagesablauf usw.). Das (strikethrough: es) (strikethrough: Kriterium) kommt zum Tragen, wenn Versicherte im Zusammenhang mit den Situationen des Alltags (strikethrough: z. B. durch den Verlust von Orts- und Zeitsinn) regelmäßig unangemessen (inadäquat) reagiert bzw. handelt. Das wäre z. B. der Fall, wenn der Betroffene in die Wohnräume uriniert oder einkotet (ohne kausalen Zusammenhang mit Harn- oder Stuhlinkontinenz), einen starken Betätigungs- und Bewegungsdrang hat (z. B. Zerpflücken von Inkontinenzeinlagen, ständiges An- und Ausziehen, Nesteln, Zupfen, waschende Bewegungen), Essen verschmiert, Kot isst oder verschmiert, andere Personen sexuell belästigt (z. B. exhibitionistische Tendenzen), permanent ohne ersichtlichen Grund schreit oder ruft, Gegenstände – auch aus fremdem Eigentum – (z. B. benutzte Unterwäsche, Essensreste, Geld) versteckt, verlegt oder sammelt. Hierbei ist auszuschließen, dass das inadäquate Verhalten in Zusammenhang mit mangelndem Krankheitsgefühl, fehlender Krankheitseinsicht oder therapieresistentem Wahnerleben und Halluzinationen steht, da dies der Fähigkeitsstörung aus Nummer 11 zuzuordnen wäre.

13. Zeitlich überwiegend Niedergeschlagenheit, Verzagtheit, Hilflosigkeit oder Hoffnungslosigkeit aufgrund einer therapieresistenten Depression

Dabei sind die Betroffenen von den niederdrückenden Gefühlen so beeinträchtigt und handlungsunfähig, dass sie aus eigenem Antrieb nicht in der Lage sind, normale tägliche Dinge zu erledigen. Sie sind in ihrer Situation regelrecht gefangen und hilflos. Zu beachten ist, dass auch hier die therapieresistente Form einer Depression angesprochen wird. Es handelt sich um eine schwächere Ausprägung der unter Nr. 7 aufgeführten Störungen.

Hier kommt es wesentlich darauf an, dass das unbeständige, instabile Verhalten regelmäßig auftritt und das unbewusste Verhalten den Betroffenen prägt. Alternativ wird das emotionale Verhalten genannt. Es bezieht sich auf die Gefühlswelt und die Gemütsregungen der Betroffenen, die mit instinktbetonten Reaktionen eng verbunden sind und die dieser nicht kontrollieren kann. Dies wird z. B. dadurch gekennzeichnet, dass der Betroffene häufig situationsunangemessen, unmotiviert und plötzlich weint, Distanzlosigkeit, Euphorie, Reizbarkeit oder unangemessenes Misstrauen in einem Ausmaß an den Tag legt, das den Umgang mit ihm erheblich erschwert.

Es handelt sich um eine schwächere Ausprägung der unter 7. „Unfähigkeit zu einer erforderlichen Kooperation bei therapeutischen oder schützenden Maßnahmen ..." aufgeführten Störungen. Dies wäre z. B. der Fall, wenn der Betroffene ständig „jammert" und klagt, ständig die Sinnlosigkeit seines Lebens oder Tuns beklagt. Die Therapieresistenz einer Depression muss nervenärztlich / psychiatrisch gesichert sein.

Dem folgenden Schaubild kann der Algorithmus zur Feststellung einer eingeschränkten Alltagskompetenz entnommen werden, nach dem der Gutachter des MDK vorgeht.

Algorithmus zur Feststellung einer eingeschränkten Alltagskompetenz

Liegt bei dem Antragsteller eine demenzbedingte Fähigkeitsstörung, geistige Behinderung oder eine psychische Erkrankung vor? — Nein → Der Antragsteller gehört nicht zum berechtigten Personenkreis des § 45a SGB XI

Ja

Screening:
Liegen Auffälligkeiten bei den psychosozialen ATL im Punkt 3.4 des Gutachtens vor? — Nein → Screening negativ

Ja

Screening:
Resultiert aus einer der Auffälligkeiten regelmäßig und auf Dauer ein allgemeiner Beaufsichtigungs- und Betreuungsbedarf? — Nein → Ein Assessment ist nicht erforderlich.

Ja

Screening positiv
Assessment durchführen

Ja

Für jeden der 13 Assessment-Bereiche prüfen: Besteht wegen dieser Störung regelmäßig und auf Dauer ein Beaufsichtigungs- und Betreuungsbedarf? — Nein → Das entsprechende Item ist mit „Nein" zu verschlüsseln.

Ja

Liegt bei mindestens 2 Assessment-Bereichen ein „Ja" vor, davon mindestens ein „Ja" aus den Bereichen 1 – 9? — Nein → Die Alltagskompetenz i. S. d. § 45a ist nicht erheblich eingeschränkt.

Ja

Die Alltagskompetenz im Sinne des § 45a SGB XI ist **erheblich** eingeschränkt.

Ja

Liegt zusätzlich bei mindestens einem weiteren Item aus einem der Bereiche 1, 2, 3, 4, 5, 9, 11 ein „Ja" vor?

Ja

Die Alltagskompetenz im Sinne des § 45a SGB XI ist in **erhöhtem Maße** eingeschränkt.

Die Alltagskompetenz ist erheblich eingeschränkt, wenn der Gutachter des Medizinischen Dienstes bei dem Pflegebedürftigen wenigstens in zwei Bereichen, davon mindestens einmal aus einem der Bereiche 1 bis 9, dauerhafte und regelmäßige Schädigungen oder Fähigkeitsstörungen feststellt (§ 45a Abs. 2 S. 2 SGB XI). Ob der Bedarf an allgemeiner Beaufsichtigung und Betreuung erheblich ist, ist nach dem Wortlaut der Vorschrift nicht nach dem zeitlichen Umfang des Bedarfs, wie bei den Katalog-Verrichtungen (§§ 14, 15 SGB XI), sondern aufgrund des Vorliegens mehrerer Defizite in den Alltagskompetenzen zu beurteilen. Die Norm verlangt Einschränkungen bei mindestens zwei Kriterien, wobei eines den Kriterien der Nummern 1 – 9 zuzuordnen sein muss. Liegt nur eine Schädigung bzw. Fähigkeitsstörung vor oder sind mehrere den Kriterien der Nummern 10 – 13 zuzuordnen, werden die Voraussetzungen der Norm nicht erfüllt. Darüber hinaus müssen die Einschränkungen der Alltagskompetenz regelmäßig gegeben sein. Auch wenn dieser Voraussetzung nicht die Bedeutung zukommen wird wie bei den Katalog-Verrichtungen des § 14 SGB XI durch die Formulierungen in § 15 Abs. 3 SGB XI, ist hervorzuheben, dass eine nur gelegentliche Einschränkung nicht zu berücksichtigen ist. So könnten im Anfangsstadium von demenziellen Erkrankungen Einschränkungen nur in größeren Abständen oder sporadisch festzustellen sein, oder es liegen bestimmte Fähigkeitsstörungen nur bei bestimmten witterungsbedingten Einflüssen (wie z. B. einem Wetterumschwung oder bei Fön) vor. Es wird davon auszugehen sein, dass Einschränkungen der Alltagskompetenz unberücksichtigt bleiben müssen, wenn sie nicht zumindest wöchentlich festzustellen sind.

Screening und Assessment zur Feststellung einer erheblich eingeschränkten Alltagskompetenz bei bestimmten Personen:

Wurde eine erheblich eingeschränkte Alltagskompetenz bereits festgestellt, und besteht sie weiterhin?	ja	nein
Liegt eine demenzbedingte Fähigkeitsstörung, geistige Behinderung oder psychische Erkrankung vor?	ja	nein

	unauffällig	auffällig
Orientierung	☐	☐
Antrieb / Beschäftigung	☐	☐
Stimmung	☐	☐
Gedächtnis	☐	☐
Tag- / Nacht-Rhythmus	☐	☐
Wahrnehmung und Denken	☐	☐

	unauffällig	auffällig
Kommunikation / Sprache	☐	☐
situatives Anpassen	☐	☐
Wahrnehmung sozialer Bereiche des Lebens	☐	☐

Resultiert aus mindestens einer der in der Tabelle festgestellten Auffälligkeiten regelmäßig und auf Dauer ein Beaufsichtigungs- und Betreuungsbedarf?
☐ Ja ☐ Nein

Wenn „Nein", Begründung: _____

Assessment:

Für die Bewertung, ob die Einschränkung der Alltagskompetenz auf Dauer erheblich ist, sind folgende Schädigungen und Beeinträchtigungen der Aktivitäten maßgebend:	Ja	Nein
1. Unkontrolliertes Verlassen des Wohnbereichs (Weglauftendenz)	☐	☐
2. Verkennen oder Verursachen gefährdender Situationen	☐	☐
3. Unsachgemäßer Umgang mit gefährlichen Gegenständen oder potenziell gefährdenden Substanzen	☐	☐
4. Tätlich oder verbal aggressives Verhalten in Verkennung der Situation	☐	☐
5. Inadäquates Verhalten im situativen Kontext	☐	☐
6. Unfähigkeit, die eigenen körperlichen und seelischen Gefühle oder Bedürfnisse wahrzunehmen	☐	☐
7. Unfähigkeit zu einer erforderlichen Kooperation bei therapeutischen oder schützenden Maßnahmen als Folge einer therapieresistenten Depression oder Angststörung	☐	☐
8. Störungen der höheren Hirnfunktionen (Beeinträchtigungen des Gedächtnisses, herabgesetztes Urteilsvermögen), die zu Problemen bei der Bewältigung von sozialen Alltagsleistungen geführt haben	☐	☐
9. Störung des Tag-/Nacht-Rhythmus	☐	☐
10. Unfähigkeit, eigenständig den Tagesablauf zu planen und zu strukturieren	☐	☐

Für die Bewertung, ob die Einschränkung der Alltagskompetenz auf Dauer erheblich ist, sind folgende Schädigungen und Beeinträchtigungen der Aktivitäten maßgebend:	Ja	Nein
11. Verkennen von Alltagssituationen und inadäquates Reagieren in Alltagssituationen	☐	☐
12. Ausgeprägtes labiles oder unkontrolliert emotionales Verhalten	☐	☐
13. Zeitlich überwiegend Niedergeschlagenheit, Verzagtheit, Hilflosigkeit oder Hoffnungslosigkeit aufgrund einer therapieresistenten Depression	☐	☐

Anzahl „Ja" in den Bereichen 1 bis 9 _____
„Ja" in den Bereichen 10 bis 13 _____

Die Alltagskompetenz ist erheblich eingeschränkt, wenn in wenigstens 2 Bereichen, davon mindestens einmal aus dem Bereich 1 bis 9, dauerhafte und regelmäßige Schädigungen und Beeinträchtigungen der Aktivitäten festgestellt werden.

Ergebnis: Die Alltagskompetenz des Antragstellers im Sinne § 45a SGB XI ist erheblich eingeschränkt ☐ Ja ☐ Nein   Seit wann? _____

Die Spitzenverbände der Pflegekassen gemeinsam und einheitlich beschließen mit dem Verband der privaten Krankenversicherung e.V. unter Beteiligung der kommunalen Spitzenverbände auf Bundesebene und des Medizinischen Dienstes der Spitzenverbände der Krankenkassen in Ergänzung der Richtlinien nach § 17 SGB XI das Nähere zur einheitlichen Begutachtung und Feststellung des erheblichen und dauerhaften Bedarfs an allgemeiner Beaufsichtigung und Betreuung (§ 45a Absatz 2 Satz 3 SGB XI). Danach sind die Einzelheiten der Feststellung des allgemeinen Betreuungs- und Beaufsichtigungsbedarfs in den Pflegebedürftigkeits-Richtlinien nach § 17 SGB XI zu regeln. Dies soll das gemeinsame und einheitliche Vorgehen aller Pflegekassen sicherstellen. Darüber hinaus soll über § 17 SGB XI auch das Nähere zur einheitlichen Begutachtung der Alltagskompetenz in den Begutachtungs-Richtlinien geregelt werden. Die Rechtsgrundlage für die Begutachtungs-Richtlinien ist jedoch § 53a Satz 1 Nr. 2 SGB XI (ebenso z. B. Udsching zu § 17 Rz. 3, Krahmer in LPK-SGB XI zu § 53a Rz. 7), so dass von einer unsauberen Formulierung des Gesetzestextes auszugehen ist; Richtlinien nach § 53a SGB XI bedürfen der Zustimmung des BMG. Da auch Richtlinien nach § 53a SGB XI das gemeinsame und einheitliche Vorgehen absichern und die Gleichbehandlung aller Versicherten sicherstellen sollen, können die unterschiedlichen Wirkungen hier vernachlässigt werden.

Anhang 1 – Pflegebedürftigkeits-Richtlinien

Richtlinien der Spitzenverbände der Pflegekassen über die Abgrenzung der Merkmale der Pflegebedürftigkeit und der Pflegestufen sowie zum Verfahren der Feststellung der Pflegebedürftigkeit (Pflegebedürftigkeits-Richtlinien – PflRi) vom 07.11.1994[38] geändert durch Beschlüsse vom 21.12.1995[39], vom 22.08.2001[40] und vom 11.05.2006[41]

Der AOK-Bundesverband,
der Bundesverband der Betriebskrankenkassen,
der IKK-Bundesverband,
die See-Pflegekasse,
der Bundesverband der landwirtschaftlichen Krankenkassen,
die Knappschaft,
der Verband der Angestellten-Krankenkassen e. V. [jetzt vdek] und
der AEV – Arbeiter-Ersatzkassen-Verband e. V [jetzt vdek].

handelnd als Spitzenverbände der Pflegekassen haben unter Beteiligung des Medizinischen Dienstes der Spitzenverbände der Krankenkassen, der Kassenärztlichen Bundesvereinigung, der Bundesverbände der Pflegeberufe und der behinderten Menschen, der Bundesarbeitsgemeinschaft der Freien Wohlfahrtspflege, der Bundesarbeitsgemeinschaft der überörtlichen Träger der Sozialhilfe, der Kommunalen Spitzenverbände auf Bundesebene, der Bundesverbände privater Alten- und Pflegeheime sowie der Verbände der privaten ambulanten Dienste

aufgrund des § 17 SGB XI in Verbindung mit § 213 SGB V

am 07.11.1994 sowie durch Ergänzungsbeschlüsse vom 21.12.1995, vom 22.08.2001 und vom 11.05.2006 gemeinsam und einheitlich die nachstehenden Richtlinien zur Abgrenzung der Merkmale der Pflegebedürftigkeit und der Pflegestufen sowie zum Verfahren der Feststellung der Pflegebedürftigkeit (Pflegebedürftigkeits-Richtlinien – PflRi) beschlossen.

In Ergänzung dieser Richtlinien haben die Spitzenverbände der Pflegekassen und der Verband der privaten Krankenversicherung e. V. unter Beteiligung

---

38 Den Pflegebedürftigkeits-Richtlinien – PflRi – vom 07.11.1994 hat das BMA mit Schreiben vom 10.01.1995 – Va 1-43 104-1 – gemäß § 17 Abs. 2 Satz 2 SGB XI die Genehmigung erteilt.

39 Den Pflegebedürftigkeits-Richtlinien in der geänderten Fassung vom 21.12.1995 hat das BMA mit Schreiben vom 29.12.1995 – Va 1-43 104-1 – die Genehmigung erteilt.

40 Den Pflegebedürftigkeits-Richtlinien in der geänderten Fassung vom 22.08.2001 hat das BMG mit Schreiben vom 26.09.2001 – 123-43 371 – und vom 13.11.2001 – 123-43 371/3 – die Genehmigung erteilt. Die Pflegebedürftigkeits-Richtlinien finden mit Wirkung vom 01.01.2002 Anwendung.

41 Den Pflegebedürftigkeits-Richtlinien in der geänderten Fassung vom 11.05.2006 hat das BMG mit Schreiben vom 21.06.2006 – 233-43371/3 – die Genehmigung erteilt. Die Pflegebedürftigkeits-Richtlinien finden mit Wirkung vom 01.09.2006 Anwendung.

der Kommunalen Spitzenverbände auf Bundesebene und des Medizinischen
Dienstes der Spitzenverbände der Krankenkassen am 22.03.2002, geändert
durch Beschluss vom 11.05.2006, das Verfahren zur Feststellung von Personen mit erheblich eingeschränkter Alltagskompetenz aufgrund § 45a Abs. 2
SGB XI beschlossen (vgl. Anlage).

1. Allgemeines

Die Richtlinien bestimmen die Merkmale der Pflegebedürftigkeit (§ 14 SGB
XI) und die Pflegestufen (§ 15 SGB XI) sowie das Verfahren der Feststellung
der Pflegebedürftigkeit (§ 18 SGB XI). Sie gelten unabhängig davon, ob im
häuslichen oder stationären Bereich gepflegt werden soll. Regelmäßig ist die
Begutachtung im häuslichen Bereich durchzuführen; dies schließt eine Untersuchung im Krankenhaus oder in einer stationären Rehabilitationseinrichtung im Rahmen der Begutachtung nicht aus. Bei Versicherten, die Leistungen der vollstationären Pflege beantragt haben und deren Wohnung bereits
aufgelöst ist, gelten die Besonderheiten unter Ziffer 6. Die Richtlinien sind
für die Pflegekassen (§ 46 SGB XI) sowie für die Medizinischen Dienste der
Krankenversicherung (MDK) verbindlich (§ 213 SGB V). Regionale Abweichungen sind nicht zulässig.

Beziehungen der Pflegekassen zu den Leistungserbringern, insbesondere
hinsichtlich der Qualität der zu erbringenden Leistungen, des Personalbe-
darfs der Pflegeeinrichtungen und der Vergütung sind nicht Gegenstand
dieser Richtlinien (vgl. Ziffer 4.1).

2. Ziele der Pflege

Pflegebedürftigkeit ist regelmäßig kein unveränderbarer Zustand, sondern
ein Prozess, der durch präventive, therapeutische bzw. rehabilitative Maßnahmen und durch aktivierende Pflege beeinflussbar ist.

Die aktivierende Pflege soll gemeinsam mit den Rehabilitationsmaßnahmen
dem Pflegebedürftigen helfen, trotz seines Hilfebedarfs eine möglichst weit
gehende Selbstständigkeit im täglichen Leben zu fördern, zu erhalten bzw.
wiederherzustellen. Dabei ist insbesondere anzustreben,

- vorhandene Selbstversorgungsfähigkeiten zu erhalten und solche, die
  verloren gegangen sind, zu reaktivieren,

- bei der Leistungserbringung die Kommunikation zu verbessern,

- dass geistig und seelisch Behinderte, psychisch Kranke und geistig verwirrte Menschen sich in ihrer Umgebung und auch zeitlich zurechtfinden.

Pflegekasse, MDK, ambulante, teil- und vollstationäre Pflegeeinrichtungen
sowie Pflegepersonen sind verpflichtet, geeignete Maßnahmen zur Errei-
chung dieser Ziele vorzuschlagen, zu veranlassen oder auszuführen.

3. Merkmale der Pflegebedürftigkeit

3.1 Nach § 14 SGB XI sind Personen pflegebedürftig, die wegen einer körperlichen, geistigen oder seelischen Krankheit oder Behinderung für die gewöhnlichen und regelmäßig wiederkehrenden Verrichtungen im Ablauf des täglichen Lebens auf Dauer, voraussichtlich für mindestens sechs Monate, in erheblichem oder höherem Maße der Hilfe bedürfen. Krankheiten oder Behinderungen in diesem Sinne sind

1. Verluste, Lähmungen oder andere Funktionsstörungen am Stütz- und Bewegungsapparat,

2. Funktionsstörungen der inneren Organe oder der Sinnesorgane,

3. Störungen des zentralen Nervensystems wie Antriebs-, Gedächtnis- oder Orientierungsstörungen sowie endogene Psychosen, Neurosen oder geistige Behinderungen.

3.2 Pflegebedürftigkeit auf Dauer liegt vor, wenn sich die eingeschränkten oder nicht vorhandenen Fähigkeiten der hilfebedürftigen Person zur Ausübung der genannten Verrichtungen voraussichtlich innerhalb von sechs Monaten nach Eintritt der Hilfebedürftigkeit im Sinne des § 14 SGB XI nicht (z. B. durch rehabilitative Maßnahmen) wiederherstellen lassen. Pflegebedürftigkeit auf Dauer ist auch gegeben, wenn der Hilfebedarf nur deshalb nicht über sechs Monate hinausgeht, weil die zu erwartende Lebensspanne voraussichtlich weniger als sechs Monate beträgt.

3.3 Die Pflegebedürftigkeit muss darauf beruhen, dass die Fähigkeit, bestimmte Verrichtungen im Ablauf des täglichen Lebens auszuüben, eingeschränkt oder nicht vorhanden ist. Maßstab der Beurteilung der Pflegebedürftigkeit sind daher ausschließlich die Fähigkeiten zur Ausübung dieser Verrichtungen und nicht Art oder Schwere vorliegender Erkrankungen (wie z. B. Krebs oder Aids) oder Schädigungen (wie z. B. Taubheit, Blindheit, Lähmung). Entscheidungen in einem anderen Sozialleistungsbereich über das Vorliegen einer Behinderung (z. B. GdB) oder die Gewährung einer Rente haben keine bindende Wirkung für die Pflegekasse und sagen auch nichts aus über das Vorliegen von Pflegebedürftigkeit. Pflegebedürftigkeit ist auch dann gegeben, wenn der Pflegebedürftige die Verrichtung zwar motorisch ausüben, jedoch deren Notwendigkeit nicht erkennen oder nicht in sinnvolles zweckgerichtetes Handeln umsetzen kann (z. B. bei Antriebs- und Gedächtnisstörungen, verminderter Orientierung in der Wohnung oder Umgebung, bei Verwechseln oder Nichterkennen vertrauter Personen oder Gegenständen sowie bei Störungen der emotionalen Kontrolle).

3.4 Grundlage für die Feststellung der Pflegebedürftigkeit sind allein die im Gesetz genannten gewöhnlichen und regelmäßig wiederkehrenden Verrichtungen im Ablauf des täglichen Lebens; dies gilt gleichermaßen für körperlich und psychisch Kranke sowie körperlich und geistig Behinderte.

Maßstab für die Feststellung der Pflegebedürftigkeit ist der individuelle Hilfebedarf bei den im Gesetz abschließend genannten gewöhnlichen und regelmäßig wiederkehrenden Verrichtungen im Ablauf des täglichen Lebens, orientiert an der tatsächlichen Hilfeleistung im Rahmen des medizinisch und pflegerisch Notwendigen.

3.4.1   Verrichtungen in diesem Sinne sind

▓ **im Bereich der Körperpflege**
1. das Waschen,
2. das Duschen,
3. das Baden,
4. die Zahnpflege,
5. das Kämmen,
6. das Rasieren,
7. die Darm- oder Blasenentleerung

▓ **im Bereich der Ernährung**
8. das mundgerechte Zubereiten der Nahrung,
9. die Aufnahme der Nahrung

▓ **im Bereich der Mobilität**
10. Aufstehen und Zu-Bett-Gehen,
11. An- und Auskleiden,
12. Gehen,
13. Stehen,
14. Treppensteigen,
15. Verlassen und Wiederaufsuchen der Wohnung

▓ **im Bereich der hauswirtschaftlichen Versorgung**
16. das Einkaufen,
17. das Kochen,
18. das Reinigen der Wohnung,
19. das Spülen,
20. das Wechseln und Waschen der Wäsche und Kleidung,
21. das Beheizen.

Die Verrichtungen Waschen, Duschen oder Baden umfassen auch das Haarewaschen einschließlich der Haartrocknung. Das Schneiden von Finger- und Fußnägeln sind regelmäßig keine täglich anfallenden Verrichtungen.

3.4.2   Die Vor- und Nachbereitung zu den Verrichtungen sind Bestandteil der Hilfen im Sinne der Pflegeversicherung.

Die Hautpflege ist integraler Bestandteil der Körperpflege.

Die Zahnpflege (lfd. Nr. 4) umfasst auch die Reinigung von Zahnersatz und die Mundpflege.

Zur Darm- und Blasenentleerung (lfd. Nr. 7) gehören die Kontrolle des Wasserlassens und Stuhlgangs sowie die Reinigung und Versorgung von künstlich geschaffenen Ausgängen.

Zur mundgerechten Zubereitung und zur Aufnahme der Nahrung (lfd. Nr. 8 und 9) gehören alle Tätigkeiten, die zur unmittelbaren Vorbereitung dienen und die die Aufnahme von fester oder flüssiger Nahrung ermöglichen, wie z. B.

▦ portions- und temperaturgerechte Vorgabe,

▦ Umgang mit Besteck.

Zur mundgerechten Zubereitung der Nahrung gehört allein die letzte Maßnahme vor der Nahrungsaufnahme. Notwendige Aufforderungen zur vollständigen Aufnahme der Nahrung in fester und flüssiger Form (Essen und Trinken) sind beim Hilfebedarf zu berücksichtigen, wenn der Pflegebedürftige aufgrund fehlender Einsichtsfähigkeit dazu nicht in der Lage ist.

Das selbstständige Aufstehen und Zu-Bett-Gehen (lfd. Nr. 10) umfasst auch die eigenständige Entscheidung, zeitgerecht das Bett aufzusuchen bzw. zu verlassen.

Das Umlagern ist Grundpflege. Alleiniges Umlagern (ohne Zusammenhang mit anderen Verrichtungen der Grundpflege) wird der Verrichtung Aufstehen und Zu-Bett-Gehen zugeordnet.

Das Gehen, Stehen und Treppensteigen (lfd. Nrn. 12, 13, 14) innerhalb der Wohnung ist nur im Zusammenhang mit den gesetzlich definierten Verrichtungen der Grundpflege zu werten. Zum Stehen zählen auch notwenige Transfers. Das Gehen, Stehen oder Treppensteigen im Zusammenhang mit der hauswirtschaftlichen Versorgung wird bei der Hauswirtschaft berücksichtigt.

Beim Verlassen und Wiederaufsuchen der Wohnung (lfd. Nr. 15) sind nur solche Maßnahmen außerhalb der Wohnung zu berücksichtigen, die unmittelbar für die Aufrechterhaltung der Lebensführung zu Hause notwendig sind und regelmäßig und auf Dauer anfallen und das persönliche Erscheinen des Pflegebedürftigen erfordern. Bei den anzuerkennenden Maßnahmen ist das Gehen, Stehen und Treppensteigen außerhalb der Wohnung zu berücksichtigen, sofern es den oben genannten Zielen dient. Weiterer Hilfebedarf, z. B. die Begleitung zur Bushaltestelle auf dem Weg zu Behindertenwerkstätten, Schulen, Kindergärten oder im Zusammenhang mit der Erwerbstätigkeit sowie bei Spaziergängen oder Besuch von kulturellen Veranstaltungen, bleibt unberücksichtigt.

Das Einkaufen (lfd. Nr. 16) umfasst z. B. auch

▦ den Überblick, welche Lebensmittel wo eingekauft werden müssen,

▓ Kenntnis des Wertes von Geldmünzen und Banknoten,

▓ Kenntnis der Genieß- bzw. Haltbarkeit von Lebensmitteln.

Das Kochen (lfd. Nr. 17) umfasst die gesamte Zubereitung der Nahrung, wie Aufstellen eines Speiseplans (z. B. Zusammenstellung der Diätnahrung sowie Berücksichtigung einer konkreten Kalorienzufuhr) für die richtige Ernährung unter Berücksichtigung von Alter und Lebensumständen.

Das Reinigen der Wohnung (lfd. Nr. 18) beschränkt sich auf den allgemein üblichen Lebensbereich.

Der Begriff Waschen der Wäsche und Kleidung (lfd. Nr. 20) umfasst die gesamte Pflege der Wäsche und Kleidung (z. B. Bügeln, Ausbessern).

Das Beheizen (lfd. Nr. 21) umfasst auch die Beschaffung und Entsorgung des Heizmaterials.

3.5 Die Hilfe muss in Form

▓ der Unterstützung bei den pflegerelevanten Verrichtungen des täglichen Lebens,

▓ der teilweisen oder vollständigen Übernahme dieser Verrichtungen,

▓ der Beaufsichtigung der Ausführung dieser Verrichtungen oder der Anleitung zur Selbstvornahme

durch die Pflegeperson erforderlich sein. Ziel der Hilfe ist so weit wie möglich die eigenständige Übernahme der Verrichtungen durch die pflegebedürftige Person. Bei der Beurteilung, ob und gegebenenfalls in welcher Form Hilfe benötigt wird, ist das häusliche und soziale Umfeld des Pflegebedürftigen zu berücksichtigen. Ein Hilfebedarf kann nicht deshalb verneint werden, weil sich der Pflegebedürftige tagsüber außerhalb der Wohnung aufhält.

3.5.1 Unterstützung bedeutet, noch vorhandene Fähigkeiten bei den Verrichtungen des täglichen Lebens zu erhalten und zu fördern sowie dem Pflegebedürftigen zu helfen, verloren gegangene Fähigkeiten wieder zu erlernen und nicht vorhandene zu entwickeln (aktivierende Pflege). Dazu gehört auch die Unterstützung bei der richtigen Nutzung der ihm überlassenen Hilfsmittel.

3.5.2 Teilweise Übernahme bedeutet, dass die Pflegeperson den Teil der Verrichtungen des täglichen Lebens übernimmt, den der Pflegebedürftige selbst nicht ausführen kann. Auch die teilweise Übernahme sollte im Sinne der aktivierenden Pflege erbracht werden.

Vollständige Übernahme bedeutet, dass die Pflegeperson alle Verrichtungen selbst ausführt, die der Pflegebedürftige selbst nicht ausführen kann. Auch die vollständige Übernahme sollte im Sinne der aktivierenden Pflege erbracht werden.

3.5.3 Die Hilfeformen der Anleitung und Beaufsichtigung kommen insbesondere bei geistig behinderten, psychisch kranken und geronto-psychiatrisch veränderten Menschen in Betracht. Es ist nur der Hilfebedarf in Form der Anleitung und Beaufsichtigung zu berücksichtigen, der bei den in § 14 Abs. 4 SGB XI genannten Verrichtungen erforderlich ist. Anleitung bedeutet, dass die Pflegeperson bei einer konkreten Verrichtung den Ablauf der einzelnen Handlungsschritte oder den ganzen Handlungsablauf anregen, lenken oder demonstrieren muss. Bei der Beaufsichtigung steht zum einen die Sicherheit beim konkreten Handlungsablauf der Verrichtungen im Vordergrund, zum anderen die Kontrolle darüber, ob die betreffenden Verrichtungen in der erforderlichen Art und Weise durchgeführt werden. Beaufsichtigung und Anleitung zielen darauf, dass die regelmäßig wiederkehrenden Verrichtungen im Ablauf des täglichen Lebens nach § 14 Abs. 4 SGB XI in sinnvoller Weise vom Pflegebedürftigen selbst durchgeführt werden. Beaufsichtigung und Anleitung bei diesen Verrichtungen richten sich auch darauf,

▓ körperliche, psychische und geistige Fähigkeiten zu fördern und zu erhalten (z. B. Orientierung zur eigenen Person und in der Umgebung),

▓ Selbst- oder Fremdgefährdung zu vermeiden (z. B. durch unsachgemäßen Umgang mit Strom, Wasser oder offenem Feuer),

▓ Ängste, Reizbarkeit oder Aggressionen abzubauen.

Ein unabhängig von den in § 14 Abs. 4 SGB XI genannten Verrichtungen erforderlicher allgemeiner Aufsichts- und Betreuungsbedarf (z. B. eines geistig Behinderten) zur Vermeidung einer möglichen Selbst- oder Fremdgefährdung ist bei der Feststellung des Hilfebedarfs nicht zu berücksichtigen.

3.5.4   Nicht zum berücksichtigungsfähigen Hilfebedarf gehören

▓ Maßnahmen der medizinischen Rehabilitation,

▓ Maßnahmen zur Durchführung der beruflichen und sozialen (gesellschaftlichen) Eingliederung,

▓ Maßnahmen zur Förderung der Kommunikation.

Ebenfalls nicht zum berücksichtigungsfähigen Hilfebedarf gehören Maßnahmen der Krankenbehandlung und Maßnahmen der Behandlungspflege mit Ausnahme der krankheitsspezifischen Pflegemaßnahmen. Als krankheitsspezifische Pflegemaßnahmen kommen nur solche Maßnahmen in Betracht, die aus medizinisch-pflegerischen Gründen regelmäßig und auf Dauer

▓ untrennbarer Bestandteil der Hilfe bei den in § 14 Abs. 4 SGB XI genannten Verrichtungen der Grundpflege sind oder

▓ zwangsläufig im unmittelbaren zeitlichen und sachlichen Zusammenhang mit diesen Verrichtungen vorgenommen werden müssen.

Dies gilt ungeachtet ihrer eventuellen Zuordnung zur Behandlungspflege nach § 37 SGB V.

Ausgangspunkt für die Behandlung krankheitspezifischer Pflegemaßnahmen ist der Hilfebedarf bei der jeweiligen Verrichtung der Grundpflege nach § 14 Abs. 4 SGB XI. Krankheitsspezifische Pflegemaßnahmen stellen für sich allein gesehen keine Verrichtungen des täglichen Lebens dar und können deshalb nur dann berücksichtigt werden, wenn sie bei bestehendem Hilfebedarf bei den Verrichtungen der Grundpflege nach § 14 Abs. 4 SGB XI zusätzlich notwendig sind. Nur dann sind krankheitsspezifische Pflegemaßnahmen im Sinne eines Erschwernisfaktors bei der Feststellung des individuellen zeitlichen Hilfebedarfs für die jeweilige Verrichtung zu berücksichtigen.

4. Abgrenzung der Pflegestufen

4.1   Kriterien für die Zuordnung zu einer der drei Pflegestufen sind neben den genannten Voraussetzungen die Häufigkeit des Hilfebedarfs, ein zeitlicher Mindestaufwand sowie die Zuordnung der Verrichtungen im Tagesablauf. Geringfügiger oder nur kurzzeitig anfallender Hilfebedarf führt nicht zur Anerkennung einer Pflegestufe. Dies gilt auch, wenn Hilfebedürftigkeit nur bei der hauswirtschaftlichen Versorgung besteht. Die Festlegung des zeitlichen Mindestpflegeaufwandes in den einzelnen Pflegestufen bedeutet keine Vorgabe für die personelle Besetzung von ambulanten, teil- und vollstationären Pflegeeinrichtungen und lässt keine Rückschlüsse hierauf zu.

4.1.1   Pflegestufe I – Erhebliche Pflegebedürftigkeit

Erhebliche Pflegebedürftigkeit liegt vor bei einem mindestens einmal täglich erforderlichen Hilfebedarf bei mindestens zwei Verrichtungen aus einem oder mehreren Bereichen der Körperpflege, Ernährung oder Mobilität. Zusätzlich muss mehrfach in der Woche Hilfe bei der hauswirtschaftlichen Versorgung benötigt werden.

Der wöchentliche Zeitaufwand, den ein Familienangehöriger, Nachbar oder eine andere nicht als Pflegekraft ausgebildete Pflegeperson für alle für die Versorgung des Pflegebedürftigen nach Art und Schwere seiner Pflegebedürftigkeit erforderlichen Leistungen der Grundpflege und hauswirtschaftlichen Versorgung benötigt, muss im Tagesdurchschnitt mindestens eineinhalb Stunden betragen, wobei auf die Grundpflege mehr als 45 Minuten entfallen müssen.

4.1.2   Pflegestufe II – Schwerpflegebedürftigkeit

Schwerpflegebedürftigkeit liegt vor bei einem mindestens dreimal täglich zu verschiedenen Tageszeiten erforderlichen Hilfebedarf bei der Körperpflege, der Ernährung oder der Mobilität. Zusätzlich muss mehrfach in der Woche Hilfe bei der hauswirtschaftlichen Versorgung benötigt werden.

Der wöchentliche Zeitaufwand, den ein Familienangehöriger, Nachbar oder eine andere nicht als Pflegekraft ausgebildete Pflegeperson für alle für die Versorgung des Pflegebedürftigen nach Art und Schwere seiner Pflegebedürftigkeit erforderlichen Leistungen der Grundpflege und hauswirtschaftlichen Versorgung benötigt, muss im Tagesdurchschnitt mindestens drei Stunden betragen, wobei auf die Grundpflege mindestens zwei Stunden entfallen müssen.

4.1.3   Pflegestufe III – Schwerstpflegebedürftigkeit

Schwerstpflegebedürftigkeit liegt vor, wenn der Hilfebedarf so groß ist, dass der konkrete Hilfebedarf jederzeit gegeben ist und Tag und Nacht anfällt (Rund-um-die-Uhr-Betreuung).

Der wöchentliche Zeitaufwand, den ein Familienangehöriger, Nachbar oder eine andere nicht als Pflegekraft ausgebildete Pflegeperson für alle für die Versorgung des Pflegebedürftigen nach Art und Schwere seiner Pflegebedürftigkeit erforderlichen Leistungen der Grundpflege und hauswirtschaftlichen Versorgung benötigt, muss im Tagesdurchschnitt mindestens fünf Stunden betragen, wobei auf die Grundpflege mindestens vier Stunden entfallen müssen.

4.2   Pflegebedürftige Kinder sind zur Feststellung des Hilfebedarfs mit einem gesunden Kind gleichen Alters zu vergleichen. Maßgebend für die Beurteilung des Hilfebedarfs bei einem Säugling oder Kleinkind ist nicht der natürliche, altersbedingte Pflegeaufwand, sondern nur der darüber hinausgehende Hilfebedarf. Bei kranken oder behinderten Kindern ist der zusätzliche Hilfebedarf zu berücksichtigen, der sich z. B. als Folge einer angeborenen Erkrankung, einer intensivmedizinischen Behandlung oder einer Operation im Bereich der Körperpflege, der Ernährung oder der Mobilität ergibt und u. a. in häufigen Mahlzeiten oder zusätzlicher Körperpflege bzw. Lagerungsmaßnahmen bestehen kann. Im ersten Lebensjahr liegt Pflegebedürftigkeit nur ausnahmsweise vor; die Feststellung bedarf einer besonderen Begründung.

4.3   Für die Beurteilung, ob die Voraussetzungen des § 36 Abs. 4 SGB XI bzw. des § 43 Abs. 3 SGB XI vorliegen, gelten die Härtefallrichtlinien nach § 17 Abs. 1 Satz 3 SGB XI.

4.4   Wird vollstationäre Pflege beantragt, ist zusätzlich zu prüfen, ob häusliche oder teilstationäre Pflege z. B. aufgrund des Pflegeumfanges nicht möglich ist oder wegen der individuellen Lebenssituation nicht in Betracht kommt. Vollstationäre Pflege kann insbesondere erforderlich sein bei

▪ Fehlen einer Pflegeperson,

▪ fehlender Pflegebereitschaft möglicher Pflegepersonen,

▓ drohender oder bereits eingetretener Überforderung der Pflegepersonen,

▓ drohender oder bereits eingetretener Verwahrlosung des Pflegebedürftigen,

▓ Selbst- und Fremdgefährdungstendenzen des Pflegebedürftigen,

▓ räumlichen Gegebenheiten im häuslichen Bereich, die keine häusliche Pflege ermöglichen, und durch Maßnahmen zur Verbesserung des individuellen Wohnumfeldes (§ 40 Abs. 4 SGB XI) nicht verbessert werden können.

Beantragt ein Schwerstpflegebedürftiger vollstationäre Pflege, wird die Erforderlichkeit von vollstationärer Pflege wegen Art, Häufigkeit und zeitlichem Umfang des Hilfebedarfs unterstellt.

4.5 Werden ausschließlich Leistungen nach § 43a SGB XI in einer vollstationären Einrichtung der Behindertenhilfe beantragt, in der die berufliche und soziale Eingliederung, die schulische Ausbildung oder die Erziehung Behinderter im Vordergrund des Einrichtungszweckes stehen, reicht die Feststellung, ob die Voraussetzungen der erheblichen Pflegebedürftigkeit (Pflegestufe I) erfüllt sind.

5. Verfahren zur Feststellung der Pflegebedürftigkeit

5.1 Die Leistungen bei Pflegebedürftigkeit sind bei der Pflegekasse zu beantragen. Die Entscheidung über den Antrag trifft die Pflegekasse unter maßgeblicher Berücksichtigung des Gutachtens des MDK. Weicht die Pflegekasse von der Empfehlung des MDK zum Vorliegen von Pflegebedürftigkeit und zur Pflegestufe ab, teilt sie dies dem MDK unter Angabe der Gründe mit. Die Feststellung, ob und ggf. in welchem Umfang Pflegebedürftigkeit vorliegt, ist in angemessenen Abständen zu überprüfen.

5.2 Die Pflegekasse veranlasst eine Prüfung durch den MDK, ob die Voraussetzungen der Pflegebedürftigkeit erfüllt sind und welche Stufe der Pflegebedürftigkeit vorliegt. Dazu übergibt die Pflegekasse nach Prüfung der versicherungsrechtlichen Voraussetzungen dem MDK den Antrag und, soweit vorhanden, weitere für die Begutachtung erforderliche Unterlagen über Vorerkrankungen, Klinikaufenthalte, zur Heil- und Hilfsmittelversorgung, zum behandelnden Arzt und zur häuslichen Krankenpflege nach § 37 SGB V des Versicherten.

5.3. Die Pflegekasse klärt den Antragsteller bzw. den Bevollmächtigten oder Betreuer über die Mitwirkungspflichten sowie die Folgen fehlender Mitwirkung auf und fordert ihn auf, dem zuständigen MDK eine Einwilligung zur Einholung von Auskünften – soweit diese für die Begutachtung erforderlich sind – bei den behandelnden Ärzten, den betreuenden Pflegepersonen und der betreuenden Pflegeeinrichtung zu erteilen.

Die Pflege- und Krankenkassen sowie die Leistungserbringer sind verpflichtet, dem MDK die für die Begutachtung erforderlichen Unterlagen vorzulegen und Auskünfte zu erteilen (§ 18 Abs. 4 SGB XI).

5.4 Der MDK bezieht die behandelnden Ärzte des Versicherten, insbesondere die Hausärzte, und die den Versicherten Pflegenden in erforderlichem Umfang in die Vorbereitungen der Begutachtung ein, um Auskünfte und Unterlagen über die für die Begutachtung der Pflegebedürftigkeit wichtigen Vorerkrankungen sowie zu Art, Umfang und Dauer der Pflege (z. B. bei psychisch Kranken sowie geistig und seelisch Behinderten evtl. vorhandene längerfristige Aufzeichnungen über den Pflegeverlauf) einzuholen. Zusätzlich legen die Pflegeeinrichtungen die für die Begutachtung erforderlichen Unterlagen (insbesondere die Pflegedokumentation) vor und erteilen die im Zusammenhang mit der Begutachtung erforderlichen Auskünfte.

5.5 Die Begutachtungen sind durch geschulte und qualifizierte Gutachter durchzuführen. Sie erfolgen durch Ärzte, Pflegefachkräfte und andere Fachkräfte, die der Medizinische Dienst für die Bewältigung des laufenden Arbeitsanfalls vorhält. Der Medizinische Dienst kann zur Bewältigung von Antragsspitzen und zu speziellen gutachterlichen Fragestellungen Ärzte, Pflegefachkräfte oder andere Fachkräfte bei der Erstellung des Gutachtens als externe Kräfte beteiligen. Die Verantwortung für die Begutachtung trägt der Medizinische Dienst auch dann, wenn externe Sachverständige beteiligt waren.

Als externe Kräfte sind vorrangig Mitarbeiter anderer Gutachterdienste, insbesondere des öffentlichen Gesundheitswesens und der Versorgungsverwaltung, oder anderer Sozialleistungsträger zu beauftragen. Sofern ausnahmsweise niedergelassene Ärzte oder Pflegefachkräfte von Sozialstationen, gewerblichen Pflegediensten sowie in der Pflege selbstständig Tätige als externe Kräfte beauftragt werden, ist sicherzustellen, dass keine Interessenkollisionen entstehen. In allen Phasen des gutachterlichen Verfahrens arbeiten die beteiligten Fachkräfte im Einzelfall eng zusammen.

5.6 Der Medizinische Dienst entscheidet im Einzelfall unter Berücksichtigung der ihm vorliegenden Unterlagen und des Schwerpunktes der Begutachtung (Nr. 5.5), welche Gutachter den Besuch im häuslichen Umfeld und / oder in der vollstationären Pflegeeinrichtung, im Krankenhaus bzw. der stationären Rehabilitationseinrichtung machen. In der Regel ist es ausreichend, dass der Besuch von einem Gutachter durchgeführt wird. Ein gemeinsamer Besuch von Arzt und Pflegefachkraft kann dann sinnvoll sein, wenn mit einer besonders schwierigen Begutachtungssituation zu rechnen ist. Die bei dem Besuch ermittelten Tatsachen sind so weit erforderlich von den an der Begutachtung beteiligten Gutachtern des Medizinischen Dienstes gemeinsam zu werten und im Gutachten einvernehmlich festzuhalten.

5.7 Der MDK prüft im Einzelfall im Rahmen eines angekündigten Besuchs,

▓ ob und in welchem Umfang Maßnahmen zur Rehabilitation oder andere Maßnahmen zur Beseitigung, Minderung oder Verhütung einer Verschlimmerung der Pflegebedürftigkeit geeignet, notwendig und zumutbar sind,

▓ ob die Voraussetzungen der Pflegebedürftigkeit erfüllt sind und welche Stufe vorliegt.

Ist dies aufgrund eindeutiger Aktenlage festzustellen, kann eine Untersuchung des Antragstellers ausnahmsweise unterbleiben. Sind weitere Feststellungen (z. B. zur pflegerischen Versorgung, Versorgung mit Pflege-/Hilfsmitteln oder zur Verbesserung des Wohnumfeldes) notwendig, sind diese im Rahmen eines Besuchs zu treffen.

5.8 Das Ergebnis seiner Prüfung teilt der MDK der Pflegekasse in einem Gutachten mit, wofür das im Anhang 4 der Begutachtungs-Richtlinien beigefügte Formular zu verwenden ist. In dem Gutachten ist differenziert zu folgenden Sachverhalten Stellung zu nehmen:

▓ Vorliegen der Voraussetzungen für Pflegebedürftigkeit und Beginn der Pflegebedürftigkeit,

▓ Pflegestufe,

▓ Prüfung, ob und inwieweit ein außergewöhnlich hoher Pflegeaufwand vorliegt (§ 36 Abs. 4 SGB XI, § 43 Abs. 3 SGB XI; vgl. Härtefallrichtlinien nach § 17 Abs. 1 Satz 3 SGB XI),

▓ Umfang der Pflegetätigkeit (§ 44 SGB XI, § 166 Abs. 2 SGB VI).

Beantragt der Versicherte vollstationäre Pflege, hat sich die Stellungnahme auch darauf zu erstrecken, ob vollstationäre Pflege erforderlich ist.

5.9 Darüber hinaus hat der MDK in einem Empfehlungsteil (individuellen Pflegeplan)

▓ Aussagen über die im Bereich der pflegerischen Leistungen und im Einzelfall erforderlichen Hilfen,

▓ Aussagen über notwendige Hilfsmittel und technische Hilfen (§ 40 SGB XI),

▓ Vorschläge für Maßnahmen zur Rehabilitation,

▓ Vorschläge für Maßnahmen zur Prävention,

▓ Prognosen über die weitere Entwicklung der Pflegebedürftigkeit,

▓ Aussagen über die sich im Einzelfall daraus ergebende Notwendigkeit und die Zeitabstände von Wiederholungsbegutachtungen zu machen.

Beantragt der Pflegebedürftige Pflegegeld, hat sich die Stellungnahme auch darauf zu erstrecken, ob die häusliche Pflege in geeigneter Weise sichergestellt ist.

5.10 Die Pflegekasse teilt dem Versicherten ihre Entscheidung über das Vorliegen von Pflegebedürftigkeit und der Pflegestufe auf der Grundlage der Begutachtung des MDK schriftlich mit.

6. Besonderheiten bei vollstationärer Pflege

6.1 Bei Versicherten, die Leistungen der vollstationären Pflege beantragt haben und deren Wohnung bereits aufgelöst ist, sind die Kriterien nach Ziffern 4.1.1 bis 4.1.3 Grundlage für die Feststellung der Pflegebedürftigkeit. Dabei ist Maßstab für die Bemessung des zeitlichen Mindestaufwandes in den einzelnen Pflegestufen eine durchschnittliche häusliche Wohnsituation. Die Begutachtung im vollstationären Bereich ist durch geeignete Gutachter durchzuführen, die bereits über ausreichende Erfahrungen im ambulanten Bereich verfügen.

6.2 Bei pflegebedürftigen Versicherten, die bereits vor dem 01.04.1996 in einer vollstationären Pflegeeinrichtung lebten, wird die Notwendigkeit der vollstationären Pflege unterstellt.

7. Widerspruchsverfahren

Wird im Rahmen eines Widerspruchsverfahrens nach Auffassung der Pflegekasse eine erneute Begutachtung erforderlich, erhält der MDK den Begutachtungsauftrag zusammen mit einer Kopie des Widerspruchsschreibens. Aufgrund dieser Unterlagen haben zunächst die Erstgutachter zu beurteilen, ob sie aufgrund neuer Aspekte zu einem anderen Ergebnis als im Erstgutachten kommen.

Revidieren die Erstgutachter ihre Entscheidung nicht, ist das Zweitgutachten von einem anderen Arzt und/oder einer anderen Pflegefachkraft zu erstellen. Die Zweitbegutachtung hat ebenfalls in häuslicher Umgebung bzw. der vollstationären Pflegeeinrichtung stattzufinden, es sei denn, dass in dem Erstgutachten die Pflegesituation ausreichend dargestellt wurde. Dies ist im Zweitgutachten unter Würdigung des Widerspruchs detailliert zu begründen. Bei der Zweitbegutachtung ist die zwischenzeitliche Entwicklung zu würdigen, der Zeitpunkt eventueller Änderungen der Pflegesituation gegenüber dem Erstgutachten zu benennen und gegebenenfalls auf die jeweilige Begründung des Widerspruchs einzugehen. Bei der Bearbeitung von Widersprüchen Behinderter oder psychisch Kranker kann es zur ganzheitlichen Beurteilung der Pflegesituation erforderlich sein, andere Fachkräfte, z. B. aus dem Bereich der Behindertenhilfe oder der Psychiatrie, zu beteiligen. Das Ergebnis ist der Pflegekasse mitzuteilen.

8. Wiederholungsbegutachtung

8.1 Die Begutachtung des Pflegebedürftigen ist in angemessenen Abständen zu wiederholen. Die Pflegekasse veranlasst eine erneute Begutachtung in Anlehnung an die Empfehlung des MDK, es sei denn, der Pflegekasse wird eine wesentliche Veränderung der Ausgangssituation bekannt. Ein Wechsel zwischen häuslicher und vollstationärer Pflege stellt keine wesentliche Veränderung der Ausgangssituation dar.

8.2 Beantragt der Pflegebedürftige eine Höherstufung bei bereits vorliegender Anerkennung der Pflegebedürftigkeit, entspricht das Verfahren dem bei einem Neuantrag.

8.3 So weit die Pflegekasse, z. B. aufgrund des Pflegeeinsatzes nach § 37 Abs. 3 SGB XI, Hinweise erhält, dass die häusliche Pflege nicht mehr in geeigneter Weise sichergestellt ist, kommt eine erneute Begutachtung durch den MDK in Betracht.

Anhang 2 – Begutachtungs-Richtlinien

Richtlinien des GKV-Spitzenverbandes zur Begutachtung von Pflegebedürftigkeit nach dem XI. Buch des Sozialgesetzbuches (Begutachtungs-Richtlinien – BRi) vom 08.06.2009

Der GKV-Spitzenverband[42] hat unter Beteiligung des Medizinischen Dienstes des Spitzenverbandes Bund der Krankenkassen, der Kassenärztlichen Bundesvereinigung, der Bundesverbände der Pflegeberufe und der behinderten Menschen, der Bundesarbeitsgemeinschaft der Freien Wohlfahrtspflege, der Bundesarbeitsgemeinschaft der überörtlichen Träger der Sozialhilfe, der Kommunalen Spitzenverbände auf Bundesebene, der Bundesverbände privater Alten- und Pflegeheime sowie der Verbände der privaten ambulanten Dienste

aufgrund der §§ 17, 53a SGB XI

am 08.06.2009 die nachstehenden Richtlinien zur Begutachtung von Pflegebedürftigkeit (Begutachtungs-Richtlinien – BRi) beschlossen. Diese Richtlinien ersetzen die Richtlinien der Spitzenverbände der Pflegekassen zur Begutachtung von Pflegebedürftigkeit nach dem XI. Buch des Sozialgesetzbuches vom 21.07.1997 in der Fassung vom 11.05.2006.

Die Begutachtungs-Richtlinien dienen der Zielsetzung, bundesweit eine Begutachtung nach einheitlichen Kriterien zu gewährleisten und eine hohe Qualität der für die Feststellung der Pflegebedürftigkeit maßgebenden Gutachten der Medizinischen Dienste sicherzustellen.

Die Regelungen der Begutachtungs-Richtlinien werden auch in Zukunft an Erkenntnisse, insbesondere der Pflegewissenschaft, der Medizin und der Rechtsprechung anzupassen sein.

Inhaltsverzeichnis

---

42 Der GKV-Spitzenverband ist der Spitzenverband Bund der Pflegekassen gemäß § 53 SGB XI.

A   **Allgemeines**

Zum 01.01.1995 ist das Gesetz zur sozialen Absicherung des Risikos der
Pflegebedürftigkeit in Kraft getreten. Leistungen bei häuslicher Pflege erhalten die Versicherten seit dem 01.04.1995, bei stationärer Pflege seit dem
01.07.1996.

Die Leistungen gehen von den Grundsätzen „Vorrang der häuslichen Pflege" und „Vorrang von Prävention und Rehabilitation" aus (§§ 3 und 5 SGB XI).

Der Vorrang der häuslichen vor der vollstationären Pflege stellt eines der wesentlichen Ziele der Pflegeversicherung dar, damit es den Pflegebedürftigen ermöglicht wird, möglichst lange in ihrer häuslichen Umgebung bleiben zu können. Diesem Ziel entsprechend gehen auch die Leistungen der teilstationären Pflege und der Kurzzeitpflege denen der vollstationären Pflege vor.

Ein weiteres wichtiges gesundheitspolitisches Ziel kommt in dem Vorrang von Prävention, Krankenbehandlung und Rehabilitation zum Ausdruck. Der MDK ist gehalten, im Rahmen der Begutachtung von Pflegebedürftigkeit zu prüfen, ob und ggf. welche Maßnahmen der Prävention und der medizinischen Rehabilitation geeignet, notwendig und zumutbar sind (§ 18 Abs. 6 SGB XI). Da die Pflegekassen selbst nicht Träger dieser Leistungen sind, wirken sie bei den zuständigen Leistungsträgern darauf hin, dass frühzeitig alle geeigneten Maßnahmen der Prävention, Krankenbehandlung und der Rehabilitation eingeleitet werden, um den Eintritt von Pflegebedürftigkeit zu vermeiden. Die Leistungsträger haben im Rahmen ihres Leistungsrechts auch nach Eintritt der Pflegebedürftigkeit ihre Leistungen zur medizinischen Rehabilitation und ergänzenden Leistungen in vollem Umfang einzusetzen und darauf hinzuwirken, die Pflegebedürftigkeit zu überwinden, zu mindern sowie eine Verschlimmerung zu verhindern (§ 5 SGB XI). Die Pflegekasse erbringt vorläufige Leistungen zur medizinischen Rehabilitation, wenn eine sofortige Leistungserbringung erforderlich ist und sonst die sofortige Einleitung der Leistungen gefährdet wäre (vgl. § 32 SGB XI).

Die Leistungen der Pflegeversicherung tragen dazu bei, dem Pflegebedürftigen[43] ein selbstbestimmtes und selbstständiges Leben zu ermöglichen. Die Pflegebedürftigen können im Rahmen von Notwendigkeit und Wirtschaftlichkeit zwischen den aufgrund eines Versorgungsvertrages mit den Pflegekassen zugelassenen ambulanten und stationären Pflegeeinrichtungen wählen. Auch religiösen Bedürfnissen und den Bedürfnissen nach einer kultursensiblen Pflege ist Rechnung zu tragen; Wünsche nach gleichgeschlechtlicher Pflege sind nach Möglichkeit zu berücksichtigen (§§ 1,2 SGB XI).

Ein weiteres erklärtes Ziel ist die Stärkung der Kompetenz und der Motivation pflegender Angehöriger durch Beratung (§ 7 SGB XI), die bei Bezug von Pflegegeld abzurufenden Beratungseinsätze (§ 37 Abs. 3 SGB XI) und Durchführung von Pflegekursen (§ 45 SGB XI).

Die Pflege soll auch die Aktivierung der Pflegebedürftigen zum Ziel haben, um vorhandene Fähigkeiten zu erhalten und ggf. verlorene Fähigkeiten zu-

---

43 Da die Verwendung der geschlechtlichen Paarformen die Verständlichkeit und Klarheit der Richtlinien erheblich einschränken würde, wird auf die Nennung beider Formen verzichtet. Die verwendeten Personenbezeichnungen gelten deshalb jeweils auch in ihrer weiblichen Form.

rückzugewinnen. Um der Gefahr einer Vereinsamung des Pflegebedürftigen entgegenzuwirken, sollen bei der Leistungserbringung auch die Bedürfnisse des Pflegebedürftigen nach Kommunikation berücksichtigt werden (§ 28 Abs. 4 SGB XI). Dies gilt gleichermaßen für somatisch wie psychisch kranke Menschen sowie für körperlich und geistig behinderte Menschen.

Bei den Leistungen der Pflegeversicherung wird unterschieden zwischen Dienst-, Sach- und Geldleistungen für den Bedarf an Grundpflege und hauswirtschaftlicher Versorgung (§ 4 SGB XI). Hinzu kommen bei teilstationärer Pflege, Kurzzeitpflege und vollstationärer Pflege die soziale Betreuung sowie die Leistungen der medizinischen Behandlungspflege. Im Rahmen der gesetzlich vorgegebenen Höchstgrenzen erhalten die pflegebedürftigen Versicherten und deren Pflegepersonen folgende Leistungen (§ 28 SGB XI):

1. Pflegesachleistung (§ 36 SGB XI),

2. Pflegegeld für selbst beschaffte Pflegehilfen (§ 37 SGB XI),

3. Kombination von Geld- und Sachleistung (§ 38 SGB XI),

4. Häusliche Pflege bei Verhinderung der Pflegeperson (§ 39 SGB XI),

5. Pflegehilfsmittel und wohnumfeldverbessernde Maßnahmen (§ 40 SGB XI),

6. Tages- und Nachtpflege (§ 41 SGB XI),

7. Kurzzeitpflege (§ 42 SGB XI),

8. Vollstationäre Pflege (§ 43 SGB XI),

9. Pflege in vollstationären Einrichtungen der Hilfe für behinderte Menschen (§ 43a SGB XI),

10. Leistungen zur sozialen Sicherung der Pflegepersonen (§ 44 SGB XI),

11. Zusätzliche Leistungen bei Pflegezeit (§ 44a SGB XI),

12. Pflegekurse für Angehörige und ehrenamtliche Pflegepersonen (§ 45 SGB XI),

13. Zusätzliche Betreuungsleistungen (§ 45b SGB XI),

14. Leistungen des Persönlichen Budgets nach § 17 Abs. 2 bis 4 SGB IX (§ 35a SGB XI),

15. Pflegeberatung (§ 7a SGB XI).

B Aufgaben des Medizinischen Dienstes der Krankenversicherung (MDK)

B 1. Verantwortung des MDK für eine qualifizierte Begutachtung

Die Begutachtungen sind durch geschulte und qualifizierte Gutachter durchzuführen. Sie erfolgen durch Ärzte, Pflegefachkräfte und andere Fachkräfte, die der Medizinische Dienst für die Bewältigung des laufenden Arbeitsanfalls vorhält. Der Medizinische Dienst kann zur Bewältigung von Antragsspitzen und zu speziellen gutachterlichen Fragestellungen Ärzte, Pflegefachkräfte oder andere geeignete Fachkräfte bei der Erstellung des Gutachtens als externe Kräfte beteiligen. Die Verantwortung für die Begutachtung trägt der Medizinische Dienst auch dann, wenn externe Sachverständige beteiligt waren.

Als externe Kräfte sind vorrangig Mitarbeiter anderer Gutachterdienste, insbesondere des öffentlichen Gesundheitswesens und der Versorgungsverwaltung oder anderer Sozialleistungsträger zu beauftragen. Sofern ausnahmsweise niedergelassene Ärzte oder Pflegefachkräfte von Sozialstationen, gewerblichen Pflegediensten sowie in der Pflege selbstständig Tätige als externe Kräfte beauftragt werden, ist sicherzustellen, dass keine Interessenkollisionen entstehen.

B 2. Begutachtung zur Feststellung von Pflegebedürftigkeit

Die zentrale Aufgabe des Medizinischen Dienstes im Rahmen des SGB XI ist die Feststellung der Pflegebedürftigkeit. Dazu ist eine Begutachtung des Antragstellers in seinem Wohnbereich durchzuführen (§ 18 Abs. 2 Satz 1 SGB XI). Der MDK hat dabei insbesondere

- den ursächlichen Zusammenhang des vorliegenden Hilfebedarfs mit Krankheit oder Behinderung,

- unter Berücksichtigung vorliegender Krankheiten oder Behinderungen den Hilfebedarf bei den im Gesetz genannten Verrichtungen des täglichen Lebens,

- das Vorliegen von Pflegebedürftigkeit und ihre Abstufung sowie

- das Vorliegen einer erheblich eingeschränkten Alltagskompetenz und ihre Abstufung

zu prüfen und festzustellen.

Grundlagen dieser Prüfungen und Feststellungen sind

- das SGB XI,

- die Richtlinie zur Feststellung von Personen mit erheblich eingeschränkter Alltagskompetenz und zur Bewertung des Hilfebedarfs (Anlage 2),

– diese Begutachtungs-Richtlinien.

Darüber hinaus hat der MDK den Pflegekassen einen individuellen Pflegeplan im Sinne von Empfehlungen insbesondere

– zu präventiven Leistungen,

– zu Heilmitteln,

– zu einer Leistung der medizinischen Rehabilitation,

– zur Hilfsmittel-/Pflegehilfsmittelversorgung,

– zu wohnumfeldverbessernden Maßnahmen sowie

– zur Verbesserung/Veränderung der Pflegesituation

zu unterbreiten.

Die Stellungnahme des MDK hat sich auch darauf zu erstrecken, ob die häusliche Pflege in geeigneter Weise sichergestellt ist.

Beantragt der Versicherte vollstationäre Pflegeleistungen, hat der MDK auch die Erforderlichkeit vollstationärer Pflege zu prüfen.

Diese Anforderungen verlangen vom MDK die angemessene Einbindung unterschiedlicher Fachkompetenzen in das Verfahren der Begutachtung (§ 18 Abs. 7 SGB XI). Unabhängig davon, ob bei der Begutachtung interne oder externe Kräfte tätig werden, erfordert dies eine große Kooperationsbereitschaft aller am Begutachtungsverfahren Beteiligten der unterschiedlichen Professionen.

C   Verfahren zur Feststellung der Pflegebedürftigkeit

Diese Begutachtungs-Richtlinien erläutern die Begutachtungskriterien und das Begutachtungsverfahren auf der Basis des SGB XI. Sie sichern bundesweit einheitliche Maßstäbe für die Begutachtung. Nach dem Gesetz sind regionale Abweichungen nicht zulässig.

C 1. Pflegekasse

Die Leistungen nach dem SGB XI sind bei der Pflegekasse zu beantragen. Ist der Antragsteller außerstande, den entsprechenden Antrag selbst zu unterschreiben, erfolgt dies durch den Bevollmächtigten oder gerichtlich bestellten Betreuer (im Folgenden als Betreuer bezeichnet).

Die Entscheidung über den Antrag trifft die Pflegekasse unter maßgeblicher Berücksichtigung des Gutachtens des MDK. Weicht die Pflegekasse von der Empfehlung des MDK zum Vorliegen von Pflegebedürftigkeit und zur Pflegestufe ab, teilt sie dies dem MDK unter Angabe der Gründe mit.

Zur gutachterlichen Prüfung der Voraussetzungen der Pflegebedürftigkeit und der Zuordnung zu einer Pflegestufe übergibt die Pflegekasse nach Prü-

fung der versicherungsrechtlichen Voraussetzungen dem MDK den Antrag
(dieser sollte Angaben zu Namen, Vornamen, Geburtsdatum, Wohnanschrift,
Telefonnummer, beantragter Leistung, ggf. Pflegeperson, ggf. Pflegedienst
enthalten) und, so weit vorhanden, weitere für die Begutachtung erforderliche Unterlagen / Informationen

– über Vorerkrankungen,

– über Klinikaufenthalte und Leistungen zur medizinischen Rehabilitation,

– zur Heilmittelversorgung,

– zur Hilfsmittel- / Pflegehilfsmittelversorgung,

– zum behandelnden Arzt,

– zur häuslichen Krankenpflege nach § 37 SGB V,

– hinsichtlich eines Bevollmächtigten / Betreuers mit entsprechendem Aufgabenkreis.

Im Hinblick auf ggf. verkürzte Bearbeitungs- / Begutachtungsfristen (s. Punkt
C 3.) informiert die Pflegekasse den MDK darüber hinaus ggf. über folgende
Sachverhalte:

– aktueller Aufenthalt des Antragstellers im Krankenhaus oder einer Rehabilitationseinrichtung und vorliegende Hinweise auf Dringlichkeit der
Begutachtung zur Sicherstellung der ambulanten oder stationären Weiterversorgung,

– aktueller Aufenthalt des Antragstellers in einem stationären Hospiz,

– Beantragung der Inanspruchnahme von Pflegezeit nach dem Pflegezeitgesetz durch die Pflegeperson,

– ambulante palliative Versorgung des Antragstellers.

Bei Folgebegutachtungen[44] gibt die Pflegekasse außerdem Hinweise auf vor-
hergehende Begutachtungen, zur Pflegestufe und Alltagskompetenz sowie
zu den Ergebnissen der Beratungseinsätze gemäß § 37 Abs. 3 SGB XI. In Bezug auf die seit 01.07.2008 vorzunehmende Abstufung der Einschränkung
der Alltagskompetenz nach erheblicher bzw. erhöhter Einschränkung (vgl.
§ 45b Abs. 1 SGB XI) gibt die Pflegekasse auch an, ob und mit welchem Ergebnis sie nach dem 01.07.2008 auf Antrag des Versicherten über das Vorliegen einer Einschränkung in erhöhtem Maße entschieden hat.

Die Pflegekasse klärt den Antragsteller bzw. den Bevollmächtigten oder Betreuer über die Mitwirkungspflichten sowie die Folgen fehlender Mitwirkung

---

44 Der Begriff Folgebegutachtung wird nachfolgend – in Abgrenzung zu Erstgutachten –
als Oberbegriff für die unter Punkt C 2.8 genannten Begutachtungen nach Änderungs-
anträgen, Wiederholungsbegutachtungen sowie Widerspruchsbegutachtungen für Personen verwendet, die bereits Leistungen nach dem SGB XI beziehen.

auf und fordert ihn auf, dem zuständigen MDK eine Einwilligung zur Einholung von Auskünften – so weit diese für die Begutachtung erforderlich sind – bei den behandelnden Ärzten, den betreuenden Pflegepersonen und der betreuenden Pflegeeinrichtung zu erteilen (vgl. § 18 Abs. 4 SGB XI). Darüber hinaus informiert sie den Antragsteller darüber, dass im Rahmen der Begutachtung von Pflegebedürftigkeit auch geprüft wird, ob und ggf. welche Maßnahmen der Prävention und medizinischen Rehabilitation geeignet, notwendig und zumutbar sind. In diesem Kontext sollte der Antragsteller gebeten werden, ihm vorliegende Befunde und Entlassungsberichte aus Krankenhäusern oder Rehabilitationseinrichtungen für die Begutachtung bereit zu halten.

Die Pflege- und Krankenkassen sowie die Leistungserbringer sind verpflichtet, dem MDK die für die Begutachtung erforderlichen Unterlagen vorzulegen und Auskünfte zu erteilen (§ 18 Abs. 5 SGB XI).

Beantragt ein Versicherter,

– bei dem das Vorliegen von mindestens erheblicher Pflegebedürftigkeit nach den §§ 14, 15 SGB XI zuvor noch nicht oder mit einem negativen Ergebnis überprüft wurde,

– der bereits als mindestens erheblich pflegebedürftig im Sinne der §§ 14, 15 SGB XI anerkannt ist und bei dem zuvor keine oder eine in erheblichem Maße eingeschränkte Alltagskompetenz erkannt wurde,

die isolierte Feststellung des Vorliegens einer erheblich oder in erhöhtem Maße eingeschränkten Alltagskompetenz, hat die Pflegekasse den Antragsteller über die Voraussetzungen für das Vorliegen von Pflegebedürftigkeit bzw. die Pflegestufenzuordnung zu informieren und individuell zu beraten, ob eine gleichzeitige Begutachtung zur Feststellung des Vorliegens von Pflegebedürftigkeit oder zur Zuordnung zu einer anderen Pflegestufe angezeigt erscheint. Hält der Antragsteller nach der Beratung an seinem eingeschränkten Antrag auf Feststellung einer erheblich oder in erhöhtem Maße eingeschränkten Alltagskompetenz fest, beauftragt die Pflegekasse den MDK entsprechend (vgl. Punkt G 1.3 „Gutachten bei isolierter Feststellung einer Einschränkung der Alltagskompetenz").

C 2.   Medizinischer Dienst der Krankenversicherung

C 2.1 Sichtung der Unterlagen/Einbeziehung der behandelnden Ärzte/der Pflegeeinrichtungen und/oder der den Antragsteller Pflegenden in die Vorbereitung der Begutachtung

Der MDK sichtet die Unterlagen der Pflegekasse und prüft, ob vor dem Haus-/Krankenhaus-/Heimbesuch/Besuch in sonstigen Einrichtungen (im Folgenden als Besuch bezeichnet) Auskünfte seitens des behandelnden Ärzte des Antragstellers, insbesondere seines Hausarztes, der den Antragsteller Pflegenden, des Krankenhauses bzw. der Pflegeeinrichtung benötigt werden. Hierbei geht es vor allem darum, relevante und aktuelle Informationen, insbesondere zu den pflegebegründenden Krankheiten oder Behinderungen, zu deren Verlauf und zu durchgeführten Behandlungen und Rehabilitationsleistungen sowie zu Art, Umfang und Dauer der Pflege zu erhalten (vgl. § 18 Abs. 4 SGB XI). Zu den Auskunftspflichten der Vertragsärzte bestehen Vereinbarungen zwischen den MDK und den Kassenärztlichen Vereinigungen. So weit die angeforderten Unterlagen nicht vorgelegt werden, ist dies im Formulargutachten unter Punkt 2.2 „Fremdbefunde" zu dokumentieren. Gleichwohl hat der Gutachter eigene Erhebungen anzustellen.

C 2.2 Vorbereitung des Besuchs

C 2.2.1 Festlegung der den Besuch durchführenden Person/-en

Auf der Grundlage der bereits vorhandenen oder von der Pflegekasse übergebenen und ggf. von behandelnden Ärzten sowie Pflegepersonen oder anderen Personen des Krankenhauses, der sonstigen Einrichtungen oder der Pflegeeinrichtungen eingeholten Informationen und des zu erwartenden Schwerpunktes der Begutachtung sollten Arzt und Pflegefachkraft des MDK gemeinsam im Einzelfall festlegen, welcher Gutachter (Arzt und/oder Pflegefachkraft, spezielles Fachgebiet, speziell geschulte Gutachter) den Besuch durchführt. Dabei wird auch darüber entschieden, ob dieser durch Gutachter des MDK oder geeignete externe Fachkräfte erfolgt. Zur umfassenden Beurteilung der Pflegesituation, insbesondere auch bei der Beurteilung von behinderten oder psychisch kranken Menschen und deren Hilfebedarf, kann die Beteiligung anderer Fachkräfte erforderlich sein, z. B. aus dem Bereich der Hilfe für behinderte Menschen oder der Psychiatrie. Die Begutachtung der Pflegebedürftigkeit von Kindern ist in der Regel durch besonders geschulte Gutachter mit einer Qualifikation als Gesundheits- und Kinderkrankenpfleger oder als Kinderarzt vorzunehmen.

Ein Arzt ist dann mit dem Besuch zu beauftragen, wenn keine oder nur ungenügende Informationen über rein medizinische Sachverhalte vorliegen, ansonsten kann den Besuch sowohl eine Pflegefachkraft als auch ein Arzt durchführen.

In der Regel ist es ausreichend, dass der Besuch von **einem** Gutachter durchgeführt wird. Ein gemeinsamer Besuch von Arzt und Pflegefachkraft kann dann sinnvoll sein, wenn mit einer besonders schwierigen Begutachtungssituation zu rechnen ist. Zur gemeinsamen Verantwortung von Ärzten und Pflegefachkräften für das Gutachten siehe Punkt C 2.7 „Gutachtenabschluss".

C 2.2.2 Ankündigung des Besuchs

Der Besuch wird rechtzeitig angekündigt oder vereinbart. Mit dieser Ankündigung wird der Antragsteller gleichzeitig gebeten, eventuell vorhandene

Berichte von betreuenden Diensten, Pflegetagebücher, ärztliche Unterlagen, derzeitige Medikamente sowie Gutachten und Bescheide anderer Sozialleistungsträger – so weit sie für die Begutachtung erforderlich sind – bereitzulegen. Die Pflegeperson sollte beim Hausbesuch zugegen sein.

Bei der Ankündigung des Besuchs ist auf die Verpflichtung der Pflegeeinrichtung hinzuweisen, die zur Begutachtung erforderlichen Unterlagen, insbesondere die Pflegedokumentation, vorzulegen (vgl. § 18 Abs. 5 SGB XI). In stationären Einrichtungen sollte die Pflegefachkraft, die am besten mit der Pflegesituation des Antragstellers vertraut ist, beim Besuch zugegen sein, um die im Zusammenhang mit der Begutachtung erforderlichen Auskünfte zu erteilen.

Stellt sich bei der Ankündigung des Besuchs heraus, dass eine Krankenhausbehandlung oder stationäre Rehabilitationsleistung kurzfristig terminiert ist, so sollte eine Begutachtung im Einvernehmen mit dem Antragsteller und der Pflegekasse bis zum Abschluss dieser Maßnahme zurückgestellt werden (vgl. aber Punkt C 2.4 „Begutachtung der Antragsteller im Krankenhaus, in einer stationären Rehabilitationseinrichtung oder in einem Hospiz").

Falls ein Bevollmächtigter / Betreuer bekannt ist, muss auch dieser benachrichtigt werden.

C 2.2.3   Fehlende Einwilligung des Antragstellers

Verweigert ein Antragsteller, sein Bevollmächtigter oder sein Betreuer eine Begutachtung in seinem Wohnbereich, die für die Feststellung der Pflegebedürftigkeit erforderlich ist, reicht der MDK die Unterlagen mit einem entsprechenden Vermerk an die Pflegekasse zurück.

Wenn in diesen Fällen aus Sicht des MDK ausnahmsweise ein Begutachtungsergebnis schon nach Aktenlage unzweifelhaft feststeht (z. B. Vorliegen der Voraussetzungen für Pflegebedürftigkeit, Pflegestufe und Vorschläge für Leistungen zur medizinischen Rehabilitation), teilt er dies der Pflegekasse mit.

C 2.3 Der Besuch

Die Erst- und Folgebegutachtung hat der MDK in der Regel im Wohnbereich des Antragstellers vorzunehmen. Dies gilt für Anträge auf häusliche und vollstationäre Pflege gleichermaßen. Der Antragsteller hat das Recht, sich während des Besuchs des Beistandes einer dritten Person zu bedienen. Mit Einverständnis des Antragstellers sollen auch pflegende Angehörige, Lebenspartner oder sonstige Personen oder Dienste, die an der Pflege des Antragstellers beteiligt sind, befragt werden.

Bei Antragstellern auf Leistungen in vollstationären Pflegeeinrichtungen, die nicht mehr über eine eigene Wohnung verfügen, gelten die unter Punkt

C 2.4 „Begutachtung der Antragsteller im Krankenhaus, in einer stationären Rehabilitationseinrichtung oder in einem Hospiz" beschriebenen Besonderheiten.

Ergibt sich bei der Begutachtung durch eine Pflegefachkraft eine nicht abschließend abklärbare rein medizinische Fragestellung (z. B. therapeutische Defizite), ist ein zusätzlicher Besuch eines Arztes erforderlich. Dies gilt analog, wenn sich in der aktuellen Begutachtungssituation durch einen Arzt eine nicht abschließend abklärbare rein pflegerische Fragestellung ergibt (z. B. nicht sichergestellte Pflege).

Wenn **ausnahmsweise** bereits aufgrund einer **eindeutigen Aktenlage** feststellt (s. Abschnitt G 1.),

– ob die Voraussetzungen der Pflegebedürftigkeit erfüllt sind,

– welche Pflegestufe vorliegt,

– ob und ggf. in welchem Maße eine erheblich eingeschränkte Alltagskompetenz vorliegt und

– ob und in welchem Umfang geeignete therapeutische bzw. rehabilitative Leistungen in Betracht kommen,

kann die Begutachtung des Antragstellers bzw. Pflegebedürftigen im Wohnbereich unterbleiben.

Sind weitere Feststellungen (z. B. zur pflegerischen Versorgung, Versorgung mit Hilfs-/Pflegehilfsmitteln oder zur Verbesserung des Wohnumfeldes) notwendig, sind diese im Rahmen eines Besuchs zu treffen.

Stellt der Gutachter im Rahmen einer Begutachtung aus Anlass eines isolierten Antrags auf Feststellung des Vorliegens einer erheblich oder in erhöhtem Maße eingeschränkten Alltagskompetenz (zur insoweit erforderlichen Beratung von Seiten der Pflegekasse vgl. Punkt C 1. „Pflegekasse") fest, dass eine weitergehende Begutachtung zur Feststellung des Vorliegens von Pflegebedürftigkeit oder zur Zuordnung zu einer höheren Pflegestufe voraussichtlich erfolgreich wäre, berät der Gutachter den Antragsteller entsprechend. Erweitert der Antragsteller daraufhin sein Antragsbegehren, dokumentiert der Gutachter die Antragserweiterung, führt eine vollständige Begutachtung zur Feststellung von Pflegebedürftigkeit nach Abschnitt D durch und informiert die Pflegekasse.

C 2.4 Begutachtung der Antragsteller im Krankenhaus, in einer stationären Rehabilitationseinrichtung oder in einem Hospiz

Befindet sich der Antragsteller im Krankenhaus oder in einer stationären Rehabilitationseinrichtung, ist die Begutachtung in der Einrichtung durchzuführen, wenn Hinweise vorliegen, dass dies zur Sicherstellung der ambulanten oder stationären Weiterversorgung und Betreuung (z. B. Kurzzeitpflege,

Wohnumfeldverbesserungen) erforderlich ist oder die Inanspruchnahme von Pflegezeit nach dem Pflegezeitgesetz dem Arbeitgeber der pflegenden Person angekündigt wurde. Gleiches gilt für Antragsteller, die sich in einem Hospiz befinden. In diesen Fällen kann es zunächst ausreichen, eine Aussage zum Vorliegen von Pflegebedürftigkeit im Sinne des SGB XI zu treffen (siehe Punkt C 3. „Bearbeitungs-/Begutachtungsfristen"). Auch bei dieser Begutachtung sind die Grundsätze

– Vorrang von Rehabilitation vor Pflege und

– Vorrang von ambulanter vor stationärer Pflege

zu beachten.

Soll der Antragsteller dauerhaft stationär gepflegt werden, hat in der Regel im unmittelbaren Anschluss an die Begutachtung in der Einrichtung zeitnah eine ergänzende Begutachtung des häuslichen Umfeldes stattzufinden. Diese kann unterbleiben, wenn dadurch der im Rahmen der Begutachtung festzustellende Sachverhalt nicht weiter aufgeklärt werden kann. Das kann zutreffen bei

– fehlender Pflegeperson,

– Weigerung möglicher Pflegepersonen, die Pflege zu übernehmen oder fortzusetzen,

– fehlender Zutrittsmöglichkeit zur Wohnung

oder ähnlichen klaren und sicher feststellbaren Tatsachen. Zur Feststellung der Pflegestufe ist dann für die Bemessung des zeitlichen Mindestpflegeaufwandes bezüglich des festgestellten Hilfebedarfs durch Laienpfleger von einer durchschnittlichen häuslichen Wohnsituation auszugehen. Dies gilt auch, wenn der Antragsteller zum Zeitpunkt der Begutachtung im Krankenhaus oder in der stationären Rehabilitationseinrichtung nicht mehr über eine eigene Wohnung verfügt.

Eine „durchschnittliche häusliche Wohnsituation" beinhaltet:

1. Lage der Wohnung:
   1. Etage/kein Aufzug/nicht ebenerdig erreichbar

2. Anzahl der Räume je Wohnung: vier (zwei Zimmer, Küche, Diele, Bad)

3. Personen je Haushalt: Zweipersonenhaushalt

4. Ausstattung der Wohnung: keine „behindertengerechte Ausstattung"/ Zentralheizung/Standardküche/Kochnische mit Elektroherd bzw. Gasherd/Standard-WC/Bad/Waschmaschine.

C 2.5 Fehlende oder unzureichende Sicherstellung der Pflege und Versorgung

Wird beim Besuch eine defizitäre Pflege- und Versorgungssituation des Antragstellers festgestellt, ist die Situation – so weit möglich – sowohl mit ihm als auch mit der Pflegeperson, der leitenden Pflegefachkraft und dem Heimleiter der vollstationären Pflegeeinrichtung bzw. Einrichtung der Hilfe für behinderte Menschen eingehend zu erörtern und unter Punkt 7 „Erläuterungen für die Pflegekasse" des Formulargutachtens zu dokumentieren. Der Pflegekasse sind konkrete Vorschläge zur Verbesserung der Pflege und Versorgung des Antragstellers zu unterbreiten. Bei nicht sichergestellter Pflege ist der Gutachter gehalten, der Pflegekasse die Einleitung von Sofortmaßnahmen zu empfehlen.

C 2.6 Auswertung des Besuchs

Die an der Begutachtung beteiligten Ärzte und Pflegefachkräfte werten gemeinsam die beim o. g. Besuch erhobenen Befunde und die sonstigen Informationen aus.

Sollte ausnahmsweise im Rahmen dieser Auswertung eine abschließende Beurteilung nicht möglich sein, muss der Sachverhalt weiter aufgeklärt werden. Dazu ist zu entscheiden, ob ein zusätzlicher Besuch oder das Hinzuziehen von weiteren sachdienlichen Informationen erforderlich sind. Auch dieser Besuch muss schriftlich oder mündlich angekündigt oder vereinbart werden, unter Hinweis darauf, dass es sinnvoll sein kann, die an der Versorgung Beteiligten hinzuzuziehen.

Auch bei der Auswertung des Besuchs, insbesondere bei der Beurteilung von Kindern, behinderten oder psychisch kranken Menschen und deren Hilfebedarf, kann die Beteiligung anderer Fachkräfte erforderlich sein, z. B. aus dem Bereich der Kinderheilkunde, der Hilfe für behinderte Menschen oder der Psychiatrie (siehe auch Punkt C 2.2.1 „Festlegung der den Besuch durchführenden Person/-en").

C 2.7 Gutachtenabschluss

Auch bei der Ergebnisdiskussion arbeiten Arzt und Pflegefachkraft des MDK eng zusammen. Dabei ist es **Aufgabe des Arztes**, alle für die Beurteilung erforderlichen medizinischen Feststellungen zu treffen, insbesondere

– den ursächlichen Zusammenhang zwischen dem individuellen Hilfebedarf und der Krankheit oder der Behinderung (einschließlich der daraus resultierenden Beeinträchtigungen der Aktivitäten) zu prüfen sowie

– aufgrund der Ressourcen des Antragstellers geeignete therapeutische Leistungen aufzuzeigen (siehe Punkt D 6.2 „Heilmittel" bzw. Punkt D 6.4

„Sonstige Therapien") und ggf. eine Rehabilitationsindikation zu stellen (siehe Punkt D 6.3 „Leistung zur medizinischen Rehabilitation").

Aufgabe der Pflegefachkraft ist es, alle für die Beurteilung der Pflege erforderlichen Feststellungen zu treffen, insbesondere

– ermittelt sie den aus den Beeinträchtigungen der Aktivitäten abzuleitenden individuellen Hilfebedarf auf der Grundlage der in § 14 Abs. 4 SGB XI genannten Verrichtungen des täglichen Lebens,

– beurteilt sie die individuelle Pflegesituation und entwirft unter Einbeziehung der Feststellungen des Arztes den individuellen Pflegeplan (siehe Punkt 6 „Empfehlungen an die Pflegekasse / Individueller Pflegeplan" des Formulargutachtens) unter Berücksichtigung der Ressourcen des Antragstellers.

Das Ergebnis seiner Prüfung teilt der MDK der Pflegekasse mittels des Formulargutachtens (siehe Punkt G „Formulargutachten") mit.

C 2.8 Verfahren bei bereits vorliegenden MDK-Gutachten zur Pflegebedürftigkeit

Bei einer Folgebegutachtung sind die beim MDK vorliegenden Gutachten beizuziehen. In dem neuen Gutachten ist die zwischenzeitliche Entwicklung zu würdigen und eingehend zu dokumentieren. Wird eine niedrigere Pflegestufe empfohlen, so ist zusätzlich darzulegen, inwiefern sich der individuelle Hilfebedarf verringert hat (siehe Punkt D 5.2 „Liegt Pflegebedürftigkeit gemäß §§ 14, 15 und / oder eine mindestens erheblich eingeschränkte Alltagskompetenz gemäß § 45a SGB XI vor?").

C 2.8.1   Begutachtung bei Änderungsanträgen

Bei einer Begutachtung aufgrund eines Änderungsantrags (Höherstufung oder Rückstufung bei bereits anerkannter Pflegebedürftigkeit und / oder Leistungsberechtigung wegen erheblich eingeschränkter Alltagskompetenz) entspricht das Verfahren dem einer Erstbegutachtung.

C 2.8.2   Wiederholungsbegutachtung

Eine Wiederholungsbegutachtung erfolgt in angemessenen Abständen. Arzt und Pflegefachkraft empfehlen den Termin unter Berücksichtigung der Prognose. Zum Verfahren wird auf Punkt D 8 „Prognose / Wiederholungsbegutachtung" verwiesen.

C 2.8.3   Widerspruch

Wird im Rahmen eines Widerspruchsverfahrens nach Auffassung der Pflegekasse eine erneute Begutachtung erforderlich, ist der entsprechende Auftrag zusammen mit der von der Pflegekasse zur Verfügung gestellten Kopie des Widerspruchsschreibens den Erstgutachtern vorzulegen. Diese prüfen, ob sie aufgrund neuer Aspekte zu einem anderen Ergebnis als im Erstgutachten kommen.

Revidieren die Erstgutachter ihre Entscheidung nicht, ist das Zweitgutachten nach den unter Punkt C 2.2.1 „Festlegung der den Besuch durchführenden Person/-en" beschriebenen Kriterien von einem anderen Arzt und/oder einer anderen Pflegefachkraft zu erstellen. Die Zweitbegutachtung hat ebenfalls in häuslicher Umgebung bzw. in der vollstationären Pflegeeinrichtung stattzufinden, es sei denn, dass in dem Erstgutachten die Pflegesituation ausreichend dargestellt wurde. Dies ist im Zweitgutachten unter Würdigung des Widerspruchs detailliert zu begründen. Bei der Zweitbegutachtung ist die zwischenzeitliche Entwicklung zu würdigen, der Zeitpunkt eventueller Änderungen der Pflegesituation gegenüber dem Erstgutachten zu benennen und ggf. auf die jeweilige Begründung des Widerspruchs einzugehen. Bei der Bearbeitung von Widersprüchen behinderter oder psychisch kranker Menschen oder von Kindern kann es zur umfassenden Beurteilung der Pflegesituation erforderlich sein, andere Fachkräfte, z. B. aus dem Bereich der Hilfe für behinderte Menschen, der Psychiatrie oder der Kinderheilkunde, zu beteiligen (siehe auch Punkt C 2.2.1 „Festlegung der den Besuch durchführenden Person/-en" und Punkt C 2.5 „Fehlende oder unzureichende Sicherstellung der Pflege und Versorgung").

C 3. Bearbeitungs-/Begutachtungsfristen

Im Regelfall soll dem Antragsteller spätestens fünf Wochen nach Eingang des Antrags bei der zuständigen Pflegekasse die Entscheidung der Pflegekasse mitgeteilt werden. Dies stellt hohe Anforderungen an die Zusammenarbeit zwischen Pflegekasse und MDK sowie die Termin- und Ablaufplanung des MDK und erfordert die Mitwirkung des Antragstellers. Für bestimmte Fallgestaltungen gelten gesetzliche Begutachtungsfristen für den MDK.

Eine unverzügliche Begutachtung, spätestens innerhalb einer Woche nach Eingang des Antrages bei der zuständigen Pflegekasse, ist erforderlich, wenn

- sich der Antragsteller im Krankenhaus oder in einer stationären Rehabilitationseinrichtung befindet und Hinweise vorliegen, dass zur Sicherstellung der ambulanten oder stationären Weiterversorgung und Betreuung eine Begutachtung in der Einrichtung erforderlich ist oder die Inanspruchnahme von Pflegezeit nach dem Pflegezeitgesetz gegenüber dem Arbeitgeber der pflegenden Person angekündigt wurde,

- sich der Antragsteller in einem Hospiz befindet oder
- der Antragsteller ambulant palliativ versorgt wird.

Die Frist kann durch regionale Vereinbarungen verkürzt werden (siehe § 18 Abs. 3 SGB XI).

Eine Begutachtung **innerhalb von zwei Wochen** nach Eingang des Antrages bei der zuständigen Pflegekasse ist erforderlich, wenn der Antragsteller sich in häuslicher Umgebung befindet, ohne palliativ versorgt zu werden, und die Inanspruchnahme von Pflegezeit nach dem Pflegezeitgesetz gegenüber dem Arbeitgeber der pflegenden Person angekündigt wurde. In diesen Fällen hat der MDK den Antragsteller unverzüglich schriftlich darüber zu informieren, welche Empfehlung im Hinblick auf das Vorliegen von Pflegebedürftigkeit er an die Pflegekasse weiterleitet (für die Information kann das in der Anlage 6 beigefügte Formular verwendet werden).

In den vorgenannten Fällen der verkürzten Begutachtungsfrist muss die Empfehlung des MDK zunächst nur die Feststellung beinhalten, ob Pflegebedürftigkeit nach dem SGB XI vorliegt. Die abschließende Begutachtung – insbesondere zur Pflegestufe – ist dann unverzüglich nachzuholen.

Sofern sich im Verfahren eine Verzögerung ergibt, die der MDK nicht zu vertreten hat, ist der Grund im Gutachten auszuweisen.

D   Erläuterungen zum Gutachten zur Feststellung der Pflegebedürftigkeit gemäß SGB XI

Die Gliederung dieses Kapitels erfolgt nach den Punkten des Formulargutachtens, wobei unterschieden wird, ob es sich jeweils um diese Punkte oder zugehörige zusätzliche erläuternde Bemerkungen der Begutachtungs-Richtlinien handelt.

D 01 Anforderungen an das Formulargutachten

Der MDK teilt das Ergebnis seiner Prüfung der Pflegekasse in dem verbindlichen Formulargutachten (Punkt G 2. „Formulargutachten zur Feststellung der Pflegebedürftigkeit gemäß SGB XI") mit. Darin ist differenziert zu folgenden Sachverhalten Stellung zu nehmen:

–   Vorliegen der Voraussetzungen für Pflegebedürftigkeit und Beginn einer mindestens erheblichen Pflegebedürftigkeit (bei Folgebegutachtungen ggf. Zeitpunkt einer Änderung),

–   Pflegestufe,

–   Prüfung, ob und inwieweit ein außergewöhnlich hoher Pflegeaufwand vorliegt (§ 36 Abs. 4 SGB XI, § 43 Abs. 3 SGB XI; vgl. Härtefall-Richtlinien nach § 17 Abs. 1 Satz 3 SGB XI – Anlage 3),

–   Vorliegen einer erheblich eingeschränkten Alltagskompetenz, deren Abstufung und Zeitpunkt des Eintritts (bei Folgebegutachtungen ggf. Zeitpunkt einer Änderung),

- Umfang der Pflegetätigkeit der jeweiligen Pflegeperson(en) (§ 44 SGB XI, § 166 Abs. 2 SGB VI).

Wird vollstationäre Pflege beantragt, hat sich die Stellungnahme auch darauf zu erstrecken, ob vollstationäre Pflege erforderlich ist.

Darüber hinaus hat der MDK in einem Empfehlungsteil insbesondere (individueller Pflegeplan)

- Aussagen über die im Bereich der pflegerischen Leistungen im Einzelfall erforderlichen Hilfen,

- Aussagen über notwendige Hilfs-/Pflegehilfsmittel und wohnumfeldverbessernde Maßnahmen (§ 33 SGB V, § 40 SGB XI),

- Aussagen zum Vorliegen einer Rehabilitationsindikation,

- Vorschläge für Leistungen zur Prävention,

- Aussagen zur Prognose über die weitere Entwicklung der Pflegebedürftigkeit und zur Notwendigkeit der Wiederholungsbegutachtung sowie zum Zeitpunkt der Wiederholungsbegutachtung

zu machen.

Ferner hat sich die Stellungnahme auch darauf zu erstrecken, ob die häusliche Pflege in geeigneter Weise sichergestellt ist. Der Gutachter ist aufgefordert, ggf. Vorschläge zur Verbesserung/Veränderung der Pflegesituation abzugeben.

D 02 Gliederung des Formulargutachtens

Das Formulargutachten (Punkt G 2. „Formulargutachten zur Feststellung der Pflegebedürftigkeit gemäß SGB XI") gliedert sich in drei systematische Abschnitte, die inhaltlich aufeinander aufbauen.

■ Im ersten Abschnitt (Punkte 1 – 3) findet die gutachterliche Erhebung der Versorgungssituation und der pflegebegründenden Vorgeschichte sowie der Befunde (Ist-Situation) statt.

Dieser Erhebungsteil beinhaltet unter den Punkten 1 und 2.2 die Angaben aus der Sicht des Antragstellers und der Pflegeperson zur Situation im häuslichen Bereich bzw. aus Sicht des Antragstellers, der Angehörigen und/oder der zuständigen Pflegefachkraft zur Situation in einer vollstationären Einrichtung/vollstationären Einrichtung der Hilfe für behinderte Menschen und die Dokumentation der Fremdbefunde.

Unter den Punkten 2.1, 2.3 und 3 werden die vom Gutachter erhobenen Befunde und Diagnosen dokumentiert.

▦ Im zweiten Abschnitt (Punkt 4 und 5) findet die gutachterliche Wertung auf der Grundlage der erhobenen Befunde und erhaltenen Informationen statt.

▦ Im abschließenden empfehlenden Abschnitt (Punkte 6 – 8), der auf den Informationen und Befunden sowie Wertungen der vorherigen Abschnitte aufbaut, unterbreitet der Gutachter Vorschläge zur Gestaltung der erforderlichen Leistungen, macht Angaben zur Prognose und zum Termin der Wiederholungsbegutachtung.

Der Gutachter hat eine Plausibilitätsprüfung innerhalb der Abschnitte sowie zwischen diesen durchzuführen.

D 03 Definitionen

Pflegepersonen sind Personen, die nicht erwerbsmäßig einen Pflegebedürftigen im Sinne des § 14 SGB XI in seiner häuslichen Umgebung pflegen. Leistungen zur sozialen Sicherung nach § 44 SGB XI erhält eine Pflegeperson nur dann, wenn sie eine pflegebedürftige Person wenigstens 14 Stunden wöchentlich pflegt (vgl. § 19 SGB XI).

Pflegekräfte/Pflegefachkräfte sind Personen, die aufgrund einer entsprechenden Ausbildung erwerbsmäßig pflegen.

Pflegeeinrichtungen sind ambulante und stationäre Pflegeeinrichtungen, die unter der fachlichen Verantwortung einer Pflegefachkraft stehen.

Ambulante Pflegeeinrichtungen (Pflegedienste) sind selbstständig wirtschaftende Einrichtungen, die unter ständiger Verantwortung einer ausgebildeten Pflegefachkraft Pflegebedürftige in ihrer Wohnung pflegen und hauswirtschaftlich versorgen (vgl. § 71 Abs. 1 SGB XI).

Stationäre Pflegeeinrichtungen sind selbstständig wirtschaftende Einrichtungen, in denen Pflegebedürftige unter ständiger Verantwortung einer ausgebildeten Pflegefachkraft gepflegt werden und ganztägig (vollstationär) oder nur tagsüber oder nur nachts (teilstationär) untergebracht und verpflegt werden können (vgl. § 71 Abs. 2 SGB XI).

Stationäre Einrichtungen, in denen die Leistungen zur medizinischen Vorsorge, zur medizinischen Rehabilitation, zur Teilhabe am Arbeitsleben oder am Leben in der Gemeinschaft, die schulische Ausbildung oder die Erziehung kranker oder behinderter Menschen im Vordergrund des Zwecks der Einrichtung stehen, sowie Krankenhäuser sind keine Pflegeeinrichtungen im Sinne des § 71 Abs. 2 SGB XI.

D 04 Angaben im Gutachten zum Antragsteller, zur Untersuchung und zur beantragten Leistung

Die geforderten Angaben im Formulargutachten bis zum Punkt „Alltags-kompetenz eingeschränkt" sind den Unterlagen der Pflegekasse, die mit dem Antrag vorgelegt werden, zu entnehmen. Da bis zum 30.06.2008 eine wei-tergehende Differenzierung des Ausmaßes der Einschränkung der Alltags-kompetenz nicht erforderlich war, ergibt sich bei Folgebegutachtungen nach einem Vorgutachten aus dem Zeitraum vor dem 01.07.2008 für den Punkt „Alltagskompetenz eingeschränkt" folgende Besonderheit: Sofern die Pfle-gekasse nach dem 01.07.2008 auf Antrag des Versicherten die Entscheidung getroffen hat, ob eine in erhöhtem Maße eingeschränkte Alltagskompetenz vorliegt, muss sich dies aus den Unterlagen zum Begutachtungsauftrag erge-ben. Diese Angaben sind hier zu übernehmen. Ergibt sich aus den Auftrags-unterlagen der Pflegekasse, dass eine solche Feststellung noch nicht erfolgte, hat der MDK auf Basis des Vorgutachtens festzustellen, ob nach den seit dem 01.07.2008 geltenden Kriterien eine erhebliche oder in erhöhtem Maße ein-geschränkte Alltagskompetenz vorlag, und das Ergebnis seiner Feststellung hier einzutragen.

Es sind der Untersuchungstag, der Untersuchungsort sowie die Uhrzeit an-zugeben.

Die nachfolgende Reihenfolge und Nummerierung der Abschnitte entspre-chen denen des Formulargutachtens.

D 1. Derzeitige Versorgungs- und Betreuungssituation

Das Gespräch mit dem Antragsteller bzw. der/den Pflegeperson/-en sowie die Ermittlung zur bestehenden Versorgung und Betreuung erlauben einen guten Einstieg in den weiteren Verlauf der Begutachtung. Die Pflegesitua-tion **aus der Sicht des Antragstellers und der Pflegeperson bzw. der Pflege-fachkraft** (Ist-Zustand) ist hier aufzunehmen.

Besonders bei Krankheits- und Behinderungsbildern mit wechselnder Symp-tomatik erleichtert dieses Vorgehen dem Gutachter die nachfolgende Beur-teilung des Hilfebedarfs.

Im Formulargutachten wird angegeben, welche Personen zur pflegebegrün-denden Vorgeschichte Angaben machen und ob beim Besuch die Pflegeper-son bzw. Pflegefachkraft und/oder weitere Personen wie Freunde, Familien-angehörige, Lebenspartner oder Nachbarn zugegen sind.

Es kann erforderlich sein, sowohl die Pflegeperson bzw. Pflegefachkraft als auch den Antragsteller allein zu befragen. Die Möglichkeit eines getrennten Gesprächs ist ggf. anzubieten.

Weichen die Angaben des Antragstellers und der Pflegeperson bzw. Pflege-fachkraft voneinander ab, ist dies zu dokumentieren.

D 1.1 Ärztliche/medikamentöse Versorgung

Die ärztliche/fachärztliche Versorgung ist im Formulargutachten anzugeben. Dabei sind die Art des Arztkontaktes (Haus- und/oder Praxisbesuch) und die Häufigkeit (wie oft pro Woche oder – wenn seltener – pro Monat) zu dokumentieren. Bei Praxisbesuchen ist anzugeben, ob der Antragsteller die Praxis selbstständig oder in Begleitung aufsucht und ob Wartezeiten anfallen.

Es sind auch die aktuelle medikamentöse Therapie und Besonderheiten der Verabreichung zu erfragen, und ob der Antragsteller die Medikamente selbstständig einnimmt.

D 1.2 Verordnete Heilmittel

Anzugeben sind Art (z. B. physikalische Therapien, Ergotherapie, Stimm-, Sprech- und Sprachtherapie, podologische Therapie), Häufigkeit (wie oft pro Woche oder – wenn seltener – pro Monat) sowie ggf. die Dauer der Heilmittelversorgung. Es ist anzugeben, ob der Antragsteller den Therapeuten selbstständig oder in Begleitung aufsucht, ob Wartezeiten anfallen oder ob der Therapeut zur Behandlung ins Haus kommt.

D 1.3 Hilfsmittel/Nutzung

Alle Hilfsmittel/Pflegehilfsmittel/technischen Hilfen des Antragstellers, ungeachtet der Kostenträgerschaft, einschließlich Verbrauchsgüter, sind aufzuführen. Aufzunehmen ist, ob die Hilfsmittel benutzt werden oder nicht und in welchem Umfang durch ihre Anwendung/Nichtanwendung die Pflege bei den im Gesetz definierten täglich wiederkehrenden Verrichtungen beeinflusst wird. Im Laufe der Begutachtung ist zu prüfen, ob durch den Hilfsmitteleinsatz der Hilfebedarf beeinflusst oder kompensiert wird (Punkt 3.2 „Beschreibung von Schädigungen/Beeinträchtigungen der Aktivitäten/Ressourcen in Bezug auf Stütz- und Bewegungsapparat, Innere Organe, Sinnesorgane, Nervensystem und Psyche" des Formulargutachtens). Kann durch Schulung/Training des Hilfsmittelgebrauchs dieser pflegerelevant verbessert werden, hat der Gutachter dies im individuellen Pflegeplan (Punkt 6.5 „Hilfsmittel-/Pflegehilfsmittelversorgung" des Formulargutachtens) anzugeben.

D 1.4 Umfang der pflegerischen Versorgung und Betreuung

Unter diesem Punkt sind alle Pflege- und Betreuungsleistungen, unabhängig von der Kostenträgerschaft, nach Art, Häufigkeit, Zeitpunkt (insbesondere auch nächtliche Hilfeleistungen) und ggf. Dauer stichpunktartig im Freitext zu dokumentieren. Grundlage dafür sind die Angaben der an der Pflege Beteiligten (Antragsteller, Betreuer, Pflegeperson, Pflegekraft).

Bei häuslicher Krankenpflege nach § 37 SGB V oder Pflege durch Pflegeeinrichtungen im Sinne des SGB XI sind die Leistungen im Freitext zu dokumentieren. Es sind Name und Anschrift der Pflegeeinrichtung – ohne Angabe der Pflegezeit – anzugeben.

Bei Pflege / Betreuung durch Angehörige / Bekannte (Pflegeperson /-en) ist die dargestellte Versorgungssituation stichpunktartig im Freitext zu dokumentieren. Die Selbsteinschätzung des zeitlichen Pflegeaufwands ist in Stunden pro Woche (codiert in den Stufen „unter 14 Stunden", „14 bis unter 21 Stunden", „21 bis unter 28 Stunden" und „28 Stunden und mehr") in der Tabelle mit Angabe des Namens, der Anschrift, möglichst auch der Telefonnummer und des Geburtsdatums anzugeben. Die gutachterliche Wertung der Angaben im Abgleich mit dem Hilfebedarf erfolgt unter Punkt 5.1 „Stimmt der unter 1.4 von Pflegepersonen angegebene Pflegeaufwand mit dem gutachterlich festgestellten Hilfebedarf des Formulargutachtens überein?"

Des Weiteren ist unter „Betreuung durch sonstige Einrichtungen" anzugeben, ob und ggf. für welche Zeit eine Pflege / Betreuung in tagesstrukturierenden Einrichtungen (z. B. Kindergärten, Schulen, Einrichtungen der Hilfe für behinderte Menschen) stattfindet.

Abschließend ist anzugeben, ob der Antragsteller allein lebt.

Werden „freiheitsentziehende" (unterbringungsähnliche) Maßnahmen (z. B. Einschließen, Fixieren im Bett / Sessel / Rollstuhl, Sedieren) geschildert, sind diese zu dokumentieren. Sofern die Maßnahmen aus dem Wunsch einsichtsfähiger Antragsteller nach Sicherung (z. B. Bettgitter, Therapietisch) resultieren, ist dies zu dokumentieren.

D 2. Pflegerelevante Vorgeschichte und Befunde

D 2.1 Pflegerelevante Aspekte der ambulanten Wohnsituation

Der Gutachter hat sich ein umfassendes und genaues Bild von der Wohnsituation des Antragstellers zu machen, zumal sich diese umweltbezogenen Kontextfaktoren fördernd oder hemmend auf den Hilfebedarf auswirken können. Zu dokumentieren sind:

– Lage der Wohnung (Stufen zum Hauseingang, Etage, Fahrstuhl).

– Anzahl der Räume, Stufen oder Treppen in der Wohnung, Erreichbarkeit von Bad / Waschmöglichkeit und Toilette, Erreichbarkeit des Telefons.

– Behindertenadaptierte Verhältnisse oder Erschwernisse (z. B. Türbreite, Schwellen, Art des Bettes, Art der Heizungsanlage).

Die Sicherheit der unmittelbaren Umgebung des Antragstellers (z. B. lose Teppiche, rutschiger Holzboden) ist anzugeben, und sind ggf. unter Punkt

6.7 „Verbesserung / Veränderung der Pflegesituation" des Formulargutachtens Empfehlungen auszusprechen.

D 2.2 Fremdbefunde

Die vorliegenden Befundberichte sind zu prüfen und auszuwerten, ob sie bedeutsame Angaben über

– die pflegeverursachenden Schädigungen und Beeinträchtigungen der Aktivitäten,

– noch vorhandene Ressourcen sowie

– die Art und den Umfang des Pflegebedarfs

enthalten.

Hierzu sind im Begutachtungsverfahren vorgelegte Berichte zu berücksichtigen, wie

– Pflegedokumentationen,

– Krankenhaus-, Rehabilitations- und Arztberichte (insbesondere des Hausarztes oder des behandelnden Facharztes),

– Berichte z. B. von Werkstätten für behinderte Menschen und von Therapeuten,

– Pflegeberichte (z. B. Überleitungsberichte von ambulanten und stationären Einrichtungen),

– bereits vorliegende sozialmedizinische Gutachten (z. B. zur Feststellung von Pflegebedürftigkeit, Rehabilitationsgutachten).

Ergeben sich aus den Fremdbefunden Hinweise auf „freiheitsentziehende" (unterbringungsähnliche) Maßnahmen (z. B. Einschließen, Fixieren im Bett / Sessel / Rollstuhl, Sedieren), ist dies hier zu dokumentieren. In stationären Pflegeeinrichtungen werden solche Maßnahmen dokumentiert; es ist eine Genehmigung des Vormundschaftsgerichts erforderlich, wenn solche Maßnahmen regelmäßig für unverzichtbar gehalten werden. Sofern die Maßnahmen aus dem Wunsch einsichtsfähiger Antragsteller nach Sicherung (z. B. Bettgitter, Therapietisch) resultieren, muss sich dies aus der Pflegedokumentation ergeben und ist hier zu dokumentieren.

D 2.3 Pflegerelevante Vorgeschichte (Anamnese)

Nach Darstellung der wesentlichen aktuellen Probleme in der Selbstversorgung sind Beginn und Verlauf der Krankheiten / Behinderungen im Überblick zu schildern, die ursächlich für die bestehende Hilfebedürftigkeit sind. Der Gutachter soll hier die pflegebegründenden Krankheiten / Behinderungen zuerst darstellen und weitere, sich nur gering oder unbedeutend auf die

Hilfebedürftigkeit auswirkende Krankheiten/Behinderungen erst danach nennen.

Das alleinige Aufzählen von Diagnosen ist nicht ausreichend.

Vorerkrankungen, die sich nicht auf die Hilfebedürftigkeit auswirken, sollen nur angegeben werden, wenn sie für die Gesamteinschätzung der Situation, z. B. bei den Rehabilitationsmöglichkeiten, von Bedeutung sind.

Sofern innerhalb der letzten vier Jahre eine Leistung zur medizinischen Rehabilitation stattgefunden hat bzw. stattfindet, ist dies vom Gutachter unter genauer Angabe der Rehabilitationsform (ambulant, mobil, stationär) und nach Möglichkeit unter Angabe der Art (geriatrisch bzw. indikationsspezifisch) zu benennen (Rehabilitationsleistungen im letzten Jahr vor der Begutachtung sind gesondert auszuweisen). Der subjektive Erfolg abgeschlossener Leistungen der medizinischen Rehabilitation ist zu dokumentieren.

Eventuell vorhandene längerfristige Aufzeichnungen über den Pflegeverlauf (Pflegetagebuch/Pflegedokumentation, Anfallskalender, Entwicklungsbericht für Rehabilitationsträger) sind zu berücksichtigen.

Bei einer Folgebegutachtung reicht ein Verweis auf das Vorgutachten nicht aus. Eine Zusammenfassung der Vorgeschichte und die Erhebung der ausführlichen Zwischenanamnese sind zu dokumentieren. Es ist darzulegen, worauf Veränderungen des Hilfebedarfs zurückgeführt werden. In stationären Pflegeeinrichtungen ist in diesem Kontext auch anzugeben, ob der Pflegebedürftige an zusätzlichen aktivierenden oder rehabilitativen Maßnahmen der Einrichtung teilgenommen hat.

Bei der Begutachtung von Kindern sind bei Erhebung der Anamnese auch Aussagen zu Schwangerschaft, Geburtsverlauf, wenn möglich, zu Apgar-Werten (gelbes Vorsorgeheft) und frühkindlicher Entwicklung zu machen, soweit die Schädigung(en) aus dieser Zeit resultieren.

D 3. Gutachterlicher Befund

D 3.1 Allgemeinzustand/Befund

Hier sollen vom Gutachter offensichtliche Elementarbefunde wiedergegeben werden, die durch einfache Untersuchung und Inaugenscheinnahme des Antragstellers mit „den fünf Sinnen" ohne apparativen Aufwand erhalten werden können, um ein nachvollziehbares Bild des Antragstellers und seines Pflegezustandes und nicht nur eine Summe von Einzelbefunden zu erhalten.

Hier ist auch festzuhalten, wie der Antragsteller beim Hausbesuch angetroffen wurde (z. B. selbst die Tür öffnend, im Bett liegend, vollständig bekleidet) einschließlich erster Eindrücke über Interaktion bei der Kontaktaufnahme. Hier sind auch eventuell freiheitsentziehende (unterbringungsähnliche)

Maßnahmen (z. B. Einschließen, Fixieren im Bett/Sessel/Rollstuhl, Sedieren) zu beschreiben, die der Gutachter feststellt.

Aussagen zum Ernährungs-(Größe, Gewicht), Kräfte- (z. B. Händedruck, Gangbild) und Pflegezustand (z. B. Haare, Nägel, Kleidung, Wohnumfeld) sind zu dokumentieren, ggf. vorliegende Bettlägerigkeit ist anzugeben. Befunde wie Zyanose, Dyspnoe und Oedeme können auch schon hier erwähnt werden.

Kinder

Es ist der globale Entwicklungsstand – wie er vom Gutachter durch eigene Beobachtung und Befragung der Eltern festgestellt wurde – darzustellen. Hierzu gehören auch Angaben zu Größe und Gewicht, die unter Berücksichtigung der Aktualität dem gelben Vorsorgeheft entnommen werden können.

Erwähnt werden kann hier das Verhalten des Kindes, das der Gutachter schon während des Gesprächs mit den Eltern beobachten kann (z. B. Antriebsarmut, psychomotorische Unruhe, Erregbarkeit).

D 3.2 Beschreibung von Schädigungen/Beeinträchtigungen der Aktivitäten/Ressourcen in Bezug auf Stütz- und Bewegungsapparat, Innere Organe, Sinnesorgane, Nervensystem und Psyche

Die Angaben des Antragstellers und/oder seiner Bezugsperson zum Hilfebedarf, die Vorgeschichte sowie Art und Ausmaß der Krankheit/Behinderung bestimmen den notwendigen Untersuchungsumfang. Vorliegende Befundberichte sind zu berücksichtigen. Der Gutachter muss sich über die Schädigungen, Beeinträchtigungen der Aktivitäten und Ressourcen des Antragstellers selbst ein Bild machen.

Die Aufzählung von Diagnosen ist nicht angebracht, da damit Schädigungen und insbesondere Beeinträchtigungen der Aktivitäten und noch vorhandene Ressourcen nicht abgebildet werden können. Die Befunderhebung deckt Schädigungen, Beeinträchtigungen der Aktivitäten und Ressourcen auf.

Eine Schädigung ist charakterisiert durch einen beliebigen Verlust oder eine Normabweichung in der psychischen, physiologischen oder anatomischen Struktur oder Funktion. Sie ist unabhängig von der Ätiologie und umfasst die Existenz oder das Auftreten einer Anomalie, eines Defektes oder Verlustes eines Gliedes, Organs, Gewebes oder einer anderen Körperstruktur, auch eines Defektes in einem funktionellen System oder Mechanismus des Körpers einschließlich des Systems der geistigen Funktionen.

Eine Beeinträchtigung der Aktivitäten ist Folge einer Schädigung und stellt jede Einschränkung oder jeden Verlust der Fähigkeit, Aktivitäten in der Art und Weise oder in dem Umfang auszuführen, die für einen Menschen als normal angesehen werden kann, dar. Sie betrifft komplexe oder integrierte Aktivitäten, wie sie von einer Person oder dem Körper als Ganzem erwartet werden und wie sie sich als Aufgabe, Fähigkeit und Verhaltensweise darstellt. Die Beeinträchtigung der Aktivitäten stellt eine Normabweichung dar, die sich in der Leistung der Person, im Gegensatz zu der des Organs oder des Organismus, ausdrückt.

Ressourcen sind vorhandene Fähigkeiten, Kräfte und Möglichkeiten, die einem kranken, behinderten oder alten Menschen helfen, sein Leben und seine Krankheit oder Behinderung zu bewältigen. Ressourcen sollen bei der Pflege erkannt und gefördert werden, um die Selbstständigkeit so lange und so weit wie möglich zu erhalten.

Die im Rahmen der Begutachtung feststellbaren Schädigungen in den einzelnen Organsystemen sind prägnant nach Art, Lokalisation und Grad ihrer Ausprägung zu dokumentieren.

Die Beschreibung der Beeinträchtigung der Aktivitäten soll auf einer Prüfung der vorhandenen Funktionen basieren, dabei sollte der zu untersuchende Antragsteller alle geeigneten zur Verfügung stehenden Hilfsmittel nutzen können. Ihre Verwendung ist durch den Gutachter bei der jeweiligen Funktionsprüfung in ihrer Auswirkung mit zu beschreiben. Sollten zusätzlich personelle Hilfen erforderlich sein, so ist dies gleichfalls zu vermerken. Im Rahmen der Begutachtung im ambulanten Bereich sollte der Gutachter gemeinsam mit dem zu untersuchenden Antragsteller alle Räume aufsuchen, in denen regelmäßig grundpflegerische Verrichtungen durchgeführt werden. Hierzu gehört auch das Treppensteigen, wenn die vom Antragsteller genutzten Räumlichkeiten durch Treppen miteinander verbunden sind.

Die in diesem Zusammenhang festgestellten Ressourcen sind ebenso zu dokumentieren.

Wenn Untersuchungen nicht durchgeführt werden können, z. B. bei ausgeprägten Schmerzzuständen oder bei schweren psychischen Störungen, hat der Gutachter dies zu dokumentieren und ggf. zu begründen.

Bei Folgebegutachtungen müssen diese Befunde die Beurteilung des Erfolgs von Rehabilitations- und Pflegemaßnahmen ermöglichen. Falls sich hieraus ein veränderter Hilfebedarf ergibt, dienen diese Befunde als Beleg für die Begründung einer veränderten Pflegeeinstufung.

Aus diesem Vorgehen ergibt sich für den Gutachter ein positives / negatives Leistungsbild des Antragstellers hinsichtlich dessen Hilfebedarfs, der unter Punkt 4 nach Art und Umfang zu bewerten ist.

Bei Vorliegen von demenzbedingten Fähigkeitsstörungen, geistiger Behinderung oder psychischer Erkrankung muss das Screening- und ggf. Assessment-Verfahren durchgeführt werden (siehe Punkt D 3.4 „Screening und Assessment zur Feststellung von Personen mit erheblich eingeschränkter Alltagskompetenz").

Unabhängig von ihrer Ursache sind alle pflegerelevanten Schädigungen zu beschreiben, die Auswirkungen auf den Stütz- und Bewegungsapparat, die Inneren Organe, die Sinnesorgane, das Nervensystem und die Psyche haben.

Schädigungen am Stütz- und Bewegungsapparat sind z. B.

– Verlust von Gliedmaßen/Kontrakturen/Gelenkfehlstellungen/Paresen (schlaff/spastisch),

– Bewegungsstörungen wie z. B. Athetosen/Akinesien/Gleichgewichtsstörungen/Sensibilitätsstörungen/Tremor.

Schädigungen an den Inneren Organen sind z. B.

– Schädigung der Herzkreislauf- und Atmungsfunktion (z. B. Zyanose/ Luftnot in Ruhe oder unter Belastung/Oedeme/Herzrhythmusstörungen/Brustschmerz/Husten/Auswurf),

– Schädigung der Magen-Darm-Funktion (z. B. Übelkeit/Erbrechen/Verstopfung/Durchfall/Darminkontinenz/Schluckstörungen/Störungen der Nahrungsverwertung),

– Schädigung der Harnausscheidungsfunktion (z. B. Miktionstörung/Inkontinenz).

Auch Hautveränderungen sind hier zu beschreiben wie z. B. Decubital- und/ oder andere Ulcera (Lokalisation, Größe und Wundbeschaffenheit), Pergamenthaut.

Schädigungen an den Sinnesorganen sind z. B.

– Sehkraftminderung/Blindheit,

– Schwerhörigkeit/Taubheit.

Neurologische Schädigungen fallen häufig bereits bei der Untersuchung des Stütz- und Bewegungsapparates auf, z. B. Bewegungsstörungen, Tremor, Paresen sowie Veränderungen der Stamm- und Extremitätenmuskulatur.

Daneben sollte der Gutachter aber auch beurteilen, ob Hirnwerkzeugstörungen (z. B. Aphasie, Apraxie, Agnosie, Neglect) vorliegen. Grundlage der Beschreibung der Schädigungen bildet der psychopathologische Befund (siehe Anlage 4), ggf. ergänzt durch Elemente aus psychometrischen Testverfahren (z. B. MMSE, FTDD, DemTect).

Psychische Störungen zeigen sich in

– Störung des quantitativen Bewusstseins (z. B. Somnolenz, Sopor, Präkoma, Koma) und des qualitativen Bewusstseins (z. B. Bewusstseinseinengung, Bewusstseinsverschieben),

- Störung der Perzeption und Aufmerksamkeit (z. B. gestörte Fähigkeit zur Ausrichtung der geistigen Aktivität auf einen oder mehrere bestimmte Gegenstände / Themen),

- Störung des Erinnerungsvermögens (z. B. Merkfähigkeit-, Kurz- und Langzeitgedächtnisstörungen, Konfabulation),

- Störung der emotionalen Funktion und Willensfunktion (z. B. depressive Stimmung, Angst, Insuffizienzgefühle, Euphorie, Gereiztheit, Antriebslosigkeit, Antriebshemmung, psychomotorische Unruhe, Logorrhoe),

- Störung der Intelligenz (z. B. geistige Behinderung, Störungen von Aufnahme, Speichern und Wiedergabe neuer Gedächtnisinhalte),

- Störung des Denkens (z. B. inhaltliche Denkstörung: Wahnerleben; formale Denkstörung: Beeinträchtigung der Abstraktion, des logischen Denkens; Gedankenflucht),

- Störung des Wahrnehmens (z. B. Halluzinationen),

- Störung der vegetativen Funktionen (z. B. Schlafstörungen, Appetitstörungen).

Beeinträchtigungen der Aktivitäten und Ressourcen beziehen sich immer auf den ganzen Menschen. Durch eine genaue Befunderhebung sind die sich aus den Schädigungen ergebenden Beeinträchtigungen der Aktivitäten und Ressourcen hinsichtlich ihrer Auswirkungen auf die Verrichtungen des täglichen Lebens aufzuzeigen. Es ist zu prüfen, inwieweit der Antragsteller selber Angaben machen kann, ob er sich in seiner Wohnung zurechtfindet, ob er Aufforderungen erfassen und umsetzen kann. Hilfreich ist es, den Antragsteller den Tagesablauf schildern zu lassen und sich einzelne Verrichtungen exemplarisch demonstrieren zu lassen.

Um Beeinträchtigungen der Aktivitäten und Ressourcen im Einzelnen abzubilden, hat der Gutachter z. B. Bewegungsmöglichkeiten der Arme und Beine (grobe Kraft, Nacken- und Schürzengriff, Pinzettengriff, Greiffunktion), Hals- und Rumpfbewegungen (Vorbeugen im Stehen, im Sitzen), Umlagerung, Gehen, Stehen, Treppensteigen darzustellen. Insbesondere ist auszuführen, ob und inwieweit durch vorhandene Hilfs-/Pflegehilfsmittel (z. B. Einsatz von Greif- und Gehhilfen, Rollator, Rollstuhl, Prothese) oder andere technische Hilfen die Beeinträchtigung einer Aktivität ausgeglichen wird.

Obwohl als Hinweis für das Vorliegen einer Darm- und/oder Blaseninkontinenz zum Zeitpunkt der Untersuchung oft nur indirekte Anzeichen festzustellen sind, ist hierauf wegen der großen Bedeutung für den Pflegebedarf besonders einzugehen. Bei der Beschreibung sind ggf. zum Einsatz kommende Hilfsmittel (z. B. Stomaartikel/Blasenkatheter/Inkontinenzprodukte) zu benennen. Bei Verwendung von PEG-/Magensonden ist auch Nahrungsart, Menge und Applikationsform aufzuführen. Ebenso sind Beeinträchtigungen der Aktivitäten und Ressourcen beim Lesen, Erkennen von Personen, Umrissen oder kleinen Gegenständen, bei der Orientierung in der Wohnung, der Reaktion auf Geräusche, der Verständigung im Gespräch aufzuzeigen (z. B. Einsatz von Brille, Hörgerät, Kommunikationshilfen).

Die Beschreibung der Beeinträchtigung der Aktivitäten und Ressourcen hat sich auch auf folgende Bereiche zu erstrecken:

Orientierung

Orientierung beschreibt das Bescheidwissen über Ort, Zeit, Situation und Person.

– Örtliche Orientierung beinhaltet die Fähigkeit, seinen Aufenthaltsort zu kennen und sich im eigenen Bewegungsradius zurechtzufinden. Eine leichte Orientierungsstörung liegt vor, wenn der Ortsname nur mit Mühe genannt werden kann, schwer ist die Störung, wenn die Orientierung in der Wohnung nicht mehr gelingt.

– Zeitliche Orientierung beinhaltet die Fähigkeit, Tag und Uhrzeit zu kennen und entsprechend den Tagesablauf strukturieren zu können. Das Nichtwissen des Kalendertages kann nicht generell als zeitliche Orientierungsstörung beurteilt werden, allerdings muss die Tageszeit gewusst werden.

– Situative Orientierung beinhaltet das Verständnis für die derzeitige Lebenslage. Gemeint ist damit nicht nur das Wissen, sich als Antragsteller in einer Begutachtung zu befinden, sondern auch das Wissen um die Hintergründe, die zur Begutachtung geführt haben.

– Personelle Orientierung beinhaltet das Wissen über die sowohl aktuelle persönliche als auch lebensgeschichtliche Situation und die individuelle Beziehung zu den Kontaktpersonen. Eine schwere Störung liegt vor, wenn weder der Name noch der Geburtstag, noch das Alter angegeben werden können.

Antrieb/Beschäftigung

Hierzu gehört die geistige Fähigkeit, geprägt durch Erlebnisse und Gewohnheiten, seine Zeit sinnvoll einzuteilen, sich entsprechend zu beschäftigen und seine Aktivitäten von sich aus aufzunehmen und an seine körperlichen Fähigkeiten anzupassen.

Stimmung

Die Stimmung drückt das Empfinden und die Steuerung von Emotionen wie z. B. Freude, Trauer, Hass aus. Die Beurteilung affektiver Störungen (Störungen der Gefühle, Stimmungen, Emotionalität) führt immer wieder zu besonderen Schwierigkeiten. Die Grenze zwischen psychopathologischen Auffälligkeiten und gesundem Erleben ist in diesem Bereich besonders unscharf.

Gedächtnis

Hierzu gehört die Fähigkeit, Erlebtes und Erlerntes behalten und wiedergeben zu können. Im Langzeitgedächtnis sind biografische und anamnestische Angaben gespeichert. Das Kurzzeitgedächtnis umfasst die Merkfähigkeit, d. h. die Speicherung neu gelernter Inhalte für einige Minuten. Seine Störung hat insbesondere Auswirkungen im täglichen Ablauf, somit beeinflusst das Kurzzeitgedächtnis entscheidend das Pflegegeschehen, diesbezügliche Storungen lassen sich mit einfachen Tests feststellen.

Tag-/Nacht-Rhythmus

Hierzu gehört die Fähigkeit, einen regelmäßigen und altersentsprechenden Rhythmus sowie die Art und Weise von Wachen, Ruhen und Schlafen zu gestalten und aufrecht zu erhalten, wie z. B. der Umgang mit Schlafstörungen, auch nach nächtlichen Unterbrechungen durch Nykturie oder das Einplanen notwendiger Ruhepausen tagsüber.

Wahrnehmung und Denken

Hierzu gehört die Fähigkeit, Informationen aus der Umgebung aufnehmen und einordnen zu können, logische Folgerungen zu schließen und begründete Entscheidungen treffen zu können. Dabei spielt das Erkennen von Gefahren und das Einschätzen von Risiken eine wesentliche Rolle. Formale Denkstörungen zeigen sich meistens in der Sprache. Es handelt sich dabei um Veränderungen in der Geschwindigkeit, Kohärenz und Stringenz des Gedankenablaufes.

Kommunikation und Sprache

Hierzu gehört die geistige Fähigkeit zum sinnhaften, interpersonellen Austausch unter Berücksichtigung kultureller Gegebenheiten (ggf. unter Nutzung kommunikationsfördernder Hilfsmittel). Wesentlich sind das Verstehen der Bezugsperson (hören, sehen, lesen) und die Möglichkeit Wünsche und Gedanken äußern zu können (Sprache, Schrift, Gestik, Mimik und Ausdruck von Gefühlen).

Situatives Anpassen

Dies beinhaltet die Fähigkeit, sich auf wechselnde Anforderungen/Situationen einzustellen, wie z. B. Besuch/Alleinsein/Wechsel der Bezugsperson, Änderung des üblichen Tagesablaufes, sich in gegebenen Situationen adäquat verhalten zu können, wie z. B. die Fähigkeit, Wünsche zu äußern, bei Gefahr Hilfe einzuholen, aber auch Ablehnungen deutlich zu machen.

Soziale Bereiche des Lebens wahrnehmen

Hierzu gehört die Fähigkeit, selbstständig soziale Kontakte aufnehmen und
aufrecht erhalten zu können und sein Leben verantwortlich innerhalb des
gesellschaftlichen Beziehungsgeflechtes zu gestalten. Das bedeutet u. a.,
Kontakte zu Familie, Nachbarn und Freunden pflegen zu können oder die
Geschäftsfähigkeit bezüglich finanzieller und behördlicher Angelegenheiten
zu erhalten.

D 3.3 Pflegebegründende Diagnose(n)

Eine oder zwei Diagnosen, die im Wesentlichen die Pflegebedürftigkeit begründen, sind anzugeben und nach ICD-10 zu verschlüsseln. Weitere Diagnosen sollten in der Reihenfolge ihrer Wertigkeit bezüglich des Pflegebedarfs
angegeben werden.

Es sollten auch Diagnosen angegeben werden, die keinen Pflegebedarf begründen, jedoch bei eventuellen Therapie- und Rehabilitationsleistungen
von Bedeutung sind.

D 3.4 Screening und Assessment zur Feststellung von Personen mit erheblich eingeschränkter Alltagskompetenz

**Das Verfahren zur Feststellung von Personen mit erheblich eingeschränk-
ter Alltagskompetenz ist generell durchzuführen, wenn** demenzbedingte
Fähigkeitsstörungen, geistige Behinderungen oder psychische Erkrankungen vorliegen (zu den insoweit relevanten Erkrankungen siehe D 4.0 / III. /
8 Buchstaben a. bis e.). Bei bereits festgestellter Einschränkung der Alltagskompetenz hat der Gutachter zu überprüfen, ob die Empfehlung der Zuordnung zur erheblich oder in erhöhtem Maße eingeschränkten Alltagskompetenz unverändert weiterbesteht. Eine erneute Durchführung des
Assessments ist nur erforderlich, wenn insoweit relevante Veränderungen
eingetreten sind.

Zunächst erfolgt eine Auswertung der Angaben unter Punkt 3.2 „Beschreibung von Schädigungen/Beeinträchtigungen der Aktivitäten/Ressourcen
in Bezug auf Stütz- und Bewegungsapparat, Innere Organe, Sinnesorgane,
Nervensystem und Psyche" des Formulargutachtens. Dazu ist in der Tabelle zu „Orientierung", „Antrieb/Beschäftigung", „Stimmung", „Gedächtnis", „Tag-/Nacht-Rhythmus", „Wahrnehmung und Denken", „Kommuni-
kation/Sprache", „Situatives Anpassen" und „Soziale Bereiche des Lebens
wahrnehmen" jeweils eine Bewertung „unauffällig" oder „auffällig" abzugeben (Screening). Wenn

–   mindestens eine Auffälligkeit in der Tabelle abgebildet ist und

–   hieraus ein regelmäßiger und dauerhafter (voraussichtlich mindestens 6
    Monate) Beaufsichtigungs- und Betreuungsbedarf resultiert,

ist das Assessment durchzuführen (siehe Punkt E „Verfahren zur Feststellung von Personen mit erheblich eingeschränkter Alltagskompetenz und zur Bewertung des Hilfebedarfs").

Ein regelmäßiger und dauerhafter Bedarf an Beaufsichtigung und Betreuung kann auch aus der Unfähigkeit resultieren, körperliche und seelische Gefühle oder Bedürfnisse, wie Schmerzen, Hunger, Durst, Frieren und Schwitzen, wahrzunehmen oder zu äußern, z. B. bei Menschen mit fortgeschrittener Demenz oder im Wachkoma.

Werden Auffälligkeiten dokumentiert, die keinen regelmäßigen und dauerhaften Beaufsichtigungs- und Betreuungsbedarf erfordern und daher kein Assessment auslösen, ist dies zu begründen.

Mit dem Assessment erfolgt die Bewertung, ob die Alltagskompetenz auf Dauer erheblich oder in erhöhtem Maße eingeschränkt ist. Dazu werden

– krankheits- oder behinderungsbedingte kognitive Störungen (Wahrnehmen und Denken)

sowie

– Störungen des Affekts und des Verhaltens

erfasst.

Ein Assessment-Merkmal ist dann mit „ja" zu dokumentieren, wenn wegen dieser Störungen

– ein Beaufsichtigungs- und Betreuungsbedarf,

– auf Dauer (voraussichtlich mindestens 6 Monate) und

– regelmäßig besteht.

Regelmäßig bedeutet, dass grundsätzlich ein täglicher Beaufsichtigungs- und Betreuungsbedarf besteht, dessen Ausprägung sich unterschiedlich darstellen kann. So kann bei bestimmten Krankheitsbildern in Abhängigkeit von der Tagesform zeitweilig eine Beaufsichtigung ausreichen oder auch eine intensive Betreuung erforderlich sein.

Die Fragen sind eindeutig mit „ja" oder „nein" zu beantworten. Die einzelnen Punkte sind zu beobachten oder fremdanamnestisch zu erfragen, mit erhobenen Befunden abzugleichen und gutachterlich zu würdigen (siehe Punkt E „Verfahren zur Feststellung von Personen mit erheblich eingeschränkter Alltagskompetenz und zur Bewertung des Hilfebedarfs").

Die unter Punkt E „Verfahren zur Feststellung von Personen mit erheblich eingeschränkter Alltagskompetenz und zur Bewertung des Hilfebedarfs" genannten Hinweise unter den Bereichen 5, 10, 11 sind so zu verstehen, dass die Beeinträchtigung einer einzelnen Aktivität je nach Ursache nur einem

Item zuzuordnen ist. Dies bedeutet aber nicht, dass sich die benannten Bereiche gegenseitig ausschließen.

Eine erhebliche Einschränkung der Alltagskompetenz nach SGB XI liegt vor, wenn im Assessment vom Gutachter wenigstens zweimal „ja" angegeben wird, davon mindestens einmal aus einem der Bereiche 1 bis 9. Die Alltagskompetenz ist in erhöhtem Maße eingeschränkt, wenn die Voraussetzungen für die erheblich eingeschränkte Alltagskompetenz erfüllt sind und zusätzlich bei mindestens einem weiteren Item aus den Bereichen 1, 2, 3, 4, 5, 9 oder 11 dauerhafte und regelmäßige Schädigungen und Beeinträchtigungen der Aktivitäten festgestellt werden.

Darüber hinaus ist zu dokumentieren, seit wann die Alltagskompetenz des Antragstellers im Sinne des § 45a SGB XI erheblich oder in erhöhtem Maße eingeschränkt ist. Bei den meist chronischen Verläufen ist eine begründete Abschätzung des Beginns der erheblich eingeschränkten Alltagskompetenz notwendig.

D 4. Pflegebedürftigkeit

D 4.0 Grundsätze bei der Feststellung der Pflegebedürftigkeit

Als pflegebedürftig im Sinne des SGB XI gelten Antragsteller, die wegen einer körperlichen, geistigen oder seelischen Krankheit oder Behinderung für die gewöhnlichen und regelmäßig wiederkehrenden Verrichtungen im Ablauf des täglichen Lebens auf Dauer, voraussichtlich für mindestens 6 Monate, in erheblichem oder höherem Maße der Hilfe bedürfen. Pflegebedürftigkeit liegt auch dann vor, wenn der Hilfebedarf nur deswegen nicht mindestens 6 Monate lang gegeben ist, weil die zu erwartende Lebensdauer kürzer ist.

Ursachen der Pflegebedürftigkeit müssen demnach Krankheiten oder Behinderungen sein. Die Aufzählung der in Betracht kommenden Krankheits- oder Behinderungsgruppen im Gesetz und in den Richtlinien macht deutlich, dass nichtmedizinische Ursachen nicht ausreichen, um Pflegebedürftigkeit im Sinne des Gesetzes anzunehmen.

Bezüglich der Feststellung der Pflegebedürftigkeit gilt Gleichbehandlung von körperlich und psychisch kranken Menschen sowie geistig und körperlich behinderten Menschen.

Es ist bei der Begutachtung zu berücksichtigen, **dass nicht die Schwere der Erkrankung oder Behinderung, sondern allein der aus der konkreten Schädigung und Beeinträchtigung der Aktivitäten resultierende Hilfebedarf in Bezug auf die gesetzlich definierten Verrichtungen als Grundlage der Bestimmung der Pflegebedürftigkeit dient.** Daher begründen z. B. Blindheit oder Taubheit allein noch nicht die Pflegebedürftigkeit im Sinne des SGB XI. Entscheidungen in einem anderen Sozialleistungsbereich über das Vorliegen einer Behinderung oder die Gewährung einer Rente sind kein Maßstab für

die Feststellung der Pflegebedürftigkeit. So sagt die Minderung der Erwerbs-
fähigkeit oder der Grad der Behinderung nichts darüber aus, ob die Voraussetzungen der Pflegebedürftigkeit nach dem SGB XI gegeben sind.

D 4.0 / I.   Abgrenzung des zu berücksichtigenden Hilfebedarfs

Der für die Feststellung der Pflegebedürftigkeit und die Zuordnung zu einer
Pflegestufe maßgebliche Hilfebedarf bei den Verrichtungen nach § 14 Abs. 4
SGB XI nach Art, Häufigkeit, zeitlichem Umfang und Prognose ergibt sich
aus

– der individuellen Ausprägung von Schädigungen und Beeinträchtigungen der Aktivitäten durch Krankheit oder Behinderung,

– den individuellen Ressourcen,

– der individuellen Lebenssituation (z. B. umweltbezogene Kontextfaktoren wie Wohnverhältnisse, soziales Umfeld),

– der individuellen Pflegesituation (z. B. personenbezogene Kontextfaktoren wie Lebensgewohnheiten)

unter Zugrundelegung der Laienpflege. Es ist ausschließlich auf die Individualität des Antragstellers abzustellen. Die Individualität der Pflegeperson/-en
wird nicht berücksichtigt.

Für die Feststellung des individuellen Hilfebedarfs ist eine **Gesamtbetrachtung** durch den Gutachter notwendig. Dabei werden die erbrachte Hilfeleistung und der individuelle Hilfebedarf ins Verhältnis gesetzt und zusammen-
fassend bewertet, d. h., es wird ermittelt, ob die erbrachte Hilfeleistung dem
individuellen Hilfebedarf entspricht.

Maßstab für die Feststellung der Pflegebedürftigkeit und die Zuordnung zu
einer Pflegestufe ist der individuelle Hilfebedarf des Antragstellers bei den
in § 14 Abs. 4 SGB XI abschließend genannten gewöhnlichen und regelmäßig
wiederkehrenden Verrichtungen, orientiert an der tatsächlichen Hilfeleistung im Rahmen des medizinisch und pflegerisch Notwendigen. Für die Begutachtung kann also nur das berücksichtigt werden, was medizinisch und
pflegerisch notwendig ist und innerhalb des damit vorgegebenen Rahmens
liegt:

– Was den Rahmen des Notwendigen übersteigt, kann in der Pflegeversicherung nicht berücksichtigt werden (vgl. § 29 Abs. 1 SGB XI). Weder
  können der von einem Antragsteller geltend gemachte Anspruch auf
  eine besonders aufwendige pflegerische Betreuung (Wunsch nach über-
  versorgender Pflege) noch eine tatsächlich über das Maß des Notwendigen hinaus erbrachte Pflege (Überversorgung) berücksichtigt werden.

– Ebenso wenig entspricht unzureichende Pflege (Unterversorgung) dem
  Maß des Notwendigen. Soweit die Pflege, ggf. auch auf Wunsch des An-

tragstellers, tatsächlich unzureichend erbracht wird, hat der Gutachter auf das Maß des Notwendigen abzustellen.

Maßgebend ist die Einschränkung der Fähigkeit, die regelmäßig wiederkehrenden Verrichtungen ohne personelle Hilfe vornehmen zu können. Hilfebedarf ist auch dann gegeben, wenn die Verrichtung zwar motorisch ausgeübt, jedoch deren Notwendigkeit nicht erkannt oder nicht in sinnvolles Handeln umgesetzt werden kann. Gleichrangig maßgebend sind die Unterstützung, die teilweise oder vollständige Übernahme wie auch die Beaufsichtigung der Ausführung dieser Verrichtungen oder die Anleitung zu deren Selbstvornahme.

Der individuelle Hilfebedarf ergibt sich aus den vom Gutachter festgestellten Schädigungen und Beeinträchtigungen der Aktivitäten sowie aus den noch vorhandenen Fähigkeiten (Ressourcen) im Hinblick auf die Verrichtungen nach § 14 Abs. 4 SGB XI.

Hilfebedarf in der hauswirtschaftlichen Versorgung allein begründet keine Pflegebedürftigkeit.

Für die Feststellung der Pflegebedürftigkeit können Leistungen zur medizinischen Rehabilitation (§ 11 Abs. 2 SGB V), der Krankenbehandlung (§ 27 SGB V), der Behandlungspflege (§ 37 SGB V) mit Ausnahme der für die Grundpflege notwendigen verrichtungsbezogenen krankheitsspezifischen Pflegemaßnahmen, der sozialen Betreuung, der beruflichen und sozialen Eingliederung sowie zur Kommunikation nicht berücksichtigt werden.

Hilfebedarf im Sinne des SGB XI wird verringert oder besteht nicht mehr, wenn der Antragsteller die eingeschränkte oder verlorene Fähigkeit durch Benutzung eines Hilfsmittels oder Verwendung von Gebrauchsgegenständen selbst ausführen kann. Der danach verbleibende personelle Hilfebedarf bestimmt den Umfang der Pflegebedürftigkeit.

D 4.0 / II.   Formen der Hilfeleistung

Bei den Formen der Hilfe werden die **Unterstützung,** die **teilweise oder vollständige Übernahme** der Verrichtung sowie die **Beaufsichtigung** und **Anleitung** unterschieden. Individuelle Hilfeleistungen können dabei aus einer Kombination einzelner Hilfeformen zusammengesetzt sein oder im Tagesverlauf wechselnde Hilfeformen bedingen. Sie sind dann in ihrer Gesamtheit zu werten. Ziel der Hilfe ist, so weit wie möglich, die eigenständige Übernahme der Verrichtungen durch die pflegebedürftige Person (aktivierende Pflege, siehe Punkt D 4.0 / III. / 6. „Hilfebedarf und Aktivierende Pflege").

Unterstützung bedeutet, den Antragsteller durch die Bereitstellung sächlicher Hilfen in die Lage zu versetzen, eine Verrichtung selbstständig durchzuführen. Dazu gehört z. B. beim Gehen die Bereitstellung eines Rollators. Eine Unterstützung z. B. beim Waschen liegt dann vor, wenn eine Person sich zwar selbst waschen kann, aber das Waschwasser bereitgestellt, nach dem Waschen beseitigt oder ein Waschlappen gereicht werden muss. Ein weiteres Beispiel ist das Bereitlegen geeigneter Kleidungsstücke im Rahmen des An- und Auskleidens.

Bei der teilweisen Übernahme werden in Abgrenzung zur Unterstützung unmittelbare personelle Hilfen bei der Durchführung einer Verrichtung berücksichtigt. Teilweise Übernahme bedeutet, dass die Pflegeperson den Teil der Verrichtungen des täglichen Lebens übernimmt, den der Antragsteller selbst nicht ausführen kann. Eine teilweise Übernahme der Verrichtung liegt dann vor, wenn eine personelle Hilfe zur Vollendung einer teilweise selbstständig erledigten Verrichtung benötigt wird. Eine teilweise Übernahme des Waschens liegt z. B. dann vor, wenn Gesicht und Teile des Körpers selbstständig gewaschen werden, für das Waschen der Füße und Beine aber die Hilfe einer Pflegeperson benötigt wird. Auch wenn eine Verrichtung begonnen, aber z. B. wegen Erschöpfung abgebrochen wird, kann eine teilweise Übernahme der Verrichtung notwendig werden. Bei geistig behinderten, gerontopsychiatrisch veränderten oder psychisch kranken Menschen kann eine teilweise Übernahme dann erforderlich werden, wenn der Antragsteller von der eigentlichen Verrichtung wiederholt abschweift oder die Verrichtung trotz Anleitung zu langsam und umständlich ausführt. In einem solchen Fall muss z. B. das Waschen wegen der Gefahr des Auskühlens von der Pflegeperson durch eine teilweise Übernahme zu Ende gebracht werden.

Vollständige Übernahme bedeutet, dass die Pflegeperson alle Verrichtungen ausführt, die der Antragsteller selbst nicht ausführen kann. Eine vollständige Übernahme liegt dann vor, wenn die Pflegeperson die Verrichtung ausführt und der Antragsteller dabei keinen eigenen Beitrag zur Vornahme der Verrichtung leisten kann. Die Hilfeform der vollständigen Übernahme greift erst dann, wenn alle anderen Hilfeformen nicht in Betracht kommen.

Ein Hilfebedarf in Form der Beaufsichtigung und Anleitung ist nur zu berücksichtigen, wenn dieser bei den in § 14 Abs. 4 SGB XI genannten Verrichtungen erforderlich ist.

Bei der **Beaufsichtigung** steht zum einen die Sicherheit beim konkreten Handlungsablauf der Verrichtungen im Vordergrund. Z. B. ist Beaufsichtigung beim Rasieren erforderlich, wenn durch unsachgemäße Benutzung der Klinge oder des Stroms eine Selbstgefährdung gegeben ist. Zum anderen kann es um die Kontrolle darüber gehen, ob die betreffenden Verrichtungen in der erforderlichen Art und Weise durchgeführt werden. Eine Aufsicht, die darin besteht zu überwachen, ob die erforderlichen Verrichtungen des täglichen Lebens überhaupt ausgeführt werden, und lediglich dazu führt, dass gelegentlich zu bestimmten Handlungen aufgefordert werden muss, reicht nicht aus. Nur konkrete Beaufsichtigung, Überwachung und/oder Erledigungskontrollen sind zu berücksichtigen, die die Pflegeperson in zeitlicher

und örtlicher Hinsicht in gleicher Weise binden wie bei unmittelbarer personeller Hilfe. Eine allgemeine Beaufsichtigung zählt nicht dazu.

Anleitung bedeutet, dass die Pflegeperson bei einer konkreten Verrichtung
den Ablauf der einzelnen Handlungsschritte oder den ganzen Handlungsablauf anregen, lenken oder demonstrieren muss. Dies kann insbesondere dann
erforderlich sein, wenn der Antragsteller trotz vorhandener motorischer Fähigkeiten eine konkrete Verrichtung nicht in einem sinnvollen Ablauf durchführen kann. Zur Anleitung gehört auch die Motivierung des Antragstellers
zur selbstständigen Übernahme der regelmäßig wiederkehrenden Verrichtungen des täglichen Lebens.

Beaufsichtigung und Anleitung zielen darauf, dass die regelmäßig wiederkehrenden Verrichtungen im Ablauf des täglichen Lebens nach § 14 Abs. 4
SGB XI in sinnvoller Weise vom Antragsteller selbst durchgeführt werden.
Beaufsichtigung und Anleitung bei diesen Verrichtungen richten sich auch
darauf,

– körperliche, psychische und geistige Fähigkeiten zu fördern und zu erhalten (z. B. Orientierung zur eigenen Person und in der Umgebung),

– Selbst- oder Fremdgefährdung zu vermeiden (z. B. durch unsachgemäßen Umgang mit Strom, Wasser oder offenem Feuer),

– Ängste, Reizbarkeit oder Aggressionen beim Antragsteller abzubauen.

Ein unabhängig von den in § 14 Abs. 4 SGB XI genannten Verrichtungen erforderlicher allgemeiner Aufsichts- und Betreuungsbedarf (z. B. eines geistig
behinderten Menschen) ist bei der Feststellung des Hilfebedarfs nicht zu berücksichtigen. Dies gilt auch für die allgemeine Beaufsichtigung und Betreuung zur Vermeidung einer Selbst- oder Fremdgefährdung.

Hinsichtlich der Relevanz von Beaufsichtigung und Anleitung für die Begutachtung von Pflegebedürftigkeit wird auf Punkt D 4.0 / III. / 8. „Besonderheiten der Ermittlung des Hilfebedarfs bei Menschen mit psychischen Erkrankungen oder geistigen Behinderungen" verwiesen.

D 4.0 / III. Ermittlung des Hilfebedarfs

D 4.0 / III. / 1. Grundsätze

Unter Punkt 4.1 bis 4.4 „Körperpflege, Ernährung, Mobilität, Hauswirtschaftliche Versorgung" im Formulargutachten hat der Gutachter eine objektive
Bewertung der Situation und des Hilfebedarfs in den einzelnen Bereichen
der Körperpflege, Ernährung, Mobilität und der hauswirtschaftlichen Versorgung entsprechend den o. g. Kriterien vorzunehmen.

Für die Feststellung einer Pflegestufe nach dem SGB XI ist nur ein dauerhaft
bestehender Hilfebedarf (6 Monate) relevant. Entscheidend ist,

- bei wie vielen in § 14 Abs. 4 SGB XI genannten Verrichtungen,

- wie häufig,

- zu welchen verschiedenen Zeiten des Tages (ggf. „rund um die Uhr") und

- in welchem zeitlichen Umfang für die einzelnen Verrichtungen

ein regelmäßiger Hilfebedarf besteht. Geringfügiger, nicht regelmäßiger oder nur kurzzeitig anfallender Hilfebedarf führt nicht zu einer Anerkennung einer Pflegestufe. Das gilt auch, wenn der Hilfebedarf nur bei der hauswirtschaftlichen Versorgung besteht oder bei schubweise verlaufenden Erkrankungen bzw. Therapien, die einen wechselnden Hilfebedarf (z. B. nur an jedem zweiten Tag) nach sich ziehen können.

Diese Prüfung muss für jede der insgesamt 21 Verrichtungen der Bereiche Körperpflege, Ernährung, Mobilität und hauswirtschaftliche Versorgung vorgenommen werden.

D 4.0 / III. / 2. Hilfebedarf auf Dauer

Der Anspruch nach dem SGB XI setzt einen **auf Dauer**, voraussichtlich für mindestens 6 Monate, bestehenden Hilfebedarf bei der Ausübung bestimmter Verrichtungen im Ablauf des täglichen Lebens voraus. Der Einschub „voraussichtlich für mindestens 6 Monate" präzisiert den Begriff „auf Dauer" in mehrfacher Hinsicht. Zum einen wird festgelegt, dass nur Zeiträume von mindestens 6 Monaten die Voraussetzung „auf Dauer" erfüllen. Zum anderen wird verdeutlicht, dass bereits vor Ablauf von 6 Monaten eine Entscheidung über das Vorliegen von Pflegebedürftigkeit getroffen werden kann, wenn vorhersehbar ist, dass der Zustand der Hilfebedürftigkeit mindestens 6 Monate andauern wird. Pflegebedürftigkeit auf Dauer ist auch gegeben, wenn der Hilfebedarf deshalb nicht 6 Monate andauert, weil die verbleibende Lebensspanne voraussichtlich weniger als 6 Monate beträgt.

Bei der Beurteilung der Sechs-Monats-Frist ist vom Eintritt der Hilfebedürftigkeit und nicht vom Zeitpunkt der Begutachtung auszugehen.

Der Zeitpunkt der Antragstellung hat in diesem Zusammenhang lediglich leistungsrechtliche Auswirkungen und ist für die Bemessung des Zeitraumes „auf Dauer" nicht maßgebend. Die Festlegung des Leistungsbeginns ist Aufgabe der Pflegekasse.

Lässt sich eine auf Dauer bestehende Pflegebedürftigkeit nicht mit großer Wahrscheinlichkeit prognostizieren, ist der Pflegekasse die Ablehnung des Antrages zu empfehlen; zugleich ist anzugeben, wann voraussichtlich ein neuer Antrag und eine neue Begutachtung sinnvoll sind.

Liegen die Voraussetzungen für die Zuordnung zu einer Pflegestufe für mindestens 6 Monate vor und ist mit großer Wahrscheinlichkeit zu erwarten, dass sich der Hilfebedarf z. B. durch therapeutische oder rehabilitative

Maßnahmen pflegestufenrelevant verringert, ist der Pflegekasse mit entsprechender Begründung eine befristete Leistungszusage zu empfehlen (s. Punkt 5.2 „Liegt Pflegebedürftigkeit gemäß §§ 14, 15 und/oder eine mindestens erheblich eingeschränkte Alltagskompetenz gemäß § 45a SGB XI vor?").

D 4.0 / III. / 3.   Ermittlung von Art und Häufigkeit des regelmäßigen Hilfebedarfs

Bei der Bemessung der Häufigkeit des jeweiligen Hilfebedarfs gemäß § 15 Abs. 1 SGB XI für die Verrichtungen des täglichen Lebens ist von den tatsächlichen individuellen Lebensgewohnheiten auszugehen, die der Antragsteller – als personenbezogene Kontextfaktoren – nachvollziehbar in seinem persönlichen Umfeld hat. Es gibt keine anerkannten allgemein gültigen Standards, wie oft man sich z. B. täglich kämmt oder die Zähne putzt. Dennoch gibt es kulturell bedingte und letztlich gesellschaftlich akzeptierte Normen, die die mögliche Bandbreite der Anzahl der einzelnen täglichen Verrichtungen eingrenzen. Entscheidend sind hier also die individuellen Lebensgewohnheiten, wobei allerdings grundlegende Mindesthygieneanforderungen nicht unterschritten werden sollen.

Auch wenn bestimmte gesetzlich festgelegte Verrichtungen des täglichen Lebens nicht täglich anfallen (z. B. das Baden), sind diese zu berücksichtigen, soweit sie regelmäßig, d. h. mindestens einmal pro Woche und auf Dauer für mindestens 6 Monate, anfallen.

Eine Versorgung „rund um die Uhr" liegt vor, wenn konkreter Hilfebedarf aus dem grundpflegerischen Bereich jederzeit gegeben ist und Tag (06.00 Uhr – 22.00 Uhr) und Nacht (22.00 Uhr – 06.00 Uhr) anfällt. Ein nächtlicher Grundpflegebedarf liegt vor, wenn der Hilfebedarf „rund um die Uhr" zu verschiedenen Tageszeiten und zusätzlich regelmäßig mindestens einmal zur Nachtzeit anfällt/anfallen würde (bei defizitärer Pflege). Der nächtliche Hilfebedarf muss also prinzipiell jeden Tag auftreten; so weit an wenigen einzelnen Tagen im Laufe eines Monats eine solche Hilfe nicht geleistet werden muss, ist dies allerdings unschädlich. Nächtlicher Grundpflegebedarf kann im Rahmen dieser Regel ausnahmsweise auch dann anerkannt werden, wenn in den letzten vier Wochen einmal oder höchstens zweimal in der Woche nächtliche Hilfeleistungen nicht anfielen und Hilfebedarf mindestens in diesem Umfang voraussichtlich auf Dauer bestehen wird. Die ständige Einsatzbereitschaft (Rufbereitschaft) der Pflegeperson/-en reicht allein nicht aus, um einen nächtlichen Grundpflegebedarf im Sinne des SGB XI zu begründen. Eine nur gelegentlich anfallende Hilfe reicht auch dann nicht aus, wenn zusätzlich die ständige Einsatzbereitschaft einer Hilfsperson erforderlich ist. Eine gezielte Verlagerung der Hilfeleistung in die Nacht rechtfertigt nicht die Anerkennung als nächtlicher Hilfebedarf; maßgebend ist der individuell notwendige Grundpflegebedarf des Pflegebedürftigen. Es ist besonders wichtig, dass der Gutachter die diesbezüglichen Angaben auf ihre Plausibilität prüft (z. B. anhand der Pflegedokumentation oder eventuell vorhandener längerfristiger Aufzeichnungen über den Pflegeverlauf).

Wird ein nächtlicher Grundpflegebedarf festgestellt, so ist dieser unter der Zeile „Nächtlicher Grundpflegebedarf" unter Punkt 4.3 „Mobilität" des Formulargutachtens nach Art und Umfang gesondert zu dokumentieren.

Im Falle nächtlicher Sedierung ist bei der gutachterlichen Ermittlung des nächtlichen Hilfebedarfs und dessen Wertung wie folgt zu verfahren:

a) Bei Sedierung und ausreichender Pflege wird nur die tatsächlich in der Nacht anfallende (erbrachte) Hilfeleistung berücksichtigt, soweit sie notwendig ist.

b) Geht eine Sedierung mit einem offensichtlichen Defizit in der Grundpflege einher, indem beispielsweise die nächtliche Hilfeleistung beim Einkoten und Einnässen unterbleibt, ist die Pflege als nicht sichergestellt zu kennzeichnen. Ein nächtlicher Hilfebedarf ist in diesen Fällen als gegeben anzusehen und bei der Feststellung der Pflegestufe zu berücksichtigen, auch wenn keine entsprechende Hilfe geleistet wurde. Das pflegerische Defizit ist gesondert zu dokumentieren (siehe Punkt D 4.0 / IV. „Begutachtungs- bzw. Bewertungsschritte").

D 4.0 / III. / 4.   Ermittlung des zeitlichen Umfanges des regelmäßigen Hilfebedarfs

Der Gutachter hat den Zeitbedarf in der Grundpflege für die Einzelverrichtungen sowie den Zeitbedarf für die hauswirtschaftliche Versorgung insgesamt anzugeben. Maßstab für die Bemessung des Pflegezeitaufwandes ist die Pflegezeit, die nichtprofessionelle Pflegepersonen im Sinne der Laienpflege benötigen würden. Zur Pflegezeitbemessung dienen die Orientierungswerte (Punkt F „Orientierungswerte zur Pflegezeitbemessung für die in § 14 SGB XI genannten Verrichtungen der Grundpflege" Punkte 4.1 – 4.3). Auch bei der Anwendung der Orientierungswerte bleibt die individuelle Pflegesituation für die Feststellung des zeitlichen Umfangs des Hilfebedarfs maßgeblich. Insbesondere ist zu prüfen, ob die Durchführung der Pflege durch besondere Faktoren wie z. B. verrichtungsbezogene krankheitsspezifische Pflegemaßnahmen beeinflusst ist. Als verrichtungsbezogene krankheitsspezifische Pflegemaßnahmen kommen nur solche Maßnahmen in Betracht, die aus medizinisch-pflegerischen Gründen regelmäßig und auf Dauer

– untrennbarer Bestandteil der Hilfe bei den in § 14 Abs. 4 SGB XI genannten Verrichtungen der Grundpflege sind oder

– objektiv notwendig im unmittelbaren zeitlichen und sachlichen Zusammenhang mit diesen Verrichtungen vorgenommen werden müssen.

Ausgangspunkt für die Bewertung verrichtungsbezogener krankheitsspezifischer Pflegemaßnahmen ist der Hilfebedarf bei der jeweiligen Verrichtung

der Grundpflege nach § 14 Abs. 4 SGB XI. Verrichtungsbezogene krankheitsspezifische Pflegemaßnahmen stellen für sich allein gesehen keine Verrichtungen des täglichen Lebens dar und können deshalb nur dann berücksichtigt werden, wenn sie bei bestehendem Hilfebedarf bei den Verrichtungen
der Grundpflege nach § 14 Abs. 4 SGB XI zusätzlich notwendig sind. Nur
dann sind verrichtungsbezogene krankheitsspezifische Pflegemaßnahmen
im Sinne eines Erschwernisfaktors bei der Feststellung des individuellen
zeitlichen Hilfebedarfs für die jeweilige Verrichtung zu berücksichtigen (zur
notwendigen Dokumentation siehe Punkt D 4.3 „Die Pflege erschwerende
oder erleichternde Faktoren").

Der Zeitaufwand für die Grundpflege einschließlich verrichtungsbezogener krankheitsspezifischer Pflegemaßnahmen ist als Summenwert für die
jeweilige(n) Verrichtung(en) darzustellen.

Auch die nicht tägliche Hilfeleistung bei den gesetzlich festgelegten Verrichtungen ist bei der Feststellung des Zeitaufwandes zu berücksichtigen (siehe
auch Punkt F „Orientierungswerte zur Pflegezeitbemessung für die in § 14
SGB XI genannten Verrichtungen der Grundpflege"), soweit diese regelmäßig, d. h. mindestens einmal pro Woche, und auf Dauer erbracht wird. Der
Zeitumfang dieser Hilfeleistung ist auf den Tag umzurechnen und ggf. auf
volle Minuten zu runden.

Bei unvermeidbarem zeitgleichem Einsatz zweier Pflegekräfte / Pflegepersonen ist der Zeitaufwand beider Pflegepersonen zu addieren.

Unrealistische, weil nach allgemeiner Lebenserfahrung nicht mehr nachvoll-
ziehbare und nicht krankheitsbedingte Lebensgewohnheiten sind nicht zu
berücksichtigen.

Dem Gutachter muss bewusst sein, dass das Gutachten in der Regel aufgrund eines einzigen Hausbesuchs erstellt wird und die Tagesform des Antragstellers den aktuellen Hilfebedarf beeinflussen kann. **Bei Personen mit
wechselnden Hilfeleistungen ist der durchschnittliche zeitliche Hilfebedarf über einen längeren Zeitraum zu berücksichtigen** (Hinweise aus Pflegedokumentation, Pflegetagebuch, Angaben der Pflegeperson). Alle vorhandenen Unterlagen einschließlich der Angaben des Antragstellers und der
Pflegeperson bzw. der Pflegeeinrichtung oder der behandelnden Ärzte sind,
insbesondere bei psychisch kranken Menschen mit wechselnden Tagesfor-
men, neben den selbst erhobenen Befunden zur Ermittlung des tatsächlichen
Hilfebedarfs einzubeziehen. Auf Abweichungen zwischen dem Pflegeumfang, der z. B. in einem Pflegetagebuch dargelegt ist, und dem festgestellten
Hilfebedarf ist im Formulargutachten einzugehen.

Auch die Notwendigkeit eines zusätzlichen Hausbesuchs durch einen Fach-
gutachter anderer Profession (Arzt / Pflegefachkraft / Facharzt) ist ggf. zu
prüfen.

Bei dem gutachterlich festzustellenden Zeitaufwand für die einzelnen Hilfeleistungen sind immer die im Einzelfall gegebenen Verhältnisse zu überprüfen. Der Zeitaufwand wird auch mitbestimmt durch den Einsatz von Hilfsmitteln, Pflegehilfsmitteln, technischen Hilfen oder durch bauliche Besonderheiten, die im Einzelfall zu beschreiben sind (siehe Punkt D 1.3 „Hilfsmittel / Nutzung").

Der Zeitaufwand für die jeweilige Verrichtung ist pro Tag, gerundet auf volle Minuten, anzugeben. Dabei erfolgt die Rundung nur im Zusammenhang mit der Ermittlung des Gesamtzeitaufwands pro Tag und nicht für jede Hilfeleistung, deren Zeitaufwand weniger als eine Minute beträgt (z. B. Schließen des Hosenknopfes nach dem Toilettengang 6-mal täglich, zusammen 1 Minute).

D 4.0 / III. / 5.   Besonderheiten bei der Ermittlung des Hilfebedarfs

Solche Besonderheiten ergeben sich dann, wenn der Antragsteller

– zum Zeitpunkt der Begutachtung nicht (mehr) über eine eigene Wohnung verfügt. Dies wird häufig bei der Begutachtung in stationären Einrichtungen der Fall sein. In diesen Fällen ist nicht, wie im ambulanten Bereich, für die <u>Bemessung des Zeitaufwandes</u> für den festgestellten Hilfebedarf vom tatsächlichen Wohnumfeld, sondern von einer durchschnittlichen häuslichen Wohnsituation auszugehen (siehe Punkt C 2.4 „Begutachtung der Antragsteller im Krankenhaus, in einer stationären Rehabilitationseinrichtung oder in einem Hospiz"). Hinsichtlich der <u>Erfassung von Art und Häufigkeit</u> des Hilfebedarfs bei den einzelnen Verrichtungen sind die tatsächlichen Verhältnisse maßgebend.

– professionell gepflegt wird. In diesen Fällen ist bei der Ermittlung des Hilfebedarfs für die jeweiligen Verrichtungen der zeitliche Umfang der Laienpflege zugrunde zu legen.

D 4.0 / III. / 6.   Hilfebedarf und Aktivierende Pflege

Unter der aktivierenden Pflege ist eine Pflegepraxis zu verstehen, die die Selbstständigkeit und Unabhängigkeit des Menschen fördert (ressourcenorientierte Selbstpflege). Sie berücksichtigt die Ressourcen des zu Pflegenden, so dass dieser unter Beaufsichtigung bzw. Anleitung selbst aktiv sein kann. Sie hat die Erhaltung bzw. Wiedergewinnung der Selbstständigkeit des zu pflegenden Menschen zum Ziel. Aktivierende Pflege setzt eine bestimmte Haltung der in der Pflege Tätigen voraus, nämlich die Abkehr vom Bild des passiven, zu verwahrenden pflegebedürftigen Menschen und Hinkehr zur biografiegeleiteten, bedürfnisorientierten Pflege. Sie hat einen nachvollziehbaren Pflegeprozess zur Voraussetzung, der sich in der Pflegedokumentation widerspiegeln muss.

Die aktivierende Pflege soll dem Pflegebedürftigen helfen, trotz seines Hilfebedarfs eine möglichst weitgehende Selbstständigkeit im täglichen Leben zu fördern, zu erhalten bzw. wiederherzustellen. Dabei ist insbesondere anzustreben,

– vorhandene Selbstversorgungsaktivitäten zu erhalten und solche, die verloren gegangen sind, zu reaktivieren,

– bei der Leistungserbringung die Kommunikation zu verbessern,

– dass geistig und seelisch behinderte Menschen, psychisch kranke und geistig verwirrte Menschen sich in ihrer Umgebung und auch zeitlich zurechtfinden.

Art, Häufigkeit und Dauer des Hilfebedarfs sind abhängig von der individuellen Situation. Im Rahmen der aktivierenden Pflege kann die Anleitung und teilweise Übernahme einen höheren Zeitbedarf beanspruchen als die vollständige Übernahme.

Bei der Pflege durch Pflegeeinrichtungen ist grundsätzlich von aktivierender Pflege auszugehen. Wird nicht aktivierend gepflegt, ist dies unter Punkt 6.7 „Verbesserung / Veränderung der Pflegesituation" des Formulargutachtens zu dokumentieren. Entsprechende Empfehlungen sind abzugeben.

D 4.0 / III. / 7. Hilfebedarf und Rehabilitation, Prävention und Einsatz von Hilfs-/Pflegehilfsmitteln

Bei bestehendem Rehabilitationspotenzial des Antragstellers ist

■ das Vorliegen von Pflegebedürftigkeit bzw. die Anerkennung einer höheren Pflegestufe bei einem – im Zeitpunkt der Begutachtung festgestellten – erheblichen oder höheren Hilfebedarf zu verneinen, wenn die Voraussetzungen der erheblichen Pflegebedürftigkeit oder einer höheren Pflegestufe als Folge geeigneter und zumutbarer Leistungen zur medizinischen Rehabilitation mit hoher Wahrscheinlichkeit voraussichtlich innerhalb von 6 Monaten nicht mehr vorliegen,

■ der Pflegekasse diejenige Pflegestufe zu empfehlen, deren Voraussetzungen nach Abschluss geeigneter und zumutbarer Leistungen zur medizinischen Rehabilitation mit hoher Wahrscheinlichkeit voraussichtlich auf Dauer bestehen bleiben werden.

Mögliche Verbesserungen durch Prävention oder durch Einsatz von Hilfs-/Pflegehilfsmitteln sind bei der Prüfung des Vorliegens von Pflegebedürftigkeit nur zu berücksichtigen, wenn die Veränderung des Hilfebedarfs auf Dauer (mindestens 6 Monate) mit hoher Wahrscheinlichkeit bestehen bleiben wird. Ist diese Veränderung nur möglich oder wahrscheinlich, ist der ggf. resultierende neue Hilfebedarf im Rahmen einer späteren Wiederholungsbegutachtung festzustellen. Hierzu sind vom Gutachter unter Punkt 8 „Prognose / Wiederholungsbegutachtung" des Formulargutachtens entsprechende Hinweise zu geben.

D 4.0 / III. / 8. Besonderheiten der Ermittlung des Hilfebedarfs bei Menschen mit psychischen Erkrankungen oder geistigen Behinderungen

Bei der Begutachtung von psychisch kranken Menschen oder geistig behinderten Menschen können – jeweils spezifisch – eine Reihe von Besonderheiten auftreten in Bezug auf:

- die Krankheitsbilder,

- den daraus resultierenden Hilfebedarf,

- die Vorbereitung der Begutachtung,

- die Begutachtungssituation.

Als Grundlage zur Beschreibung der Krankheitsbilder dient der psychopathologische Befund (siehe Anlage 4).

Psychisch kranke und geistig behinderte Menschen sind zwar noch in der Lage, die Verrichtungen des täglichen Lebens ganz oder teilweise motorisch auszuführen, aufgrund der Einschränkung beim Planen und Organisieren oder z. B. der fehlenden Krankheitseinsicht ist jedoch die Fähigkeit verloren gegangen, die Verrichtungen ohne die Hilfe einer weiteren Person durchzuführen.

In anderen Fällen werden die Verrichtungen des täglichen Lebens zwar begonnen, jedoch nicht zielgerichtet zu Ende geführt. Die Verrichtungen werden dann abgebrochen und entweder nicht oder erst nach Unterbrechung(en) beendet. Wiederum andere Menschen können die Verrichtungen zwar erledigen, gefährden sich jedoch hierbei im Umgang mit alltäglichen Gefahrenquellen, indem z. B. vergessen wird, den Herd oder fließendes Wasser abzustellen.

Für psychisch kranke und geistig behinderte Menschen sind die Hilfeleistungen Beaufsichtigung und Anleitung von besonderer Bedeutung.

Bei der Beaufsichtigung zur Abwehr von Selbst- oder Fremdgefährdung sind tatsächlich notwendige Hilfeleistungen bei den Verrichtungen im Sinne von § 14 Abs. 4 SGB XI in sehr unterschiedlichem Umfang erforderlich. So wird bei einem leichteren Krankheitsverlauf nur in größeren Zeitabständen (Monate und Wochen) eine Hilfeleistung benötigt, bei schwer kranken Menschen (z. B. bei unruhigen demenzkranken Menschen mit gestörtem Tag-/Nacht-Rhythmus) sind hingegen unter Umständen Rund-um-die-Uhr-Hilfeleistungen erforderlich.

Die Anleitung hat zum Ziel, die Erledigung der täglich wiederkehrenden Verrichtungen durch den Pflegebedürftigen selbst sicherzustellen. Aufgabe der Pflegeperson ist es, im individuell notwendigen Umfang zur Erledigung der Verrichtungen anzuhalten. Wie bei anderen Hilfeleistungen auch kann der mit der Anleitung verbundene Aufwand sehr unterschiedlich sein. Er kann von der Aufforderung mit Erledigungskontrolle bis hin zur ständig notwendigen Anwesenheit der Pflegeperson reichen, um auch kleinste Einzelhandlungen oder den ganzen Vorgang lenken oder demonstrieren zu können. Bei leichteren Erkrankungen genügt z. B. die Aufforderung zur Einnahme einer Mahlzeit mit anschließender Erledigungskontrolle, bei schweren Erkrankungen hingegen muss bei jedem einzelnen Bissen dazu aufgefordert werden, Nahrung vom Teller aufzunehmen, die Gabel zum Mund zu nehmen und zu kauen. Bei unruhigen Menschen ist es Aufgabe der Pflegeperson, eine oder mehrere Unterbrechungen der alltäglichen Verrichtungen so kurz wie möglich zu halten und zur zielgerichteten Beendigung anzuleiten.

Die Krankheitsbilder und der daraus resultierende Hilfebedarf:

D 4.0 / III. / 8. / a. Organische, einschließlich symptomatischer psychischer Störungen (Demenzen und organische Psychosen) ICD-10 F 0

Demenzkranke Menschen sind die weitaus größte Gruppe aller psychisch erkrankten Menschen mit langfristigem Pflegebedarf. Bei den Demenzerkrankungen (F00 bis F03) handelt es sich um eine erworbene Minderung der intellektuellen Leistungsfähigkeit.

Die Demenzkritierien nach ICD-10 sind:

– Nachweisbare Beeinträchtigung des Kurz- und Langzeitgedächtnisses (Gedächtnisstörungen, die der Betroffene selbst, seine Umgebung oder sein Arzt bemerkt),

– Vorhandensein mindestens eines der folgenden Merkmale:

  – Beeinträchtigung des abstrakten Denkens (der Betroffene kann keine größeren Zusammenhänge mehr herstellen)

  – Beeinträchtigung der Kritik- und Urteilsfähigkeit

  – Störung neuropsychologischer Funktionen (Aphasie, Apraxie, andere neuropsychologische Ausfälle)

  – Persönlichkeitsveränderungen (Zuspitzung bisheriger Persönlichkeitszüge – z. B. „Sparsamkeit wird zum Geiz"),

– die Störungen müssen so schwer sein, dass Arbeit, soziales Miteinander und persönliche Beziehung darunter leiden,

– entweder Nachweis eines spezifischen organischen Faktors, der die Demenz erklärt, oder Ausschluss einer depressiven Erkrankung,

– Dauer der Störung von mindestens 6 Monaten,

– die Störung darf nicht während eines Delirs oder einer Bewusstseins-
störung auftreten.

Nicht-kognitive Störungen (z. B. Wahn, Halluzinationen, psychomotorische
Unruhe, affektive Störungen, Verhaltensstörungen, Persönlichkeitsveränderungen) sind für die Pflegesituation genau so erheblich wie die kognitiven
Störungen. Beaufsichtigung und Anleitung haben deshalb eine zentrale Bedeutung. Einzelfertigkeiten sind zwar spezifisch zu trainieren, um eine Pro-
gredienz zu verhindern, ohne dass sich der globale Zustand ändert. Die Antragsteller können, zumal in vertrauter Umgebung, bei der Kontaktaufnahme
zunächst orientiert und unauffällig wirken, so dass die Einschränkungen der
seelisch-geistigen Leistungsfähigkeit nicht deutlich werden („erhaltende
Fassade"). Hier kann gezieltes Befragen, z. B. zur Krankheitsvorgeschichte
und aktuellen Lebenssituation, dennoch Defizite aufzeigen. Bei demenzkranken Menschen können Schwankungen im Tagesverlauf auftreten. Einige
psychisch kranke Menschen sind tagsüber nur relativ leicht gestört, während
sie am späten Nachmittag, abends und nachts unruhig und verwirrt werden (Umkehr bzw. Aufhebung des Tag-/Nacht-Rhythmus). Aufgrund des
gestörten Tag-/Nacht-Rhythmus sind der Zeitpunkt und das Ausmaß der
Pflege häufig nur eingeschränkt vorhersehbar. Dies gilt insbesondere für den
nächtlichen Hilfebedarf. Beaufsichtigung und Anleitung beim Aufstehen,
Waschen und Ankleiden zur Förderung noch vorhandener Ressourcen, vor
allem aber zur Sicherung eines effektiven Ergebnisses dieser Verrichtungen
sind erforderlich.

Stehen z. B. depressive Verstimmungen oder Situationsverkennung im Vordergrund der aktuellen Befindlichkeit, so muss zeitaufwendige und qualifizierte Umstimmungs- und Motivationsarbeit geleistet werden, um eine
Durchführung der Verrichtungen des täglichen Lebens auf Dauer zu gewährleisten oder auch durch Deeskalation überhaupt durchführbar zu machen.

Wegen der eingeschränkten kognitiven Leistungsfähigkeit sind die Betroffenen nicht immer in der Lage, (gültige) verlässliche Angaben zu ihrer Pflegesituation zu machen; deshalb sind ergänzend die Angaben von Angehörigen
und Pflegenden sowie die Einsicht in die Pflegedokumentation immer notwendig.

Hirnfunktionsstörungen können darüber hinaus auch primär als Folge einer
Krankheit, Verletzung oder Störung des Gehirns auftreten oder sekundär als
Folge von systemischen Erkrankungen, die das Gehirn als eines von vielen
anderen Organen oder Körpersystemen betreffen (F06-F09). Dies betrifft u.a.
hypoxische Hirnschädigungen, Schädelhirntraumen, Hirntumore oder Hirn-
metastasen mit mehr oder weniger ausgeprägten Bewusstseinsstörungen.

D 4.0 / III. / 8. / b. Psychische und Verhaltensstörungen durch psychotrope Substanzen (Abhängigkeitserkrankungen) ICD-10 F 1

Bei den Abhängigkeitserkrankungen sind das Korsakow-Syndrom und die Korsakow-Psychose die Gruppen, die zu längerfristigem Pflegebedarf führen können.

Leitsymptome sind Störungen des Kurz- und des Langzeitgedächtnisses (mit Konfabulationen), der Konzentrationsfähigkeit und der Orientierung. Häufig bestehen ausgedehnte Symptome einer Polyneuropathie mit Reflexabschwächung, Muskelatrophien, trophischen Veränderungen, Gefühls- und Gangstörungen sowie chronische Augenmuskel- und Pupillenstörungen mit Nystagmus. Aufgrund der schweren Störung der Kritik- und Urteilsfähigkeit sind die Betroffenen nicht in der Lage, ihre Situation adäquat einzuschätzen. Sie sind dann schnell gereizt und versuchen, ihre Defizite zu dissimulieren. Beaufsichtigung und Anleitung beim Aufstehen, Waschen und Ankleiden zur Förderung noch vorhandener Ressourcen, vor allem aber zur Sicherung eines effektiven Ergebnisses dieser Verrichtungen, sind erforderlich. Die Gewährleistung einer regelmäßigen und ausgewogenen Nahrungsaufnahme erfordert oft einen erheblichen zeitlichen Aufwand.

D 4.0 / III. / 8. / c. Schizophrenie, schizotype und wahnhafte Störungen (Schizophrene Psychosen) ICD-10 F 2

Bei Personen mit Erkrankungen des schizophrenen Formenkreises ist häufig eine chronifizierte therapeutisch oft nur schwer zu beeinflussende sog. Minussymptomatik pflegebegründend. Symptomatologisch sind u. a. Denkstörungen, chronisches Wahnerleben, verarmte Gefühlswelt, Ambivalenz, Mangel an Spontanität, autistische Züge und Antriebsschwäche sowie fehlendes Krankheitsgefühl, fehlende Krankheitseinsicht und Störung der Kritik- und Urteilsfähigkeit am häufigsten pflegebegründend. Die Betroffenen können sich dann nicht mehr ausreichend selbst versorgen und sehen teilweise die Notwendigkeit der Verrichtungen selbst nicht. Umstimmungs- und Überzeugungsarbeit beim Aufstehen, Waschen, Ankleiden, bei regelmäßiger Nahrungsaufnahme und anderen Verrichtungen erfordern oft einen erheblichen zeitlichen Aufwand.

Psychosekranke Menschen können situationsabhängig und unter Umständen auch in der Begutachtungssituation wenig auffällig wirken. Auch hier ist die Befragung der Angehörigen oder anderer Pflegepersonen sehr wichtig.

D 4.0 / III. / 8. / d. Affektive Störungen ICD-10 F 3

Bei Personen mit affektiven Störungen können vor allem chronifizierte Verläufe mit schwerer depressiver Verstimmung und hochgradigem Antriebsmangel pflegebegründend sein. Wahnsymptome unterschiedlichster Qualität (Schuld-, Verarmungs-, hypochondrischer Wahn) können dabei vorkommen. Die Betroffen können sich dann nicht mehr ausreichend selbst versorgen und sehen teilweise die Notwendigkeit der Verrichtungen selbst nicht. Umstimmungs- und Überzeugungsarbeit beim Aufstehen, Waschen, Ankleiden, bei regelmäßiger Nahrungsaufnahme und anderen Verrichtungen erfordern oft einen erheblichen zeitlichen Aufwand.

D 4.0 / III. / 8. / e. Intelligenzminderung (Geistige Behinderungen) ICD-10 F 7

Bei der geistigen Behinderung handelt es sich um eine angeborene oder früh erworbene Minderung der intellektuellen Leistungsfähigkeit, die zu einer verzögerten oder unvollständigen Entwicklung der geistigen Fähigkeiten führt, zum Teil mit weiteren körperlichen und / oder neurologischen und / oder psychischen Defiziten.

Die meisten der geringgradig geistig behinderten Menschen erlangen eine weit gehende Unabhängigkeit in der Selbstversorgung und in den praktischen und häuslichen Tätigkeiten.

Bei mittelgradiger geistiger Behinderung werden tägliche Verrichtungen im Handlungsablauf oft nicht verstanden. Es ist zu prüfen, bei welchen Verrichtungen die Betroffenen deshalb in welchem Umfang beaufsichtigt und angeleitet werden müssen.

Schwere und schwerste geistige Behinderungen bedürfen eines hohen pflegerischen Aufwands und gehen häufig mit körperlichen, neurologischen und psychischen Defiziten einher.

D 4.0 / III. 8. / f. Besonderheiten bei der Begutachtung

Besonders bei der **Vorbereitung der Begutachtung** von Antragstellern mit einer psychischen Erkrankung ist es hilfreich, wenn begutachtungsrelevante Informationen bereits aus den Unterlagen hervorgehen (z. B. welche psychische Erkrankung diagnostiziert wurde, ob Krankenhausberichte vorliegen, wer die Pflegeperson, wer der Bevollmächtigte / Betreuer ist, ob sog. komplementäre Einrichtungen genutzt werden). Selbst bei fehlenden psychiatrischen Diagnosen in den Arztbriefen / Entlassungsberichten finden sich häufig in der Schilderung der Anamnese und des Aufnahmebefundes dieser Fremdbefunde wertvolle Hinweise auf pflegerelevante psychische Störungen. Weitere Auskünfte sind hier unter Umständen vom behandelnden Psychiater, Hausarzt oder Sozialpsychiatrischen Dienst einzuholen.

Die Gestaltung einer entspannten **Begutachtungssituation** ist von besonderer Bedeutung. Pflegeperson und Antragsteller sollten gemeinsam angesprochen werden und nicht etwa ausschließlich die Pflegeperson. Es ist sowohl dem Antragsteller als auch den Angehörigen / Pflegepersonen die Möglichkeit eines vertraulichen Gespräches zu geben (z. B. wenn Scham oder Ver-

leugnung einer realistischen Schilderung des Hilfebedarfs seitens des Antragstellers entgegenstehen).

Der Zeitaufwand für Beaufsichtigung und Anleitung bei den einzelnen Verrichtungen muss in jedem Einzelfall individuell erhoben und in dem Gutachten bewertet werden. Bei der Begutachtung des Antragstellers kann es
notwendig sein, dass sich der Gutachter über den Bedarf an Anleitung dadurch überzeugt, dass er sich den Hilfebedarf bei den einzelnen regelmäßig
wiederkehrenden Verrichtungen des täglichen Lebens demonstrieren lässt.
Bei der Pflegezeitbemessung ist die gesamte Zeit zu berücksichtigen, die für
die Erledigung der Verrichtung benötigt wird. Entfernt sich z. B. ein unruhiger demenzkranker Mensch beim Waschen aus dem Badezimmer, so ist auch
die benötigte Zeit für ein beruhigendes Gespräch, das die Fortsetzung des
Waschens ermöglicht, zu berücksichtigen.

Ergibt sich aus dem abschließenden Begutachtungsergebnis eine deutliche
Abweichung zwischen den Feststellungen des Gutachters und den Aussagen der Pflegeperson zum Hilfebedarf, so ist zu prüfen, ob z. B. das Führen
eines Pflegetagebuches, eine Wiederholung der Begutachtung im Rahmen
desselben Begutachtungsauftrages oder die Einschaltung eines weiteren
Gutachters vor Weitergabe des Begutachtungsergebnisses an die Pflegekasse
dazu geeignet sind, die Ursachen genauer aufzuklären.

Die Begutachtung geistig behinderter oder psychisch kranker Antragsteller
dauert mitunter länger als die Begutachtung von Antragstellern mit körperlichen Erkrankungen.

D 4.0 / III. / 9.   Besonderheiten der Ermittlung des Hilfebedarfs bei Kin-
dern einschließlich Zeitbemessung

Das zu begutachtende Kind ist zur Feststellung des Hilfebedarfs mit einem
gesunden Kind gleichen Alters zu vergleichen. Maßgebend für die Beurteilung des Hilfebedarfs bei einem Säugling oder Kleinkind ist nicht der natürliche altersbedingte Pflegeaufwand, sondern nur der darüber hinausgehende Hilfebedarf. Bei kranken oder behinderten Kindern ist der zusätzliche
Hilfebedarf zu berücksichtigen, der sich z. B. als Langzeitfolge einer angeborenen Erkrankung oder Behinderung, einer intensiv-medizinischen Behandlung oder einer Operation im Bereich der Körperpflege, der Ernährung oder
der Mobilität ergibt und u. a. in häufigen Mahlzeiten oder zusätzlicher Körperpflege bzw. Lagerungsmaßnahmen bestehen kann. **Im ersten Lebensjahr
liegt Pflegebedürftigkeit nur ausnahmsweise vor; die Feststellung bedarf
einer besonderen Begründung.**

Ein solcher Ausnahmefall liegt z. B. bei Säuglingen mit schweren Fehlbildungen sowie angeborenen oder früh erworbenen schweren Erkrankungen
eines oder mehrerer Organsysteme vor, wodurch bei der häuslichen Pflege
in der Regel die Nahrungsaufnahme erheblich erschwert und um Stunden

zeitaufwendiger wird, im Ausnahmefall auch die Körperpflege um ein Vielfaches umfangreicher und zeitaufwendiger erfolgen muss.

Bei der Beurteilung des Hilfebedarfs kranker oder behinderter Kinder ist davon auszugehen, dass der Hilfebedarf (inklusive Beaufsichtigungs- und Anleitungsbedarf) zeitaufwendiger sein kann als bei einem gesunden Kind. So kann die Nahrungsaufnahme z. B. bei einigen seltenen Syndromen oder schweren Cerebralparesen, die mit ausgeprägten Störungen der Mundmotorik einhergehen, erheblich erschwert sein. Der Hilfebedarf bei den einzelnen Verrichtungen ist konkret bezüglich des Zeitaufwandes, der Häufigkeit und der Hilfeform zu erfassen und zu dokumentieren. Die Angaben eines Pflegetagebuches sind im Hinblick auf die Erfassung der geleisteten Hilfe zu berücksichtigen.

Bei kranken oder behinderten Kindern erfolgt im Bereich der Grundpflege und der Hauswirtschaft nur die Erfassung und Dokumentation des krankheits- bzw. behinderungsbedingten Mehrbedarfes für die jeweiligen Verrichtungen. Gesunde und altersentsprechend entwickelte Kinder erlernen im Laufe ihrer Entwicklung die einzelnen Verrichtungen in unterschiedlichem Alter und mit einer teils sehr großen Variationsbreite. Gleichwohl ist aus Gründen der Begutachtung nach einheitlichen Maßstäben eine Pauschalierung notwendig. Deshalb wird in der nachfolgenden Tabelle für die einzelnen Verrichtungen (§ 14 SGB XI) der Hilfebedarf angegeben, den erfahrungsgemäß fast alle der altersentsprechend entwickelten und gesunden Kinder bei diesen Verrichtungen benötigen. Insofern handelt es sich um eine Hilfebedarfstabelle und nicht um eine „Entwicklungstabelle" eines gesunden Kindes.

Pflegeaufwand eines gesunden Kindes in Minuten pro Tag

	Säugling		Kleinkind				Kindergarten			Grundschule			weiterführende Schule	
Alter des Kindes	0-½ J.	½-1 J.	1-1½ J.	1½-2 J.	2-3 J.	3-4 J.	4-5 J.	5-6 J.	6-7 J.	7-8 J.	8-9 J.	9-10 J.	10-11 J.	11-12 J.
Körperpflege														
Waschen = Teilwäschen + H/G*	10	10	12	12	10	10	8	6	4	2	-	-	-	-
Duschen/Baden = GK*	15	18	18	18	15	15	12	12	10	6	4	2	-	-
Zahnpflege	0	2	5	6	12	12	9	6	3	3	-	-	-	-
Kämmen	1	2	3	3	4	4	3	3	2	-	-	-	-	-
Darm-/Blasenentleerung	35	30	28	32	40	35	15	5	3	-	-	-	-	-
Summe Körperpflege	61	62	66	71	81	76	47	32	22	11	4	2	-	-
Ernährung*														
mundgerechte Zubereitung	5	5	8	8	8	8	6	4	3	2	2	-	-	-
Nahrungsaufnahme	140	120	100	80	40	20	15	6	-	-	-	-	-	-
Summe Ernährung	145	125	108	88	48	28	21	10	3	2	2	-	-	-
Mobilität														
Aufstehen/Zu-Bett-Gehen*	10	10	12	15	15	15	10	5	5	4	2	2	-	-
An-/Auskleiden*	10	16	20	20	15	15	10	5	5	4	2	2	-	-
Gehen*	10	10	10	12	8	4	-	-	-	-	-	-	-	-
Stehen = Transfer*	2	2	2	2	2	-	-	-	-	-	-	-	-	-
Verlassen/Wiederaufsuchen der Wohnung			Regelmäßige Arzt- oder Therapeutenbesuche fallen bei einem gesunden Kind nicht an.											
Summe Mobilität	32	38	44	49	40	34	20	10	10	8	4	4	-	-
Gesamtsumme	238-225	225-218	218-208	208-169	169-138	138-88	88-52	52-35	35-21	21-10	10-6	6-0	-	-
Treppensteigen*	4	4	4	8	6	4	-	-	-	-	-	-	-	-
Gesamtsumme mit Treppensteigen	242-229	229-222	222-216	216-175	175-142	142-88	88-52	52-35	35-21	21-10	10-6	6-0	-	-

* siehe Erläuterungen zum Pflegeaufwand eines gesunden Kindes

Erläuterungen zum Pflegeaufwand eines gesunden Kindes:

<u>Körperpflege:</u> Es wird eine Ganzkörperwäsche täglich zugrunde gelegt, die alternativ mit gleichem Zeitaufwand in der Dusche, Badewanne oder am Waschbecken stattfinden kann. Dies ist in der Tabelle unter Duschen / Waschen = GK dargestellt. Zusätzlich zur GK wird täglich eine Teilkörperwäsche (Hände, Gesicht, Achselhöhlen, ggf. Intimbereich) berücksichtigt. Die zusätzliche Reinigung von Händen und Gesicht im Zusammenhang mit den Mahlzeiten ist der Teilwäsche H / G zugeordnet.

<u>Ernährung:</u> Ab einem Lebensalter von 1½ Jahren werden 3 Hauptmahlzeiten und eine Zwischenmahlzeit zugrunde gelegt. Zusätzlich zweimaliges Bereitstellen bzw. Reichen von Getränken in der Zwischenzeit.

<u>Mobilität:</u> Beim Aufstehen / Zu-Bett-Gehen, Stehen (= Transfer) und beim Treppensteigen wird jede Handlung einzeln gezählt (z. B. Hin- und Rückweg). Beim An- und Auskleiden werden das Auskleiden der Nachtwäsche und das Ankleiden der Tagesbekleidung als ein Vorgang gewertet wie das zwischenzeitliche Wechseln verschmutzter Oberbekleidung. Zum Transfer (Verrichtung „Stehen") zählen das Hochnehmen oder das Ablegen des Kindes (z. B. von der Wickelkommode, aus dem Laufstall / Kinderwagen) sowie der Transfer in die Dusche oder Badewanne. Diese Transferleistungen nehmen nur Sekunden in Anspruch, so dass trotz hoher Häufigkeit der Durchführung nur ein Zeitwert von 2 Minuten im Tagesdurchschnitt angesetzt wird. Beim Gehen werden die Wege zum Wickeln, zum Essen, zur Toilette und zurück berücksichtigt. Ab 1½ Jahren ist ein Kind zwar gehfähig, es benötigt aber weiterhin eine Anleitung zum zielgerichteten Gehen zu den Verrichtungen. Der Hilfebedarf beim Treppensteigen ist abhängig von der individuellen Wohnsituation zu bewerten. Nur wenn tatsächlich Treppensteigen zur Durchführung der Verrichtungen erforderlich ist, kann ein Zeitwert für ein gesundes Kind berücksichtigt werden. Da bei gesunden Kindern regelmäßige (mindestens einmal wöchentlich) Arzt- und Therapeutenbesuche nicht erforderlich sind, wird kein Zeitwert für die Verrichtung Verlassen und Wiederaufsuchen der Wohnung angegeben.

Der Hilfebedarf bei Kindern in der Hauswirtschaft ist individuell festzustellen. Hierbei kann es sich um die hauswirtschaftlichen Leistungen handeln, die unmittelbar aus der Krankheit / Behinderung resultieren (häufigeres Waschen der Kleidung). Es kann sich auch um Leistungen handeln, die üblicherweise ein gesundes Kind im Haushalt leisten könnte, durch das kranke oder behinderte Kind aber nicht erbracht werden können (z. B. Abtrocknen des Geschirrs, Müllentsorgung).

Im Allgemeinen ist davon auszugehen, dass gesunde Kinder bis zur Vollendung des 8. Lebensjahres keine nennenswerten hauswirtschaftlichen Leistungen erbringen. Dennoch zeigen die Erfahrungen bei der Begutachtung, dass ein Mehrbedarf in der Hauswirtschaft in aller Regel erfüllt ist. Dies rechtfertigt es, bei bestehendem Mehrbedarf mit Hinweis auf das Alter des Kindes (unter 8 Jahre) nicht im Einzelnen den Mehrbedarf im Gutachten zu dokumentieren. In diesem Fall kann bei bestehendem Grundpflegemehrbedarf, der die Kriterien der Pflegestufe I erfüllt, ein hauswirtschaftlicher Mehrbedarf von wenigstens 45 Minuten zugrunde gelegt werden. Bei einem Grundpflegemehrbedarf, der die Kriterien der Pflegestufen II oder III erfüllt, kann ein hauswirtschaftlicher Mehrbedarf von wenigstens 60 Minuten zugrunde gelegt werden. Bei Kindern nach vollendetem 8. Lebensjahr ist dem gegenüber der hauswirtschaftliche Mehrbedarf spezifiziert zu dokumentieren. Ist der bestehende Mehrbedarf jedoch nicht quantitativ spezifiziert darstellbar, ist dies zu begründen. In diesen Fällen kann im Hinblick auf die Erfahrungswerte bei bestehendem Grundpflegemehrbedarf, der die Kriterien der Pflegestufe I erfüllt, ein hauswirtschaftlicher Mehrbedarf von wenigstens 45 Minuten zugrunde gelegt werden. Bei einem Grundpflegemehrbedarf, der die Kriterien der Pflegestufen II oder III erfüllt, kann ein hauswirtschaftlicher Mehrbedarf von wenigstens 60 Minuten zugrunde gelegt werden.

D 4.0 / IV. Begutachtungs- bzw. Bewertungsschritte

a. Ermittlung der erbrachten Hilfeleistung bei den Verrichtungen nach § 14 SGB XI. Diese erfolgt durch Befragung des Antragstellers, der Pflegenden sowie durch die Nutzung anderer Quellen (insbesondere von Pflegedokumentation bzw. -tagebuch).

b. Plausibilitätsprüfung der Angaben zu erbrachten Hilfeleistungen. Maßstab sind die im Rahmen der Begutachtung festgestellten Schädigungen und Beeinträchtigungen der Aktivitäten (Punkt 3.2 „Beschreibung von Schädigungen/Beeinträchtigungen der Aktivitäten/Ressourcen in Bezug auf Stütz- und Bewegungsapparat, Innere Organe, Sinnesorgane, Nervensystem und Psyche" des Formulargutachtens). Diese Plausibilitätsprüfung besteht in der Beantwortung folgender Fragen:

b.1. Ist die erbrachte Hilfeleistung medizinisch und pflegerisch notwendig, um für den Antragsteller eine möglichst weit gehende Selbstständigkeit im täglichen Leben zu fördern, zu erhalten bzw. wiederherzustellen?

b.2. Ist die erbrachte Hilfeleistung ausreichend?

Werden die Fragen zu b.1. und b.2. bejaht, d. h., ist die erbrachte Hilfeleistung medizinisch und pflegerisch notwendig sowie ausreichend, entspricht die erbrachte Hilfeleistung dem individuellen Hilfebedarf.

Wird eine der Fragen verneint, d. h., ist die erbrachte Hilfeleistung nicht medizinisch und pflegerisch notwendig oder nicht ausreichend, hat dies der Gutachter in folgender Weise zu berücksichtigen:

zu b.1.

Ist die erbrachte Hilfeleistung medizinisch und pflegerisch nicht notwendig (pflegerische Überversorgung), hat der Gutachter auf das Maß des medizinisch und pflegerisch Notwendigen abzustellen und diesen Sachverhalt unter Punkt 5.2 „Liegt Pflegebedürftigkeit gemäß §§ 14, 15 und/ oder eine mindestens erheblich eingeschränkte Alltagskompetenz gemäß § 45a SGB XI vor?" des Formulargutachtens zu begründen.

zu b.2.

Ist die erbrachte Hilfeleistung aus gutachterlicher Sicht nicht ausreichend, dann besteht ein pflegerisches Defizit mit fließendem Übergang zu Situationen, in denen der Gutachter eine nicht sichergestellte Pflege feststellt.

Er ist im Falle eines pflegerischen Defizits gehalten, Art, Häufigkeit und zeitlichen Umfang der zusätzlich notwendigen realisierbaren Hilfeleistung hinzuzurechnen und im Formulargutachten (Punkt 4.1 bis 4.3 „Körperpflege, Ernährung, Mobilität") festzuhalten und zu begründen (siehe auch Punkt D 6.7 „Verbesserung/Veränderung der Pflegesituation").

Wird nachweislich aktivierend gepflegt, ist der daraus resultierende Pflegeaufwand als Bestandteil des medizinisch und pflegerisch Notwendigen zu werten. Allein die Tatsache, dass nicht aktivierend gepflegt wird, ist jedoch nicht gleichbedeutend mit einem pflegerischen Defizit im Sinne von b.2.

An ein pflegerisches Defizit ist insbesondere zu denken, wenn folgende Sachverhalte zutreffen bzw. Befunde zu erheben sind:

– kachektischer und/oder exsikkotischer Allgemeinzustand,

– Dekubitalgeschwüre,

– Anwendung von Inkontinenzprodukten, Blasen-Dauerkatheter oder PEG-Sonde ausschließlich zur Pflegeerleichterung,

– unterlassene Pflegeleistung nach Einkoten und Einnässen,

– Vernachlässigung der Körperhygiene,

– unterlassene Beaufsichtigung von geistig behinderten Menschen oder demenzkranken Menschen mit herausfordernden Verhaltensweisen (im Zusammenhang mit den definierten Verrichtungen),

– Kontrakturen,

– nicht ärztlich verordnete Sedierung,

– Hinweise auf mögliche Gewalteinwirkung,

– verschmutzte Wäsche,

– Vernachlässigung des Haushalts.

Bei pflegerischen Defiziten und gleichzeitig nicht sichergestellter Pflege hat der Gutachter der Pflegekasse die Einleitung von Sofortmaßnahmen zu empfehlen (vgl. Punkt D 5.4 „Ist die häusliche Pflege in geeigneter Weise sichergestellt?" bzw. Punkt D 8 „Prognose / Wiederholungsbegutachtung"). Die Pflegekasse hat in Abhängigkeit von den eingeleiteten Maßnahmen zeitnah eine Wiederholungsbegutachtung zu veranlassen. Der Gutachter hat in diesen Fällen immer eine zeitnahe Wiederholungsbegutachtung zu empfehlen.

D 4.0 / V.   Verrichtungen im Sinne des SGB XI

Das SGB XI definiert in § 14 Abs. 4 die Verrichtungen des täglichen Lebens, die bei der Feststellung der Pflegebedürftigkeit zu berücksichtigen sind. Die Verrichtungen sind in vier Bereiche unterteilt:

– Körperpflege,

– Ernährung,

– Mobilität und

– hauswirtschaftliche Versorgung.

Andere Aktivitäten des täglichen Lebens, z. B. Maßnahmen zur Förderung der Kommunikation und der allgemeinen Betreuung, finden hierbei keine Berücksichtigung.

Die Begutachtung nach dem SGB XI richtet sich u. a. an folgenden gesetzlichen Vorgaben aus:

1. Der Feststellung der Pflegebedürftigkeit und der Zuordnung zu einer Pflegestufe liegen die drei folgenden Voraussetzungsebenen zugrunde:

   1.1   die Art und die Häufigkeit der Verrichtungen nach § 14 Abs. 4 SGB XI, bei denen ein Hilfebedarf besteht,

   1.2   die Zuordnung dieser Verrichtungen im Tagesablauf gemäß § 15 Abs. 1 Nr. 1 bis Nr. 3 SGB XI sowie

   1.3   der Zeitaufwand gemäß § 15 Abs. 3 SGB XI, den ein Familienangehöriger oder eine andere nicht als Pflegekraft ausgebildete Pflegeperson für die erforderlichen Leistungen der Grundpflege (Körperpflege, Ernährung, Mobilität) und hauswirtschaftlichen Versorgung (mindestens) benötigt.

   Der Zeitaufwand für diese Leistungen der Grundpflege und hauswirtschaftlichen Versorgung spielt nur auf der dritten Voraussetzungsebene und nur dann eine Rolle, wenn die Voraussetzungen auf den Ebenen 1.1 und 1.2 erfüllt sind.

   Die Voraussetzungen auf den Ebenen 1.1 bis 1.3 müssen auf Dauer, voraussichtlich für mindestens 6 Monate, vorliegen.

2. Obwohl der Zeitaufwand erst auf der dritten Voraussetzungsebene zu prüfen ist, gibt er nach dem Vorliegen der Voraussetzungsebenen 1.1 und 1.2 in vielen Fällen den Ausschlag für die Feststellung der Pflegebedürftigkeit und die Zuordnung zu einer Pflegestufe.

Für den Zeitaufwand <u>der Grundpflege</u> legt § 15 Abs. 3 SGB XI folgende Mindestzeitwerte fest, die wöchentlich im Tagesdurchschnitt erreicht werden müssen:

Pflegestufe	Grundpflege
I	mehr als 45 Minuten
II	120 Minuten
III	240 Minuten

Aus der gesetzlichen Verknüpfung von Art und Häufigkeit der Verrichtungen mit dem Mindestzeitaufwand für die Pflege folgt zwingend, dass der Zeitaufwand für die notwendige Hilfe bei den einzelnen nach dem Gesetz maßgeblichen Verrichtungen festgestellt werden muss. Das schon nach den Prinzipien des Rechts- und Sozialstaates besonders bedeutsame Gebot der sozialen Gerechtigkeit erfordert dabei eine Gleichbehandlung vergleichbarer Sachverhalte. Dem dienen die **in Punkt F „Orientierungswerte zur Pflegezeitbemessung für die in § 14 SGB XI genannten Verrichtungen der Grundpflege" unter Punkt 4.1 bis 4.3** aufgezeigten Orientierungsrahmen für den pflegerischen Zeitaufwand <u>für die Grundpflege</u> (Zeitorientierungswerte). Diese Zeitorientierungswerte beruhen auf der mehrjährigen Gutachtertätigkeit erfahrener Pflegefachkräfte und Sozialmediziner. In die Festlegung der Zeitorientierungswerte sind Erkenntnisse aus ca. 3 Mio. Begutachtungen nach dem SGB XI eingeflossen.

Die Zeitorientierungswerte stehen nicht in einem Gegensatz zu dem Individualitätsprinzip des SGB XI. Weil für die Feststellung der Pflegebedürftigkeit und die Zuordnung zu einer Pflegestufe allein der im Einzelfall bestehende individuelle Hilfebedarf des Antragstellers maßgeblich ist, können und sollen die Zeitorientierungswerte für die Begutachtung nur Anhaltsgrößen im Sinne eines Orientierungsrahmens liefern. Gerade damit geben sie dem Gutachter ein Instrument zur Feststellung des individuellen Hilfebedarfs.

Die in § 14 SGB XI genannten gewöhnlichen und regelmäßig wiederkehrenden Verrichtungen im Ablauf des täglichen Lebens werden nachfolgend, differenziert nach den Bereichen Körperpflege, Ernährung, Mobilität und hauswirtschaftliche Versorgung, aufgeführt und erläutert. Vor- und Nachbereitungsarbeiten zu den Verrichtungen sind Hilfen im Sinne des SGB XI. Verrichtungsbezogene krankheitsspezifische Pflegemaßnahmen, die untrennbar Bestandteil der Hilfe für die jeweilige Verrichtung der Grundpflege sind oder die objektiv notwendig in einem unmittelbaren zeitlichen und sachlichen Zusammenhang mit diesen Verrichtungen der Grundpflege vorgenommen werden müssen, sind als Erschwernisfaktor zu benennen und bei der Feststellung des individuellen zeitlichen Hilfebedarfs für die jeweilige Verrichtung zu berücksichtigen.

D 4.1 Körperpflege

Die Hautpflege (einschließlich Gesichtspflege) ist Bestandteil der Körperpflege. Das Schminken kann nicht als Gesichtspflege gewertet werden. Zur Körperpflege zählt auch das Haarewaschen. Es ist Bestandteil des Waschens, Duschens oder Badens. Alleiniges Haarewaschen ist der Verrichtung „Waschen" zuzuordnen. Ein ein- bis zweimaliges Haarewaschen pro Woche entspricht dem heutigen Hygienestandard. Maßgebend ist die medizinische bzw. pflegerische Notwendigkeit. Der Hilfebedarf beim Haarewaschen umfasst auch die Haartrocknung.

1.   Das Waschen

Das Waschen umfasst das Waschen des ganzen Körpers, aber auch von Teilbereichen des Körpers, hauptsächlich am Waschbecken bzw. im Bett mit einer Waschschüssel. Es gehören u. a. zum Waschvorgang: die Vor- und Nachbereitung sowie das Waschen des ganzen Körpers bzw. einzelner Körperteile und das Abtrocknen. Wenn im unmittelbaren zeitlichen und sachlichen Zusammenhang mit dem Waschen/Duschen oder Baden z. B. eine orotracheale Sekretabsaugung notwendig ist, handelt es sich um eine verrichtungsbezogene krankheitsspezifische Pflegemaßnahme. Diese ist zusätzlich zu dem beim Waschen/Duschen oder Baden bestehenden Hilfebedarf zu berücksichtigen. Die Angaben zu Punkt D 4.0 / III. / 4. „Ermittlung des zeitlichen Umfanges des regelmäßigen Hilfebedarfs" sind zu berücksichtigen.

(Während die Intimwäsche hier zu berücksichtigen ist, ist die Durchführung einer Intimhygiene z. B. nach dem Toilettengang der Verrichtung „Darm- und Blasenentleerung" zuzuordnen.)

2.   Das Duschen

Das Duschen des Körpers umfasst eine Ganzkörperwäsche unter der Dusche, wobei die Vor- und Nachbereitung, die Ganzkörperwäsche selbst und das Abtrocknen des ganzen Körpers zu berücksichtigen sind.

(Hilfestellung beim Betreten der Duschtasse, bzw. beim Umsetzen des Antragstellers z. B. auf einen Duschstuhl, ist im Bereich der Mobilität „Stehen" zu berücksichtigen.)

3. Das Baden

Das Baden umfasst eine Ganzkörperwäsche in einer Badewanne, wobei der Antragsteller entweder sitzen oder liegen kann. Zum eigentlichen Waschvorgang gehören sowohl die Vor- und Nachbereitung, das Waschen des ganzen Körpers selbst sowie das Abtrocknen des Körpers. Wenn im unmittelbaren zeitlichen und sachlichen Zusammenhang mit dem Duschen, Baden oder Waschen z. B. aufgrund einer Hauterkrankung nach Durchführung der Verrichtung das Einreiben mit Dermatika notwendig ist, handelt es sich um eine verrichtungsbezogene krankheitsspezifische Pflegemaßnahme. Diese ist zusätzlich zu dem beim Duschen, Baden oder Waschen bestehenden Hilfebedarf zu berücksichtigen. Die Angaben zu Punkt D 4.0 / III. / 4. „Ermittlung des zeitlichen Umfanges des regelmäßigen Hilfebedarfs" sind zu berücksichtigen.

(Eine Hilfestellung beim Einsteigen in die Badewanne ist im Bereich der Mobilität „Stehen" zu berücksichtigen.)

4. Die Zahnpflege

Die Zahnpflege umfasst sowohl die Vorbereitung wie z. B. Zahnpasta-auf-die-Bürste-Geben und/oder das Aufschrauben von Behältnissen (Zahnpaste/Mundwasser) als auch den eigentlichen Putzvorgang und die Nachbereitung, aber auch die Reinigung von Zahnersatz und die Mundpflege, d. h. das Spülen der Mundhöhle mit Mundwasser und die mechanische Reinigung der Mundhöhle.

5. Das Kämmen

Dies umfasst das Kämmen oder Bürsten der Haare entsprechend der individuellen Frisur. Das Legen von Frisuren (z. B. Dauerwellen) oder das Haareschneiden sind nicht zu berücksichtigen. Wird ein Toupet oder eine Perücke getragen, ist das Kämmen oder Aufsetzen dieses Haarteils beim Hilfebedarf zu werten.

6. Das Rasieren

Das Rasieren (auch eines Damenbartes) beinhaltet wahlweise die Trocken- oder Nassrasur und deren sichere Durchführung.

7. Die Darm- und Blasenentleerung

Hierzu gehören die Kontrolle des Wasserlassens und Stuhlganges sowie die notwendigen Handgriffe bei dieser Verrichtung, wie das Richten der Kleidung vor und nach der Benutzung der Toilette, das Säubern des Intimbereichs nach dem Wasserlassen und dem Stuhlgang, das Entleeren und Säubern eines Toilettenstuhls bzw. eines Stechbeckens oder das Entleeren/Wechseln eines Urinbeutels. Auch zu berücksichtigen ist das An-/Ablegen und Wechseln von Inkontinenzprodukten, die Reinigung und Versorgung von künstlich geschaffenen Ausgängen (Urostoma, Anus praeter). Fehlhandlungen des zu Pflegenden, z. B. Verunreinigungen mit Exkrementen (Kotschmieren) sind zu berücksichtigen. In diesem Fall kann auch ein zusätzlicher grundpflegerischer Hilfebedarf beim Waschen und Kleiden anfallen. Darüber hinausgehender Säuberungsbedarf des Umfeldes (z. B. Boden, Wände, Wechseln der Bettwäsche) ist der hauswirtschaftlichen Versorgung zuzuordnen. Nicht zu berücksichtigen ist unter diesen Verrichtungen die eventuell eingeschränkte Gehfähigkeit beim Aufsuchen und Verlassen der Toilette. Kann der Antragsteller die Toilette nur deshalb nicht alleine aufsuchen, ist dies unter „Gehen" im Bereich der Mobilität festzustellen und zeitlich zu bewerten. Wenn im unmittelbaren zeitlichen und sachlichen Zusammenhang bei der Darm- und Blasenentleerung z. B. die Verabreichung eines Klistiers, eines Einlaufs oder die Einmalkatheterisierung notwendig ist, handelt es sich um eine verrichtungsbezogene krankheitsspezifische Pflegemaßnahme. Diese ist zusätzlich zu dem bei der Darm- und Blasenentleerung bestehenden Hilfebedarf zu berücksichtigen. Die Angaben zu Punkt D 4.0 / III. / 4. „Ermittlung des zeitlichen Umfanges des regelmäßigen Hilfebedarfs" sind zu berücksichtigen. Im Gegensatz dazu ist die Laxantiengabe oder das Legen eines Blasendauerkatheters keine solche Maßnahme, weil sie aus medizinisch-pflegerischen Gründen nicht objektiv notwendig in einem unmittelbaren zeitlichen und sachlichen Zusammenhang mit dieser Verrichtung vorgenommen werden muss.

Aufgrund der Vielfältigkeit der bei der Darm- und Blasenentleerung notwendigen verschiedenen Hilfeleistungen ist es häufig erforderlich, den Hilfebedarf differenziert darzustellen.

D 4.2 Ernährung

8.   Das mundgerechte Zubereiten der Nahrung

Zur „mundgerechten" Zubereitung der Nahrung gehört allein die letzte Maßnahme vor der Nahrungsaufnahme, z. B. das Zerkleinern in mundgerechte Bissen, das Heraustrennen von Knochen und Gräten, das Einweichen harter Nahrung bei Kau- und Schluckbeschwerden und das Einfüllen von Getränken in Trinkgefäße. Erfasst werden nur solche Maßnahmen, die dazu dienen, die bereits zubereitete Nahrung so aufzubereiten, dass eine abschließende Aufnahme durch den Antragsteller erfolgen kann. Hierzu zählen nicht das Kochen oder das Eindecken des Tisches. Die Zubereitung von Diäten, einschließlich des anhand der Diätvorschriften vorzunehmenden Bemessens und Zuteilens der zubereiteten Nahrung bzw. einzelner Nahrungsbestandteile ist nicht hier, sondern unter der lfd. Nr. 17 „Kochen" zu berücksichtigen. Die regelmäßige Insulingabe, die Blutzuckermessungen sowie grundsätzlich auch die Gabe von Medikamenten sind keine verrichtungsbezogenen krankheitsspezifischen Pflegemaßnahmen, da sie aus medizinisch-pflegerischen Gründen nicht objektiv notwendig in einem unmittelbaren zeitlichen und sachlichen Zusammenhang mit dieser Verrichtung vorgenommen werden müssen.

9. Die Aufnahme der Nahrung

Dazu gehören die Nahrungsaufnahme in jeder Form (fest, breiig, flüssig) wie auch die Verabreichung von Sondennahrung mittels Ernährungssonde einschließlich der Pflege der Sonde und die Verwendung von Besteck oder anderen geeigneten Geräten (z. B. behindertengerechtes Geschirr oder Essbesteck), um Nahrung zum Mund zu führen. Notwendige Aufforderungen zur bedarfsgerechten Aufnahme der Nahrung in fester, breiiger und flüssiger Form (Essen und Trinken), die eine Überwachung und / oder Erledigungskontrolle erfordern, sind beim Hilfebedarf zu berücksichtigen, wenn der Antragsteller aufgrund fehlender Einsichtsfähigkeit dazu nicht in der Lage ist (z. B. bei mukoviszidosekranken Kindern abhängig vom Lebensalter oder bei geronto-psychiatrisch veränderten Menschen). Wenn im unmittelbaren zeitlichen und sachlichen Zusammenhang mit der Aufnahme der Nahrung z. B. das Wechseln der Sprechkanüle gegen eine Dauerkanüle bei einem Tracheostomapatienten zur Ermöglichung des Schluckens oder vor oder während dieser Verrichtung eine orotracheale Sekretabsaugung notwendig ist, handelt es sich um eine verrichtungsbezogene krankheitsspezifische Pflegemaßnahme. Diese ist zusätzlich zu dem bei der Aufnahme der Nahrung bestehenden Hilfebedarf zu berücksichtigen. Die Angaben zu Punkt D 4.0 / III. / 4. „Ermittlung des zeitlichen Umfanges des regelmäßigen Hilfebedarfs" sind zu berücksichtigen. Im Gegensatz dazu ist das Legen einer Dauerernährungssonde keine solche Maßnahme, weil sie aus medizinisch-pflegerischen Gründen nicht objektiv notwendig in einem unmittelbaren zeitlichen und sachlichen Zusammenhang mit dieser Verrichtung vorgenommen werden muss.

D 4.3 Mobilität

10. Das selbstständige Aufstehen und Zu-Bett-Gehen

Das Aufstehen stellt einen körperlichen Bewegungsvorgang dar, der den Zweck hat, aus einer liegenden Position im Bett in eine stehende oder sitzende Position z. B. in einen Rollstuhl / Toilettenstuhl zu gelangen. Das Zu-Bett-Gehen stellt einen körperlichen Bewegungsvorgang dar, der den Zweck hat, in ein Bett hineinzugelangen, und der mit der Einnahme einer liegenden (zum Ruhen oder Schlafen geeigneten) Position im Bett endet. Hierunter ist jedes Aufstehen und Zu-Bett-Gehen im Zusammenhang mit den individuellen Ruhe- und Schlafbedürfnissen sowie zu grundpflegerischen Verrichtungen zu verstehen.

Dies umfasst neben der Mobilität auch die eigenständige Entscheidung, **im Zusammenhang mit Wachen, Ruhen und Schlafen** zeitgerecht das Bett aufzusuchen bzw. zu verlassen. Alle notwendigen Hilfestellungen, die der Durchführung dieses körperlichen Bewegungsvorganges dienen, sind als Hilfebedarf zu berücksichtigen.

Auch zu berücksichtigen ist, wenn die liegende Position im Bett bewusst oder unbewusst verlassen worden ist und erneut eingenommen werden muss, dies aber ohne fremde Hilfe nicht möglich ist (z. B. demenziell erkrankte oder orientierungslose Menschen, die nachts ihr Bett verlassen, kleine Kinder, die sich im Bett aufgerichtet haben und sich am Gittergestell festhalten).

Ein Hilfebedarf kann nicht berücksichtigt werden, wenn der Antragsteller im Bett liegt, aber wach ist und die Pflegeperson auf Rufen, Weinen oder Jammern ans Bett tritt, um den Antragsteller zu beruhigen, und sie so lange bei ihm bleibt, bis er wieder eingeschlafen ist.

Wenn im unmittelbaren zeitlichen und sachlichen Zusammenhang mit dem Aufstehen und Zu-Bett-Gehen z. B. Maßnahmen zur Sekretelimination bei Mukoviszidose oder bei Erkrankungen mit vergleichbarem Hilfebedarf notwendig sind, handelt es sich um eine verrichtungsbezogene krankheitsspezifische Pflegemaßnahme. Diese ist zusätzlich zu dem beim Aufstehen und Zu-Bett-Gehen bestehenden Hilfebedarf zu berücksichtigen. Die Angaben zu Punkt D 4.0 / III. / 4. „Ermittlung des zeitlichen Umfanges des regelmäßigen Hilfebedarfs" sind zu berücksichtigen.

Umlagern

Unter Umlagern sind Maßnahmen zu verstehen, die der Einnahme einer gegenüber der Ausgangsposition veränderten Lage im Bett oder an einem anderen Ort (z. B. im Lagerungsrollstuhl) mit dem Ziel dienen, diese Position über einen längeren Zeitraum einzunehmen und damit schädlichen Folgen eines dauernden Liegens in gleicher Position vorzubeugen.

Der durch das Umlagern tagsüber und / oder nachts anfallende Pflegeaufwand nach Häufigkeit und Zeit wird als Bestandteil der Körperpflege, Ernährung oder Mobilität betrachtet und entsprechend berücksichtigt, obwohl das Umlagern keine eigene Verrichtung nach § 14 Abs. 4 SGB XI ist. Dabei wird so verfahren, dass der notwendige Hilfebedarf für das Umlagern unabhängig davon, ob das Umlagern solitär oder im Zusammenhang mit Verrichtungen der Körperpflege, Ernährung oder Mobilität durchgeführt wird, hier zu dokumentieren ist. D. h., sofern der Pflegebedürftige z. B. nach der Körperpflege und / oder dem Wechsel von Inkontinenzprodukten in einer neuen adäquaten Liegeposition gelagert wird, ist hier nur der auf die Lagerungsmaßnahmen entfallende Hilfebedarf zu dokumentieren.

11.   Das An- und Auskleiden

Bei der Verrichtung Ankleiden ist das Ausziehen von Nachtwäsche und das Anziehen von Tagesbekleidung als ein Vorgang zu werten. Bei der Verrichtung Auskleiden ist das Ausziehen von Tagesbekleidung und das Anziehen von Nachtwäsche als ein Vorgang zu werten. Das An- und Auskleiden beinhaltet neben den notwendigen Handgriffen, z. B. Öffnen und Schließen von Verschlüssen, Auf- und Zuknöpfen, Aus- und Anziehen von Schuhen, die Auswahl der Kleidungsstücke (Jahreszeit, Witterung), deren Entnahme aus ihrem normalen Aufbewahrungsort wie Kommoden und Schränken. Hierzu zählt auch das An- und Ausziehen von Kompressionsstrümpfen der Kompressionsklasse 1. Bei der Feststellung des Zeitaufwandes für das An- und Ablegen von Prothesen, Orthesen, Korsetts und Stützstrümpfen hat der Gutachter aufgrund einer eigenen Inaugenscheinnahme den Zeitaufwand individuell zu messen.

Vollständiges An- bzw. Auskleiden fällt in der Regel 2x täglich, also morgens und abends, an. Beim Mittagsschlaf ist in der Regel nur eine Teilentkleidung notwendig.

Zusätzliche (Teil-)Kleidungswechsel, z. B. zur Physiotherapie, wegen starken Schwitzens oder Verschmutzung der Kleidung beim Essen, Erbrechen oder Einnässen sind im notwendigen Umfang berücksichtigungsfähig, wenn diese regelmäßig mindestens 1x wöchentlich und auf Dauer, mindestens für 6 Monate, anfallen. Auch der notwendige Hilfebedarf beim An- und Auskleiden im Zusammenhang mit berücksichtigungsfähigen Anlässen des Verlassens und Wiederaufsuchens der Wohnung (s. lfd. Nr. 15), so etwa der Hilfebedarf beim An- und Auskleiden z. B. im Rahmen eines Arztbesuches oder einer Therapie, ist hier zu dokumentieren, es sei denn, das An- und Auskleiden fällt während der aus anderen Gründen notwendigen Warte- und Begleitzeit an.

Nicht berücksichtigungsfähig sind aber Kleidungswechsel im Zusammenhang mit Freizeitbeschäftigungen wie Sport, Unterhaltung, Bildung oder mit Schule oder Erwerbstätigkeit.

Das komplette An- und Auskleiden betrifft sowohl den Ober- als auch den Unterkörper. Daneben kommen aber auch Teilbekleidungen und Teilentkleidungen sowohl des Ober- als auch des Unterkörpers vor und müssen gesondert berücksichtigt werden. Wenn im unmittelbaren zeitlichen und sachlichen Zusammenhang mit dem An- und Auskleiden z. B. das An- und Ausziehen von Kompressionsstrümpfen ab Kompressionsklasse 2 notwendig ist, handelt es sich um eine verrichtungsbezogene krankheitsspezifische Pflegemaßnahme. Diese ist zusätzlich zu dem beim An- und Auskleiden bestehenden Hilfebedarf zu berücksichtigen. Dieser Hilfebedarf ist auch dann im Zusammenhang mit dem An- und Auskleiden zu bewerten und zu dokumentieren, wenn die Kompressionsstrümpfe ab Kompressionsklasse 2 – wie pflegefachlich geboten – unmittelbar vor dem Aufstehen angezogen werden. Die Angaben zu Punkt D 4.0 / III. / 4. „Ermittlung des zeitlichen Umfanges des regelmäßigen Hilfebedarfs" sind zu berücksichtigen.

12. Das Gehen

Das Gehen, Stehen und Treppensteigen innerhalb der Wohnung ist nur im Zusammenhang mit den gesetzlich definierten Verrichtungen zu werten. Das Gehen beschränkt sich nicht allein auf die körperliche Fähigkeit zur eigenständigen Fortbewegung. Vielmehr umfasst es auch die Fähigkeit zum Vernunft geleiteten zielgerichteten Gehen (z. B. bei desorientierten Personen). Demgegenüber kann die Beaufsichtigung beim Gehen allein zur Vermeidung einer Selbst- oder Fremdgefährdung – ohne dass ein Bezug zu einer Verrichtung besteht – nicht beim Hilfebedarf berücksichtigt werden.

Der Hilfebedarf beim Gehen kann auch aus einer sitzenden Position heraus beginnen oder in dieser enden, beinhaltet also ggf. das Aufstehen und Hinsetzen.

Gehen bedeutet bei Rollstuhlfahrern das Fortbewegen mit Hilfe des Rollstuhls. Das Gehen im Zusammenhang mit der hauswirtschaftlichen Versorgung ist als hauswirtschaftlicher Hilfebedarf zu werten.

Der Gutachter hat den Zeitaufwand für das „Gehen" unter Berücksichtigung der in der Wohnung zurückzulegenden Wegstrecken und unter Berücksichtigung der Bewegungsfähigkeit des Antragstellers abzuschätzen. Als Maß für die Gehstrecke bei der einzelnen Verrichtung in der „durchschnittlichen häuslichen Wohnsituation" (vgl. Punkt C 2.4 „Begutachtung der Antragsteller im Krankenhaus, in einer stationären Rehabilitationseinrichtung oder in einem Hospiz") ist eine einfache Gehstrecke von 8 Metern anzunehmen.

Jeder Weg ist einzeln zu berücksichtigen (Hin- und Rückweg = 2 x Gehen).

13. Das Stehen (Transfer)

Notwendige Hilfestellungen beim Stehen sind im Hinblick auf die Durchführung der gesetzlich vorgegebenen Verrichtungen im Rahmen aller anfallenden notwendigen Handlungen zeitlich berücksichtigt (siehe aber auch lfd. Nr. 15).

Als Hilfebedarf ist ausschließlich der Transfer zu berücksichtigen. Hierzu zählt z. B. das Umsetzen von einem Rollstuhl/Sessel auf einen Toilettenstuhl oder der Transfer in eine Badewanne oder Duschtasse.

Jeder Transfer ist einzeln zu berücksichtigen (Hin- und Rücktransfer = 2 x Transfer).

14. Das Treppensteigen

Das Treppensteigen im Zusammenhang mit der hauswirtschaftlichen Versorgung ist als hauswirtschaftlicher Hilfebedarf zu werten.

Das Treppensteigen beinhaltet das Überwinden von Stufen innerhalb der Wohnung. Keine andere Verrichtung im Bereich der Grundpflege ist so abhängig vom individuellen Wohnbereich des Antragstellers wie das Treppensteigen. Besonders ist zu prüfen, ob die Notwendigkeit besteht, für die Verrichtungen des täglichen Lebens eine Treppe zu benutzen. Ist dies nicht erforderlich, kann diese Verrichtung beim Pflegeumfang nicht berücksichtigt werden. Sollte es notwendig sein, zur Durchführung der Verrichtungen des täglichen Lebens eine Treppe zu benutzen, so hat der Gutachter sich den Bewegungsablauf und den zeitlichen Aufwand des Treppensteigens durch den Antragsteller und seine Hilfsperson demonstrieren zu lassen und das Ergebnis seiner Beobachtung in seinem Gutachten zu dokumentieren.

Bei Begutachtungen in stationären Einrichtungen kann ein Hilfebedarf beim Treppensteigen wegen der Vorgabe der „durchschnittlichen häuslichen Wohnsituation" nicht gewertet werden (siehe aber auch lfd. Nr. 15).

15. Das Verlassen und Wiederaufsuchen der Wohnung

Es sind nur solche Maßnahmen außerhalb der Wohnung zu berücksichtigen, die unmittelbar für die Aufrechterhaltung der Lebensführung zu Hause notwendig sind und das persönliche Erscheinen des Antragstellers erfordern. Berücksichtigungsfähige Maßnahmen sind das Aufsuchen von Ärzten zu therapeutischen Zwecken oder die Inanspruchnahme vertragsärztlich verordneter Therapien, wie z. B. Dialysemaßnahmen, onkologische oder immunsuppressive Maßnahmen, Physikalische Therapien, Ergotherapie, Stimm-, Sprech- und Sprachtherapie, podologische Therapie. Ein Hilfebedarf beim Verlassen und Wiederaufsuchen der Wohnung ist zu berücksichtigen, wenn dieser regelmäßig (mindestens einmal pro Woche) und auf Dauer (voraussichtlich mindestens 6 Monate) anfällt. Es ist nicht erforderlich, dass jede Maßnahme für sich isoliert betrachtet einmal wöchentlich anfällt. Der Hilfebedarf ist somit zu berücksichtigen, wenn in der Gesamtbetrachtung einmal wöchentlich für voraussichtlich mindestens 6 Monate berücksichtigungsfähige Maßnahmen anfallen.

Nicht zu berücksichtigen ist das Verlassen und Wiederaufsuchen der Wohnung im Zusammenhang mit

– Leistungen der medizinischen Rehabilitation. Diese umfassen die physischen, psychischen und sozialen Aspekte und gehen von einem ganzheitlichen Ansatz aus. Sie sind insoweit von einzelnen therapeutischen Maßnahmen abzugrenzen. Die Leistungen der medizinischen Rehabilitation zielen darauf ab, nicht nur vorübergehende Beeinträchtigungen der Aktivitäten oder drohende oder bereits manifeste Beeinträchtigungen in der Teilhabe am schulischen, beruflichen und gesellschaftlichen Leben als Folge einer Schädigung durch frühzeitige Einleitung geeigneter Rehabilitationsleistungen zu vermeiden, zu beseitigen bzw. zu vermindern oder eine Verschlimmerung zu verhüten. Für die Leistungen der medizinischen Rehabilitation sind die Individualität, Komplexität, Interdisziplinarität (Rehabilitationsteam) und die Finalität charakteristisch. Die medizinische Rehabilitation unterscheidet sich durch Komplexität und Interdisziplinarität daher wesentlich von der physikalischen Therapie.

– Leistungen zur primären Prävention. Diese zielen darauf ab, die Neuer-krankungsrate (Inzidenzrate) von Krankheiten zu senken. Primäre Prä-vention dient der Förderung und Erhaltung der Gesundheit durch Maß-nahmen, die Individuen und Personengruppen betreffen, wie optimale Ernährung, physische Aktivität, Impfungen gegen Infektionskrankheiten und Beseitigung von Gesundheitsgefahren in der Umwelt (§ 20 SGB V).

– Maßnahmen der Eingliederungshilfe (einschl. Frühförderung).

– der Beteiligung an einer klinischen Arzneimittelstudie. Die klinische Prü-fung von noch nicht zugelassenen Arzneimitteln gilt nicht als Behand-lungsmethode i.S. des § 27 Abs. 1 Satz 1 SGB V.

Erhält der Antragsteller während eines Aufenthaltes z. B. in einer Einrich-tung der Hilfe für behinderte Menschen, Frühförderstellen oder einem so-zialpädiatrischen Zentrum u. a. ärztliche Behandlung bzw. therapeutische Maßnahmen, so ist das hierzu erforderliche Verlassen und Wiederaufsuchen der Wohnung nicht als Hilfebedarf zu berücksichtigen, es sei denn, diese Einrichtungen werden ausschließlich zum Zwecke einer ärztlichen Behand-lung oder zur Inanspruchnahme einer vertragsärztlich verordneten Therapie aufgesucht.

Das Aufsuchen von Behörden oder anderen Stellen, die das persönliche Erscheinen des Antragstellers notwendig machen, ist zu berücksichtigen. Weitere Hilfen – z. B. die Begleitung zur Bushaltestelle auf dem Weg zu Werkstätten für behinderte Menschen, Schulen, Kindergärten oder im Zu-sammenhang mit der Erwerbstätigkeit, beim Aufsuchen einer Tages- oder Nachtpflegeeinrichtung sowie bei Spaziergängen oder Besuchen von kultu-rellen Veranstaltungen – bleiben unberücksichtigt. Der Hilfebedarf beim Ein-kaufen ist unter der lfd. Nr. 16 „Einkaufen" mit zu berücksichtigen.

Im Zusammenhang mit berücksichtigungsfähigen Anlässen des Verlassens und Wiederaufsuchens der Wohnung ist der Hilfebedarf beim Gehen, Stehen und Treppensteigen außerhalb der Wohnung zu bewerten. Dabei ist auch die Verkehrssicherheit zu beachten. Es sind die notwendigen Hilfeleistungen anzurechnen, unabhängig davon, wer diese erbringt bzw. ob die Kosten von einem Sozialleistungsträger getragen werden (z. B. Hilfe beim Treppenstei-gen, Ein- oder Aussteigen durch den Taxifahrer oder durch das Personal bei Krankenfahrten).

Fahrzeiten sind dann zu berücksichtigen, wenn während der Fahrt Beauf-sichtigungsbedarf besteht und deshalb eine kontinuierliche Begleitung des Pflegebedürftigen erforderlich ist. Dies gilt unabhängig davon, ob z. B. ein privater PKW, öffentliche Verkehrsmittel oder ein Taxi benutzt werden. Fahr-zeiten sind auch zu berücksichtigen, wenn die Anwesenheit der Begleitper-

son beim Arzt oder bei der Inanspruchnahme vertragsärztlich verordneter
Therapien zur Sicherstellung der Behandlung erforderlich ist.. Zusätzlich zu den ggf. zu berücksichtigenden Wege- und Fahrzeiten sind die
zwangsläufig anfallenden Warte- und Begleitzeiten der Begleitperson anzu-
rechnen, wenn sie dadurch zeitlich und örtlich gebunden ist. Bei Kindern
und Personen mit mindestens erheblich eingeschränkter Alltagskompetenz
kann die Notwendigkeit der Begleitung beim Arzt zur Durchführung therapeutischer Zwecke oder der Begleitung bei Inanspruchnahme vertragsärztlich verordneter Therapien in der Regel vorausgesetzt und einschließlich
der Wartezeit als Hilfebedarf berücksichtigt werden. Notwendige Fahr- und
Wartezeiten, die nicht täglich anfallen, sind für die Bemessung des zeitlichen
Gesamtpflegeaufwandes auf den Tag umzurechnen.

Die Pflege erschwerende oder erleichternde Faktoren

Erschwerende oder erleichternde Faktoren, die sich auf mehrere Verrichtungen auswirken, müssen hier dokumentiert werden (vgl. auch Punkt F „Orientierungswerte zur Pflegezeitbemessung für die in § 14 SGB XI genannten
Verrichtungen der Grundpflege"). Es bietet sich eine prägnante tabellarische
Zusammenfassung an, z. B. hochgradige Spastik erschwert Waschen und
Kleiden; orotracheales Sekretabsaugen erhöht den Zeitaufwand beim Waschen und der Nahrungsaufnahme. Erläuterungen zu erschwerenden oder
erleichternden Faktoren, die sich nur auf eine Verrichtung auswirken, sind
unter der jeweiligen Verrichtung unter Punkt 4.1 bis 4.3 zu dokumentieren.

Nächtlicher Grundpflegebedarf

Wird ein nächtlicher Grundpflegebedarf festgestellt, so ist dieser nach Art
und Häufigkeit hier zu dokumentieren (vgl. auch Punkt D 4.0 / III. / 3. „Ermittlung von Art und Häufigkeit des regelmäßigen Hilfebedarfs").

**Medizinische Behandlungspflege (nur bei Pflegestufe III in stationärer
Pflege)**

Wird medizinische Behandlungspflege auf Dauer (mindestens 6 Monate) bei
einem Antragsteller in einer vollstationären Pflegeeinrichtung festgestellt, so
ist diese nach Art, Häufigkeit und Zeitumfang hier zu dokumentieren (vgl.
auch Punkt D 5.2.1 „Pflegebedürftigkeit" zur Feststellung eines außergewöhnlich hohen Pflegeaufwandes).

D 4.4 Hauswirtschaftliche Versorgung

Es ist der tatsächlich anfallende individuelle Hilfebedarf zu bewerten und
der Zeitaufwand in Stunden pro Woche abzuschätzen. Es sind nur die Tätigkeiten bei den folgenden Verrichtungen zu berücksichtigen, die sich auf die

Versorgung des Antragstellers selbst beziehen. Die Versorgung möglicher weiterer Familienmitglieder bleibt unberücksichtigt.

Wenn ein krankheits- und / oder behinderungsbedingter Hilfebedarf im Bereich der hauswirtschaftlichen Versorgung besteht, ist er zu berücksichtigen, auch wenn die Versorgung durch Dritte (z. B. Putzfrau, Essen auf Rädern, Angehörige) erfolgt.

16. Das Einkaufen

Dies beinhaltet auch das Planen und Informieren bei der Beschaffung von Lebens-, Reinigungs- sowie Körperpflegemitteln, den Überblick zu haben, welche Lebensmittel wo eingekauft werden müssen, unter Berücksichtigung der Jahreszeit und Menge, die Kenntnis des Wertes von Geld (preisbewusst) sowie die Kenntnis der Genieß- und Haltbarkeit von Lebensmitteln und der richtigen Lagerung. Auch die Beschaffung der für eine Diät benötigten Lebensmittel ist hier zu berücksichtigen.

17. Das Kochen

Es umfasst die gesamte Zubereitung der Nahrung, wie Aufstellen eines Speiseplans (z. B. Zusammenstellung der Diätnahrung sowie Berücksichtigung einer konkreten Kalorienzufuhr) für die richtige Ernährung unter Berücksichtigung von Alter und Lebensumständen. Auch die Bedienung der technischen Geräte sowie die Einschätzung der Mengenverhältnisse und Garzeiten unter Beachtung von Hygieneregeln sind zu werten.

18. Das Reinigen der Wohnung

Hierzu gehören das Reinigen von Fußböden, Möbeln, Fenstern und Haushaltsgeräten im allgemein üblichen Lebensbereich des Antragstellers. Auch die Kenntnis von Reinigungsmitteln und -geräten sowie das Bettenmachen sind hier zu berücksichtigen.

19. Das Spülen des Geschirrs

Je nach den Gegebenheiten des Haushalts ist manuelles bzw. maschinelles Spülen zu werten.

20. Das Wechseln und Waschen der Wäsche und Kleidung

Hierzu gehören das Einteilen und Sortieren der Textilien, das Waschen, Aufhängen, Bügeln, Ausbessern und Einsortieren der Kleidung in den Schrank sowie das Bettenbeziehen.

21. Das Beheizen

Das Beheizen umfasst auch die Beschaffung und Entsorgung des Heizmaterials.

D 4.5 Zusätzliche Erläuterungen zum Hilfebedarf

Hier können zusätzliche Erläuterungen zum Hilfebedarf gemacht werden.

D 5. Ergebnis

D 5.1 Stimmt der unter 1.4 von Pflegepersonen angegebene Pflegeaufwand mit dem gutachterlich festgestellten Hilfebedarf überein?

Die Angaben unter diesem Punkt sollen es der Pflegekasse ermöglichen, bei häuslicher Pflege den Personenkreis festzustellen, für den eine soziale Absicherung in der Rentenversicherung in Betracht kommt (§ 44 SGB XI). Dies gilt für Pflegepersonen, die einen Pflegebedürftigen wenigstens 14 Stunden wöchentlich pflegen (§ 19 SGB XI). Der Beitragsbemessung in der Rentenversicherung liegt eine zeitliche Abstufung des wöchentlichen Pflegeaufwandes (14, 21, 28 Stunden) unter Berücksichtigung der Pflegestufe zugrunde.

Der Gutachter hat an dieser Stelle die vom Antragsteller bzw. von der Pflegeperson geltend gemachten Pflegezeiten zu überprüfen und, ausgehend vom festgestellten Hilfebedarf bei der Grundpflege und hauswirtschaftlichen Versorgung (Punkt 4.1 bis 4.4 „Körperpflege, Ernährung, Mobilität, Hauswirtschaftliche Versorgung" des Formulargutachtens), eine eigenständige Bewertung des wöchentlichen Pflegeaufwandes vorzunehmen. Da insbesondere Zeiten der allgemeinen Betreuung und Beaufsichtigung hierbei nicht zu berücksichtigen sind, kann es zu Abweichungen zwischen den Angaben des Antragstellers / der Pflegeperson / -en unter Punkt 1.4 „Umfang der pflegerischen Versorgung und Betreuung" des Formulargutachtens und dem festgestellten Hilfebedarf des Gutachters kommen.

Eine differenzierte Stellungnahme zum Umfang der pflegerischen Versorgung hat der Gutachter zu dokumentieren, insbesondere wenn

– neben den Pflegediensten noch Pflegepersonen tätig werden oder

– die Pflege durch mehrere Personen geleistet wird, bzw.

– Abweichungen von den Angaben hinsichtlich der Pflegeleistungen der Pflegeperson / -en unter Punkt 1.4 „Umfang der pflegerischen Versorgung und Betreuung" des Formulargutachtens bestehen.

D 5.2 Liegt Pflegebedürftigkeit gemäß §§ 14, 15 und/oder eine mindestens erheblich eingeschränkte Alltagskompetenz gemäß § 45a SGB XI vor?

D 5.2.1 Pflegebedürftigkeit

Die gutachterliche Entscheidung, ob aufgrund von Krankheit oder Behinderung Pflegebedürftigkeit vorliegt, gründet sich auf

– **die Feststellung des Hilfebedarfs bei den definierten Verrichtungen,**

– die Zuordnung dieser Verrichtungen im Tagesablauf,

– die Häufigkeit der hierzu erforderlichen Hilfeleistungen,

– den jeweiligen Zeitaufwand für diese Hilfeleistungen,

– die zeitliche Gewichtung der Maßnahmen der Grundpflege sowie der hauswirtschaftlichen Versorgung,

– die Dauer des voraussichtlichen Hilfebedarfs über mindestens 6 Monate.

Liegt Pflegebedürftigkeit vor, ist die Einstufung entsprechend den nachfolgenden Kriterien vorzunehmen. Eine Begründung zu den einzelnen Pflegestufen ist abzugeben.

Pflegebedürftige Personen sind einer der **folgenden drei Pflegestufen** zuzuordnen:

1. Pflegebedürftige der Pflegestufe I (erheblich Pflegebedürftige) sind Personen, die bei der Körperpflege, der Ernährung oder der Mobilität für wenigstens zwei Verrichtungen aus einem oder mehreren Bereichen mindestens einmal täglich der Hilfe bedürfen und zusätzlich mehrfach in der Woche Hilfen bei der hauswirtschaftlichen Versorgung benötigen.

2. Pflegebedürftige der Pflegestufe II (Schwerpflegebedürftige) sind Personen, die bei der Körperpflege, der Ernährung oder der Mobilität mindestens dreimal täglich zu verschiedenen Tageszeiten der Hilfe bedürfen und zusätzlich mehrfach in der Woche Hilfen bei der hauswirtschaftlichen Versorgung benötigen.

3. Pflegebedürftige der Pflegestufe III (Schwerstpflegebedürftige) sind Personen, die bei der Körperpflege, der Ernährung oder der Mobilität täglich rund um die Uhr, auch nachts, der Hilfe bedürfen und zusätzlich mehrfach in der Woche Hilfen bei der hauswirtschaftlichen Versorgung benötigen.

Bei Kindern ist für die Zuordnung der zusätzliche Hilfebedarf gegenüber einem gesunden gleichaltrigen Kind maßgebend.

Der Zeitaufwand, den ein Familienangehöriger oder eine andere nicht als Pflegekraft ausgebildete Pflegeperson für die erforderlichen Leistungen der Grundpflege und hauswirtschaftlichen Versorgung benötigt, muss wöchentlich im Tagesdurchschnitt

1. in der Pflegestufe I mindestens 90 Minuten betragen; hierbei müssen auf die Grundpflege mehr als 45 Minuten entfallen,

2. in der Pflegestufe II mindestens drei Stunden betragen; hierbei müssen auf die Grundpflege mindestens zwei Stunden entfallen,

3. in der Pflegestufe III mindestens fünf Stunden betragen; hierbei müssen auf die Grundpflege mindestens vier Stunden entfallen.

Bei Pflegebedürftigen mit einem Hilfebedarf der Pflegestufe III ist zu prüfen und zu dokumentieren, ob ein **außergewöhnlich hoher Pflegeaufwand** vorliegt. Grundlage dafür sind die Härtefall-Richtlinien (vgl. Anlage 3). Für die Feststellung eines außergewöhnlich hohen Pflegebedarfs im Sinne der Härtefallregelungen reicht es neben dem Hilfebedarf der Pflegestufe III und der zusätzlich ständig erforderlichen Hilfe bei der hauswirtschaftlichen Versorgung aus, wenn eines der beiden Merkmale erfüllt wird:

– die Hilfe bei der Körperpflege, der Ernährung oder der Mobilität ist mindestens 6 Stunden täglich, davon mindestens dreimal in der Nacht, erforderlich. Bei Pflegebedürftigen in vollstationären Pflegeeinrichtungen ist auch die auf Dauer bestehende medizinische Behandlungspflege zu berücksichtigen.

oder

– die Grundpflege kann für den Pflegebedürftigen auch des Nachts nur von mehreren Pflegekräften gemeinsam (zeitgleich) erbracht werden.

Das zeitgleiche Erbringen der Grundpflege des Nachts durch mehrere Pflegekräfte ist so zu verstehen, dass wenigstens bei einer Verrichtung tagsüber und des Nachts neben einer professionellen mindestens eine weitere Pflegekraft, die nicht bei einem Pflegedienst beschäftigt sein muss (z. B. Angehörige), tätig werden muss. Durch diese Festlegung soll erreicht werden, dass nicht mehrere Pflegekräfte eines Pflegedienstes (§ 71 SGB XI) hier tätig werden müssen. Jedes der beiden Merkmale erfüllt bereits für sich die Voraussetzungen eines qualitativ und quantitativ weit über das übliche Maß der Grundvoraussetzung der Pflegestufe III hinausgehenden Pflegeaufwandes.

Eine **Pflegebedürftigkeit unterhalb der Pflegestufe I** ist dann auszuweisen, wenn der Antragsteller einen Hilfebedarf im Bereich der Grundpflege und der hauswirtschaftlichen Versorgung aufweist, dieser aber nicht das für die Zuordnung zu Pflegestufe I erforderliche Maß erreicht. Liegt kein Hilfebedarf im Bereich der Grundpflege vor, ist die Frage mit „nein" zu beantworten.

Liegt nach dieser Bewertung mindestens erhebliche Pflegebedürftigkeit nicht vor, ist dies zu begründen. Ggf. sind dann unter Punkt 6 „Empfehlungen an die Pflegekasse / Individueller Pflegeplan" im Formulargutachten Maßnahmen zur Vermeidung einer ansonsten drohenden Pflegebedürftigkeit zu empfehlen.

Weiterhin ist zu dokumentieren, **seit wann** Pflegebedürftigkeit in der aktuell festgestellten Ausprägung vorliegt. Dies ist ohne Schwierigkeiten möglich, wenn die Pflegebedürftigkeit durch eindeutig zuzuordnende Ereignisse ausgelöst worden ist. Es ist jedoch auch bei chronischen Verläufen hierzu eine begründete Abschätzung notwendig. Ein bloßes Abstellen auf das Datum der Antragstellung bzw. den Beginn des Antragsmonats ist nicht zulässig.

Liegen die Voraussetzungen für die Zuordnung zu einer Pflegestufe für mindestens 6 Monate vor und ist mit großer Wahrscheinlichkeit zu erwarten, dass sich der Hilfebedarf z. B. durch therapeutische oder rehabilitative Maßnahmen pflegestufenrelevant verringert, ist der Pflegekasse unter Nennung eines konkreten Datums eine **befristete Leistungszusage** zu empfehlen.

Bei Folgebegutachtungen muss an dieser Stelle dokumentiert werden, ob und ggf. ab wann welche Änderung des Pflegebedarfs im Vergleich zur Voruntersuchung gegeben ist. Insbesondere sind Veränderungen zu begründen, die zu einer Verringerung der Pflegestufe führen.

D 5.2.2   Einschränkung der Alltagskompetenz

Die gutachterliche Entscheidung, ob eine mindestens erheblich eingeschränkte Alltagskompetenz vorliegt, gründet auf dem Screening und Assessment unter Punkt 3.4. Das dort festgestellte Ergebnis ist in den Ergebnisteil des Gutachtens zu übertragen.

Neben Pflegebedürftigen der Pflegestufen I, II, und III haben auch Personen, die einen Hilfebedarf im Bereich der Grundpflege und hauswirtschaftlichen Versorgung haben, der nicht das Ausmaß der Pflegestufe I erreicht, einen Anspruch auf zusätzliche Betreuungsleistungen, wenn deren Alltagskompetenz dauerhaft in mindestens erheblichem Maße eingeschränkt ist (§ 45a Abs. 1 SGB XI).

Das Ergebnis der Prüfung der Einschränkung der Alltagskompetenz, deren Ausmaß und der Zeitpunkt, seit wann die ggf. festgestellte Einschränkung besteht, ist hier zu dokumentieren. Dies gilt im Hinblick auf die Möglichkeit der Vereinbarung von Vergütungszuschlägen nach § 87b SGB XI auch für den vollstationären Bereich.

D 5.2.3   Widerspruchsbegutachtung

Bei Widerspruchsbegutachtungen ist hier anzugeben, ob das Ergebnis des Vorgutachtens bestätigt wird und ob sich durch eine zwischenzeitliche Veränderung des Hilfebedarfs aktuell ggf eine andere Empfehlung ergibt.

D 5.2.4   Besonderheiten bei vollstationärer Pflege

Bei einem Wechsel von häuslicher in vollstationäre Pflege behält der Pflegebedürftige die ihm zuerkannte Pflegestufe, es sei denn, dass nach einer erneuten Begutachtung ein davon abweichender Hilfebedarf festgestellt wird.

Die Erforderlichkeit von stationärer Pflege kann im Einzelfall im Rahmen eines Besuchs in der Häuslichkeit geprüft werden, um das häusliche Umfeld erfassen zu können. Bei anerkannter Pflegestufe III entfällt diese Prüfung.

Verfügt der Antragsteller zum Zeitpunkt der Begutachtung nicht mehr über eine eigene Wohnung, so ist für die Bemessung des Zeitaufwandes bezüglich des festgestellten Hilfebedarfs durch Laienpfleger von einer durchschnittlichen häuslichen Wohnsituation auszugehen (vgl. zur Beschreibung der durchschnittlichen häuslichen Wohnsituation Punkt C 2.4 „Begutachtung der Antragsteller im Krankenhaus, in einer stationären Rehabilitationseinrichtung oder in einem Hospiz").

D 5.2.5   Begutachtung in vollstationären Einrichtungen der Hilfe für behinderte Menschen

In vollstationären Einrichtungen der Hilfe für behinderte Menschen leisten die Pflegekassen für mindestens erheblich Pflegebedürftige – ohne weitere Differenzierung nach Pflegestufen – eine Pauschale (§ 43a SGB XI). Obwohl leistungsrechtlich für den Anspruch auf Leistungen nach § 43a SGB XI lediglich das Vorliegen von erheblicher Pflegebedürftigkeit vorausgesetzt wird, ist generell die entsprechende Pflegestufe auszuweisen, da neben der Pauschale für Zeiten in der häuslichen Pflege (z. B. Wochenende, Ferien) ein weiter gehender Leistungsanspruch in Abhängigkeit von der Pflegestufe besteht. Bei Vorliegen von demenzbedingten Fähigkeitsstörungen, geistiger Behinderung oder psychischer Erkrankung muss das Screening- und ggf. Assessment-Verfahren durchgeführt werden (siehe Punkt D 3.4 „Screening und Assessment zur Feststellung von Personen mit erheblich eingeschränkter Alltagskompetenz").

D 5.3 Liegen Hinweise auf folgende Ursachen der Pflegebedürftigkeit vor?

Liegen Hinweise dafür vor, dass die Pflegebedürftigkeit durch Unfallfolgen, Berufserkrankungen, Arbeitsunfälle oder Versorgungsleiden (z. B. Kriegs-, Wehrdienst- oder Impfschaden) hervorgerufen wurde oder wesentlich mit bedingt wird, ist dies anzugeben.

D 5.4 Ist die häusliche Pflege in geeigneter Weise sichergestellt?

Festgestellte Defizite in der häuslichen Pflege von mindestens erheblich Pflegebedürftigen – auch bei professioneller Pflege – sind hier darzustellen (vgl. Punkt D 4.0 / IV. „Begutachtungs- bzw. Bewertungsschritte").

Der Gutachter hat sich zu orientieren

– an der Situation des Pflegebedürftigen,

– an den Belastungen und der Belastbarkeit der Pflegeperson,

– am sozialen Umfeld der konkreten Pflegesituation,

– an der Wohnsituation einschließlich möglicher Wohnumfeldverbesserungen des Antragstellers.

Der Gutachter muss sich darüber im Klaren sein, dass die Feststellung einer nicht sichergestellten Pflege tiefgreifend in familiäre Strukturen eingreifen kann. Grundsätzlich hat die häusliche Pflege Vorrang vor stationärer Pflege. Der Vorrang häuslicher Pflege hat dort seine Grenzen, wo, bedingt durch die familiären und sozialen Verhältnisse, eine angemessene Versorgung und Betreuung im häuslichen Bereich nicht sichergestellt ist.

Wird festgestellt, dass die häusliche Pflege auch bei Realisierung der im Gutachten (Punkt 6 „Empfehlungen an die Pflegekasse/Individueller Pflegeplan" und Punkt 7 „Erläuterungen für die Pflegekasse") gegebenen Empfehlungen nicht in geeigneter Weise sichergestellt werden kann, so ist zu empfehlen, dass – bei Laienpflege – ggf. professionelle häusliche Pflege in Anspruch genommen wird. Hierbei kommen entweder die kombinierte Geld- und Sachleistung oder die alleinige Sachleistung in Betracht oder, wenn auch dies nicht ausreicht, teilstationäre oder vollstationäre Pflege. Wird vollstationäre Pflege empfohlen, ist die Erforderlichkeit unter Punkt 5.5 „Ist vollstationäre Pflege erforderlich?" im Formulargutachten zu begründen.

Da derartige Empfehlungen auch weit reichende Konsequenzen für den Pflegebedürftigen in Form des Entzugs der gewohnten Geldleistung und für die Pflegeperson in Form versagter Rentenversicherungsansprüche haben können, ist mit solchen Vorschlägen behutsam umzugehen.

Sofern eine akute Gefahrensituation abzuwenden ist, muss der Gutachter selbst unmittelbar Kontakt, z. B. mit behandelnden Ärzten, Pflegediensten, Sozialdienst oder Gesundheitsamt, aufnehmen. Die Umsetzung der weiter gehenden Empfehlungen des Gutachters liegt in der Verantwortung der Pflegekasse.

D 5.5 Ist vollstationäre Pflege erforderlich?

Die Erforderlichkeit ist generell zu prüfen und zu begründen, wenn mindestens erhebliche Pflegebedürftigkeit vorliegt. Bei Pflegebedürftigen, bei denen die Notwendigkeit der vollstationären Pflege bereits in einem Vorgutachten festgestellt wurde, ist die Frage mit „ja" zu beantworten. Eine Begründung ist nicht erforderlich. Liegen Hinweise vor, dass eine Rückkehr in die häusliche Umgebung möglich ist, sind diese zu benennen. Bei einem Antrag auf ambulante Pflegeleistungen und sichergestellter häuslicher Pflege (siehe Punkt D 5.4 „Ist die häusliche Pflege in geeigneter Weise sichergestellt?") ist die Frage mit „nein" zu beantworten. In diesem Fall ist eine Begründung nicht erforderlich. Bei Versicherten, die bereits vor dem 01.04.1996 in einer vollstationären Pflegeeinrichtung lebten, wird die Notwendigkeit der vollstationären Pflege unterstellt. Liegt Schwerstpflegebedürftigkeit (Stufe III) vor, wird die Erforderlichkeit von vollstationärer Pflege wegen der Art, Häufigkeit und des zeitlichen Umfangs des Hilfebedarfs gleichfalls unterstellt.

Vollstationäre Pflege kann insbesondere erforderlich sein bei

- Fehlen einer Pflegeperson,
- fehlender Pflegebereitschaft möglicher Pflegepersonen,
- drohender oder bereits eingetretener Überforderung von Pflegepersonen,
- drohender oder bereits eingetretener Verwahrlosung des Pflegebedürftigen,
- Selbst- oder Fremdgefährdungstendenzen des Pflegebedürftigen,
- räumlichen Gegebenheiten im häuslichen Bereich, die keine häusliche Pflege ermöglichen und durch Maßnahmen zur Verbesserung des individuellen Wohnumfeldes (§ 40 Abs. 4 SGB XI) nicht verbessert werden können.

Das Kriterium des Fehlens einer Pflegeperson bzw. der fehlenden Pflegebereitschaft möglicher Pflegepersonen sollte erst dann als erfüllt betrachtet werden, nachdem der Antragsteller auf die Möglichkeit zur Sicherstellung der häuslichen Pflege, Pflegesachleistung, teilstationäre Pflege oder Kurzzeitpflege in Anspruch nehmen zu können, hingewiesen wurde.

Eine Überforderung von Pflegepersonen entsteht aus unterschiedlichen Gründen, wie z. B.:

- Die Pflegepersonen sind selbst betagt oder gesundheitlich beeinträchtigt.

- Die Entfernung zwischen dem Wohn- und Pflegeort ist zu groß.

- Die psychische Belastung, die durch eine Pflegesituation entsteht, wird individuell unterschiedlich verarbeitet. So kann bereits bei geringem Pflegeaufwand eine Überforderungssituation entstehen.

Droht ein pflegerisches Defizit durch Überforderung der Pflegeperson, so gilt das Kriterium als erfüllt. Dabei ist zu berücksichtigen, dass eine absehbar zeitlich befristete Überforderungssituation der Pflegeperson unter Umständen durch Kurzzeitpflege oder teilstationäre Pflege des Pflegebedürftigen behoben werden kann.

Soziale Isolation kann Verwahrlosungstendenzen begünstigen. Anzeichen dafür können u. a. sein

- die Vernachlässigung der Körperpflege,

- unregelmäßige und nicht ausreichende Einnahme von Mahlzeiten,

- die Vernachlässigung des Haushaltes.

Diese Situation kann auftreten, obgleich die Durchführung der hierfür notwendigen Verrichtungen vom körperlichen Funktionszustand her möglich wäre.

Eine Selbstgefährdung kann vorliegen, wenn der Betroffene nicht oder nicht rechtzeitig im Falle des eintretenden akuten Hilfebedarfs Hilfe herbeiholen kann. Eine Selbstgefährdung kann auch dann vorliegen, wenn der Betroffene hochgradig verwirrt oder antriebsarm ist, den Realitätsbezug verloren hat, schwer depressiv ist oder Suizidtendenzen vorliegen. Selbstgefährdung kann mit Fremdgefährdung einhergehen. Insbesondere liegt Fremdgefährdung vor, wenn der Antragsteller die Übersicht im Umgang mit Strom, Gas und Wasser verloren hat. Für solche Gefährdungen müssen konkrete Hinweise vorliegen.

Räumliche Gegebenheiten im häuslichen Bereich, die ein wesentliches Hindernis für die häusliche Pflege darstellen können, sind z. B. die Lage von Toilette und Bad außerhalb der Wohnung, die fehlende Rollstuhlgängigkeit der Wohnung (z. B. infolge zu schmaler Türen von Küche, Bad und WC). Liegt eine entsprechende Situation vor, sollte zunächst geprüft werden, ob durch Maßnahmen zur Verbesserung des individuellen häuslichen Wohnumfeldes die wesentlichen Hindernisse für die ambulante Pflege zu beseitigen sind und damit vollstationäre Pflege vermeidbar ist.

D 6. Empfehlungen an die Pflegekasse/Individueller Pflegeplan

Pflegebedürftigkeit ist regelmäßig kein unveränderbarer Zustand, sondern ein Prozess, der durch aktivierende Pflege, Maßnahmen der Krankenbehandlung, Leistungen mit präventiver und rehabilitativer Zielsetzung oder durch medizinische Rehabilitation beeinflussbar ist. Hier hat der Gutachter unter Würdigung der Ergebnisse der Pflegebegutachtung für den häuslichen und stationären Bereich Stellung zu nehmen, ob über die derzeitige Versorgungssituation hinaus (siehe Punkte 1.1 bis 1.4 „Derzeitige Versorgungs- und Betreuungssituation", Punkt 2.1 „Pflegerelevante Aspekte der ambulanten Wohnsituation" und Punkt 2.3 „Pflegerelevante Vorgeschichte (Anamnese)" des Formulargutachtens) präventive Maßnahmen, Heilmittel als Einzelleistungen (physikalische Therapie, Ergotherapie, Stimm-, Sprech- und Sprachtherapie, podologische Therapie) oder eine Leistung zur medizinischen Rehabilitation (ambulante einschließlich mobiler oder stationärer Rehabilitation) erforderlich sind.

Darüber hinaus sind hier über die derzeitige Versorgungssituation hinausgehend

– Vorschläge zur ärztlichen Behandlung und zu weiteren Therapien, Rehabilitationssport / Funktionstraining,

– Empfehlungen zu notwendigen Hilfsmitteln (§ 33 SGB V) und Pflegehilfsmitteln (§ 40 SGB XI),

– Vorschläge zur Verbesserung des individuellen Wohnumfeldes (§ 40 Abs. 4 SGB XI),

– Vorschläge zur Verbesserung/Veränderung der Pflegesituation zu dokumentieren.

D 6.1 Präventive Leistungen

Hier hat der Gutachter für den häuslichen und stationären Bereich unter Würdigung der Ergebnisse der Pflegebegutachtung Stellung zu nehmen, ob und ggf. welche präventiven Leistungen empfohlen werden und welche Ziele damit verknüpft werden.

D 6.2 Heilmittel

Hier hat der Gutachter für den häuslichen und stationären Bereich unter Würdigung der Ergebnisse der Pflegebegutachtung Stellung zu nehmen, ob und ggf. welche Heilmittel als Einzelleistungen (Physikalische Therapie, Ergotherapie, Stimm-, Sprech- und Sprachtherapie, Podologische Therapie) auf der Grundlage der Heilmittel-Richtlinien empfohlen und welche Ziele damit verknüpft werden.

D 6.3 Leistung zur medizinischen Rehabilitation

Der Vorrang von Leistungen zur medizinischen Rehabilitation und Teilhabe ist im SGB IX (Rehabilitation und Teilhabe behinderter Menschen) festgelegt. Im SGB XI ist geregelt, dass im Falle drohender oder bestehender Pflegebedürftigkeit regelmäßig die Notwendigkeit präventiver oder rehabilitativer Leistungen, insbesondere die Notwendigkeit von Leistungen zur medizinischen Rehabilitation, zu prüfen ist. Durch das Pflege-Weiterentwicklungsgesetz wurde der Grundsatz „Rehabilitation vor Pflege" gestärkt. Eine Empfehlung des Medizinischen Dienstes für eine Leistung zur medizinischen Rehabilitation führt unmittelbar zu einem Rehabilitationsantrag gemäß § 14 SGB IX, sofern dazu die Einwilligung des Versicherten vorliegt. Es ist in jedem Einzelfall im Rahmen der Begutachtung von Pflegebedürftigkeit zu prüfen, ob eine Indikation für diese Leistung besteht, um Pflegebedürftigkeit zu vermeiden, eine bestehende Pflegebedürftigkeit zu beseitigen oder zu mindern oder eine Verschlimmerung zu verhüten (vgl. § 31 SGB XI, § 8 Abs. 1 und 3 SGB IX, § 18 Abs. 1 und 6 SGB XI).

Mit dem Begriff „Leistung zur medizinischen Rehabilitation" wird eine komplexe interdisziplinäre Leistung, die in der GKV nach § 40 SGB V zu erbringen ist, bezeichnet. Demgegenüber stehen Einzelleistungen (z. B. Heilmittel), die eine rehabilitative Zielsetzung haben können.

Indikationsstellung zur medizinischen Rehabilitation

Die Indikation für eine Leistung zur medizinischen Rehabilitation im Sinne des SGB IX liegt vor, wenn

▒ Rehabilitationsbedürftigkeit,

▒ Rehabilitationsfähigkeit,

▒ realistische alltagsrelevante Rehabilitationsziele und

▒ eine positive Rehabilitationsprognose

bestehen. Dabei ist zu berücksichtigen, dass auch bei psychisch kranken sowie geistig, seelisch und körperlich behinderten Menschen geeignete Leistungen zur medizinischen Rehabilitation in Betracht kommen können.

Rehabilitationsbedürftigkeit

Rehabilitationsbedürftigkeit besteht, wenn aufgrund einer körperlichen,
geistigen oder seelischen Schädigung

▒ voraussichtlich nicht nur vorübergehende alltagsrelevante Beeinträchtigungen der Aktivitäten vorliegen, durch die in absehbarer Zeit Beeinträchtigungen der Teilhabe drohen,

oder

▒ Beeinträchtigungen der Teilhabe bereits bestehen

und

▒ über die kurative Versorgung hinaus der mehrdimensionale und interdisziplinäre Ansatz der medizinischen Rehabilitation erforderlich ist.

Zu den Beeinträchtigungen der Teilhabe gehört auch der Zustand der Pflegebedürftigkeit. Bei der Beurteilung sind die umwelt- und personbezogenen
Kontextfaktoren zu berücksichtigen.

Bei der Prüfung der Rehabilitationsbedürftigkeit sind insbesondere folgende
Ausprägungen alltagsrelevanter Aktivitätsbeeinträchtigungen zu berücksichtigen:

▒ die Selbstversorgung (z. B. Ernährung, Körperpflege, Ausscheidung), deren Beeinträchtigung zur Abhängigkeit von fremder Hilfe (Pflegebedürftigkeit) führen kann,

▒ die Mobilität, deren Beeinträchtigung ein Leben der Patientin / des Patienten außerhalb ihrer / seiner Wohnung verhindern und so zu deren / dessen sozialer Isolation führen kann,

▒ die Kommunikation (z. B. Sprachverständnis, Sprachvermögen, Hören,
Sehen) mit der Folge der Beeinträchtigung der örtlichen / räumlichen Orientierung,

▒ manuelle Aktivitäten, deren Einschränkung z. B. zu Beeinträchtigungen
der Beschäftigung / Haushaltsführung führen kann,

▒ die Strukturierung des Tagesablaufes, die zu vielfältiger Beeinträchtigung der Teilhabe führen kann.

Rehabilitationsbedürftigkeit ist nicht gegeben, wenn kurative oder ausschließlich pflegerische bzw. andere Maßnahmen ausreichend sind, z. B.

▒ vertragsärztliche Behandlung einschließlich der Verordnung von Heilund Hilfsmitteln,

▒ Krankenhausbehandlung,

▒ aktivierende Pflege.

Rehabilitationsfähigkeit

Rehabilitationsfähig ist ein Antragsteller, wenn er aufgrund seiner somatischen und psychischen Verfassung die für die Durchführung und Mitwirkung bei der Rehabilitationsleistung notwendige Belastbarkeit und Motivation oder Motivierbarkeit besitzt.

Bei Antragstellern der Pflegeversicherung handelt es sich überwiegend um ältere und multimorbide Personen. Daher sind bei der Prüfung der Rehabilitationsfähigkeit insbesondere die nachstehenden niedrigschwelligeren Kriterien für die geriatrische Rehabilitation zu berücksichtigen. Eine geriatrische Rehabilitation kann auch mobil erbracht werden, wenn die Rehabilitationsfähigkeit und eine positive Rehabilitationsprognose nur für das gewohnte oder ständige Wohnumfeld festgestellt werden kann.

Insbesondere geriatrische Rehabilitationsfähigkeit ist dann gegeben, wenn alle nachfolgend genannten Kriterien erfüllt sind:

▒ die vitalen Parameter sind stabil,

▒ die bestehenden Begleiterkrankungen, Schädigungen der Körperfunktionen und -strukturen und typischen Komplikationen können vom ärztlichen, pflegerischen und therapeutischen Personal der geriatrischen Einrichtung behandelt werden sowie

▒ die Stabilität des Kreislaufs und die allgemeine psychische und physische Belastbarkeit des Patienten erlauben, dass er mehrmals täglich aktiv an rehabilitativen Maßnahmen teilnehmen kann.

Die geriatrische Rehabilitationsfähigkeit ist nicht gegeben, wenn mindestens eines der nachfolgend genannten Ausschlusskriterien erfüllt ist:

▒ Fehlende Zustimmung des Patienten zur Rehabilitation,

▒ fehlende oder nicht ausreichende Belastbarkeit, die die aktive Teilnahme verhindert (z. B. nach Frakturen und nach Gelenkoperationen),

▒ Darminkontinenz, wenn diese Ausdruck einer weit fortgeschrittenen geistigen und körperlichen Erkrankung ist,

▩ Begleiterkrankungen bzw. Komplikationen, die eine aktive Teilnahme an der Rehabilitation verhindern, z. B.

- Desorientiertheit,

- Weglauftendenz,

- erhebliche Störung der Hör- und Sehfähigkeit,

- Lage und Größe eines Dekubitus,

- Probleme am Amputationsstumpf,

- schwere psychische Störungen wie schwere Depression oder akute Wahnsymptomatik.

Rehabilitationsziele

Die Rehabilitationsziele bestehen darin, möglichst frühzeitig voraussichtlich nicht nur vorübergehende alltagsrelevante Beeinträchtigungen der Aktivitäten zu beseitigen, zu vermindern oder eine Verschlimmerung zu verhüten oder drohende Beeinträchtigungen der Teilhabe abzuwenden bzw. eine bereits eingetretene Beeinträchtigung der Teilhabe zu beseitigen, zu vermindern oder deren Verschlimmerung zu verhüten. Zu den Beeinträchtigungen der Teilhabe gehört auch der Zustand der Pflegebedürftigkeit.

Realistische, für den Antragsteller alltagsrelevante Rehabilitationsziele leiten sich aus den Beeinträchtigungen der Aktivitäten oder der Teilhabe ab. Bei der Formulierung der Rehabilitationsziele ist der Antragsteller zu beteiligen.

Ziele der Rehabilitation können sein:

▩ Vollständige Wiederherstellung des ursprünglichen Niveaus der Aktivitäten / Teilhabe,

▩ Größtmögliche Wiederherstellung des Ausgangsniveaus der Aktivitäten / Teilhabe,

▩ Ersatzstrategien bzw. Nutzung verbliebener Funktionen und Aktivitäten,

▩ Anpassung der Umweltbedingungen an die bestehenden Beeinträchtigungen der Aktivitäten oder der Teilhabe des Antragstellers.

Konkrete alltagsrelevante Rehabilitationsziele können z. B. sein:

▩ Erreichen der Stehfähigkeit,

▩ Erreichen des Bett-Rollstuhl-Transfers,

▩ Verbesserung der Rollstuhlfähigkeit,

▩ Erreichen des Toilettenganges / persönliche Hygiene,

▩ selbstständige Nahrungsaufnahme,

▪ selbstständiges An- und Auskleiden,

▪ Gehfähigkeit über mehrere Treppenstufen,

▪ Gehfähigkeit innerhalb und außerhalb der Wohnung,

▪ Tagesstrukturierung.

Im Rahmen der Begutachtung kommt diesen Zielen eine besondere Bedeutung im Hinblick darauf zu, eine drohende Pflegebedürftigkeit zu vermeiden, eine bestehende Pflegebedürftigkeit zu beseitigen oder zu mindern oder eine Verschlimmerung zu verhüten. Dabei kann es sowohl um die Reduktion des Hilfebedarfs innerhalb der festgestellten Pflegestufe als auch um eine Verringerung des Hilfebedarfs von einer höheren zu einer niedrigeren Pflegestufe gehen.

Rehabilitationsprognose

Die Rehabilitationsprognose ist eine medizinisch begründete Wahrscheinlichkeitsaussage für den Erfolg der Leistung zur medizinischen Rehabilitation

▪ auf der Basis der Erkrankung oder Behinderung, des bisherigen Verlaufs, des Kompensationspotenzials oder der Rückbildungsfähigkeit unter Beachtung und Förderung individueller positiver Kontextfaktoren

▪ über die Erreichbarkeit eines festgelegten Rehabilitationsziels durch eine geeignete Leistung zur medizinischen Rehabilitation

▪ in einem notwendigen Zeitraum.

Eine positive Rehabilitationsprognose ist anzunehmen, wenn mindestens eines der nachfolgend genannten Kriterien zutrifft:

▪ Beseitigung / alltagsrelevante Verminderung der Beeinträchtigung(en) der Aktivitäten durch Verbesserung der Selbsthilfefähigkeit sind erreichbar,

▪ Kompensationsmöglichkeiten zur Alltagsbewältigung sind mit nachhaltigem Erfolg anzuwenden (trainierbar), und / oder

▪ Adaptionsmöglichkeiten, welche die Beeinträchtigungen der Teilhabe vermindern, können erfolgreich eingeleitet werden.

Ablauf der Prüfung der Notwendigkeit einer Leistung zur medizinischen Rehabilitation

Aus den bei der Pflegebegutachtung festgestellten Beeinträchtigungen der Aktivitäten können im Einzelfall realistische, alltagsrelevante Rehabilitationsziele zur Verbesserung der Selbstständigkeit bzw. zur Verminderung des personellen Hilfebedarfs formuliert werden.

Für die Feststellung von Rehabilitationsbedürftigkeit ist darüber hinaus zu prüfen, ob zur Verbesserung der Beeinträchtigungen über die kurative Behandlung hinaus der multidimensionale interdisziplinäre Ansatz der Rehabilitation erforderlich und Erfolg versprechend ist. Aus der Anamnese sind Art, Umfang und Dauer der bestehenden Schädigungen und Beeinträchtigungen sowie die Entwicklungstendenz zu entnehmen.

In der Regel ist die Kenntnis von medizinischen Unterlagen und Befundberichten zur bisherigen Diagnostik, der Therapie und dem Verlauf notwendig, um eine fundierte Aussage zu den Erfolgsaussichten einer Rehabilitationsleistung abgeben zu können (s. Punkte. C 1. und C 2.2.2).

Des Weiteren ist bei der Begutachtung darauf zu achten, ob Hinweise auf eine Einschränkung der Rehabilitationsfähigkeit bestehen, wie erhebliche Schädigungen der kognitiven Funktionen oder eine zu geringe körperliche Belastbarkeit, die die Durchführung unmöglich machen. Auch eine fehlende Motivation und ggf. andere Faktoren (z. B. anstehende Operation) sind bei der Begutachtung abzuklären.

Der gemeinsamen Verantwortung von Ärzten und Pflegefachkräften für das Gutachtenergebnis wird im MDK durch eine strukturierte Kooperation der beteiligten Gutachter Rechnung getragen.

Kommt die begutachtende Pflegefachkraft auf der Grundlage der erhobenen Informationen zu der Einschätzung, dass eine Rehabilitationsindikation bestehen könnte, schaltet sie einen Arzt des MDK in die Begutachtung ein, der zu der Einschätzung der Pflegefachkraft zur Notwendigkeit einer medizinischen Rehabilitationsleistung Stellung nimmt. Dabei wird auch die Frage geprüft, ob das individuelle Zustands- und Verhaltensprofil Rehabilitationsfähigkeit erkennen lässt und der bisherige Verlauf eine positive Rehabilitationsprognose wahrscheinlich macht. Erst aus einer Gesamtbetrachtung kann der ärztliche Gutachter auf der Grundlage der von der Pflegefachkraft erfassten Informationen die Rehabilitationsindikation stellen und eine Zuweisungsempfehlung abgeben.

Die Einschaltung eines Arztes des MDK zur Beurteilung der Rehabilitationsindikation ist nicht erforderlich, wenn die begutachtende Pflegefachkraft

▨ keine realistischen Möglichkeiten zur Verbesserung der Aktivitäten und der Teilhabe durch Leistungen zur medizinischen Rehabilitation erkennt

oder

▨ wenn sie schwerwiegende Einschränkungen der Rehabilitationsfähigkeit einschließlich der Motivation oder Motivierbarkeit erkennt, die der Durchführung einer solchen Maßnahme entgegenstehen

oder

▨ wenn der Antragsteller eine Rehabilitation ablehnt.

Auch bei folgenden Fallkonstellationen ist ein entsprechender Gutachtenabschluss durch die Pflegefachkraft möglich:

▓ die Wirkung einer gerade abgeschlossenen Rehabilitationsmaßnahme soll abgewartet werden

▓ andere Maßnahmen, wie die Fortführung laufender Heilmitteltherapien, erscheinen ausreichend

Ist sich die Pflegefachkraft in ihrer Einschätzung bezüglich einer Rehabilitationsindikation nicht sicher, wird ein Arzt des MDK in die Begutachtung eingeschaltet.

Wird im Pflegegutachten eine medizinische Rehabilitation empfohlen, so sind der Pflegekasse dazu eine Zuweisungsempfehlung (ambulante einschließlich mobiler oder stationärer Rehabilitation; geriatrische oder indikationsspezifische Rehabilitation) sowie eine Mitteilung über die realistischen alltagsrelevanten Rehabilitationsziele zu geben. Sofern erkennbar ist, dass Leistungen zur Teilhabe anderer Rehabilitationsträger erfolgreich sein könnten, ist dies zu dokumentieren.

D 6.4 Sonstige Therapien

Hier hat der Gutachter unter Würdigung der Ergebnisse der Pflegebegutachtung z. B. Empfehlungen zur Veränderung der ärztlichen und weiteren Therapien, zur Teilnahme am Rehabilitationssport/Funktionstraining zu dokumentieren. Darüber hinaus sind ggf. Hinweise auf eine mögliche therapeutische Unter- oder Fehlversorgung (z. B. unzureichende Schmerztherapie oder nicht angemessene Medikation mit Psychopharmaka) festzuhalten. Ggf. ist mit Einwilligung des Antragstellers, Bevollmächtigten oder Betreuers Kontakt zum behandelnden Arzt oder zu anderen Therapeuten aufzunehmen und das Ergebnis zu dokumentieren.

D 6.5 Hilfsmittel-/Pflegehilfsmittelversorgung

Hilfsmittel nach § 33 SGB V sind sächliche Mittel oder technische Produkte, die individuell gefertigt oder als serienmäßig hergestellte Ware in unverändertem Zustand oder als Basisprodukt mit entsprechender handwerklicher Zurichtung, Ergänzung bzw. Abänderung den Versicherten zur Verfügung gestellt werden. Es sind nur solche technischen Hilfen als Hilfsmittel anzusehen, die vom Versicherten getragen oder mitgeführt und bei einem Wohnungswechsel auch mitgenommen und weiter benutzt werden können, um sich im jeweiligen Umfeld zu bewegen, zurechtzufinden und die elementaren Grundbedürfnisse des täglichen Lebens zu befriedigen. Hilfsmittel sollen die Körperfunktionen des Versicherten ersetzen, ergänzen oder verbessern, die für die möglichst selbstständige Durchführung der Alltagsverrichtungen notwendig sind.

Die Hilfsmittel müssen im Einzelfall erforderlich sein, um den Erfolg einer Krankenbehandlung zu sichern, einer drohenden Behinderung vorzubeugen oder eine Behinderung auszugleichen, so weit die Hilfsmittel nicht als allgemeine Gebrauchsgegenstände des täglichen Lebens anzusehen oder nach § 34 SGB V ausgeschlossen sind. Die nur mittelbar oder nur teilweise die Organfunktionen ersetzenden Mittel sind nur dann als Hilfsmittel im Sinne der Krankenversicherung anzusehen, wenn sie die Auswirkungen der Behinderung nicht nur in einem bestimmten Lebensbereich (Beruf / Gesellschaft / Freizeit), sondern im gesamten täglichen Leben („allgemein") beseitigen oder mildern und damit ein Grundbedürfnis des täglichen Lebens betreffen.

Ein Hilfsmittel ist dann erforderlich, wenn sein Einsatz zur Lebensbewältigung im Rahmen der allgemeinen Grundbedürfnisse benötigt wird. Dazu gehören

–   die körperlichen Grundfunktionen (z. B. Gehen, Stehen, Treppensteigen, Sitzen, Liegen, Greifen, Sehen, Sprechen, Hören, Nahrungsaufnahme, Ausscheidung),

–   die allgemeinen Verrichtungen des täglichen Lebens (z. B. die elementare Körperpflege, das An- und Auskleiden, das selbstständige Wohnen, die Möglichkeit, die Wohnung zu verlassen und die Stellen zu erreichen, an denen Alltagsgeschäfte zu erledigen sind),

–   die Erschließung eines gewissen körperlichen und geistigen Freiraums (z. B. die Aufnahme von Informationen, die Teilnahme am gesellschaftlichen Leben, das Erlernen eines lebensnotwendigen Grundwissens sowie die Integration eines behinderten Kindes in die Gruppe Gleichaltriger).

Pflegehilfsmittel nach § 40 SGB XI sind sächliche Mittel oder technische Produkte, die individuell gefertigt oder als serienmäßig hergestellte Ware in unverändertem Zustand oder als Basisprodukt mit entsprechender handwerklicher Zurichtung, Ergänzung bzw. Abänderung den Versicherten zur Verfügung gestellt werden. Pflegehilfsmittel werden unterschieden in zum Verbrauch bestimmte und technische Produkte.

Die Pflegehilfsmittel müssen zur Erleichterung der Pflege oder zur Linderung der Beschwerden des Pflegebedürftigen beitragen oder ihm eine selbstständigere Lebensführung ermöglichen.

Die Pflegekassen sind lediglich für die Versorgung mit Pflegehilfsmitteln im häuslichen Bereich zuständig, da der § 40 SGB XI in der Systematik des SGB XI den Leistungen bei häuslicher Pflege zugeordnet ist.

Gegenstände, die zum allgemeinen Lebensbedarf oder zu den Kosten der normalen Lebenshaltung gehören, zählen nicht zu dem Leistungskatalog der gesetzlichen Krankenversicherung bzw. der sozialen Pflegeversicherung. Bei solchen Produkten handelt es sich um Gebrauchsgegenstände, die der Eigenverantwortung der Versicherten zuzurechnen sind.

Stationäre Pflegeeinrichtungen haben die im Rahmen des üblichen Pflege-
betriebs notwendigen Hilfsmittel und Pflegehilfsmittel bereitzustellen, weil
sie aufgrund des Versorgungsauftrags (§ 71 Abs. 2 SGB XI) verpflichtet sind,
die Pflegebedürftigen nach dem allgemein anerkannten Stand medizinisch-
pflegerischer Erkenntnisse ausreichend und angemessen zu pflegen. Von
daher sind von den vollstationären Pflegeeinrichtungen Hilfsmittel, die der
Durchführung der Grundpflege, der hauswirtschaftlichen Versorgung oder
allgemein der Prophylaxe dienen, vorzuhalten.

Pflegebedürftige, die in vollstationären Pflegeeinrichtungen leben, haben
auch weiterhin einen Anspruch auf die individuelle Versorgung mit Hilfsmitteln nach § 33 SGB V zu Lasten der gesetzlichen Krankenversicherung,
um den Erfolg der Krankenbehandlung zu sichern, einer drohenden Behinderung vorzubeugen oder eine Behinderung auszugleichen. Dies gilt für
Hilfsmittel, die individuell angepasst werden oder ausschließlich von einem
Pflegebedürftigen genutzt werden. Wenn das Hilfsmittel zur Behandlungspflege eingesetzt wird, ist ebenfalls eine Kostenübernahme durch die gesetzliche Krankenversicherung möglich.

In jedem Einzelfall ist die Möglichkeit der Verbesserung der Versorgung zu
prüfen. Ausgehend von der derzeitigen Versorgung (Punkt 1.3 „Hilfsmittel/
Nutzung" des Formulargutachtens) sind differenzierte Empfehlungen abzugeben. Wird ein vorhandenes Hilfs-/Pflegehilfsmittel, das unter Punkt 1.3
„Hilfsmittel/Nutzung" des Formulargutachtens beschrieben wurde, nicht
oder nur unzureichend genutzt, ist zu prüfen, ob es der Pflegebedürftige bedienen kann, und wenn nicht, ob eine Ausbildung im Gebrauch erforderlich
ist oder eventuell Änderungen oder Anpassungen erforderlich sind.

Wird zur Verbesserung der Versorgung eine Ausstattung mit weiteren Hilfs-/
Pflegehilfsmitteln für erforderlich gehalten, ist dies hier zu empfehlen. Die
leistungsrechtliche Abgrenzung, ob es sich bei der vorgeschlagenen Versorgung durch den Gutachter um ein Hilfsmittel nach § 33 SGB V oder um ein
Pflegehilfsmittel nach § 40 SGB XI handelt, obliegt der Kranken- bzw. Pflegekasse. Ein Leistungsanspruch gegenüber der Pflegekasse setzt voraus, dass

- kein Leistungsanspruch gegenüber der Krankenkasse besteht

und

- das Produkt allein den Zielsetzungen des § 40 Abs. 1 Satz 1 SGB XI (Erleichterung der Pflege, Linderung der Beschwerden des Pflegebedürftigen oder Ermöglichung einer selbstständigeren Lebensführung) dient

oder

- diese Zwecke im Einzelfall „ganz überwiegend" verfolgt werden, weil
  nur marginal bzw. in äußerst geringem Maß noch ein Behinderungsaus-
  gleich vorstellbar ist.

Sofern die Bereitstellung weiterer Hilfs-/Pflegehilfsmittel empfohlen wird, benötigt die Kranken-/Pflegekasse deshalb für die leistungsrechtliche Entscheidung detaillierte Angaben,

▓ bei welchen Aktivitäten/zu welchem Zweck das vorgeschlagene Produkt genutzt werden soll

und

▓ in welcher Art und in welchem Umfang der Antragsteller das Produkt nutzen soll; dies erfordert eine detaillierte Beschreibung, ob die Nutzung selbstbestimmt, selbstständig, teilweise selbstständig oder ausschließlich durch die Pflegeperson erfolgen kann.

D 6.6 Technische Hilfen und bauliche Maßnahmen (Wohnumfeld)

Die Pflegekassen können finanzielle Zuschüsse für Maßnahmen zur Verbesserung des individuellen Wohnumfeldes des mindestens erheblich Pflegebedürftigen nach § 40 Abs. 4 SGB XI gewähren, wie z. B. Umbaumaßnahmen und/oder technische Hilfen im Haushalt, wenn dadurch im Einzelfall

– die häusliche Pflege überhaupt erst ermöglicht wird,

– die häusliche Pflege erheblich erleichtert und damit eine Überforderung der Leistungskraft des Pflegebedürftigen und der Pflegenden verhindert oder

– eine möglichst selbstständige Lebensführung des Pflegebedürftigen wiederhergestellt, also die Abhängigkeit von den Pflegenden verringert wird.

Dabei sind die Maßnahmen zur Verbesserung des individuellen Wohnumfeldes nicht nur auf die Ermöglichung und Erleichterung von verrichtungsbezogenen Hilfeleistungen im Sinne des § 14 Abs. 4 SGB XI bzw. auf die Herbeiführung der Entbehrlichkeit solcher Hilfeleistungen beschränkt.

Bei den wohnumfeldverbessernden Maßnahmen kann es sich um wesentliche Eingriffe in die Bausubstanz oder um den Ein- und Umbau von Mobiliar handeln. Der Gutachter hat alle zum Zeitpunkt der Begutachtung erforderlichen Maßnahmen zu dokumentieren. Diese Maßnahmen werden von der Pflegekasse als eine Verbesserungsmaßnahme gewertet, und hierbei ist es nicht maßgeblich, ob die notwendigen Einzelmaßnahmen

– jeweils auf die Ermöglichung bzw. Erleichterung der häuslichen Pflege oder jeweils auf die Wiederherstellung einer möglichst selbstständigen Lebensführung des Pflegebedürftigen gerichtet sind,

– jeweils auf die Verbesserung der Lage in demselben Pflegebereich oder auf verschiedene Pflegebereiche abzielen,

– in demselben Raum der Wohnung oder in verschiedenen Räumen durchgeführt werden oder

– innerhalb oder außerhalb der Wohnung bzw. des Hauses stattfinden.

Als wohnumfeldverbessernde Maßnahmen kommen z. B. in Frage:

Bad: Unterfahrbares Waschbecken, verstellbare Spiegel, behindertengerechte Toilette, behindertengerechter Umbau von Dusche oder Wanne.

Türen: verbreitern, Schwellen beseitigen, Türgriffe tiefer setzen, au-
tomatische Türöffnung anbringen, Einbau von Sicherungstü-
ren zur Vermeidung einer Selbst- bzw. Fremdgefährdung bei
desorientierten Personen.

Treppen· Treppenlifter, fest installierte Rampen.

Küche: Unterfahrbarkeit der Arbeitsplatte, Höhenverstellbarkeit der
Schränke, Wasseranschlüsse / Armaturen.

Weitere Informationen sind der Anlage 5 „Auszug aus dem Gemeinsamen
Rundschreiben des GKV-Spitzenverbandes und der Verbände der Pflegekassen auf Bundesebene zu den leistungsrechtlichen Vorschriften des PflegeVG
vom 15.07.2008 zu § 40 Abs. 4 SGB XI" zu entnehmen.

D 6.7 Verbesserung/Veränderung der Pflegesituation

Hier hat der Gutachter Empfehlungen zur Verbesserung / Veränderung der
Pflegesituation auszusprechen. Grundlage dafür sind einerseits die Schädigungen, Beeinträchtigungen der Aktivitäten und Ressourcen (siehe Punkt
3.2 „Beschreibung von Schädigungen / Beeinträchtigungen der Aktivitäten /
Ressourcen in Bezug auf Stütz- und Bewegungsapparat, Innere Organe, Sinnesorgane, Nervensystem und Psyche" des Formulargutachtens), andererseits die vorgefundene Pflegesituation (z. B. Belastung der Pflegeperson).

Der Gutachter hat konkrete Maßnahmen vorzuschlagen (z. B. hauswirtschaftliche Versorgung, Grundpflege, Behandlungspflege). So können sich
Empfehlungen zur Veränderung der pflegerischen Situation des Antragstellers sowohl

– auf die organisatorische (z. B. Gestaltung des Tagesablaufes, Essenszeiten, Weckzeiten),

– auf die räumliche (z. B. Anordnung des Bettes und der Möbel im Zimmer, lose Teppiche) und

– auf inhaltliche Aspekte bezüglich einzelner Pflegeleistungen (z. B. Prinzip der „aktivierenden Pflege", Risikomanagement insbesondere bei Ernährung und Flüssigkeitsversorgung, Sturzgefahr),

– aber auch auf bestimmte Personengruppen (z. B. Altersverwirrte, Hemi-
plegiker, Inkontinente)

beziehen. Dabei ist den individuellen Wünschen der Antragsteller Rechnung
zu tragen.

Liegt eine Überforderungssituation der Pflegeperson/-en vor oder droht diese, sind Vorschläge zur Entlastung zu machen (z. B. Tages- und Nachtpflege, Kurzzeitpflege, vollstationäre Pflege, Pflegekurs).

Liegen Hinweise auf eine defizitäre Pflege vor, sind diese darzustellen und geeignete Maßnahmen zu empfehlen (siehe Punkt D 4.0 / IV. „Begutachtungs- bzw. Bewertungsschritte").

Werden „freiheitsentziehende" Maßnahmen notwendig, so erwachsen daraus besondere Sorgfaltspflichten (z. B. aufgrund erhöhten Dekubitusrisikos, Aspirations- und Verletzungsgefahr). In jedem Fall hat der Gutachter besonders sorgfältig zu prüfen, ob eine defizitäre Pflegesituation vorliegt bzw. droht, auch wenn – wie im stationären Bereich erforderlich – eine richterliche Genehmigung vorliegt, und ggf. andere geeignetere Maßnahmen zu empfehlen. Der Wunsch von einsichtsfähigen Antragstellern nach sichernden Maßnahmen (z. B. Bettgitter, Therapietisch) ist keine gerichtlich zu genehmigende „freiheitsentziehende" (unterbringungsähnliche) Maßnahme. Dieser Wille muss nachvollziehbar und eindeutig dokumentiert sein.

D 7. Erläuterungen für die Pflegekasse

Bemerkungen des Gutachters, die in der Systematik des Formulargutachtens an anderer Stelle nicht möglich sind, können hier gemacht werden.

D 8. Prognose/Wiederholungsbegutachtung

Die Begutachtung des Pflegebedürftigen ist in angemessenen Abständen zu wiederholen. Der im Einzelfall anzugebende Termin der Wiederholungsbegutachtung muss im inneren Bezug zur angegebenen Prognose stehen. Der Gutachter hat hier die weitere voraussichtliche Entwicklung der Pflegebedürftigkeit abzuschätzen und zu dokumentieren. Kann durch zumutbare kurative, pflegerische oder rehabilitative Maßnahmen sowie durch den Einsatz von Hilfsmitteln/Pflegehilfsmitteln oder durch eine Verbesserung des Wohnumfeldes der Hilfebedarf verändert werden, ist dies mit anzugeben. Dies gilt insbesondere im Hinblick auf empfohlene Maßnahmen bei oder sich abzeichnender defizitärer Pflege (siehe Punkt D 4.0 / IV. „Begutachtungs- bzw. Bewertungsschritte"). Nach diesen Kriterien ist der Zeitpunkt einer Wiederholungsbegutachtung abhängig vom Einzelfall zu empfehlen.

Insbesondere wenn die Begutachtung im Krankenhaus (siehe Punkt C 2.4 „Begutachtung der Antragsteller im Krankenhaus, in einer stationären Rehabilitationseinrichtung oder in einem Hospiz") erfolgt ist, kann eine kurzfristige Wiederholungsbegutachtung angezeigt sein.

Ist prognostisch nicht einschätzbar, ob und ggf. wann eine Änderung des Hilfebedarfs zu erwarten ist (z. B. Wachkoma), ist die Angabe eines Termins nicht zwingend erforderlich. Dies ist entsprechend begründet zu dokumentieren. Die Angabe zu dem Termin einer Wiederholungsbegutachtung „aus medizinischen Gründen nicht notwendig" ist nicht ausreichend. Auf der Grundlage der Empfehlungen des Gutachters wird die Pflegekasse über die weitere Vorgehensweise entscheiden. Unabhängig davon hat der MDK eine durch die Pflegekasse veranlasste Begutachtung durchzuführen. Bei Kindern ist eine Wiederholungsbegutachtung in der Regel nach zwei Jahren durchzuführen.

9. Beteiligte Gutachter

Die für die Begutachtung zuständigen Gutachter sind hier – ungeachtet der gemeinsamen Verantwortung von Ärzten und Pflegefachkräften für das Gutachtenergebnis (siehe Punkt C 2.2.1 „Festlegung der den Besuch durchführenden Person/-en" bzw. Punkt C 2.7 „Gutachtenabschluss") – zu benennen.

E 1. Verfahren zur Feststellung von Personen mit erheblich eingeschränkter Alltagskompetenz und zur Bewertung des Hilfebedarfs[45]

Menschen mit demenzbedingten Fähigkeitsstörungen, mit geistigen Behinderungen oder psychischen Erkrankungen haben häufig einen Hilfe- und Betreuungsbedarf, der über den Hilfebedarf hinausgeht, der bei der Beurteilung von Pflegebedürftigkeit im Sinne von § 14 SGB XI und § 15 SGB XI Berücksichtigung findet. Für ambulant gepflegte bzw. versorgte Versicherte mit erheblich eingeschränkter Alltagskompetenz besteht ein – seit dem 01.07.2008 je nach Umfang des allgemeinen Betreuungsbedarfs gestaffelter – zusätzlicher Leistungsanspruch (§ 45b SGB XI). Mit dieser Leistung werden insbesondere für die Pflegeperson/-en zusätzliche Möglichkeiten zur Entlastung geschaffen und für Versicherte mit erheblich eingeschränkter Alltagskompetenz aktivierende und qualitätsgesicherte Betreuungsangebote zur Verfügung gestellt.

Anspruch auf die Leistung nach § 45b SGB XI haben Pflegebedürftige der Pflegestufen I, II und III und Personen, die einen Hilfebedarf im Bereich der Grundpflege und hauswirtschaftlichen Versorgung haben, der nicht das Ausmaß der Pflegestufe I erreicht, mit einem auf Dauer bestehenden erheblichen Bedarf an allgemeiner Beaufsichtigung und Betreuung. Für Versicherte mit erheblich eingeschränkter Alltagskompetenz, die sich in einer vollstationären Pflegeeinrichtung befinden, haben die Einrichtungen ab dem 01.07.2008 einen Anspruch auf Vereinbarung leistungsgerechter Zuschläge zur Pflegevergütung, wenn die Einrichtung ein zusätzliches über das normale Betreuungsangebot für pflegebedürftige Menschen hinausgehendes Angebot der Betreuung und Aktivierung dieser Heimbewohner vorhält (§ 87b Abs. 1 Satz 3 SGB XI).

Entsprechend der Definition der Feststellung der Pflegebedürftigkeit im SGB XI wird auch für die Bestimmung des erheblichen Bedarfs an allgemeiner Be-

---

45 Dieses Verfahren wurde in den „Richtlinien zur Feststellung von Personen mit erheblich eingeschränkter Alltagskompetenz und zur Bewertung des Hilfebedarfs" festgelegt und wird hier auszugsweise nochmals abgebildet (siehe auch Anlage 2).

aufsichtigung und Betreuung nicht auf bestimmte Krankheitsbilder wie z. B. Demenz abgestellt, sondern auf einen tatsächlichen Hilfebedarf, der durch bestimmte Beeinträchtigungen bei Aktivitäten ausgelöst wird, die zu Einschränkungen in der Alltagskompetenz führen. Der zeitliche Umfang dieses Bedarfs ist dabei unerheblich. Grundlage für die Feststellung des Bedarfs an allgemeiner Beaufsichtigung und Betreuung wegen Einschränkungen in der Alltagskompetenz sind allein die in § 45a Abs. 2 SGB XI genannten Kriterien (vgl. Anlage 1).

Das Begutachtungsverfahren zur Feststellung dieses Personenkreises gliedert sich in zwei Teile, ein Screening und ein Assessment (Punkt (jetzt) G 3.4 „Screening und Assessment zur Feststellung von Personen mit erheblich eingeschränkter Alltagskompetenz" des Formulargutachtens zur Feststellung der Pflegebedürftigkeit gemäß SGB XI in den Begutachtungs-Richtlinien) und baut auf der Begutachtung nach §§ 14 und 15 SGB XI auf. Hierbei sind die Besonderheiten unter Punkt D 4. / III. / 8. „Besonderheiten der Ermittlung des Hilfebedarfs bei Menschen mit psychischen Erkrankungen oder geistigen Behinderungen" der Begutachtungs-Richtlinien hinsichtlich der Vorbereitung der Begutachtung und der Begutachtungssituation zu berücksichtigen. Die Grundlage für das weitere Verfahren ist die Befunderhebung unter Punkt 3.2 „Beschreibung von Schädigungen / Beeinträchtigungen der Aktivitäten / Ressourcen in Bezug auf Stütz- und Bewegungsapparat, Innere Organe, Sinnesorgane, Nervensystem und Psyche" des Formulargutachtens zur Feststellung der Pflegebedürftigkeit gemäß SGB XI (Punkt G 2 der Begutachtungs-Richtlinien). Dort sind die vorliegenden Schädigungen, vorhandenen Ressourcen sowie die Beeinträchtigungen der Aktivitäten des täglichen Lebens zu dokumentieren.

Screening

Das Screening (Punkt G 3.4 „Screening und Assessment zur Feststellung von Personen mit erheblich eingeschränkter Alltagskompetenz" des Formulargutachtens zur Feststellung der Pflegebedürftigkeit gemäß SGB XI in den Begutachtungs-Richtlinien) ist eine Auswertung der Angaben unter Punkt 3.2 „Beschreibung von Schädigungen / Beeinträchtigungen der Aktivitäten / Ressourcen in Bezug auf Stütz- und Bewegungsapparat, Innere Organe, Sinnesorgane, Nervensystem und Psyche" des Formulargutachtens zur Feststellung der Pflegebedürftigkeit gemäß SGB XI (Punkt G 2 der Begutachtungs-Richtlinien) mit dem Ziel der Feststellung, ob ein Assessmentverfahren durchzuführen ist. Hierzu ist in der Tabelle der spezifische Hilfebedarf (nicht jedoch der Pflegebedarf) bei Personen mit demenzbedingten Fähigkeitsstörungen, geistiger Behinderung oder psychischer Erkrankung zu erfassen. In der Tabelle ist zu „Orientierung", „Antrieb / Beschäftigung", „Stimmung", „Gedächtnis", „Tag- / Nacht-Rhythmus", „Wahrnehmung und Denken", Kommunikation / Sprache", „Situatives Anpassen" und „Soziale

Bereiche des Lebens wahrnehmen" jeweils eine Bewertung „unauffällig" oder „auffällig" abzugeben. Ein Assessment ist nur dann durchzuführen, wenn das Screening positiv ist. Dies ist der Fall, wenn

– mindestens eine Auffälligkeit in der Tabelle abgebildet ist, die ursächlich auf demenzbedingte Fähigkeitsstörungen, geistige Behinderung oder psychische Erkrankungen zurückzuführen ist, und

– hieraus ein regelmäßiger und dauerhafter (voraussichtlich mindestens sechs Monate) Beaufsichtigungs- und Betreuungsbedarf resultiert.

Regelmäßig bedeutet, dass grundsätzlich ein täglicher Beaufsichtigungs- und Betreuungsbedarf besteht, dessen Ausprägung sich unterschiedlich darstellen kann. So kann bei bestimmten Krankheitsbildern in Abhängigkeit von der Tagesform zeitweilig eine Beaufsichtigung ausreichen oder auch eine intensive Betreuung erforderlich sein.

Werden im Screening (Tabelle in Punkt G 3.4 „Screening und Assessment zur Feststellung von Personen mit erheblich eingeschränkter Alltagskompetenz" des Formulargutachtens zur Feststellung der Pflegebedürftigkeit gemäß SGB XI in den Begutachtungs-Richtlinien) Items als auffällig dokumentiert, die keinen Beaufsichtigungs- und Betreuungsbedarf erfordern und daher kein Assessment auslösen, ist dies im Formulargutachten zu begründen.

Bei bereits festgestellter erheblich eingeschränkter Alltagskompetenz hat der Gutachter zu überprüfen, ob die im vorherigen Assessment bestätigten Beeinträchtigungen der Aktivitäten weiterhin bestehen oder sich Veränderungen ergeben haben.

Assessment

Das Assessment (Punkt G 3.4 „Screening und Assessment zur Feststellung von Personen mit erheblich eingeschränkter Alltagskompetenz" des Formulargutachtens zur Feststellung der Pflegebedürftigkeit gemäß SGB XI in den Begutachtungs-Richtlinien) ist generell zu erstellen, wenn das Screening entsprechend den vorstehenden Ausführungen positiv ist. Unerheblich ist, ob die Voraussetzungen für die Einstufung in eine Pflegestufe erfüllt sind oder ob der Versicherte häuslich oder stationär versorgt wird. Mit dem Assessment erfolgt die Bewertung, ob die Einschränkung der Alltagskompetenz auf Dauer erheblich ist. Dazu werden

– krankheits- oder behinderungsbedingte kognitive Störungen (Wahrnehmen und Denken)

sowie

– Störungen des Affekts und des Verhaltens erfasst. Ein Assessment-Merkmal ist dann mit „Ja" zu dokumentieren, wenn wegen dieser Störungen

– ein Beaufsichtigungs- und Betreuungsbedarf,

- auf Dauer (voraussichtlich mindestens sechs Monate) und

- regelmäßig besteht.

Regelmäßig bedeutet, dass grundsätzlich ein täglicher Beaufsichtigungs- und Betreuungsbedarf besteht, dessen Ausprägung sich unterschiedlich darstellen kann. So kann bei bestimmten Krankheitsbildern in Abhängigkeit von der Tagesform zeitweilig eine Beaufsichtigung ausreichen oder auch eine intensive Betreuung erforderlich sein. Die Fragen sind eindeutig mit „Ja" oder mit „Nein" zu beantworten. Die einzelnen Punkte sind zu beobachten oder fremdanamnestisch zu erfragen und gutachterlich zu würdigen.

Das Assessment erfasst die 13 gesetzlich festgeschriebenen Items. Nachfolgend werden für die 13 Items besonders typische und eindeutige Beispiele beschrieben, in denen ein „Ja" zu dokumentieren ist. Eine abschließende und vollständige Aufzählung aller Situationen, in denen sich psychopathologische Störungen manifestieren, ist nicht möglich.

1.   Unkontrolliertes Verlassen des Wohnbereiches (Weglauftendenz)

Ein „Ja" ist zu dokumentieren, wenn der Antragsteller seinen beaufsichtigten und geschützten Bereich ungezielt und ohne Absprache verlässt und so seine oder die Sicherheit anderer gefährdet. Ein Indiz für eine Weglauftendenz kann sein, wenn der Betroffene z. B.:

- aus der Wohnung heraus drängt,

- immer wieder seine Kinder, Eltern außerhalb der Wohnung sucht bzw. zur Arbeit gehen möchte,

- planlos in der Wohnung umherläuft und sie dadurch verlässt.

2.   Verkennen oder Verursachen gefährdender Situationen

Ein „Ja" ist zu dokumentieren, wenn der Antragsteller z. B.:

- durch Eingriffe in den Straßenverkehr, wie unkontrolliertes Laufen auf der Straße, Anhalten von Autos oder Radfahrern, sich selbst oder andere gefährdet,

- die Wohnung in unangemessener Kleidung verlässt und sich dadurch selbst gefährdet (Unterkühlung).

3.   Unsachgemäßer Umgang mit gefährlichen Gegenständen oder potenziell gefährdenden Substanzen

Ein „Ja" ist zu dokumentieren, wenn der Antragsteller z. B.:

- Wäsche im Backofen trocknet, Herdplatten unkontrolliert anstellt, ohne diese benutzen zu können/wollen, Heißwasserboiler ohne Wasser benutzt,

- Gasanschlüsse unkontrolliert aufdreht,

- mit kochendem Wasser Zähne putzt,

- unangemessen mit offenem Feuer in der Wohnung umgeht,

- Zigaretten isst,

- unangemessen mit Medikamenten und Chemikalien umgeht (z. B. Zäpfchen oral einnimmt),

- verdorbene Lebensmittel isst.

4. Tätlich oder verbal aggressives Verhalten in Verkennung der Situation

Ein „Ja" ist zu dokumentieren, wenn der Antragsteller z. B.:

- andere schlägt, tritt, beißt, kratzt, kneift, bespuckt, stößt, mit Gegenständen bewirft,

- eigenes oder fremdes Eigentum zerstört,

- in fremde Räume eindringt,

- sich selbst verletzt,

- andere ohne Grund beschimpft, beschuldigt.

5. Im situativen Kontext inadäquates Verhalten

Ein „Ja" ist zu dokumentieren, wenn der Antragsteller z. B.:

- in die Wohnräume uriniert oder einkotet (ohne kausalen Zusammenhang mit Harn- oder Stuhlinkontinenz),

- einen starken Betätigungs- und Bewegungsdrang hat (z. B. Zerpflücken von Inkontinenzeinlagen, ständiges An- und Auskleiden, Nesteln, Zupfen, waschende Bewegungen),

- Essen verschmiert, Kot isst oder diesen verschmiert,

- andere Personen sexuell belästigt, z. B. durch exhibitionistische Tendenzen,

- Gegenstände auch aus fremdem Eigentum (z. B. benutzte Unterwäsche, Essensreste, Geld) versteckt / verlegt oder sammelt,

- permanent ohne ersichtlichen Grund schreit oder ruft.

Hinweis: Hier ist auszuschließen, dass das inadäquate Verhalten in Zusammenhang mit mangelndem Krankheitsgefühl, fehlender Krankheitseinsicht oder therapieresistentem Wahnerleben und Halluzinationen steht, da dies unter Item 11 dokumentiert wird.

6. Unfähigkeit, die eigenen körperlichen und seelischen Gefühle oder Bedürfnisse wahrzunehmen

Ein „Ja" ist zu dokumentieren, wenn der Antragsteller z. B.:

– Hunger und Durst nicht wahrnehmen oder äußern kann oder aufgrund mangelnden Hunger- und Durstgefühls bereit stehende Nahrung von sich aus nicht isst oder trinkt oder übermäßig alles zu sich nimmt, was er erreichen kann,

– aufgrund mangelnden Schmerzempfindens Verletzungen nicht wahrnimmt,

– Harn- und Stuhldrang nicht wahrnehmen und äußern kann und deshalb zu jedem Toilettengang aufgefordert werden muss,

– Schmerzen nicht äußern oder nicht lokalisieren kann.

7. Unfähigkeit zu einer erforderlichen Kooperation bei therapeutischen oder schützenden Maßnahmen als Folge einer therapieresistenten Depression oder Angststörung

Ein „Ja" ist zu dokumentieren, wenn der Antragsteller z. B.:

– den ganzen Tag apathisch im Bett verbringt,

– den Platz, an den er z. B. morgens durch die Pflegeperson hingesetzt wird, nicht aus eigenem Antrieb wieder verlässt,

– sich nicht aktivieren lässt,

– die Nahrung verweigert.

<u>Hinweis:</u> Die Therapieresistenz einer Depression oder Angststörung muss psychiatrisch gesichert sein.

8. Störungen der höheren Hirnfunktionen (Beeinträchtigungen des Gedächtnisses, herabgesetztes Urteilsvermögen), die zu Problemen bei der Bewältigung von sozialen Alltagsleistungen geführt haben

Ein „Ja" ist zu dokumentieren, wenn der Antragsteller z. B.:

– vertraute Personen (z. B. Kinder, Ehemann/-frau, Pflegeperson) nicht wieder erkennt,

– mit (Wechsel-)Geld nicht oder nicht mehr umgehen kann,

– sich nicht mehr artikulieren kann und dadurch in seinen Alltagsleistungen eingeschränkt ist,

– sein Zimmer in der Wohnung oder den Weg zurück zu seiner Wohnung nicht mehr findet,

– Absprachen nicht mehr einhalten kann, da er schon nach kurzer Zeit nicht mehr in der Lage ist, sich daran zu erinnern.

9. Störung des Tag-/Nacht-Rhythmus

Ein „Ja" ist zu dokumentieren, wenn der Antragsteller z. B.:

– nachts stark unruhig und verwirrt ist, verbunden mit Zunahme inadäquater Verhaltensweisen,

– nachts Angehörige weckt und Hilfeleistungen (z. B. Frühstück) verlangt (Umkehr bzw. Aufhebung des Tag-/Nacht-Rhythmus).

10. Unfähigkeit, eigenständig den Tagesablauf zu planen und zu strukturieren

Ein „Ja" ist zu dokumentieren, wenn der Antragsteller z. B. aufgrund zeitlicher, örtlicher oder situativer Desorientierung

– eine regelmäßige und der Biografie angemessene Körperpflege, Ernährung oder Mobilität nicht mehr planen und durchführen kann,

– keine anderen Aktivitäten mehr planen und durchführen kann.

Hinweis: Hier sind nur Beeinträchtigungen der Aktivitäten zu berücksichtigen, die nicht bereits unter Item 7 oder 8 erfasst worden sind.

11. Verkennen von Alltagssituationen und inadäquates Reagieren in Alltagssituationen

Ein „Ja" ist zu dokumentieren, wenn der Antragsteller z. B.:

– Angst vor seinem eigenen Spiegelbild hat,

– sich von Personen aus dem Fernsehen verfolgt oder bestohlen fühlt,

– Personenfotos für fremde Personen in seiner Wohnung hält,

– aufgrund von Vergiftungswahn Essen verweigert oder Gift im Essen riecht/schmeckt,

– glaubt, dass fremde Personen auf der Straße ein Komplott gegen ihn schmieden,

– mit Nichtanwesenden schimpft oder redet,

– optische oder akustische Halluzinationen wahrnimmt.

Hinweis: Hier geht es um Verhaltensstörungen, die in Item 5 nicht erfasst und durch nicht-kognitive Störungen bedingt sind. Solche Störungen können vor allem bei Menschen mit Erkrankungen aus dem schizophrenen Formenkreis sowie auch bei demenziell erkrankten und (seltener) depressiven Menschen auftreten. Das Verkennen von Alltagssituationen und inadäquates Reagieren in Alltagssituationen muss die Folge von mangelndem Krankheitsgefühl, fehlender Krankheitseinsicht, therapieresistentem Wahnerleben und therapieresistenten Halluzinationen sein, welche psychiatrisch gesichert sind.

12. Ausgeprägtes labiles oder unkontrolliert emotionales Verhalten

Ein „Ja" ist zu dokumentieren, wenn der Antragsteller z. B.:

– häufig situationsunangemessen, unmotiviert und plötzlich weint,

– Distanzlosigkeit, Euphorie, Reizbarkeit oder unangemessenes Misstrauen in einem Ausmaß aufzeigt, das den Umgang mit ihm erheblich erschwert.

13. Zeitlich überwiegend Niedergeschlagenheit, Verzagtheit, Hilflosigkeit oder Hoffnungslosigkeit aufgrund einer therapieresistenten Depression

Ein „Ja" ist zu dokumentieren, wenn der Antragsteller z. B.:

– ständig „jammert" und klagt,

– ständig die Sinnlosigkeit seines Lebens oder Tuns beklagt.

Hinweis: Die Therapieresistenz einer Depression muss psychiatrisch gesichert sein.

Maßstäbe zur Bewertung des Hilfebedarfs und Empfehlungen an die Pflegekasse

Die zusätzlichen Betreuungsleistungen nach § 45b SGB XI werden

– für Versicherte mit einem im Verhältnis geringeren allgemeinen Betreuungsbedarf (erheblich eingeschränkte Alltagskompetenz) bis zu einem Grundbetrag und

– für Versicherte mit einem im Verhältnis höheren allgemeinen Betreuungsbedarf (in erhöhtem Maße eingeschränkte Alltagskompetenz) bis zu einem erhöhten Betrag

geleistet. Maßstab für die Empfehlung des Medizinischen Dienstes der Krankenversicherung zur Bemessung der jeweiligen Höhe des Betreuungsbetrages sind die Feststellungen zu den Schädigungen und Fähigkeitsstörungen bei den maßgeblichen Items im Rahmen des Assessments.

Eine erheblich eingeschränkte Alltagskompetenz liegt vor, wenn im Assessment wenigstens bei zwei Items ein „Ja" angegeben wird, davon mindestens einmal bei einem Item aus einem der Bereiche 1 bis 9.

Eine in erhöhtem Maße eingeschränkte Alltagskompetenz liegt vor, wenn die für die erheblich eingeschränkte Alltagskompetenz maßgeblichen Voraussetzungen erfüllt sind und zusätzlich bei mindestens einem weiteren Item aus einem der Bereiche 1, 2, 3, 4, 5, 9 oder 11 ein „Ja" angegeben wird.

Darüber hinaus hat der Medizinische Dienst der Krankenversicherung zu dokumentieren, seit wann die Alltagskompetenz des Antragstellers entsprechend eingeschränkt ist. Bei den meist chronischen Verläufen ist eine begründete Abschätzung des Beginns der eingeschränkten Alltagskompetenz notwendig.

E 2. Besonderheiten zur Feststellung einer erheblich eingeschränkten Alltagskompetenz bei Kindern unter 12 Jahren

Auch bei Kindern kann eine erheblich oder in erhöhtem Maße eingeschränkte Alltagskompetenz vorliegen. Grundlage für die Feststellung einer erheblich eingeschränkten Alltagskompetenz bilden die in § 45a Abs. 2 SGB XI gesetzlich beschriebenen 13 Items im Vergleich zu einem gleichaltrigen, altersentsprechend entwickelten gesunden Kind.

In Ausnahmefällen können die Kriterien der eingeschränkten Alltagskompetenz auch bei einem geistig schwer behinderten Säugling vorliegen. Das ist z. B. der Fall bei speziellen Syndromen wie Pätau-, Edwards-, Cri–du-chat-Syndrom, bei schweren Perinatalschäden, bei schnellem geistigem Abbau durch neurodegenerative Erkrankungen. Im Entwicklungsverlauf auftretende vorübergehende Auffälligkeiten bei geistig altersgerecht entwickelten Kindern können nicht berücksichtigt werden (z. B. Schlafstörungen, Trotzverhalten im Vorschulalter, soziale und/oder familiäre Interaktionsstörungen, die im Zusammenhang mit einer somatischen Erkrankung auftreten).

Es ist Folgendes zu berücksichtigen:

– Kinder unter 1 Jahr entwickeln zwar keine Alltagskompetenz im eigentlichen Sinne, können aber aufgrund eines von der altersgerechten Entwicklung abweichenden Verhaltens einen erheblich gesteigerten Beaufsichtigungs- und Betreuungsbedarf haben.

– Kinder unter 3 Jahren müssen praktisch dauernd beaufsichtigt werden, weil sie noch keinerlei Gefahrenverständnis besitzen.

– Kinder zwischen 3 und 6 Jahren können kurzfristig (ca. 15 – 60 Minuten) in entsprechend vorbereiteten Bereichen ohne direkte Aufsicht spielen, benötigen aber zeitnah einen Ansprechpartner.

– Kinder im Schulalter können je nach Alter mehrere Stunden täglich eigenverantwortlich allein bleiben. Sie brauchen zu festen Zeiten oder per Telefon einen Ansprechpartner, um schwierige Situationen zu beherrschen.

Die nachstehenden Ausführungen zu den einzelnen Items sind wissenschaftlich nicht untermauert, sondern basieren auf langjährigen praktischen Erfahrungen von Pädiatern und Kinderkrankenschwestern/-pflegern. Insofern handelt es sich um eine Hilfestellung. Bei der Anwendung der Hilfestellung ist in jedem Einzelfall zu prüfen, ob ein Verhalten, das als krankheitswertig oder pathologisch anzusehen ist, einen zusätzlichen Beaufsichtigungs- und Betreuungsbedarf nach sich zieht. Maßgebend ist dabei der Vergleich mit einem gleichaltrigen, altersgerecht entwickelten gesunden Kind.

Folgende Entwicklungsschritte eines gleichaltrigen, altersgerecht entwickelten gesunden Kindes bzw. Besonderheiten sollte der Gutachter bei der Beurteilung der Items berücksichtigen; die Aufzählung ist nicht abschließend:

1.   Unkontrolliertes Verlassen des Wohnbereiches (Weglauftendenz)

ab 3 Jahre   Einfache, eingeübte Regeln können befolgt werden.

2.   Verkennen oder Verursachen gefährdender Situationen

ab 4 Jahre   Gefährdungen, die von Treppen und Fenstern ausgehen, können sind bekannt.

ab 6 Jahre   Der in einer längeren Anlaufphase trainierte Schulweg wird allein bewältigt. Das Kind kennt grundlegende Regeln im Straßenverkehr. Situationsabhängig kann unüberlegtes, impulsives Verhalten vorkommen.

3.   Unsachgemäßer Umgang mit gefährlichen Gegenständen oder potenziell gefährdenden Substanzen

ab 3 Jahre   Das Kind kennt grundlegende Gefahren im Alltag (Backofen, Herdplatte). Es lernt aus Erfahrung, es kann abstrahieren und lernt abhängig von der Anleitung. Gefährliche Gegenstände oder potenziell gefährdende Substanzen sind ihm zunehmend bekannt.

ab 6 Jahre   Das Kind kennt die Gefahren beim Einsatz/Verwendung von z. B. kochendem Wasser, elektrischen Geräten, Werkzeugen, Feuer.

4.   Tätlich oder verbal aggressives Verhalten in Verkennung der Situation

unter 1 Jahr   Selbststimulationen und Bewegungsstereotypien sind als pathologisch zu werten, wenn sie nicht regelmäßig durch äußere Reize unterbrochen werden können. Jede Art von Autoaggression ist als pathologisch anzusehen.

ab 2 Jahre   Gehäufte aggressive Übergriffe Personen gegenüber und/oder immer wiederkehrendes Zerstören von Gegenständen haben Krankheitswert.

5. Im situativen Kontext inadäquates Verhalten

unter 1 Jahr	Pausenloses unbegründetes Schreien („cerebrales" schrilles Schreien) verursacht mehr als altersüblichen Beaufsichtigungsbedarf.
ab 1 Jahr	Ständige motorische Unruhe und/oder umtriebiges Verhalten sind pathologisch.
ab 2 Jahre	Gesunde Kinder spielen bereits längere Zeit ohne ständige Anleitung.
ab 3 Jahre	Der bestimmungsgemäße Gebrauch von Gegenständen des täglichen Lebens ist dem gesunden Kind bekannt und wird im Spiel imitiert. Als pathologisch anzusehen ist ein inadäquates Spielverhalten: Spielzeug wird z. B. nur zerstört, Rollenspiele oder ein Nachahmen von Alltagssituationen finden nicht statt.
	Einnässen und Einkoten <u>in die Wohnräume</u> sind nicht mehr zu erwarten.
ab 5 Jahre	Fortbestehende Distanzlosigkeit Fremden gegenüber ist als pathologisch zu werten.

<u>Hinweis:</u> Hier ist auszuschließen, dass das inadäquate Verhalten in Zusammenhang mit mangelndem Krankheitsgefühl, fehlender Krankheitseinsicht oder therapieresistentem Wahnerleben und Halluzinationen steht, da dies unter Item 11 dokumentiert wird.

6. Unfähigkeit, die eigenen körperlichen und seelischen Gefühle oder Bedürfnisse wahrzunehmen

unter 1 Jahr	Der gesunde Säugling drückt Grundbedürfnisse und Stimmungen über Gestik und Mimik aus, verbale Interaktionen kommen schrittweise im Kleinkindalter hinzu.
	Bereits bei geistig behinderten Säuglingen kann Selbstverstümmelung aufgrund mangelnden Schmerzempfindens auftreten (z. B. hereditäre sensomotorische Neuropathie Typ IV).
ab 2 Jahre	Unmäßige bzw. unkontrollierte Nahrungsaufnahme (außerhalb der Mahlzeiten) bei fehlendem Sättigungsgefühl (z. B. Prader-Willi-Syndrom) erfordert erhöhte Beaufsichtigung.
ab 5 Jahre	Die eigenen körperlichen Bedürfnisse werden z. B. nicht wahrgenommen, wenn das Kind die Toilette nur dann aufsucht, wenn es ausdrücklich dazu aufgefordert wird.

7. Unfähigkeit zu einer erforderlichen Kooperation bei therapeutischen oder schützenden Maßnahmen als Folge einer therapieresistenten Depression oder Angststörung

Da sich das Item ausschließlich auf die benannten Diagnosen und deren Therapieresistenz bezieht, muss eine entsprechende Stellungnahme eines Kinder- und Jugendpsychiaters vorliegen.

8. Störungen der höheren Hirnfunktionen (Beeinträchtigungen des Gedächtnisses, herabgesetztes Urteilsvermögen), die zu Problemen bei der Bewältigung von sozialen Alltagsleistungen geführt haben

ab 2 Jahre	Einfache Gebote und Verbote können verstanden und befolgt werden. Bei geistig behinderten Kindern ist das Antrainieren sozialer Alltagsleistungen zeitintensiv, mühsam und nur durch ständig wiederholendes Üben möglich. Erfolg stellt sich mit deutlicher Zeitverzögerung im Vergleich zu gesunden Kindern ein.
ab 3 Jahre	Gesunde Kinder sind in Kindertageseinrichtungen zunehmend gruppenfähig und können längere Zeit unter Aufsicht mit Gleichaltrigen spielen. Sie können sich einordnen und Konflikte austragen.
ab 4 Jahre	Gesunde Kinder übernehmen unter Anleitung kleine Hilfen im Haushalt, z. B. Abräumen des Tisches, Aufräumen der Spielsachen.
ab 6 Jahre	Hinweise auf Einschränkungen der sozialen Kompetenz geben z. B. die Betreuungs- und Schulform und Schulzeugnisse insbesondere aus Einrichtungen der Hilfe für behinderte Menschen.
	Der Umgang mit Geld z. B. bei kleineren Einkäufen kann bewältigt werden.
ab 8 Jahre	Eigene Taschengeldverwaltung ist möglich.
	Das Kind kennt die Uhrzeit; es kann öffentliche Verkehrsmittel nach entsprechendem Einüben selbstständig nutzen. Verabredungen mit und Aufsuchen von Freunden erfolgen selbstständig.
ab 10 Jahre	Selbstständige Orientierung im weiteren Wohnumfeld (Stadt) ist nach entsprechender Übung möglich.

9. Störung des Tag-/Nacht-Rhythmus

unter 1 Jahr	Es entwickelt sich ein fester Rhythmus mit / ohne Mittagsschlaf mit verlässlichen Durchschlafperioden (90 v. H.

der gesunden Säuglinge schlafen nachts mit 5 Monaten durch).

Lediglich phasenhafte Schlafstörungen, z. B. bei akuten Erkrankungen, Umgebungswechsel oder psychosozialen Belastungen können bei behinderten Kindern nicht berücksichtigt werden.

10. Unfähigkeit, eigenständig den Tagesablauf zu planen und zu strukturieren

ab 10 Jahre   Gesunde Kinder können ihren Tagesablauf eigenverantwortlich nach entsprechender Anleitung strukturieren, z. B. Körperpflege durchführen, Essenszeiten einhalten.

Hinweis: Hier sind nur Beeinträchtigungen der Aktivitäten zu berücksichtigen, die nicht bereits unter Item 7 oder 8 erfasst worden sind.

11. Verkennen von Alltagssituationen und inadäquates Reagieren in Alltagssituationen

Hinweis: Hier geht es um Verhaltensstörungen, die in Item 5 nicht erfasst und durch nicht-kognitive Störungen bedingt sind. Solche Störungen können vor allem bei Menschen mit Erkrankungen aus dem schizophrenen Formenkreis sowie auch bei demenziell erkrankten und (seltener) depressiven Menschen auftreten. Das Verkennen von Alltagssituationen und inadäquates Reagieren in Alltagssituationen muss die Folge von mangelndem Krankheitsgefühl, fehlender Krankheitseinsicht, therapieresistentem Wahnerleben und therapieresistenten Halluzinationen sein, welche psychiatrisch gesichert sind.

Unter Berücksichtigung dieser Ausführungen trifft Item 11 für Kinder kaum zu.

12. Ausgeprägtes labiles oder unkontrolliert emotionales Verhalten

ab 6 Jahre   Mit Erreichen des Schulalters ist ein emotional angepasstes Verhalten in Anforderungssituationen zu erwarten. Pathologisch sind Verhaltensweisen wie z. B. dauerhaft überschießende Trotzreaktionen, übermäßige Rückzugstendenzen, Vermeidungsverhalten oder unkontrolliertes Weinen.

13. **Zeitlich überwiegend Niedergeschlagenheit, Verzagtheit, Hilflosigkeit oder Hoffnungslosigkeit aufgrund einer therapieresistenten Depression**

Da sich das Item ausschließlich auf die benannte Diagnose und deren Therapieresistenz bezieht, muss eine entsprechende Stellungnahme eines Kinder- und Jugendpsychiaters vorliegen.

Anmerkung:

Die Items 7, 11 und 13 spielen im Kindesalter nur in Ausnahmefällen eine Rolle.

Beispiel 1: 4-jähriger Knabe, zerebrales Anfallsleiden mit mäßiger geistiger Behinderung, kein aggressives oder autoagressives Verhalten, eingeschränkte Orientierung außerhalb der Wohnung, Neigung zu Trotzhandlungen beim Essen (absichtliches Umschütten von Gläsern bei Tisch), fehlendes Gefahrenverständnis (trotz entsprechender Anleitung versteht er z. B. nicht, dass er nicht an den Herd gehen darf), besucht nach einer Eingewöhnungsphase ohne Probleme einen Integrationskindergarten.

Beispiel 2: 2-jähriges Kind mit Down-Syndrom, psychomotorische Entwicklungsverzögerung, kaum kooperativ, motorische Unruhe, muss mehr als altersüblich beaufsichtigt werden, reagiert wenig auf Verbote und Gebote, Essprobleme mit rezidivierendem Erbrechen bei operierter Duodenalstenose.

Beispiel 3: 8-jähriges Mädchen, rollstuhlpflichtig bei operierter Meningomyelocele, besucht die Regelschule, ventilversorgter Hydrocephalus, muss katheterisiert werden, keine kognitiven Einschränkungen, ist im Wesentlichen kooperativ.

Beispiel 4: 11-jähriges ehemaliges Frühgeborenes mit geistiger Behinderung, Sehbehinderung bei retrolentaler Fibroplasie, Essstörung mit Polyphagie bei Kurzdarmsyndrom, stark impulsgesteuert, aggressiv, zum Teil distanzlos, unberechenbares Verhalten in Alltagssituationen, besucht die Schule für lernbehinderte Kinder (Einschätzung im Zeugnis: keine Gruppenfähigkeit).

Beispiel 5: 8 Monate altes Mädchen, infantile Cerebralparese bei Hirnfehlbildung, ausgeprägte optische und akustische Wahrnehmungsstörungen, reagiert ausschließlich auf taktile Reize, Schreiphasen tags und nachts, gestörte Mundmotorik mit gravierenden Essproblemen, häufiges Spucken und Erbrechen, keine Fähigkeit zur selbstständigen Beschäftigung, autoaggressiv, persistierende Stereotypien.

Bewertung

Beachte: Ist das entsprechende Item aufgrund des Alters noch nicht zu berücksichtigen, so ist mit „Nein" zu schlüsseln. Grenzbereiche zwischen den

Altersgruppen sollten im Hinblick auf die voraussichtliche Entwicklung bei definierten Krankheitsbildern prospektiv-kritisch gewertet werden. (Die Items 7, 11 und 13 spielen im Kindesalter nur in Ausnahmefällen eine Rolle.)

Item	Beispiel 1	Beispiel 2	Beispiel 3	Beispiel 4	Beispiel 5
1.	Nein	Nein		Ja	Nein
2.	Nein	Nein		Ja	Nein
3.	Ja	Nein		Ja	Nein
4.	Nein	Nein	Kein Screening erforderlich, da keine demenzbedingte Fähigkeitsstörung, geistige Behinderung oder psychische Erkrankung vorliegt.	Ja	Ja
5.	Nein	Ja		Ja	Ja
6.	Nein	Nein		Ja	Ja
7.	Nein	Nein		Nein	Nein
8.	Nein	Ja		Ja	Nein
9.	Nein	Nein		Nein	Ja
10.	Nein	Nein		Ja	Nein
11.	Nein	Nein		Nein	Nein
12.	Nein	Nein		Nein	Nein
13.	Nein	Nein		Nein	Nein
Erheblich eingeschränkte Alltagskompetenz liegt vor. / In erhöhtem Maße eingeschränkte Alltagskompetenz liegt vor	Nein	Ja		Ja	Ja

E 3   Algorithmus zur Feststellung einer eingeschränkten Alltagskompetenz

Liegt bei dem Antragsteller eine demenzbedingte Fähigkeitsstörung, geistige Behinderung oder eine psychische Erkrankung vor?	Nein	Der Antragsteller gehört nicht zum berechtigten Personenkreis des § 45a SGB XI.

Ja

Screening: Liegen Auffälligkeiten bei den psychosozialen ATL im Punkt 3.4 des Gutachtens vor?	Nein	**Screening negativ**

Ja

Screening: Resultiert aus einer der Auffälligkeiten regelmäßig und auf Dauer ein allgemeiner Beaufsichtigungs- und Betreuungsbedarf?	Nein	Assessment nicht erforderlich

Ja

Screening positiv
Assessment durchführen

Ja

Für jeden der 13 Assessment-Bereiche prüfen: Besteht wegen dieser Störung regelmäßig und auf Dauer ein Beaufsichtigungs- und Betreuungsbedarf?	Nein	Das entsprechende Item ist mit „Nein" zu verschlüsseln.

Ja

Liegt bei mindestens 2 Assessment-Bereichen ein „Ja" vor, davon mindestens ein „Ja" aus den Bereichen 1 – 9?	Nein	Die Alltagskompetenz i. S. d. § 45a ist nicht erheblich eingeschränkt.

Ja

Die Alltagskompetenz im Sinne des § 45a SGB XI ist **erheblich** eingeschränkt.

Ja

Liegt zusätzlich bei mindestens einem weiteren Item aus einem der Bereiche 1, 2, 3, 4, 5, 9, 11 ein „Ja" vor?

Ja

Die Alltagskompetenz im Sinne des § 45a SGB XI ist in **erhöhtem Maße** eingeschränkt.

F   Orientierungswerte zur Pflegezeitbemessung für die in § 14 SGB XI genannten Verrichtungen der Grundpflege

Für die Feststellung der Pflegebedürftigkeit und die Zuordnung zu einer Pflegestufe ist allein der im Einzelfall bestehende individuelle Hilfebedarf des Antragstellers maßgeblich. Insofern können und sollen die Zeitorientierungswerte für die Begutachtung nach dem SGB XI nur Anhaltsgrößen im Sinne eines Orientierungsrahmens liefern. Sie sind damit für den Gutachter ein Instrument zur Feststellung des individuellen Hilfebedarfs.

Dies bedeutet:

1. Die Zeitorientierungswerte enthalten keine verbindlichen Vorgaben. Sie haben nur Leitfunktion.

2. Die Zeitorientierungswerte entbinden den Gutachter nicht davon, in jedem Einzelfall den Zeitaufwand für den Hilfebedarf bei der Grundpflege (Körperpflege, Ernährung, Mobilität) des Antragstellers entsprechend der individuellen Situation des Einzelfalles festzustellen. Unzulässig wäre beispielsweise eine schematische und von den Besonderheiten des Einzelfalles losgelöste Festsetzung stets des unteren oder des oberen oder eines arithmetisch gemittelten Zeitwertes.

3. Die Zeitorientierungswerte enthalten keine Vorgaben für die personelle Besetzung von ambulanten, teil- oder vollstationären Pflegeeinrichtungen und lassen keine Rückschlüsse hierauf zu. Sie haben nur für die Feststellung der Leistungsvoraussetzungen nach dem SGB XI Bedeutung. Die personelle Besetzung von Einrichtungen betrifft demgegenüber die Leistungserbringung,

   – die bei häuslicher und teilstationärer Pflege die familiäre, nachbarschaftliche oder sonstige ehrenamtliche Pflege und Betreuung ergänzt,

   – die bei vollstationärer Pflege nach der Art (z. B. Hilfe bei anderen als den in § 14 Abs. 4 SGB XI genannten Verrichtungen) oder dem Umfang der Leistung über den Rahmen des SGB XI hinausgeht.

   Rückschlüsse auf die personelle Besetzung von Einrichtungen verbieten sich auch deshalb, weil der Zeitaufwand gemäß § 15 Abs. 3 SGB XI bezogen auf Familienangehörige oder andere nicht als Pflegekraft ausgebildete Pflegepersonen ermittelt wird, in Einrichtungen aber hauptberuflich tätige Kräfte arbeiten.

Bei der Festlegung der Zeitorientierungswerte wurde von einer vollständigen Übernahme (VÜ) der Verrichtungen durch eine Laienpflegekraft ausgegangen. Die Zeitorientierungswerte sind daher relevant für die gutachterliche Feststellung bezüglich der Hilfeform „vollständige Übernahme“.

Die Höhe des Zeitaufwandes für die geleisteten Hilfen kann unabhängig von den Hilfeformen (siehe Punkt D 4.0 / II. „Formen der Hilfeleistung")

unterschiedlich ausfallen. So können die Hilfen im Sinne einer aktivierenden Pflege bei den Verrichtungen einen höheren Zeitaufwand erfordern als die teilweise oder vollständige Übernahme der Verrichtung durch die Pflegeperson. Liegt ein bei der Begutachtung des Einzelfalles festgestellter Zeitaufwand für die vollständige Übernahme einer Verrichtung der Grundpflege innerhalb des dafür maßgeblichen Zeitorientierungswerts, bedarf diese Feststellung keiner Begründung.

Soweit sich im Rahmen der Begutachtung bei der Hilfeform „vollständige Übernahme" Abweichungen von den Zeitorientierungswerten ergeben, sind die Abweichungen im Einzelnen zu begründen. Die Individualität der einzelnen Pflegesituation hat zur Folge, dass insbesondere der vom Gutachter festgestellte Zeitaufwand häufig nur durch eine Begründung transparent und für die Pflegekasse nachvollziehbar wird. In der Begründung sollte insbesondere darauf eingegangen werden,

– bei welchen Verrichtungen im Einzelnen welche Hilfen benötigt werden, und zwar sollte dabei über die Hilfen bei den in § 14 Abs. 4 SGB XI genannten Verrichtungen des täglichen Lebens hinaus differenziert werden, z. B. statt „Waschen" genauer „Waschen der Füße oder Beine",

– ob, welche und in welchem Umfang erschwerende oder erleichternde Faktoren vorliegen, insbesondere ob verrichtungsbezogene krankheitsspezifische Pflegemaßnahmen untrennbar Bestandteil der Hilfe für die in § 14 Abs. 4 SGB XI genannten Verrichtungen der Grundpflege sind oder sie objektiv notwendig im unmittelbaren zeitlichen und sachlichen Zusammenhang mit diesen Verrichtungen der Grundpflege vorgenommen werden müssen.

Liegen andere Hilfeformen als die vollständige Übernahme oder Mischformen vor, ist bei Verbleiben im Zeitorientierungswert eine Begründung unter den jeweiligen Punkten im Formulargutachten (Punkt 4.1 bis 4.3 „Körperpflege, Ernährung, Mobilität") erforderlich. In der Begründung soll der Gutachter insbesondere würdigen:

– andere Hilfeformen als die vollständige Übernahme,

– die in dem jeweiligen Einzelfall vorhandenen Erschwernis- und Erleichterungsfaktoren,

– in welchem Umfang ggf. aktivierend gepflegt wird.

Wenn der Pflegende während des gesamten Vorganges einer Verrichtung zur Anleitung unmittelbar beim Antragsteller verbleiben muss, ist der gesamte Zeitraum im Sinne einer vollen Übernahme seitens des Gutachters zu berücksichtigen.

Ist ein begründender Sachverhalt an anderer Stelle des Gutachtens bereits ausführlich beschrieben, ist dies ausreichend.

Die maßgebliche Bedeutung der individuellen Pflegesituation bleibt auch bei der Einführung von Zeitorientierungswerten uneingeschränkt erhalten. Die Besonderheiten des jeweils zu begutachtenden Einzelfalles müssen herausgearbeitet und dokumentiert (Punkt 4.1 bis 4.3 „Körperpflege, Ernährung, Mobilität" des Formulargutachtens) werden, damit die Individualität der Pflegesituation für die Qualitätssicherung der Begutachtung selbst, für die Bescheidung des Versichertenantrages und eine eventuelle gerichtliche Überprüfung deutlich wird.

Für den Personenkreis der psychisch kranken Menschen und der geistig behinderten Menschen kommen vorrangig die Hilfeleistungen Beaufsichtigung und Anleitung zur Anwendung, die bei der Festlegung der Zeitorientierungswerte nicht zugrunde gelegt worden sind. Abweichungen von den Zeitorientierungswerten hin zu einem höheren Zeitaufwand für die Beaufsichtigung und Anleitung sind zu erwarten und müssen entsprechend begründet werden (siehe Punkt D 4.0 / III. / 8. „Besonderheiten der Ermittlung des Hilfebedarfs bei Menschen mit psychischen Erkrankungen oder geistigen Behinderungen"). Dennoch kann der in jedem Einzelfall jeweils individuell festzustellende Zeitaufwand für Beaufsichtigung und Anleitung zumindest bei einzelnen Verrichtungen innerhalb der Zeitkorridore liegen.

Die von den Gutachtern zu erstellenden Begründungen sind wesentlicher Bestandteil des Gutachterauftrages. Sozialmedizinische und pflegerische Erkenntnisse sollen in gleicher Weise einfließen. Neben der besseren Bewertung des Einzelfalles haben die Begründungen das Ziel, längerfristig die Grundlage für eine Weiterentwicklung der Begutachtungs-Richtlinien aus medizinischer und pflegerischer Sicht zu legen und die Diskussion der Begutachtungsergebnisse mit der Medizin und den Pflegewissenschaften zu erleichtern.

Der Zeitaufwand für die jeweilige Verrichtung der Grundpflege ist pro Tag, gerundet auf volle Minuten, anzugeben. Dabei erfolgt die Rundung nur im Zusammenhang mit der Ermittlung des Gesamtzeitaufwands pro Tag und nicht für jede Hilfeleistung, deren Zeitaufwand weniger als eine Minute beträgt (z. B. Schließen des Hosenknopfes nach dem Toilettengang 6-mal täglich zusammen 1 Minute).

Fallen bestimmte, in der Regel täglich erforderliche Verrichtungen der Körperpflege im Einzelfall nicht jeden Tag an, so muss dennoch bei der Bemessung des zeitlichen Gesamtpflegeaufwandes der wöchentliche Zeitaufwand z. B. für Duschen/Baden auf den Durchschnittswert pro Tag umgerechnet (d. h. wöchentlicher Zeitaufwand dividiert durch 7) und berücksichtigt werden. Gleiches gilt für das Haarewaschen als Bestandteil der Körperpflege.

In der Regel nicht täglich anfallende Maßnahmen, z. B. im Bereich der Körperpflege das Fuß- und Fingernägelschneiden, bleiben außer Betracht.

Die Pflege erschwerende oder erleichternde Faktoren

Die Pflege erschwerende Faktoren

Die nachfolgend beispielhaft aufgeführten Faktoren können die Durchführung der Pflege bei den gesetzlich definierten Verrichtungen erschweren bzw. verlängern:

- Körpergewicht über 80 kg

- Kontrakturen/Einsteifung großer Gelenke/Fehlstellungen der Extremitäten

- hochgradige Spastik, z. B. bei Hemi- oder Paraparesen

- einschießende unkontrollierte Bewegungen

- eingeschränkte Belastbarkeit infolge schwerer kardiopulmonaler Dekompensation mit Orthopnoe und ausgeprägter zentraler und peripherer Zyanose sowie peripheren Oedemen

- Erforderlichkeit der mechanischen Harnlösung oder der digitalen Enddarmentleerung

- Schluckstörungen/Störungen der Mundmotorik, Atemstörungen

- Abwehrverhalten/fehlende Kooperation mit Behinderung der Übernahme (z. B. bei geistigen Behinderungen/psychischen Erkrankungen)

- stark eingeschränkte Sinneswahrnehmung (Hören, Sehen)

- starke therapieresistente Schmerzen

- pflegebehindernde räumliche Verhältnisse

- zeitaufwendiger Hilfsmitteleinsatz (z. B. bei fahrbaren Liftern/Decken-, Wand-Liftern)

- Verrichtungsbezogene krankheitsspezifische Pflegemaßnahmen, die aus medizinisch-pflegerischen Gründen regelmäßig und auf Dauer

  - untrennbarer Bestandteil der Hilfe bei den in § 14 Abs. 4 SGB XI genannten Verrichtungen der Grundpflege sind oder

  - objektiv notwendig im unmittelbaren zeitlichen und sachlichen Zusammenhang mit diesen Verrichtungen vorgenommen werden müssen

Ausgangspunkt für die Bewertung verrichtungsbezogener krankheitsspezifischer Pflegemaßnahmen ist der Hilfebedarf bei der jeweiligen Verrichtung der Grundpflege nach § 14 Abs. 4 SGB XI. Verrichtungsbezogene krankheitsspezifische Pflegemaßnahmen stellen für sich allein gesehen keine Verrichtungen des täglichen Lebens dar und können deshalb nur dann berücksichtigt werden, wenn sie bei bestehendem Hilfebedarf bei den Verrichtungen der Grundpflege nach § 14 Abs. 4 SGB XI zusätzlich notwendig sind. Nur dann sind verrichtungsbezogene krankheitsspezifische Pflegemaßnahmen im Sinne eines Erschwernisfaktors bei der Feststellung des individuellen zeitlichen Hilfebedarfs für die jeweilige Verrichtung zu erfassen.

Der Zeitaufwand für die Grundpflege einschließlich verrichtungsbezogener krankheitsspezifischer Pflegemaßnahmen ist als Summenwert für die jeweilige(n) Verrichtung(en) darzustellen.

Die Pflege erleichternde Faktoren

Die nachfolgend beispielhaft aufgeführten Faktoren können die Durchführung der Pflege bei den gesetzlich definierten Verrichtungen erleichtern bzw. verkürzen:

- pflegeerleichternde räumliche Verhältnisse

- Hilfsmitteleinsatz

Nachfolgend werden die in § 14 Abs. 4 SGB XI genannten gewöhnlichen und regelmäßig wiederkehrenden Verrichtungen aus dem Bereich der Grundpflege aufgeführt und mit Zeitorientierungswerten versehen.

Die Vor- und Nachbereitung zu den Verrichtungen stellt eine Hilfeleistung im Sinne des SGB XI dar und ist bei den Zeitorientierungswerten berücksichtigt.

4.1   Körperpflege

Die Hautpflege (einschließlich Gesichtspflege) ist als Bestandteil der Körperpflege bei den jeweiligen Zeitorientierungswerten berücksichtigt. Das Schminken kann nicht als Gesichtspflege gewertet werden. Zur Körperpflege zählt auch das Haarewaschen. Es ist Bestandteil der Verrichtung Waschen/Duschen/Baden. Erfolgt das Haarewaschen im Rahmen einer dieser Verrichtungen, ist dies dort zu dokumentieren. Alleiniges Haarewaschen ist der Verrichtung „Waschen" zuzuordnen und unter „Teilwäsche Oberkörper" zu dokumentieren. Der notwendige zeitliche Hilfebedarf ist jeweils gesondert zu dokumentieren. Ein ein- bis zweimaliges Haarewaschen pro Woche entspricht dem heutigen Hygienestandard. Maßgebend ist die medizinische bzw. pflegerische Notwendigkeit. Der Hilfebedarf beim Haarewaschen umfasst auch die Haartrocknung.

1.   Waschen

→ Ganzkörperwäsche: (GK): 20 bis 25 Min.

→ Waschen Oberkörper: (OK): 8 bis 10 Min.

→ Waschen Unterkörper: (UK): 12 bis 15 Min.

→ Waschen Hände/Gesicht: (H/G): 1 bis 2 Min.

Während die Intimwäsche hier zu berücksichtigen ist, ist die Durchführung einer Intimhygiene z. B. nach dem Toilettengang der Verrichtung „Darm- und Blasenentleerung" zuzuordnen.

2. Duschen

→ Duschen: 15 bis 20 Min.

Hilfestellung beim Betreten der Duschtasse, bzw. beim Umsetzen des Antragstellers z. B. auf einen Duschstuhl, ist im Bereich der Mobilität „Stehen" zu berücksichtigen.

Wenn bei dieser Verrichtung nur Teilhilfen (Abtrocknen/Teilwäsche) anfallen, kann der Zeitorientierungswert nur anteilig berücksichtigt werden.

3. Baden

→ Baden: 20 bis 25 Min.

Eine Hilfestellung beim Einsteigen in die Badewanne ist im Bereich der Mobilität „Stehen" zu berücksichtigen.

Wenn bei dieser Verrichtung nur Teilhilfen (Abtrocknen/Teilwäsche) anfallen, kann der Zeitorientierungswert nur anteilig berücksichtigt werden.

4. Zahnpflege

→ Zahnpflege: 5 Min.

Soweit nur Mundpflege erforderlich ist, kann der Zeitorientierungswert nur anteilig berücksichtigt werden.

5. Kämmen

→ Kämmen: 1 bis 3 Min.

6. Rasieren

→ Rasieren: 5 bis 10 Min.

7. Darm- und Blasenentleerung

Nicht zu berücksichtigen ist unter diesen Verrichtungen die eventuell eingeschränkte Gehfähigkeit beim Aufsuchen und Verlassen der Toilette. Kann der Antragsteller die Toilette nur deshalb nicht alleine aufsuchen, ist dies unter „Gehen" im Bereich der Mobilität festzustellen und zeitlich zu bewerten.

→ Wasserlassen (Intimhygiene, Toilettenspülung): 2 bis 3 Min.

→ Stuhlgang (Intimhygiene, Toilettenspülung): 3 bis 6 Min.

→ Richten der Bekleidung: insgesamt 2 Min.

→ Wechseln von Inkontinenzprodukten (Intimhygiene, Entsorgung)

→ nach Wasserlassen: 4 bis 6 Min.

→ nach Stuhlgang: 7 bis 10 Min.

→ Wechsel kleiner Vorlagen: 1 bis 2 Min.

Beachte: Der im Rahmen regelmäßiger Toilettengänge erforderliche Wechsel von Inkontinenzprodukten ist von seinem zeitlichen Aufwand her in der Regel sehr viel geringer ausgeprägt als ein Wechsel, dem eine unkontrollierte und ungeregelte Harnblasen- und Darmentleerung zugrunde liegt.

→ Wechseln / Entleeren des Urinbeutels: 2 bis 3 Min.

→ Wechseln / Entleeren des Stomabeutels: 3 bis 4 Min.

Beachte: Für den notwendigen Wechsel des Systems (Basisplatte) ist aufgrund der unterschiedlichen individuellen Gegebenheiten die Vorgabe eines Zeitorientierungswertes nicht möglich.

4.2 Ernährung

8. Mundgerechtes Zubereiten der Nahrung

Hierzu zählen nicht das Kochen oder das Eindecken des Tisches. Die Zubereitung von Diäten ist nicht hier, sondern unter der lfd. Nr. 17 „Kochen" zu berücksichtigen.

→ mundgerechte Zubereitung einer Hauptmahlzeit (einschließlich des Bereitstellens eines Getränkes): je 2 bis 3 Min.

Soweit nur eine Zwischenmahlzeit mundgerecht zubereitet oder ein Getränk bereitgestellt werden, kann der Zeitorientierungswert nur anteilig berücksichtigt werden.

9. Aufnahme der Nahrung

→ Essen von Hauptmahlzeiten einschließlich Trinken (max. 3 Hauptmahlzeiten pro Tag): je 15 bis 20 Min.

→ Verabreichung von Sondenkost (mittels Schwerkraft / Pumpe inklusive des Reinigens des verwendeten Mehrfachsystems bei Kompletternährung): 15 bis 20 Min. pro Tag, da die Kost hier nicht portionsweise verabreicht wird.

Soweit nur eine Zwischenmahlzeit bzw. ein Getränk eingenommen wird, kann der Zeitorientierungswert nur anteilig berücksichtigt werden.

4.3   Mobilität

10.   Selbstständiges Aufstehen und Zu-Bett-Gehen/Umlagern

Der durch das Umlagern tagsüber und/oder nachts anfallende Pflegeaufwand nach Häufigkeit und Zeit wird als Bestandteil der Körperpflege, Ernährung oder Mobilität betrachtet und entsprechend berücksichtigt. Dabei wird so verfahren, dass der notwendige Hilfebedarf für das Umlagern unabhängig davon, ob das Umlagern solitär oder im Zusammenhang mit den Verrichtungen der Körperpflege, Ernährung oder Mobilität durchgeführt wird, hier zu dokumentieren ist.

→ einfache Hilfe zum Aufstehen/Zu-Bett-Gehen: je 1 bis 2 Min.

→ Umlagern: 2 bis 3 Min.

11.   An- und Auskleiden

Bei der Feststellung des Zeitaufwandes für das An- und Ablegen von Prothesen, Orthesen, Korsetts und Stützstrümpfen hat der Gutachter aufgrund einer eigenen Inaugenscheinnahme den Zeitaufwand individuell zu messen.

Das komplette An- und Auskleiden betrifft sowohl den Ober- als auch den Unterkörper. Daneben kommen aber auch Teilbekleidungen und Teilentkleidungen sowohl des Ober- als auch des Unterkörpers vor und müssen gesondert berücksichtigt werden. Bei der Verrichtung Ankleiden ist das Ausziehen von Nachtwäsche und das Anziehen von Tagesbekleidung als ein Vorgang zu werten. Bei der Verrichtung Auskleiden ist das Ausziehen von Tagesbekleidung und das Anziehen von Nachtwäsche als ein Vorgang zu werten.

→ Ankleiden gesamt: (GK): 8 bis 10 Min.

→ Ankleiden Oberkörper/Unterkörper: (TK): 5 bis 6 Min.

→ Entkleiden gesamt: (GE): 4 bis 6 Min.

→ Entkleiden Oberkörper/Unterkörper: (TE): 2 bis 3 Min.

12.   Gehen

Die Vorgabe von orientierenden Zeitwerten ist aufgrund der unterschiedlichen Wegstrecken, die seitens des Antragstellers im Rahmen der gesetzlich definierten Verrichtungen zu bewältigen sind, nicht möglich.

Zur Ermittlung des zeitlichen Hilfebedarfs vgl. Punkt D 4.3 „Mobilität" lfd. Nr. 12.

13.   Stehen (Transfer)

Notwendige Hilfestellungen beim Stehen sind im Hinblick auf die Durchführung der gesetzlich vorgegebenen Verrichtungen im Rahmen aller anfallenden notwendigen Handlungen zeitlich berücksichtigt (siehe aber auch lfd. Nr. 15).

Als Hilfebedarf ist ausschließlich der Transfer zu berücksichtigen. Hierzu zählt z. B. das Umsetzen von einem Rollstuhl/Sessel auf einen Toilettenstuhl oder der Transfer in eine Badewanne oder Duschtasse.

Jeder Transfer ist einzeln zu berücksichtigen (Hin- und Rücktransfer = 2 x Transfer).

→ Transfer auf den bzw. vom Rollstuhl/Toilettenstuhl/Toilette in die bzw. aus der Badewanne/Duschtasse: je 1 Min.

14. Treppensteigen

Keine andere Verrichtung im Bereich der Grundpflege ist so abhängig vom individuellen Wohnbereich des Antragstellers wie das Treppensteigen. Aus diesem Grund ist die Vorgabe eines Zeitorientierungswerts nicht möglich.

Zur Ermittlung des zeitlichen Hilfebedarfs vgl. Punkt D 4.3 „Mobilität" lfd. Nr. 14.

Bei Begutachtungen in stationären Einrichtungen kann ein Hilfebedarf beim Treppensteigen wegen der Vorgabe der „durchschnittlichen häuslichen Wohnsituation" nicht gewertet werden (siehe aber auch lfd. Nr. 15).

15. Verlassen und Wiederaufsuchen der Wohnung

Die Vorgabe von Zeitorientierungswerten ist nicht möglich. Die Zeiten sind individuell zu erheben. Bei Wartezeiten im Zusammenhang mit dem Aufsuchen von Ärzten und Therapeuten können bis zu 45 Minuten angesetzt werden.

Zur Ermittlung des zeitlichen Hilfebedarfs vgl. Punkt D 4.3 „Mobilität" lfd. Nr. 15.

G 1. Formulargutachten

G 1.1 Gutachten nach Hausbesuch

Die Begutachtung von Pflegebedürftigkeit erfolgt im Regelfall durch umfassende persönliche Befunderhebung im Wohnbereich des Antragstellers. Dies gilt für Anträge auf häusliche und vollstationäre Pflege gleichermaßen. Die Ergebnismitteilung an die Pflegekasse erfolgt mittels des „Formulargutachtens zur Feststellung der Pflegebedürftigkeit gemäß SGB XI" (vgl. Punkt G 2.).

G 1.2 Gutachten nach Aktenlage

Gutachten nach Aktenlage werden auf Basis des „Formulargutachtens zur Feststellung der Pflegebedürftigkeit gemäß SGB XI" (vgl. Punkt G 2.) erstellt, müssen jedoch nicht alle Gutachtenfelder enthalten. Nachfolgend werden – für die unterschiedlichen Situationen der Aktenlagebegutachtung – Mindestinhalte für Gutachten nach Aktenlage definiert.

Gutachten nach Aktenlage können in Fällen erstellt werden, in denen eine persönliche Untersuchung des Antragstellers im Wohnbereich

▪ nicht möglich ist (insbesondere, wenn der Antragsteller vor der persönlichen Befunderhebung verstorben ist); das Gutachten muss neben den Stamm- und Auftragsdaten zumindest eine auf der Grundlage der zur Verfügung stehenden Unterlagen begründete Abschätzung des Hilfebedarfs des Antragstellers in den Bereichen der Körperpflege, Ernährung, Mobilität und Hauswirtschaft und darauf aufbauend die Empfehlung der Zuordnung zu einer Pflegestufe sowie ggf. eine Aussage zur Einschränkung der Alltagskompetenz enthalten,

▪ im Einzelfall nicht zumutbar ist (z. B. ggf. bei stationärer Hospizversorgung, ambulanter Palliativpflege); die Entscheidung, auf den Hausbesuch zu verzichten, ist im Gutachten zu begründen; in diesen Fällen lassen sich von den betreuenden Institutionen und Personen detaillierte Informationen zu Schädigungen und Beeinträchtigungen der Aktivitäten und zum Pflegeablauf heranziehen; das Gutachten muss neben den Stamm- und Auftragsdaten auf der Grundlage der zur Verfügung stehenden Unterlagen mindestens enthalten:

– Benennung der vorliegenden Fremdbefunde

– Aus den Fremdbefunden sind abzuleiten und zu dokumentieren

  – Pflegerelevante Vorgeschichte

  – Schädigungen/Beeinträchtigungen der Aktivitäten/Ressourcen in Bezug auf Stütz- und Bewegungsapparat, Innere Organe, Sinnesorgane, Nervensystem und Psyche

  – Pflegebegründende Diagnose(n)

  – Screening und Assessment zur Feststellung einer eingeschränkten Alltagskompetenz

– Gutachterliche Würdigung mit Ableitung des qualitativen Hilfebedarfs bei den Verrichtungen und des Zeitbedarfs in den Bereichen der Körperpflege, Ernährung, Mobilität und Hauswirtschaft

– Empfehlung der Zuordnung zu einer Pflegestufe, Ergebnis der Prüfung der eingeschränkten Alltagskompetenz sowie Angabe der „Pflegezeit pro Woche"

Darüber hinaus kann bei Folgebegutachtungen im Einzelfall auf den Hausbesuch verzichtet werden, wenn die unter Punkt C 2.3 „Der Besuch" genannten Voraussetzungen erfüllt sind. Die Entscheidung, auf den Hausbesuch zu verzichten, ist im Gutachten zu begründen. In diesen Fällen müssen von den betreuenden Institutionen und Personen detaillierte Informationen zu Schädigungen und Beeinträchtigungen der Aktivitäten und zum Pflegeablauf vorliegen. Das Gutachten muss neben den Stamm- und Auftragsdaten auf der Grundlage der zur Verfügung stehenden Unterlagen mindestens enthalten:

– Benennung der vorliegenden Fremdbefunde

– Aus den Fremdbefunden sind abzuleiten und zu dokumentieren

  – Pflegerelevante Vorgeschichte

  – Schädigungen/Beeinträchtigungen der Aktivitäten/Ressourcen in Bezug auf Stütz- und Bewegungsapparat, Innere Organe, Sinnesorgane, Nervensystem und Psyche

  – Pflegebegründende Diagnose(n)

  – Screening und Assessment zur Feststellung einer eingeschränkten Alltagskompetenz

– Gutachterliche Würdigung mit Ableitung des Hilfebedarfs und des Zeitbedarfs für die einzelnen Verrichtungen in den Bereichen der Körperpflege, Ernährung, Mobilität und Hauswirtschaft

– Punkte 5 bis 9 des „Formulargutachtens", siehe G 2.

G 1.3 Gutachten bei isolierter Feststellung einer Einschränkung der Alltagskompetenz

In den unter C 1 „Pflegekasse" und C 2.3 „Der Besuch" beschriebenen Fällen der beantragten isolierten Feststellung einer Einschränkung der Alltagskompetenz muss das Gutachten – auf Basis des „Formulargutachtens zur Feststellung der Pflegebedürftigkeit gemäß SGB XI" (vgl. Punkt G 2.) – neben den Stamm- und Auftragsdaten mindestens enthalten:

– Benennung der vorliegenden Fremdbefunde

– Pflegerelevante Vorgeschichte

– Beschreibung von Schädigungen/Beeinträchtigungen der Aktivitäten/Ressourcen insbesondere in Bezug auf Nervensystem und Psyche

– Pflegebegründende Diagnose(n)

– Screening und Assessment zur Feststellung einer eingeschränkten Alltagskompetenz

– Bei Antragstellern, die nicht als pflegebedürftig mindestens im Sinne der Pflegestufe I anerkannt sind, Feststellung, ob ein Hilfebedarf im Bereich der Grundpflege und hauswirtschaftlichen Versorgung besteht

– Ergebnis der Prüfung der eingeschränkten Alltagskompetenz

G 1.4 Begutachtung in Fällen mit verkürzter Bearbeitungs-/Begutachtungsfrist

In Fällen mit verkürzter Bearbeitungs-/Begutachtungsfrist muss zunächst nur die Feststellung getroffen werden, ob mindestens erhebliche Pflegebedürftigkeit besteht (siehe Punkt C 3.). Die gutachterliche Stellungnahme muss neben den Stamm- und Auftragsdaten auf der Grundlage der zur Verfügung stehenden Unterlagen mindestens enthalten:

– Benennung der vorliegenden Fremdbefunde

– Aus den Fremdbefunden sind abzuleiten und zu dokumentieren

   – Aktueller pflegerelevanter Sachverhalt

   – Schädigungen/Beeinträchtigungen der Aktivitäten/Ressourcen in Bezug auf Stütz- und Bewegungsapparat, Innere Organe, Sinnesorgane, Nervensystem und Psyche

   – Pflegebegründende Diagnose(n)

– Gutachterliche Würdigung mit Ableitung des Hilfebedarfs für die Bereiche der Körperpflege, Ernährung, Mobilität und Hauswirtschaft

– Feststellung, ob mindestens erhebliche Pflegebedürftigkeit besteht

– Ggf. Feststellung der Erforderlichkeit vollstationärer Pflege

Die abschließende Begutachtung in Form eines Erstgutachtens (siehe Punkt G 1.1) ist dann unverzüglich nachzuholen.

G 2. Formulargutachten zur Feststellung der Pflegebedürftigkeit gemäß SGB XI

Anlagen hier nicht ausgedruckt.

Anhang 3 – Härtefall-Richtlinien

Richtlinien der Spitzenverbände der Pflegekassen zur Anwendung der Härtefallregelungen (Härtefall-Richtlinien – HRi) vom 10.07.1995 geändert durch Beschlüsse vom 19.10.1995[46], vom 03.07.1996[47] und vom 28.10.2005[48]

Der AOK-Bundesverband, Bonn

der Bundesverband der Betriebskrankenkassen, Essen

der IKK-Bundesverband, Bergisch Gladbach

die See-Pflegekasse, Hamburg

der Bundesverband der landwirtschaftlichen Krankenkassen, Kassel

die Knappschaft, Bochum

der Verband der Angestellten-Krankenkassen e. V., Siegburg und

der AEV – Arbeiter-Ersatzkassen-Verband e. V., Siegburg

handelnd als Spitzenverbände der Pflegekassen

haben unter Beteiligung des Medizinischen Dienstes der Spitzenverbände der Krankenkassen

aufgrund des § 17 SGB XI in Verbindung mit § 213 SGB V

am 10.07.1995 sowie durch Ergänzungsbeschlüsse vom 19.10.1995, vom 03.07.1996 und vom 28.10.2005 gemeinsam und einheitlich die nachstehenden Richtlinien zur Anwendung der Härtefallregelungen (Härtefall-Richtlinien – HRi) beschlossen.

1. Allgemeines

Die Richtlinien bestimmen in Ergänzung der Pflegebedürftigkeits-Richtlinien gemäß § 17 Abs. 1 SGB XI die Merkmale zur Annahme eines Härtefalles (§§ 36 Abs. 4, 43 Abs. 3 SGB XI) sowie das Verfahren zur Feststellung eines Härtefalles. Sie sind für die Pflegekassen (§ 46 SGB XI) sowie für den Medizinischen Dienst der Krankenversicherung (MDK) verbindlich (§§ 213 SGB V, 53a SGB XI). Regionale Abweichungen sind nicht zulässig.

---

46 Den Härtefall-Richtlinien – ambulante Pflege in der Fassung vom 19.10.1995 – hat das BMA mit Schreiben vom 06.11.1995 – Va 1 – 43 104 1 – gemäß § 17 Abs. 2 SGB XI die Genehmigung erteilt.

47 Den Härtefall-Richtlinien in der geänderten Fassung vom 03.07.1996 hat das BMA mit Schreiben vom 15.07.1996 – Va 2 – 43 371/1 – gemäß § 17 Abs. 2 SGB XI die Genehmigung erteilt.

48 Den Härtefall-Richtlinien in der geänderten Fassung vom 28.10.2005 hat das BMG mit Schreiben vom 21.06.2006 – 233-43371/3 – gemäß § 17 Abs. 2 SGB XI die Genehmigung (befristet bis zum 31.03.2009) erteilt. Die Härtefall-Richtlinien finden mit Wirkung vom 01.09.2006 Anwendung.

2. Anwendungsbereich

Die Härtefallregelungen im Sinne dieser Richtlinien finden Anwendung, soweit bei Antragstellern mit einem Hilfebedarf der Pflegestufe III Leistungsanträge auf die häusliche Pflegehilfe nach § 36 SGB XI, die Kombinationsleistung nach § 38 SGB XI oder die vollstationäre Pflege nach § 43 SGB XI gerichtet sind.

3. Verfahren zur Feststellung eines Härtefalles

Liegt bei einem Antragsteller ein Hilfebedarf der Pflegestufe III vor, hat der Gutachter entsprechend den nachstehenden Merkmalen (Ziffer 4) aufgrund konkreter Tatsachen nachvollziehbar festzustellen, ob ein außergewöhnlich hoher bzw. intensiver Pflegeaufwand vorliegt, und dokumentiert dies im Gutachten zur Feststellung der Pflegebedürftigkeit gemäß SGB XI. Die Entscheidung, ob ein Härtefall vorliegt, trifft die Pflegekasse auf der Grundlage des Gutachtens des MDK.

4. Merkmale für einen außergewöhnlich hohen Pflegeaufwand

Der Pflegeaufwand wird bestimmt durch die Art, die Dauer und den Rhythmus der erforderlichen Pflegemaßnahmen. Dieser kann sich aufgrund der individuellen Situation des Pflegebedürftigen als außergewöhnlich hoch bzw. intensiv darstellen, wenn die täglich durchzuführenden Pflegemaßnahmen das übliche Maß der Grundversorgung im Sinne von Ziffer 4.1.3 (Pflegestufe III) der Pflegebedürftigkeits-Richtlinien quantitativ oder qualitativ weit übersteigen. Das ist der Fall, wenn

▓ Hilfe bei der Körperpflege, der Ernährung oder der Mobilität mindestens 6 Stunden täglich, davon mindestens dreimal in der Nacht, erforderlich ist. Bei Pflegebedürftigen in vollstationären Pflegeeinrichtungen ist auch die auf Dauer bestehende medizinische Behandlungspflege zu berücksichtigen.

oder

▓ die Grundpflege für den Pflegebedürftigen auch des Nachts nur von mehreren Pflegekräften gemeinsam (zeitgleich) erbracht werden kann. Das zeitgleiche Erbringen der Grundpflege des Nachts durch mehrere Pflegekräfte erfordert, dass wenigstens bei einer Verrichtung tagsüber und des Nachts neben einer professionellen Pflegekraft mindestens eine weitere Pflegeperson, die nicht bei einem Pflegedienst beschäftigt sein muss (z. B. Angehörige), tätig werden muss.

Zusätzlich muss ständige Hilfe bei der hauswirtschaftlichen Versorgung erforderlich sein.

Ein solch außergewöhnlich hoher bzw. intensiver Pflegeaufwand kann insbesondere bei folgenden Krankheitsbildern vorliegen:

- Krebserkrankungen im Endstadium

- AIDS-Erkrankungen im Endstadium

- hohe Querschnittslähmung und Tetraplegie

- Enzephalomyelitis disseminata im Endstadium

- Wachkoma

- schwere Ausprägung der Demenz

- bei schweren Fehlbildungssyndromen und Fehlbildungen im Säuglings-
  und Kleinkindalter

- schwerste neurologische Defektsyndrome nach Schädelhirnverletzun-
  gen

- Endstadium der Mukoviszidose

5. Anerkennung des Härtefalles bei Pflegebedürftigen in vollstationären Pflegeeinrichtungen

Voraussetzung für die Anerkennung eines Härtefalles ist, dass stationär versorgte Schwerstpflegebedürftige mit außergewöhnlich hohem Pflegeaufwand (Ziffer 4) zur Deckung ihres Pflegebedarfs zusätzliche Kosten aufbringen müssen. Das kann der Fall sein, wenn sich die vollstationäre Pflegeeinrichtung konzeptionell auf einen Personenkreis mit außergewöhnlich hohem Pflegeaufwand spezialisiert hat (z. B. auf Wachkomapatienten) und einen Pflegesatz der Pflegeklasse III berechnet, der den damit verbundenen personellen Mehraufwand von vornherein einkalkuliert und deutlich über den Pflegesätzen der Pflegeklasse III liegt, die in nicht spezialisierten vollstationären Pflegeeinrichtungen erhoben werden. Dies gilt auch für vollstationäre Pflegeeinrichtungen, die eine wirtschaftlich getrennt geführte, selbstständige Abteilung für Schwerstpflegebedürftige mit außergewöhnlich hohem Pflegeaufwand und eigenständigem Pflegesatz eingerichtet haben, der über dem außerhalb dieser Abteilung berechneten Satz der Pflegestufe III liegt.

Schrifttum

Bieback, Karl-Jürgen, Probleme des Leistungsrechts der Pflegeversicherung, SGb 1995, S. 569

Busse, Götz, Die Feststellung der Pflegebedürftigkeit und die Zuordnung zu den drei Pflegestufen – juristische Probleme, MittLVA Oberfr 1995 S. 479

Dumeier, Klaus, Pflegeversicherung, ErsK 1998, S. 221

Erben, C. M./Rädisch, T./Conrad, P., Begutachtungsergebnisse der Pflegebedürftigkeit unter Berücksichtigung ausgewählter Diagnosen durch den Medizinischen Dienst der Krankenversicherung, GesundhWes 1996, S. 173

Großpietzsch, Rüdiger/Erben, C. M./Conrad, P., Qualitätssicherung in der Begutachtung – im Medizinischen Dienst der Krankenversicherung, MEDSACH 1997, S. 13

Igl, Gerhard, Krankenversicherung – Kostenerstattung – Behandlungspflege – Pflegeheim – Beratung – häusliche Krankenpflege – Anerkennung eines Härtefalls, SGb 2002, S. 700.

Koch, Erich, Die Entscheidung des EuGH zum Leistungsexport des Pflegegeldes, ZfSH/SGB 1998, S. 451

Krahmer, Utz, Pflegeversicherung und erweiterter Pflegebegriff im Sozialhilferecht – ihre Bedeutung insbesondere bei geistiger oder seelischer Krankheit oder Behinderung, ZfSH/SGB 1997, S. 278

Krahmer, Utz, Pflegeversicherung und erweiterter Pflegebegriff im Sozialrecht – ihre Begutachtung insbesondere bei geistiger oder seelischer Krankheit oder Behinderung, ZfSH/SGB 1997, S. 278

Krasney, Otto Ernst, Versicherter Personenkreis und Pflegeleistungen, VSSR 4/1994, S. 265

Lachwitz, Klaus, Probleme bei den Feststellungen von Pflegebedürftigkeit, MEDSACH 1997, S. 51

Maidhof, Rudolf, Die Feststellung der Pflegebedürftigkeit und die Zuordnung zu den drei Pflegestufen – medizinische Probleme, MittLVA Oberfr 1995 S. 473

Marschner, Andreas, Ausgewählte Rechtsprobleme bei der Umsetzung des PflegeVG, SGb 1996 S. 318

Marschner, Andreas, Die Neufassung der PflRi im Hinblick auf die zweite Stufe der Pflegeversicherung, ZAP Fach 18 S. 437

Marschner, Andreas, Richtlinien zur Begutachtung der Pflegebedürftigkeit in der neuen Pflegeversicherung, MedR 1995 S. 270

Michel, E. / Zernikow, B. / Heine, U. / Ziesché, R. Berg, H, Bestimmen „Hilfebedarf" oder „Aktivitäten des täglichen Lebens" die Pflegestufe? – Eine multivariate Analyse, Gesundheitswesen 60, 1998, S. 385

Michel, Erik / Zernikow, B., Gleiche Begutachtungsprinzipien in ambulanter und stationärer Pflegebegutachtung nach SGB XI, GesundhWes 1999, S. 112

Mrozynski, Peter, Pflege zwischen Versicherung und Sozialhilfe, SGb 1996, S. 565 – 571, 626 – 631

Mutschler, Bernd, Mehr Richtlinien versus mehr Ermessensspielraum in der Begutachtung – aus juristischer Sicht, MEDSACH 2002, S. 42

Neumann, Michael, Problemfelder in der Pflegeversicherung, DAngVers 1996 S. 4

Pick, Peter / Leistner, Klaus, Begutachtung in stationären Alteneinrichtungen – Eine Zwischenbilanz, KrV 1996, S. 206

Pick, Peter / Leistner, Klaus, Begutachtung in der stationären Pflege, KrV 1997, S. 34

Pick, Peter / Matthesius, Rolf, Begutachtung im stationären Pflegebereich, KrV 1996, S. 42

Pick, Peter / Matthesius, Rolf, Pflege-Versicherungsgesetz – Aufgaben des Medizinischen Dienstes, KrV 1994, S. 143

Post, J., Aktuelle Probleme bei Pflegebedürftigkeit – Begutachtungsaspekte, MEDSACH 2000, S. 44

Rossbruch, Robert, Pflegeversicherung – Medizinischer Dienst – Einholung medizinischer und pflegefachlicher Gutachten – Zuständigkeit für medizinische und pflegefachliche Feststellungen, PflR 2000, S. 356

Schiffer, Paul, Die soziale Pflegeversicherung, ErsK 1995, S. 1

Schulin, Die soziale Pflegeversicherung, NZS 1994, S. 433

Schulin, Peter, Die soziale Pflegeversicherung – Grundstrukturen und Probleme, NZS 1994, S. 433

Sterken, Peter, Bedeutung von Verwaltungsvorschriften – insbesondere bei der Pflegeversicherung, VR 1996, S. 380

Udsching, Peter, Die Bedeutung des ärztlich-pflegerischen Gutachtens in der Pflegeversicherung, in Steppe / Ulmer / Saller / Tuschen / Weinand: Pflegebegutachtung – besser als ihr Ruf?, Fachhochschulverlag

Udsching, Peter, Die Bedeutung des ärztlich-pflegerischen Gutachtens in der Pflegeversicherung, Pflegebegutachtung – besser als ihr Ruf?, 1998, S. 19

Udsching, Peter, Die Pflegeversicherung in höchstrichterlicher Rechtsprechung, in Schriftenreihe des Deutschen Anwaltsinstituts, Brennpunkte des Sozialrechts 1999, 2000, S. 1

Udsching, Peter, Rechtsfragen bei der Bemessung des Pflegebedarfs, VSSR 1996, S. 271

Udsching, Peter, Richtlinien in der Pflegeversicherung, Festschrift für Otto Ernst Krasney zum 65. Geburtstag 1997, S. 677

Weber, Karl-Heinz, Die neuen Richtlinien zur Pflegeversicherung – Anmerkungen aus der medizinischen Praxis, ZfV 1995 S. 69

Weber, Karl-Heinz, Rationelle Diagnostik der Schwerpflegebedürftigkeit – Handlungsmöglichkeiten der PKV, ZfV 1995 S. 155

Weber-Falkensammer, Hartmut, Pflege- und Hilfebedarf als Indikator zur Rehabilitation vor Pflege – Eine repräsentative Untersuchung am Beispiel eines neuen Bundeslandes, Die Sozialversicherung 1995, S. 261

Wienand, Manfred, Bisherige Erfahrungen mit der Pflegeversicherung, NDV 1996, S. 1

Stichwortverzeichnis

Schriftenreihe Pflege

CareHelix – Schriftenreihe Pflege

Herausgegeben von Georg Vogel und Hans Dörbandt

Bisher sind folgende Titel erschienen:

Decubitalulcera – Prophylaxe und Wundmanagement (Band 1)
von Michael Hotz. 160 Seiten, ISBN 978-3-537-72800-5, EUR 14,90

SGB XI – Grundsätze und Abgrenzungen zu anderen Sozialleistungsträgern (Band 2)
von Georg Vogel und Hans Dörbandt. 348 Seiten, ISBN 978-3-537-72812-8, EUR 24,90

SGB XI – Leistungsberechtigter Personenkreis (Band 3)
von Georg Vogel und Hans Dörbandt. 286 Seiten, ISBN 978-3-537-72803-6, EUR 19,90

SGB XI – Beitrags- und Versicherungsrecht (Band 4)
von Jürgen Heidenreich. 438 Seiten, ISBN 978-3-537-72804-3, EUR 29,80

Pflegeversicherung 2008 – das Pflege-Weiterentwicklungsgesetz (PfWG) (Band 7)
Textausgabe mit amtlichen Begründungen und Materialien auf CD-ROM
von Georg Vogel und Hans Dörbandt. 352 Seiten, ISBN 978-3-537-72807-4, EUR 22,90

CareLex – Lexikon der Pflegeversicherung
Lexikalische Übersicht mit über 370 Begriffen sowie vielen relevanten
Materialien (Richtlinien, Gesetzestexte, Rundschreiben) auf über 900 Seiten
von Georg Vogel und Hans Dörbandt. 2. Auflage, ISBN 978-3-537-72822-7, EUR 24,90

**Über das Erscheinen neuer Titel informieren wir Sie
im Internet unter www.asgard.de!**